영혼 돌봄의 정치

플라톤 정치철학의 기원과 전개

* 이 저서는 2008년 정부(교육부)의 재원으로 한국연구재단의 지원을 받아 수행된 연구임(NRF-2008-812-B00003)

영혼 돌봄의 정치

플라톤 정치철학의 기원과 전개

박성우 지음

인간사랑

책머리에

이 책을 기획하게 된 계기는 2008년 한국연구재단의 인문저술 지원사업의 지원을 받게 되면서부터이다. 2002년 플라톤 정치사상에 관한 논문으로 박사학위를 받은 후 그 연장선상에서 진행해 온 일련의 작업들을 한 권의 책으로 내놓고 싶었던 터였다. 당초에는 그동안의 연구들을 종합하고, 미진한 부분들은 발전시키는 데 많은 시간이 소요될 것 같지 않았다. 그러나 예상과 달리 이 책의 출판은 많이 지연됐다. 필자의 게으름이 그 일차적인 원인이겠지만, 그동안 플라톤 정치사상에 관한 필자의 해석이 여러 차례 변화를 겪게 됐고, 그때마다 다시 집필 작업으로 돌아오는 데 적잖은 시간이 들었기 때문이다. 독자에게 그 변화의 과정을 단적으로 설명하긴 어렵지만, 이 책은 적어도 필자가 플라톤 해석과 관련해 겪어 온 변화의 궤적을 담고 있다고 할 수 있다.

이 책은 국내 학술지에 발표된 다음 논문들을 포함하고 있다. "플라톤의 『변명』과 소크라테스적 정치적 삶"(2003), "『변론』과 『크리톤』에 나타난 소크라테스적 시민성의 재해석"(2010), "플라톤의 『메네크세노스』와 아테네 제국의 정체성, 그리고 플라톤적 정치적 삶"(2007), "소크라테스는 칼리클레스와 화해할 수 있을까?"(2003), "플라톤의 『국가』와 철인왕의 패러독스"(2004) 등이다. 이 논문들은 형식 면에서 뿐 아니라 내용 면에서도 상당한 수정을 거친 후 이 책에 포함되었다. 이 과정 역시 필자의 플라톤 해석에 있어서의 그동안의 변화를 반영하는 것이다. 이 논문들이 포함된 위치는 해당 장(절)의 첫 머리에 적시했다.

이 책을 준비하는 동안 필자를 줄곧 괴롭힌 문제가 하나 있다. 다름 아니라 플라톤 정치사상 연구자로서의 정체성에 관한 것이다. 한국인으로서 플라톤 정치사상을 연구한다는 것은 어떤 의미를 갖는가, 또 가져야 하는가? 플라톤 연구자로서의 정체성 문제는 필자의 유학시절에는 접어 두었던, 아니 의도적으로 회피했던 문제였다. 귀국 후 이 문제에 대해 끊임없이 고민해 왔지만 아직까지도 시원한 답을 찾지 못했다. 자신의 학문적 정체성 문제를 온전히 해결하지 못했음에도 불구하고 뻔뻔스럽게 책을 출판하게 된 것은 이 문제가 풀리기를 기다렸다가는 영영 책을 출판하지 못할지 모른다는 필자의 이기적인 판단에 따른 것이다. 사실 이 책의 본문 어디에서도 플라톤 연구자로서의 정체성 문제를 직접적으로 다룬 곳은 없다. 독자들은 어쩌면 그런 고민의 흔적조차 발견되지 않는다고 필자를 나무랄지 모른다. 그런 비판은 필자가 고스란히 감수할 수밖에 없다. 다만 이 서언의 지면을 빌어 필자의 학문적 정체성과 관련된 고민을 간략하게나마 피력하고 독자의 양해를 구하고자 한다.

정치사상 연구자로서의 정체성 문제는 연구자가 자신의 연구와 그가 속한 공동체의 문제들을 어떤 방식으로 연결시키는가와 관련이 있다. 대학에서 정치사상을 연구하고, 교육하는 필자로서 이와 연관된 아주 현실적인 문제는, 단순하게 표현하자면, '이유 불문하고 자신이 선택한 정치사상가의 텍스트를 엄밀하게 해석하고 이와 관련된 학계의 업적을 보다 성실하게 추적할 것인가?' 아니면 '내가 속한 사회, 국가, 세계에 대한 보다 나은 이해를 연구의 방향과 목적으로 삼을 것인가?'를 선택하는 일이다. 사실 이 두 가지는 완전히 배타적인 것은 아니다. 그래서 대부분의 선배 연구자들은 양쪽 방향의 노력을 병행해야 한다고 조언할지 모른다. 그러나 한정된 시간과 제한된 능력으로 인해, 시간과 노력을 안배해야 하는 필자와 같은 연구자로서 양자 중 어느 쪽에 비중을 둘 것인가는 여전히 고민스런 일이다.

이 책을 집필하는 동안, 필자가 어렴풋이 품어 왔던 정치사상 연구자로서의 정체성에 관한 생각도 약간의 변화를 겪었다. 모름지기 정치사상 연구자라면, 되도록 자신에게 '소명으로' 부여된 정치사상가에 대한 연구에 주력해야 한다는 입장에서, 정치사상 연구자 역시 다른 사회과학자들처럼 자신이 속한 공동체의 문제들을 보다 의식적으로 지각하고 해결하려고 노력해야 한다는 쪽으로 조금은 기울게 되었다. 그럼에도 불구하고, 정치사상 연구자들이 자신의 연구를 현실적인 문제에 직접 대입하거나, 처음부터 그럴 의도를 갖고 연구에 임해야 한다고 생각하진 않는다. 필자는 여전히 정치사상 연구자들은 자신이 속한 사회의 현실적인 문제들로부터 독립성을 가져야 한다고 본다. 의당 어느 학문 분야에서나 추구해야 하는 학문의 정치적 독립성을 말하는 것이 아니다. 당면한 시대적 문제에 "지나치게 무관심하고 무책임하다"는 세간의 비난을 받을 지라도, 학문적 문제의식에 있어서 엄정한 독립성을 유지해야 한다는 얘기다. 이런 독립성을 가질 때, 정치사상 연구자들은 자신이 연구 대상으로 삼은 사상가들에게서 보편적 진리를 찾을 수 있고, 이 보편적 진리를 통해 자신이 속한 공동체를 보다 건강하게 만들 수 있는 유익한 교훈도 얻을 수 있다고 생각한다. 물론 이런 입장은 이론(異論)의 여지가 있다.

사실 정치사상 연구자들이 자신의 연구와 그가 속한 공동체의 현실적인 문제들을 관련짓는 방식은 다양하다. 혹자는 공동체의 문제를 이해하고 해결하는 데 정치사상 연구가 직접적인 도움을 줘야 한다고 믿는다. 한국에서의 플라톤 연구가 의의를 가지려면, 그것이 한국 사회의 현안 문제들(예컨대 민주주의의 공고화, 사회적 양극화, 경제적 불평등)을 해결할 수 있는 방법, 적어도 해결을 위한 이론틀을 제공해야 한다는 것이다. 혹자는 한국에서의 플라톤 연구가 한국 사회의 현안에 대한 직접적인 해결책을 제시하진 못해도, 한국정치 전문가들이나 정치이론가들에게 적어도 간접적인 조언은 제시해야 한다고 생각한다. 일반적으로 모든 정치사상 연구자들은 자신들의 연구가 ― 그것이 텍스트에 관한 것이든 컨텍스트에 관한 것이든 ― 결국 그들이 몸담고 있는 공동체의 문제들을 이해하고 해결하는 데 필요한 통찰력이나 교훈을 제공할 것이라고 '기대'한다. 그러나 이 '기대'를 어떤 방식으로 실현시킬 것인가에 대해서는 연구자마다 조금씩 다른 공식을 갖고 있는 듯하다.

필자의 경우, 우리의 현실 문제가 얼마만큼 필자의 연구 방향이나 주제 설정에 관여하도록 허용해야 할지 아직도 명확한 원칙을 갖고 있지 못하다. 그러나 필자가 지금까지 플라톤 정치사상을 연구하면서 갖게 된 소신이 있다면, 그것은 정치사상 연구는(교육을 통해서든 학문 활동을 통해서든) 궁극적으로 자신이 속한 공동체에서 건전한 시민을 양성하는데 기여해야 하지만, 이와 함께 공동체가 요청하는 공동선의 범주를 어느 정도 초월할 수 있어야 한다는 것이다. 다시 말해 정치사상 연구는 한편으로는 시민들로 하여금 공동선을 추구할 수 있게 조력해야 하지만, 다른 한편으로는 이들이 맹목적으로 공동선을 추종하는 것을 막을 수 있어야 한다는 것이다. 정치사상이 보편성을 잃고 종파성을 보이면(그것이 특정 정파나 계급이든 보다 '고상한' 민족이나 국가이든), 그 정치사상은 정치사상으로서의 본질적 가치를 잃고 이데올로기로 전락한다. 정치사상 연구자 역시 한 사람의 시민인 것을 감안하면, 보편성을 지향하는 정치사상 연구는 자기모순적인 요소가 있다. 그러나 자기모순의 역경을 감당할 수 있는 연구자만이 자신이 속한 공동체 안에서 정치사상가로서의 역할을 제대로 수행할 수 있다고 생각한다.

이 책을 집필하는 동안, 필자는 플라톤 정치사상 연구자이자 시민의 한 사람으로서 나름대로 양자의 모순을 고민하고, 그 균형점을 찾으려고 노력하였다. 그럼에도 불구하고 이 책은 보편성만을 지향하는 정치사상 연구로 비칠 가능성이 크다. 이 책의 대부분은 우리 공동체의 현실적인 문제들과는 거리가 먼 주제들로 채워져 있기 때문이다. 그럼에도 불구하고 필자가 시민의 한 사람으로서 이 책에 부여한 역할은, 점차 도구화 되어가는 정치의 의미를 '어떻게 살 것인가'라는 철학적 문제와 결부시키고, 이를 통해 우리 사회에서 정치의 본질적 의미를 환기시키는 것이다. 이때 초래되는 정치와 철학의 갈등이 플라톤 정치사상의 조건이자 플라톤 정치철학의 기원이라고 할 수 있다. 이 책에서 필자는 이러한 플라톤 정치사상의 특징을 '영혼 돌봄의 정치'로 명명하였다.

일상적이며 상투적으로 보이는 '어떻게 살 것인가'라는 질문은 본질적으로 '철학적'이다. '삶의 의미는 어차피 시대와 장소에 따라 다를 수밖에 없다'고 보는 급진적 상대주의를 취하거나, '삶의 의미는 결코 알아 낼 수 없다'는 극단적 회의주의를 취하지 않는 한, 우리는 '도대체 무엇이 좋은 삶인가'를 묻게 되고, 이는 결국 '좋음' 자체에 대한 앎을 추구하는 철학으로 귀결될 수밖에 없기 때문이다. 문제는 이러한 좋은 삶에 대한 철학적 추구가 정치 공동체 안에서 순탄하게 이뤄질 수 없다는 데 있다. 플라톤 정치철학은 바로 이 지점에서 시작한다. 철학과 정치의 근본적인 갈등에 대한 인식이 플라톤 정치철학의 시작이라는 얘기다.

이런 플라톤의 생각이 얼마나 타당한 것인가는 이 책의 본문에서 차차 검토될 것이다. 여기서 간단히 짚고 넘어가고자 하는 것은 이런 플라톤의 문제의식이 오늘날 우리에게 얼마나 적실성을 갖는가에 관해서이다.

정치와 철학의 갈등이란 현대인들에게 익숙한 개념은 아니다. 그러나 '어떻게 살 것인가'라는 보편적인 문제가 진정으로 정치와 철학의 갈등을 수반하는 것이라면, 누구든 이 갈등의 의미를 재고해야 한다는 데에 공감할 것이다. 혹자는 종교가 이 문제를 해결할 수 있는 공간을 마련한다고 기대할지 모른다. 종교적 신념을 통해 '어떻게 살 것인가'에 대한 답을 구하고, 정치와 철학의 갈등을 야기하지 않으면서 좋은 삶을 추구할 수 있다고 믿는 것이다. 그러나 종교적 신념 역시 정치 공동체와 완전히 독립적일 수는 없다. 굳이 신학-정치적 난제를 거론하지 않더라도, 종교가 현대 자유주의 국가가 희망하는 것처럼, 전적으로 사적인 영역에만 머물러 있을 수 없기 때문이다.

이 책에서 플라톤의 문제의식이 우리 사회에 어느 정도 적실성을 가질 것인가를 구체적으로 적시하진 않았다. 대신 플라톤의 문제의식을 논증하는 과정에서 그의 문제의식이 고대 그리스에만 국한된 것이 아니라, 정치 공동체 안에서 '좋은 삶'을 추구하려는 모든 사람들에게 보편적으로 적용될 수 있는 것임을 보여주고자 노력했다. 이 정도가 필자가 스스로 확인한 우리 사회에서 플라톤 연구자로서의 역할이고, 필자의 학문적 정체성에 대한 짤막한 변명이라고 할 수 있다.

마지막으로, 이 책을 준비하는 과정에서 필자는 분에 넘치는 여러 은인들을 만났기에 이 지면을 통해 감사를 전하고자 한다. 우선, 필자는 2005년부터 2013년 여름까지 재직했던 중앙대학교 정치외교(정치국제)학과의 모든 동료 교수들의 아낌없는 지원을 받았다. 특히 장훈, 이혜정, 이승주 교수의 학문적 조언과 세심한 배려는 필자가 정치사상 연구자로서 그리고 대학에서 학생들을 가르치는 교육자로서 지금까지 성취한 모든 결실의 밑거름이 되었다. 이들에 대한 감사는 어떤 표현으로도 충분치 못하다. 이 책은 또한 마무리되는 과정에서 손민석, 남진애, 이은경(이상 중앙대 정치국제학과), 김지훈(서울대 정치외교학부)으로부터 논평과 교정 작업의 도움을 받았다. 각자의 공부로 바쁜 가운데에도 수고를 아끼지 않은 이들에게 감사를 표한다. 이 책은 앞서 밝힌 바와 같이 한국연구재단의 인문저술 지원사업의 지원을 받아 출판되었다. 한국연구재단의 재정적 도움에 감사를 표한다. 아울러 필자와 비슷한 시기에 인문저술 지원을 받아 비슷한 문제들을 고민하며, 적절한 시점에 필자에게 격려와 조언을 아끼지 않았던 중앙대학교 법학전문대학원의 오세혁 교수에게도 고마움을 전하고 싶다. 이 책을 집필하는 동안 개인적으로 겪은 가장 큰 일은 2010년 아버지가 세상을 떠난 일이다. 필자의 나이쯤이면 누구나 겪는 자연스런 일로 여겨질 법도 하지만, 아들의 첫 번째 책을 보면서 누구보다도 기뻐하셨을 아버지 얼굴을 떠올리면 좀 더 부지런을 떨지 못한 것이 후회스럽다. 마지막으로 1987년 겨울 '첫 만남' 이후 지금까지 변함없이 나를 믿고 지지해준 아내 노난주에게 깊이 감사한다. 아내의 헌신적인 사랑과 내조가 없었다면 이 책은 물론 필자가 지금껏 성취한 어떤 것도 불가능했을 것이다.

2013년 12월

박성우

차례

1장
영혼 돌봄의 정치를 찾아서

1절 현대정치에서 잊혀진 주제 : 좋은 삶과 영혼 돌봄

근대 서구의 역사에서 "정치적인 것"(the political)의 의미는 끊임없이 위축되는 경향을 보여 왔다.[1] 이는 물론, 종교전쟁, 근대국가 형성, 자유주의의 맹신 등 서구의 독특한 역사적 맥락을 반영하는 것이다. 문제는 이같이 "정치적인 것"의 의미가 축소되면서, "좋은 삶"의 추구 역시 공적인 영역이나 정치의 장에서 설 자리를 잃게 되었다는 것이다. 좋은 삶의 추구를 다시금 공적인 장이나 정치의 장에서 논의해야 한다는 주장은 자유주의 패러다임 안에서 선뜻 받아들이기 어려운 일이다. 현대 자유민주주의 국가에서 좋은 삶의 선택은 개인의 판단에 맡겨져야 하고, 국가는 개인의 선택에 대해 중립을 지켜야 한다고 사람들은 믿기 때문이다. 자유주의는, 삶의 방식을 선택함에 있어서 어떤 방식으로든 공적 요소가 개입하는 것을 개인의 독립과 자율성을 해치는 위험한 요소로 파악한다.

이 같은 자유주의의 우려에도 불구하고, 오늘날 우리는 좋은 삶의 추구에 있어서 종종 정치적 지원을 요청한다. 정치 공동체는 개인이 좋은 삶을 영위하는 데 필요한 기본적인 요건들을 충족시켜야 할 뿐 아니라, 개인으로 하여금 무엇이 좋은 삶인가에 대한 올바른 선택을 할 수 있게 도움을 줘야 한다고 생각하기 때문이다. 자유주의 국가 안에서도 정치는 개인이 좋은 삶을 영위하기 위한 수단이 되어야 할, 좋은 삶 자체의 활동의 장이 되어야 한다는 것이다. 좋은 삶이 온전하게 추구되려면 자유주의의 편협한 구속으로부터 '정치적'인 것의 의미가 해방되어야 한다. 아울러 좋은 삶의 선택과 추구에 있어서 국가의 역할도 재고되어야 한다.

그렇다고 개인의 자율과 독립성을 근간으로 하는 자유주의적 가치를 양보하거나 포기할 수는 없는 일이다. 자유주의의 근본 가치를 보존하면서, 개인이 좋은 삶을 선택하고 추구하는데 공적, 정치적 영역의 지원을 받을 길은 없는가? 이 질문에 답하기 전에 어쩌면 좋은 삶의 추구를 공(公)적으로 다루는 것이 과연 필연적으로 자유주의적 가치를 훼손하는 일인가부터 따져 봐야 할지 모른다. 보다 근본적으로는 좋은 삶의 선택과 추구를 전적으로 개인의 책임으로 돌리는 것이 공동체적 삶을 전제로 한 인간본성을 고려할 때 적절한 것인가도 되물어야 할 것이다. 이 책은 자유주의 국가와 자유주의 정치이론이 지금까지 의당 배제했던 좋은 삶의 선택 문제가 정치의 장에서 재논의될 필요가 있다는 문제의식에서 출발하였다. 좋은 삶이 공적 영역에서 재논의되려면 매우 독특한 공식이 필요하다. 이 책은 "영혼 돌봄"과 "정치"라는 일견 이질적으로 보이는 두 요소의 결합이 궁극적으로 좋은 삶을 위한 정치의 회복을 가능케 한다는 주장을 전개할 것이다.

영혼 돌봄과 정치의 결합 가능성, 혹은 "영혼 돌봄의 정치"의 가능성이 거부된 것은 근대의 독특한 역사적 맥락에 따른 것이다. 따라서 그 가능한 모델을 찾기 위해서는 근대 이전으로 거슬러 올라가는 수밖에 없다. 근대인들이 좋은 삶의 추구를 상대적인 가치에 따른 개인의 선택이라고 믿고, 영혼을 돌보는 것(soul-caring) 역시 전적으로 사(私)적인 문제로 받아들인 반면, 고대 그리스인들은 좋은 삶의 추구를 다분히 공적이고 객관적인 것으로 간주했었다. 이들은 좋은 삶이 무엇인가에 관한 논의 자체를 공적인 영역에서 공공연하게 진행했을 뿐 아니라, 그것의 추구도 정치 공동체 안에서 동료 시민들이 인정하는 가운데 진행해야 한다고 믿었다. 예컨대 고대 아테네인들은, 정치적 결정을 담당했던 민회, 전몰자들을 추도했던 국장(國葬), 그리고 소피스트들을 초청한 사적인 회합 등과 같은 공개된 장소에서 어렵지 않게 좋은 삶에 관한 논의를 접할 수 있었다. 아테네인들에게 좋은 삶이 무엇인가라는 문제는 개인의 주관적 가치에 따른 내면적 결단의 문제가 아니라, 공적인 토의를 전제로 한 공동체적인 문제였다.[2]

이런 맥락에서 아리스토텔레스는 좋은 삶에 관한 철학적 논의를 전개한 바 있다. 그는 인간의 최고의 목적을 "잘 사는 것"(*eu zēn*) 혹은 "잘 하는 것"(*eu prattein*)이라고 정의하고, 그것이 곧 인간의 행복이라고 규정한 바 있다. 따라서 아리스토텔레스의 행복론은 "잘 살기 위해" 객관적으로 정의될 수 있는 좋은 삶이 무엇인가를 확인하는 것에서 비롯된다. 그는 우선 세간에서 행복을 구성하는 외적 요소들이 무엇인가를 검토한다. 물질적 재산, 건강, 친구, 자식, 명예 등 오늘날의 행복의 요소들과 크게 다르지 않은 항목들이 검토된다. 그러나 아리스토텔레스는 이러한 외적 요소들이 행복을 구성하는 일부분은 될 수 있어도 절대적으로 행복을 보장하지 않는다는 사실을 확인시켜 준다. 좋은 삶이 무엇인가를 정의하기 위해서는 좋은 삶의 요소가 될 법한 개별적인 요소들이 아니라, '좋음 자체'가 무엇인가를 알아야 한다는 것이다. 이 때문에 아리스토텔레스는 좋음이 무엇인가를 천착하고 관조하는 관조적 삶을 최고의 삶이라고 결론 내린 바 있다. 그런데 좋은 삶으로서 관조적 삶은 다음과 같은 문제를 야기한다.

우선, 관조적 삶을 선택한 이들도 결국 정치 공동체 안에서 그들의 삶을 유지해야 한다는 것을 상기할 필요가 있다. 이들 역시 공동체로부터 물질적, 정치적 자원을 제공받아야 하기 때문이다. 주지하다시피 이들의 삶은 공동체가 추구하는 공동선과는 거리가 먼 우주의 '첫 번째 원리'나 '전체에 대한 지혜'에 맞춰져 있다. 그런데 이들이 공동체로부터 제공받는 혜택을 생각해 보면, 관조적 삶을 선택한 이들은 아무리 절제된 삶을 산다고 해도 공동체에 대해 무임승차를 하고 있다는 도덕적 비난을 면하기 어렵다. 최선의 삶을 선택한 이들이 부도덕한 행위를 한다는 것이 가능한 일인가?

여기서 새삼 아리스토텔레스의 논의를 검토하려는 것은 아니다.[3] 다만, 이렇게 관조적 삶을 최고의 삶으로 간주한 바 있는 아리스토텔레스조차 정치 공동체의 중요성을 끊임없이 강조하였고, 이런 맥락에서 좋은 삶과 정치 공동체가 불가분의 관계에 있음을 주목하고자 하는 것이다.

관조적 삶을 추구하는 이들이 정치 공동체 안에 존재한다는 사실은 또 다른 치명적인 문제를 수반한다. 이들은 다른 종류의 삶을 사는 사람들, 예컨대 물질적 삶이나 정치적 삶을 최고의 삶으로 여기는 사람들로부터 시기와 질투 혹은 핍박의 대상이 될 수 있기 때문이다. 이 대목에서 우리는 소크라테스를 떠올리지 않을 수 없다. 남들과 다른 종류의 삶을 살았지만 누구보다도 가치 있는 삶을 추구했고, 또 남들에게도 좋을 삶을 권면했던 소크라테스가 그와는 전혀 다른 종류의 삶을 추구해 온 아테네인들에게 사형선고를 받은 사실은 우리로 하여금 좋은 삶의 추구가 결코 갈등 없이 전개되기 어렵다는 사실을 일깨운다. 그럼에도 불구하고 아리스토텔레스는 현대 자유주의 국가에서 그러하듯, 마치 좋은 삶의 추구가 공동체 안에서 치명적인 갈등이나 마찰 없이 이뤄질 수 있는 것처럼 가정하고 있다. 아리스토텔레스의 이러한 접근법은 일견 좋은 삶의 추구를 전적으로 개인의 선택에 맡겨 놓고 있는 현대 자유주의 국가의 이상(理想)과 부합하는 면이 있다.[4]

그러나 필자는 아리스토텔레스적인 접근법으로는 현대 정치가 당면하고 있는 정치의 축소화와 빈곤화 그리고 이 과정에서 좋은 삶의 추구라는 목표 자체를 상실하게 된 개인들의 문제를 본격적으로 대면할 수 없다고 본다. 인간의 궁극적인 목표가 좋은 삶의 추구임을 상기하고, 좋은 삶의 추구가 불가피하게 정치적 갈등과 마찰을 수반할 수밖에 없음을 이해하기 위해서는, 이 문제의 심각성을 자신의 삶과 죽음으로 대변한 바 있는 소크라테스에게 눈을 돌리는 수밖에 없다.

이 책에서 우리는 소크라테스의 삶을 검증함으로써 좋은 삶의 추구가 단순히 개인의 선택 문제가 아니라, 정치와 철학의 갈등을 수반하는 정치철학적 과제임을 확인할 것이다.[5] 이어 소크라테스의 삶과 죽음의 관점에서 플라톤의 정치철학을 해석함으로써, 좋은 삶의 추구가 결국 영혼의 내면적 구조에서부터 정치 공동체의 권력구조에 이르는 총체적 관계를 수반하는 것임을 발견할 것이다.[6] 플라톤에게 좋은 삶의 문제는 개인이 자신의 영혼을 돌보는 문제임과 동시에 이를 가능케 하는 사회 전체의 구조를 생성하고 관리하는 문제이다.

플라톤은 소크라테스가 우리 삶에서 가장 중대한 문제를 제기했다고 판단했지만, 소크라테스의 삶 자체가 그 문제의 해답이라고 여기지는 않았다. 플라톤은 좋은 삶의 추구와 관련해서 소크라테스의 문제의식을 공유하면서도, 그가 맞이한 비극적인 결말을 용인할 수 없었기 때문이다. 이 문제를 해결하기 위해서 플라톤은, 공동체 구성원들이 모두 좋은 삶을 추구해야 하지만 이들은 각기 자신에게 맞는 영혼 돌봄을 제공받아야 한다고 보았다. 공동체의 구성원들이 안전하게 좋은 삶을 추구하기 위해서는 공동체 전체가 영혼 돌봄의 정치를 지향할 필요가 있다는 것이다.

좋은 삶이란 그저 정처 없이 하루하루를 열심히 사는 삶이 아니다. 좋은 삶은 무엇이 '좋음'인가를 올바로 지각하고, 예상되는 유혹에도 불구하고 이를 일관성 있게 추구하려는 결단과 수행의 결과물이어야 한다. '좋음'을 인지하고 이를 일관성 있게 추구하기 위해서는 올바른 영혼의 형성이 필수적이다. 그런데 올바른 영혼 형성은 대부분의 경우 자발적으로 이뤄지지 않는다. 소크라테스가 젊은이들에게 제공했던 것과 같은 외부적 자극이 필요하다. 그러나 소크라테스가 당한 정치적 핍박을 고려하면, 공동체 구성원들의 올바른 영혼 형성을 위해서는 소크라테스와 같은 철학자의 안전이 보장되어야 한다. 이를 위해 플라톤은 누가, 어떻게 정치 공동체 구성원들의 영혼 형성에 관여해야 하는가를 본격적으로 논했다. 이 과정에서 플라톤은 영혼 돌봄과 정치의 만남을 주선했으며, 궁극적으로 '영혼 돌봄의 정치'라는 새로운 정치의 장을 연 것이다.

현대 자유주의 국가에서 이와 같은 영혼 돌봄의 정치는 여전히 거부감이 뒤따른다. 20세기 초반, 자유주의를 전복시킨 전체주의가 흡사 플라톤의 영혼 돌봄의 정치와 마찬가지로, 좋은 삶에 관한 개인의 선택을 제한하고, 개인의 영혼 형성에까지 관여한 흔적을 남겼기 때문이다. 전체주의에 대한 혐오와 경계는 좋은 삶과 정치의 모든 종류의 결합을 부정하는 결과를 낳았다. 영혼의 문제와 정치를 결부시키려는 모든 시도도 전체주의적 발상과 동일한 것으로 취급되어 왔다. 이런 맥락에서 20세기 초반 플라톤은 종종 전체주의의 정치사상적 기원으로 회자되기도 하였다. 과연 플라톤의 정치철학이 어느 정도 전체주의적 속성을 갖고 있는가에 대해서는 이 책에서 차차 다루게 될 것이다. 다만, 20세기 초반에 독특하게 형성된 반(反)플라톤주의 분위기에 편승하여, 현대 자유주의 국가가 직면한 문제의 대안으로 삼을 수 있는 플라톤의 영혼 돌봄의 정치를 처음부터 배제할 필요는 없다는 것이다.

플라톤 정치철학의 기원과 전개는 영혼 돌봄의 정치가 태동하고 발전하는 과정이다. 이 책은 플라톤의 영혼 돌봄의 정치가 정치철학적으로는 어떤 기원을 갖고 있으며, 어떤 방식으로 전개되는가를 면밀하게 살펴볼 것이다. 이로써 플라톤의 영혼 돌봄의 정치가 궁극적으로 자유주의 국가의 이상을 견지하면서도 우리 시대의 정치적 빈곤을 극복할 수 있는, 좋은 삶을 위한 대안적 정치 모델이 될 수 있는가를 검증할 것이다.

2절 정치와 철학의 갈등과 "소크라테스 문제"

소크라테스의 삶과 죽음은 현대인들에게도 비교적 잘 알려져 있는 주제이다. 그러나 그의 삶의 방식과 죽음의 원인에 대한 해석은 학자들마다 의견이 분분하다. 필자는 여기서 소크라테스의 죽음이 단적으로 정치와 철학의 갈등의 결과였다는 지적과 함께, 바로 이 맥락에서 플라톤의 정치철학을 해석해야 할 필요성에 대해서 언급하고자 한다.

정치와 철학의 갈등을 직접적으로 경험한 바 없는 현대인들에게 이것이 소크라테스 죽음의 원인이라는 주장은 다소 생소하게 들릴 수 있다. 그러나 소크라테스는 정치와 철학의 갈등을 본격적으로 점화시켰을 뿐 아니라, 스스로 죽음을 수용함으로써 (소크라테스는 법정에서 보다 효과적으로 아테네 배심원들을 설득할 수도 있었고, 판결 후에는 성공적으로 탈옥할 수도 있었다.) 양자의 갈등을 노골적으로 표출한 장본인이다.

가장 주목할 만한 것은 소크라테스가 나타나기 이전에는 아테네에서 정치와 철학의 갈등이 노골적으로 표출된 적은 없었다는 것이다.[7] 그렇다고 지혜를 추구하는 철학자들이 존재하지 않았던 것은 아니다. 주지하다시피, 탈레스, 헤라클레이토스, 아낙사고라스, 아낙시만드로스, 엠페도클레스, 파르메니데스 등과 같은 소위 소크라테스 이전 철학자들(pre-Socratic philosophers)이 존재했다. 소크라테스가 본격적으로 활동하기 이전에도, 적극적인 정치 참여를 좋은 삶으로 여겼던 아테네인들은 이들 철학자들의 정치적 무관심을 조롱했고, 반면 철학자들은 허망하기 짝이 없는 세속적인 가치를 추구하는 이들을 경멸했다. 그렇다고 정치와 철학이 극단적으로 마찰할 이유는 없었다. 더구나 아테네 민주정은 대체로 철학자들의 오만을 허용해 주는 개방적인 분위기를 연출했다.[8] 따라서 철학적 삶을 고집했다는 이유로[9] 사형판결을 받은 소크라테스의 경우는 매우 이례적인 것이 아닐 수 없다.

그렇다면 왜 소크라테스는 이전 철학자들과 달리 극단적인 정치적 핍박을 받은 것일까? 혹자는 소크라테스의 반(反)민주적 성향에서 그 원인을 찾는다. 소크라테스가 기본적으로 반민주적 성향을 가졌다는 것은 전통적인 해석이다.[10] 역사적 인물로서의 소크라테스를 묘사한 것으로 간주되는, 플라톤의 초기 대화편들에서 소크라테스는 여지없이 다수를 무시하고 폄하하는 발언을 서슴지 않는다.[11] 그러나 개별 대화편들의 구체적인 맥락의 고려 없이 소크라테스의 단편적인 발언들을 근거로 그를 반민주주의자로 단정하는 것은 적절치 않다. 더구나 이러한 발언들 때문에, 개방성과 관용을 자랑하는 아테네 민주정이 소크라테스를 처형했다고 보기는 어렵다. 소크라테스가 진정 반민주주의자였다면, 『크리톤』에서 그가 보여준 아테네 민주정에 대한 충성은 설명할 길이 없다.[12] 어떤 텍스트적 근거로도 소크라테스가 전적으로 반민주주의자였다거나 전적으로 민주주의자였다는 결론을 내리기는 어렵다.[13] 따라서 소크라테스의 죽음의 원인을 그의 반민주성에서 찾는 것은 적절하지 않다.

사실 소크라테스의 삶과 죽음에 대한 해석은 서양정치사상사에서 끊임없이 논쟁거리가 되어 왔다. 헤겔, 니체, 하이데거, 아렌트, 스트라우스와 같은 19, 20세기의 많은 철학자들도 소크라테스의 삶과 죽음의 의미를 나름대로 해석해 왔다.[14] 소위 '소크라테스 문제'로 일컬어지는 소크라테스의 삶과 죽음의 해석 문제는 소크라테스가 어떤 저작도 남기지 않았다는 데 결정적인 원인이 있다.[15] 따라서 소크라테스의 삶과 죽음은 어느 정도 재구성될 수밖에 없다. 이런 맥락에서 '소크라테스 문제'는 역사적으로 실재했던 소크라테스에 얼마나 정확하게 근접하는가보다 그의 삶과 죽음을 어떻게 일관성 있게 해석하는가에 초점이 맞춰지기 마련이다. 『변론』을 포함한 플라톤의 초기 대화편들이 역사적 인물로서의 소크라테스를 묘사하고 있다고는 하나, 소크라테스의 삶 전체에 대한 이해는 그에 대한 역사적 사실성보다 철학적 당위성에 더 큰 비중을 둘 수밖에 없다는 것이다. 학자들이 종종 역사적 인물로서의 소크라테스(historical Socrates)와 플라톤의 대화편에 등장하는 소크라테스, 즉 "플라톤의 소크라테스"(Plato's Socrates)를 엄밀하게 구분하지 않는 것은 양자가 구별될 수 있다는 사실을 몰라서가 아니라, 역사적 소크라테스보다 그의 삶과 죽음을 체계적으로 해석한 "구성된 소크라테스"가 훨씬 중요하다는 인식 때문이다. "구성된 소크라테스" 중에서 "플라톤의 소크라테스"가 가장 신뢰할만하다는 것은 의심할 바 없다. 문제는 "플라톤의 소크라테스"를 어떻게 해석할 것인가에 있다.

3절 "소크라테스 문제"와 플라톤 정치철학

플라톤의 대화편에 등장하는 "플라톤의 소크라테스"는 실재의 소크라테스의 삶과 죽음에 관한 플라톤의 해석이자 처방이다. 이 해석과 처방이 결국 플라톤의 정치철학을 구성한다고 할 수 있다. 따라서 플라톤 정치철학 연구는 플라톤이 소크라테스의 삶과 죽음을 어떻게 이해했는가에서 출발해야 한다. 플라톤은 적어도 소크라테스의 죽음을 아테네 민주정과 소크라테스라는 인물 간에 벌어진 개별적인 사건으로 간주하지 않았다. 소크라테스의 삶 전체를 새로운 방식의 철학으로 받아들인 플라톤은 소크라테스의 처형을 철학에 대한 정치의 핍박으로 이해했다. 여기까지는 학자들 간에 큰 이견이 없다. 그러나 이 정치적 핍박에 대한 플라톤의 대응이 무엇이었는가에 대해서는 해석이 갈린다. 이 해석이 바로 플라톤 정치철학의 논쟁을 구성한다고 해도 과언이 아니다.

일반적으로 플라톤의 정치철학은 철학에 대한 정치적 핍박을 제거하기 위해 이상 국가를 제시한 것으로 이해된다. 그러나 플라톤이 이 이상 국가를 얼마나 실현 가능한 것으로 봤는가에 대해서는 해석이 갈린다. 이상 국가 실현 가능성은 정치와 인간본성의 개선 가능성과 깊이 연관되어 있다. 따라서 플라톤 정치철학의 해석은 궁극적으로 이상국가의 실현가능성과 인간과 정치의 개선가능성의 관계를 어떻게 이해하는가에 달려 있다.

예컨대 포퍼는 플라톤의 이상 국가론을 액면 그대로 그의 현실 정치 개입 의지로 파악했다. 이런 해석은 곧 플라톤의 정치철학이 전체주의에 입각한, 반민주적 이상 국가 건설을 목표로 했다고 보는 것이다.[16] 주지하다시피 포퍼는 이런 해석에 따라 플라톤의 정치철학을 전체주의의 기원으로 비판했다. 그런데 이러한 포퍼의 플라톤 해석에 내포된 더 근본적인 가정은 플라톤이 정치와 인간본성의 개선 가능성을 믿었다는 것이다. 철학자가 통치하는 이상 국가가 가능하려면, 정치권력은 '순진한' 철학자에게 맡겨져야 하는데 정치가 그 정도로 순화될 수 있다고 가정한 것이다. 아울러 사람들이 철학자에게 순순히 권력을 내준다고 가정하는 것은 인간의 '사악한' 본성이 개선될 수 있다고 가정하는 것이다. 정치적으로는 포퍼와 전혀 다른 해석을 내놓으면서도 플라톤이 이상 국가의 실현 가능성을 믿었다고 보는 버닛 역시, 정치와 인간 본성의 개선 가능성을 전제한다고 볼 수 있다.[17]

스트라우스는 포퍼와 정반대의 해석을 내놓는다. 플라톤의 정치철학은 이상 국가의 청사진을 제시한 것이 아니라, 모든 종류의 이상 국가의 시도를 경계하기 위함이라는 것이다. 즉 플라톤은 반(反)이상주의적 정치사상가라는 것이다. 이러한 해석은 플라톤이 정치의 개선 가능성을 부정하고, 반대로 정치의 근원적 한계를 인식하고 있다는 가정을 전제로 한다.[18] 정치적 수사(修辭)와 무관하게 정치는 본질적으로 저속하고, 인간본성은 변함없이 비열하다는 것이다. 스트라우스가 해석하는 바와 같이 정치와 인간본성의 개선이 불가능하다면, 이상 국가의 시도를 실현하기 위한 시도는 모두 위험한 것으로 간주될 수 있다.

비교적 최근의 연구들은 이 두 입장의 중간쯤에 위치한 것들이 대부분이다. 이들은 플라톤의 이상 국가를 액면 그대로 전체주의 국가의 청사진으로 받아들이지도 않고, 스트라우스처럼 반(反)이상주의를 위한 역설로 간주하지도 않는다. 유벤의 표현을 빌자면, 이런 연구들은 플라톤의 정치철학이 "완화된 유토피아"를 지향한다고 해석한다. 즉 플라톤은 표면적으로 보이는 바와 달리 반민주적 혁명가 혹은 독재정치의 주창자가 아니며, 대신 아테네 민주정치를 개선하고자 했던 현실적인 정치개혁가였다는 것이다.[19] 예상할 수 있듯이 이들이 가정하고 있는 정치에 대한 개선 가능성이나, 인간본성의 변화 가능성은 포퍼와 스트라우스의 중간쯤에 위치한다고 할 수 있다.

전술한 바와 같이 플라톤 정치철학의 해석은 이상 국가의 실현 가능성뿐 아니라 정치의 개선 가능성, 나아가 인간본성의 변화 가능성에 관한 이해에 기초해 있다. 이 책 역시 플라톤 정치철학을 국가와 인간본성 그리고 정치의 개선 가능성의 관점에서 조명할 것이다. 이 책에서 플라톤 정치철학의 기원과 전개 과정을 살펴보는 일은, 영혼 돌봄의 정치를 주창하는 것임과 동시에, 플라톤이 상정했던 정치와 인간본성의 개선 가능성을 가늠하는 일이 될 것이다.

2장
소크라테스와 영혼 돌봄의 정치

1절 철학과 정치의 충돌과 영혼 돌봄 : 『변론』[1]

소크라테스의 삶을 묘사한 동시대인의 작품으로는 아리스토파네스의 『구름』, 크세노폰의 『회상』 그리고 플라톤의 『변론』이 있다. 『구름』이 기본적으로 희극적 풍자를 위한 창작품이고, 『회상』이 크세노폰이 말년에 자신의 철학적 성향을 포장하기 위한 방편으로 소크라테스와의 친밀성을 과장하는 과정에서 나온 저술이라는 점을 감안한다면, 소크라테스가 법정에서 자신의 삶에 대해 진술한 『변론』이야말로 소크라테스의 삶 전체를 가장 잘 대변하는 작품이라고 할 수 있다. 물론 이 작품이 플라톤에 의해 저술된 것이므로 소크라테스가 실제로 법정에서 행한 연설과 정확히 일치하지 않는다고 여길 수도 있다. 그러나 『변론』에 나타나듯이 플라톤이 그 자리에 있었고, 적어도 500인의 배심원이 소크라테스의 변론을 이미 들은 상태에서 플라톤이 『변론』의 내용을 조작했다고 보는 것은 무리다.

필자는 이 절에서 『변론』의 내용이 소크라테스가 실제로 법정에서 행한 진술이며, 그것이 그의 삶 전체를 가장 정확하게 묘사한 것이라는 가정 하에 소크라테스의 삶을 검토하고자 한다. 소크라테스에 대한 기소는 일차적으로 신성모독과 청년들의 타락 조장에 관한 것이지만 보다 넓게는 그의 삶의 방식 전반에 관한 것이다. 아테네인들은 이미 오랫동안 소크라테스의 일회적인 행위보다 그의 삶의 방식이 아테네 사회 전반에 미칠 악영향을 우려해 왔다.

이런 사실을 잘 알고 있는 소크라테스는 『변론』에서 현재의 기소 내용과 구분되는 자신에 대한 "오래된 비난"이 있었음을 상기시킨다. 이에 따르면 소크라테스는 "지하와 지상의 것을 탐구하고, 약한 논증을 강한 것으로 만들며, 바로 이런 것들을 다른 이들에게 가르친다"는 것이다(19b–c). 사실 소크라테스에 대한 이런 비난은 앞서 언급한 아리스토파네스의 희극 『구름』을 관람한 아테네인들에게 그리 낯선 내용은 아니다.[2] 이 작품에서 소크라테스는 지상과 지하의 사물들을 탐구하는 자연철학자와 약한 논증을 강한 논증으로 보이게 하는 소피스트의 합성 인간쯤으로 묘사되고 있기 때문이다.[3]

소크라테스에 대한 이런 비난은 비교적 오랫동안 상당수의 사람들에게 퍼져 그에 대한 강한 증오와 적대감으로 이어졌다고 할 수 있다. 이에 대한 소크라테스의 반론은 의외로 소극적이다. 소크라테스는 자신에 대한 적대감의 근본 원인을 적극적으로 해명하는 대신, 그에 대한 오래된 비난이 그저 헛소문에 불과하다는 점을 지적한다. 그는 지금까지 "천상과 지하를 탐구한" 적이 없으며, 이와 관련해 누구와 얘기를 나눈 적도 없고, 더구나 이와 관련된 가르침을 대가로 돈을 받은 적도 없다는 것이다(19d–20c). 그러나 이와 같은 소극적 변호 속에서 소크라테스는 처음으로 자신의 정체성을 확인하고 있다. 그는 아낙사고라스와 같이 자연의 이치를 탐구하는 자연철학자도 아니고, 해외를 유람하며 무지몽매한 사람들을 속이면서 명성과 부를 축적하는 소피스트도 아니라는 것이다. 아낙사고라스와의 차별성을 증명하기 위해, 소크라테스는 자신이 아낙사고라스식의 탐구를 하는 것을 본 적이 있느냐는 질문을 던지고, 법정의 침묵이 곧 자신과 아낙사고라스와의 차별성을 입증한 것이라고 간주한다.[4]

표면적으로는 소크라테스가 자신에 대한 "오랜 비난"을 그럭저럭 변론해 가는 듯이 보인다. 그러나 소크라테스는 이 대목에서 수사학적(修辭學的) 딜레마를 안고 있다. 사실의 부인에 의존한 소크라테스의 반론은 501명의 배심원들로 하여금 다음과 같은 생각을 불러일으킬 가능성이 있기 때문이다. '소크라테스의 말이 사실이라면, 우리 아테네인들은 그토록 오랫동안 소크라테스를 오해했단 말인가? 아리스토파네스라는 희극작가 한 사람이 아테네인들 전부를 기만할 수 있었단 말인가?' 민주정 하에서 자신들의 지적 능력에 강한 자부심을 갖고 있던 아테네 시민들에게 이런 추론은 달가운 것이 아니다. 문제는 이러한 불쾌감이 그들을 24년간이나 기만했을지도 모르는 아리스토파네스에게 향해지기보다 현재 피고인으로 서 있는 소크라테스에게로 향해지기가 더 쉽다는 것이다. 아리스토파네스가 그린 소크라테스의 이미지가 왜곡된 것이든 아니든 간에, 희극작가 한 사람에 의해 모든 아테네 시민이 속아 왔다는 소크라테스의 주장은 데모스의 지적, 정치적 능력을 무시하고 조롱하는 발언으로 들릴 수 있기 때문이다. 즉, 소크라테스가 자신에 대한 비방을 아리스토파네스가 만들어 낸 왜곡된 이미지의 탓으로 돌리면 돌릴수록, 소크라테스는 데모스의 경솔과 변덕을 비난하는 격이 되어 그들의 심기를 건드릴 수밖에 없다는 것이다. 소크라테스는 아리스토파네스가 그린 자신의 이미지가 사실무근임을 증명함과 동시에, 그럼에도 불구하고 데모스들이 갖고 있는 그에 대한 증오와 적대감에 그럴만한 이유가 있었음을 설명해야 하는 딜레마를 안고 있었던 것이다.[5]

이런 수사학적 딜레마에서 벗어나기 위해 소크라테스는 델피 신탁 이야기를 시작했다고 볼 수 있다. 소크라테스에 따르면, 그의 오랜 친구이며 열광적인 민주주의자 카이레폰은 "소크라테스보다 더 현명한 자가 있는가?"라는 대담한 질문으로 델피의 신탁을 청했다.[6] 델피의 아폴로 신탁의 대변자인 푸티아는 소크라테스보다 더 현명한 자는 없다고 카이레폰에게 전했으며, 이를 들은 소크라테스는 이 신탁의 내용을 반박할 목적으로 자신보다 더 현명한 자를 찾아 나섰다고 진술하고 있다. 이런 진술을 들은 배심원 중의 일부는, 신탁을 듣고 이를 반박하고자 나서는 소크라테스야말로 불경죄를 저지를 만한 사람이라고 의심할 수도 있었을 것이다. 소크라테스에 대한 고소가 불경죄에 관한 것(*graphē asebeias*)임을 고려할 때 이러한 의심은 당연한 것이다. 만약 소크라테스가 경건한 자라면 신탁의 내용을 무조건 받아들였어야 하지 않는가? 그러나 이러한 의심은 소크라테스가 "아주 오랫 동안" 이 신탁에 대해 당황스러워 했으며, "마지못해" 신탁에 대한 반증 활동을 시작했다(21b)는 말로 어느 정도 해소된다. 자신은 어느 분야에서도 다른 사람보다 현명하지 못하다는 사실을 잘 알고 있었던 소크라테스이기에, 그가 가장 현명하다는 신탁의 의미를 도무지 이해할 수 없었고, 이 신탁의 의미를 제대로 파악하기 위해서 불가피하게 자신보다 현명한 자를 찾아 나설 수밖에 없었다는 것이다. 이런 맥락에서 소크라테스가 신탁을 반박하기로 결심한 것은 불경한 것이라기보다 신탁의 의미를 정확히 알기 위한 지극히 경건한 의도에서 출발한 것이라고 해석할 수 있다.

여기에서 주목할 점이 있다. 신탁의 수수께끼를 풀기 위해 거리로 나가, 누가 자신보다 현명한가를 대화를 통해 알아보겠다는 것은 소크라테스가 스스로 내린 결정이라는 사실이다. 소크라테스가 얼마나 오랜 시간 이 신탁의 의미에 대해 당혹스러워 했으며, 혼자 숙고를 했는지는 알 수 없다. 그러나 소크라테스는 신탁의 의미를 알아내기 위해 거리로 나가는 대신, 혼자 조용히 명상하며 "첫 번째 본질"(First Thing)이나 "전체"(The Whole)에 대한 관조적 탐구를 할 수도 있었다. 만약 그랬다면, 소크라테스는 아테네 시민들과의 "불필요한" 마찰을 빚지 않았을 것이고, 소크라테스 이전(pre-Socratic) 철학자들과 같은 방식으로 철학적 삶을 지속할 수 있었을지 모른다. 신탁의 반박을 위해 거리로 나갈 것을 결심한 소크라테스의 행위는 철학적 삶을 독특한 방식으로 정의한 것에 따른 것이다.

어쨌든 소크라테스는 자신보다 현명할 것으로 기대되는 정치가들과 시인들 그리고 장인들을 찾아 그들과의 대화를 시도했다. 소크라테스는 세 그룹이 모두 자신이 무지하다는 것을 알지 못하는 공통점이 있음을 발견한다. 이들과 달리 소크라테스 자신은 적어도 자기의 무지를 아는 자기 자신에 대한 지식(*sophrosune*: self-knowledge)을 갖고 있다는 것을 알게 된다(22e). 이 과정에서 소크라테스는 신탁이 의미하는 바를 깨닫는다. 즉 인간의 지식이란 신의 지식에 비하면 모두 보잘 것 없으며, 인간에게 허락된 가장 큰 지식이란 "무지의 지"(knowledge of ignorance)에 불과한데, 자신만이 이 지식을 가졌다는 것이다. 신탁이 자신을 가장 현명한 사람으로 지목한 것은 그가 이 "무지의 지"를 소유했기 때문이라고 소크라테스는 이해한다. 이렇게 신탁의 수수께끼가 해소된 이상 소크라테스는 이제 자신보다 더 현명한 자를 찾기 위해 거리를 헤맬 필요가 없으며, 소크라테스 이전 철학자들처럼 조용히 명상과 관조를 즐기는 삶으로 돌아갈 수 있었다.

그럼에도 불구하고 소크라테스는 그런 삶을 선택하지 않았다. 오히려 그는 식솔을 건사할 시간이나 아테네 시민이면 누구나 관심을 가졌던 정치적인 업무에 관여할 시간도 없을 정도로 길거리의 사람들을 만나고 대화를 나누면서, 그들이 가장 중요한 것이 무엇인지 모르며 살고 있다는 사실을 일깨우는데 여전히 분주한 나날을 보냈다(23b). 이러한 소크라테스의 활동으로 그의 행동을 모방하는 사람들이 나타났고, 특히 젊은이들의 모방은 아테네의 전통적인 가치와 도시의 도덕성에 치명적인 훼손을 가져온다는 우려를 가중시켰다. 차츰 젊은이들의 도덕적 타락의 책임이 소크라테스에게 있다는 생각이 널리 퍼지게 되었고, 이로 말미암아 소크라테스에 대한 증오는 도시를 걱정하는 사람들 사이에 쌓여갔다는 것이다. 이것이 소크라테스가 스스로 밝히고 있는 그에 대한 증오의 기원이다.

소크라테스는 자신에 대한 아테네인들의 증오가 이전의 자연철학자들에 대한 경멸과는 질적으로 다르게 소크라테스 자신에 의해 새롭게 야기된 것임을 스스로 밝힌 것이다. 그러나 여전히 의문스런 것은 이런 증오가 왜 공적 소송으로까지 발전하게 되었는가의 문제이다. 소크라테스의 활동은 외견상 정치적이고 공적인 활동이 아니라 여전히 사적인 대화를 중심으로 이루어진 것이다. 이런 소크라테스의 활동이 이전 철학자들에 대한 경멸과는 질적으로 다른 증오를 유발했다고 해서, 반드시 공적 기소로 이어질 이유는 없다. 더구나 관용적인 정치문화를 자랑하던 아테네 민주정의 상황에 비추어 볼 때, 소크라테스의 활동에 대한 공적 기소는 부가적인 설명이 필요하다.

소크라테스에 대한 공적 기소는 무엇보다 그의 활동이 아테네 사회를 떠받치고 있는 정치의 기본 원리를 저해하고 있다는 아테네인들의 구체적인 위기의식에서 비롯된 것이라고 할 수 있다. 아테네인들은 도덕성의 타락을 단지 윤리적인 문제로만 치부하지 않았다. 도덕성의 타락은 기본적으로 도시 전체의 연대성을 해치고, 도시의 존립을 위태롭게 하는 심각한 정치적인 문제가 될 수도 있다. 소크라테스가 기소자 중 한 사람인 멜레토스를 반대신문 하는 과정을 살펴보면,[7] 소크라테스의 어떤 태도가 아테네인들로 하여금 더 이상 그의 철학적 활동을 정치적으로 용납할 수 없게 만들었는가를 가늠할 수 있다.

소크라테스가 진행하는 반대신문의 내용을 살펴보자. 소크라테스는 자신을 기소한 두 개의 죄목 중 하나가 젊은이에 대한 타락이었기 때문에, "그럼 젊은이들을 더 훌륭하게 만들 수 있는 자는 도대체 누구인가?"라고 묻는다. 이에 대해 멜레토스는 민주정 하의 아테네에서 "정치적으로 옳은"(politically correct) 대답을 내놓는다. 그는 "아테네의 젊은이들을 교육하는 것은 아테네의 법이고, 배심원들이며, 위원회의 위원들과 의회의 참석자들, 즉 아테네의 모든 데모스이다"(24e−25a 요약)라고 답한다. 멜레토스의 이런 "민주적" 대답과는 대조적으로 소크라테스는 소위 "전문가 논지"를 개진한다. 이 논지는 전문가만이 탁월함을 얻을 수 있다는 다분히 반민주적인 가정에 기초한다. 예컨대 말을 다루는 전문적 기술은 "다수"에게 있는 것이 아니라, "말 전문가"에게만 있다는 것이다.

그런데 아테네 젊은이들의 교육이 말의 훈련에 비유될 만한 것인가? 소크라테스의 전문가 논지는 아테네의 데모스에게 반민주적으로 비춰질 뿐 아니라 다소 모욕적으로까지 해석될 여지가 있다. 그러나 여기서 소크라테스가 주장하는 바가 젊은이의 교육도 말의 훈련과 마찬가지로 "도덕 교육 전문가"에게 맡겨져야 한다는 것인지는 확실치 않다. 사람과 말은 본질적으로 다르므로, 말의 훈련에 전문성이 요구된다고 해서 사람의 교육 역시 전문성을 필요로 하는지는 확실치 않고, "말 훈련 전문가"가 분명히 존재하는 반면에 사람의 교육을 담당할 전문가가 존재하는지 여부도 확실치 않기 때문이다. 그러나 소크라테스의 수사학적 의도는 자명하다. 소크라테스는 자신을 기소한 멜레토스라는 인물이 적어도 말의 훈련과 젊은이의 교육이라는 비유가 어떤 면에서 합당하고, 어떤 면에서 부당한가 하는 문제를 한 번도 진지하게 고려해 본 적이 없다는 것을 지적하려고 했다(24d). 멜레토스는 자기가 기소한 사건에 대해서도 사실상 무지한 인물이라는 것이다(25c).[8]

소크라테스는 두 번째 기소 내용, 즉 도시에서 인정하지 않는 신을 섬긴다는 죄목에 대해서도 멜레토스와 반대신문을 벌인다. 소크라테스는 먼저 멜레토스가 자신을 무신론자로 고소한 것인지, 아니면 도시에서 인정하는 신을 믿지 않고 다른 신을 믿고 있다는 것을 고소한 것인지 따진다. 멜레토스는 소크라테스가 무신론자라고 답하는데[9] 이에 대해 소크라테스는 멜레토스가 아직도 아낙사고라스와 같은 자연철학자와 자신을 구분하지 못한다고 힐책한다. 아울러 자기가 만일 아낙사고라스와 같은 자연철학자라 해도 그런 이유로 자신을 무신론자로 낙인찍는다면, 이 또한 데모스들의 지적 능력을 무시하는 처사라는 점을 지적한다. 아낙사고라스의 가르침에 관한 책들은 이미 시장에 버젓이 나와 있으므로, 그 내용은 사람들에게 널리 공개되어 있다는 것이다. 따라서 이런 사실을 숨기면서 자신을 기소한 멜레토스는 배심원들과 아테네 시민들을 농락하고 있다는 것이다. 소크라테스 역시 민주정 하의 아테네에서 민주적 수사학을 활용한 셈이다. 이에 덧붙여 소크라테스는 자신이 무신론자라는 멜레토스의 비난과 새로운 신을 도시로 끌어들이고 있다는 기소 내용 사이에 논리적 모순이 있음을 지적한다. 무신론자에게 새로운 신이란 있을 수 없다.

논리 전개의 차원에서만 보자면 소크라테스는 멜레토스를 상대로 압도적 우세를 보였다. 또한 소크라테스는 나름대로 민주적 수사학도 구사했다.[10] 그러나 멜레토스에 비하면 소크라테스는 분명 배심원들의 눈에 달갑지 않은 인물로 비춰졌을 것이다. 논리 전개의 취약성에도 불구하고 멜레토스는 맹목적 민주주의자의 면모를 여실히 보여줬다. 젊은이들의 교육에 대해서 데모스의 권위를 무조건 수용하고, 아테네의 신을 믿지 않은 것은 무신론자나 마찬가지라고 여기는 단순하지만 "충성스런"민주주의자 멜레토스의 태도와, 아테네의 젊은이들을 동물에 비유하는 것도 서슴지 않고 종교적인 문제를 논리적, 철학적으로 따지고 드는 회의적(skeptic)이고 철학적인 소크라테스의 태도는 극명한 대조를 보인다.

사실, 멜레토스와의 대화에서 보여준 정치와 종교에 대한 소크라테스의 철학적 태도는 그가 지금껏 길거리나 시장에서 아테네인들을 어떻게 대해 왔는가를 보여주는 예시이기도 하다. 따라서 멜레토스와 소크라테스의 대화는 소크라테스가 그의 삶을 통해 드러낸 "소크라테스 식 철학"이 정치적 연대성을 추구하는 아테네인들에게 얼마나 위험한 것으로 인식되었을지를 엿볼 수 있는 중요한 대목이다. 배심원들이 멜레토스를 신문하는 소크라테스를 보고 반감을 가진 만큼, 길거리와 시장에서 소크라테스의 활동을 목격한 아테네인들도 소크라테스에 대한 위험을 감지했을 것이다. 이런 맥락에서 소크라테스는 언젠가는 공적 기소를 당할 처지에 있었다고 할 수 있다.

여기서 한 가지 더 주목할 것은, 소크라테스의 철학적 태도가 아테네의 정치와 마찰하게 된 것은 아테네가 민주정이었기 때문이 아니라는 것이다.[11] 소크라테스의 철학적 태도는 구체적으로 아테네의 데모스들과 갈등을 조성했지만, 소크라테스의 삶은 어떤 종류의 정치체와도 갈등할 수밖에 없는 철학과 정치의 근원적 갈등을 초래한다는 것이다.

아테네가 만약 과두정이었다면 젊은이들의 교육에 관해 소크라테스와 멜레토스는 어떤 대화를 주고받았을까? 민주정 하에서 멜레토스는 그 지배자들인 데모스들이 가장 듣고 싶어 하는 정답을 내놓았다. 그러나 소크라테스와의 대화를 통해 멜레토스는 자기가 기소한 사안, 즉 젊은이의 교육에 대해 한 번도 깊이 통찰한 적이 없음이 드러났다. 따라서 멜레토스의 소위 "민주적"인 대답은 민주적 가치와 신념에서 나온 것이 아니라 지배층의 인기를 얻기 위한 것이라고 볼 수 있다. 아테네가 과두정이었다면 멜레토스는 지배층의 구미에 맞게 부유하고 가문이 좋은 소수의 귀족들이 젊은이들을 교육해야 한다고 답했을 것이다. 반면 소크라테스는 어떻게 대답했을까? 소크라테스는 과두정 하에서도 여전히 "전문가 논지"를 고수했을 것이다. 과두정의 엘리트들은 소크라테스의 "전문가 논지"를 환영했을까? 과두제의 지배자들 역시 소크라테스의 교육 전문가들과는 일치하지 않는다. 따라서 소크라테스는 과두제 하에서도 여전히 정치적 연대성을 해치는 인물로 낙인찍힐 가능성이 크다. 소크라테스 식으로 정치에 접근하는 것은 정체의 종류와 관계없이 정치 공동체의 연대성을 해치는 것으로 간주될 가능성이 높다는 것이다. 소크라테스의 철학적 태도는 정체의 종류를 막론하고 정치와의 갈등을 초래할 가능성이 높다는 얘기다. 따라서 소크라테스의 태도를 통해 드러난 철학과 정치의 갈등은 민주정이라는 독특한 상황에 국한된 것이라기보다 보편성을 추구하는 철학과 공동체의 연대성을 추구하는 정치 간의 근원적인 긴장관계에 따른 것이라고 보는 것이 타당하다.

철학과 정치의 근원적인 긴장관계는 소크라테스가 자신의 무신론에 대한 기소를 논박하는 과정에서도 확인된다. 멜레토스는 도시가 인정하는 것이라면 무엇이든 받아들였을 법한 소위 시민 종교에 기반을 둔 신학을 지지한다. 반면에 소크라테스는 멜레토스의 신학이 논리적 일관성을 결여했다고 조롱한다. 소크라테스는 아마도, 어떠한 신학이라도 그의 철학적 원칙을 기준으로 일관성이 없다고 판명된 것은 어리석은 신학이라고 비난할 것이다. 그러나 어떠한 신학도, 특히 그것이 시민 종교의 성격을 갖는 경우, 논리적 일관성만이 판단의 기준이 될 수 없다. 따라서 논리적 일관성과 철학적 정밀성을 요구하는 "소크라테스적 신학"은 불가피하게 종교와 마찰을 빚을 수밖에 없다. 이런 의미에서 소크라테스적 철학은 어느 정체 하에서도 시민 종교를 후원하는 정치와 갈등관계에 놓일 수밖에 없다.

요컨대 소크라테스에 대한 오래된 증오와 적대감은 그가 자연철학자이거나 소피스트의 성격을 지녔기 때문이 아니라, 소크라테스 자신이 선택한 삶의 방식, 즉 "소크라테스 식 철학하기"와 아테네라는 정치 공동체와의 근원적인 갈등에 기초한다는 것이다. 한편 소크라테스와 멜레토스와의 대화는 소크라테스의 철학적 활동이 민주정 하의 아테네 뿐 아니라 다른 정체에서도 갈등할 수밖에 없다는 것을 단적으로 보여주는 예이다. 이제 남은 질문은, 이토록 심각하게 정치와 갈등을 겪으면서도 견지하려고 했던 그의 철학적 활동, 즉 그의 삶의 본질이 무엇인가 하는 것이다.

사실 소크라테스는 신탁의 수수께끼를 풀었음에도 불구하고, 시민들에게 무엇이 가치 있는 삶인가를 묻는 활동을 지속했다. 이런 와중에 자신의 철학적 활동이 정치와 근원적으로 갈등한다는 사실을 인식했지만, 소크라테스는 그의 활동을 일종의 신적 사역(神的 使役)으로 간주하면서 삶의 당위성을 찾았다. 소크라테스는 신탁의 의미를 스스로 깨달은 후 아마도 다음과 같이 자문했을 것이다. '신은 왜 인간적 지식이 하잘 것 없다는 것을 증명하기 위해 나를 선택했을까? 신이 나를 선택한 것은 나에게 어떤 소명을 주기 위함이 아닌가?' 이에 대해 소크라테스는 "신은 나에게, 나와 다른 사람의 삶을 끊임없이 보살피는 활동을 신적 사역으로 명령한 것이다"라고 결론 내린다(29a). 이제 소크라테스는 자기 자신을 이런 소명을 받은 신의 도구로 간주한다. 델피신탁의 의미를 신적 사역이란 이름으로 자신의 삶 속에서 완전히 내재화한 것이다. 이제 소크라테스는 그의 철학적 활동, 즉 자신과 다른 이들을 보살피는 작업을 신의 명령으로 이해한다. 따라서 철학적 활동을 중단하는 조건으로 그를 사면할 수 있다는 가정적(假定的) 제안에 대해 "내가 숨쉬고 있는 한 신을 따를 것이며, 철학을 중단하지는 않을 것이다"(29d)라고 소크라테스가 대답한 것은 당연한 일이다.

그는 만나는 사람마다 "당신은 돈과 평판, 명예에 대해서는 그토록 신경을 쓰면서, 왜 인간의 지혜(*phronesis*)와 진리(*alētheia*) 그리고 당신의 영혼이 어떻게 하면 가장 훌륭해 질 것인지에 대해서는 보살피지 않는가?"라고 묻는다(29e). 이런 활동은 델피신탁의 의미를 찾아 헤매던 시기의 소크라테스의 활동과 구별된다. 소크라테스는 이제 인생에서 가장 중요한 것이 무엇인가에 대한 자기 확신을 갖게 된 것이다. 그는 늙은이나 젊은이나 구별 없이 돈이나 육체보다 영혼의 훌륭함을 살펴야 한다고 강조한다(30b, 36c).[12] 그러나 영혼 보살핌의 필요성은 사람들에게 쉽게 설득되지 않았다. 이를 위해 소크라테스가 할 수 있었던 최선의 방법은 자신과 다른 사람들의 삶을 검증함으로써 그들 각자가 자신의 삶에서 무엇이 가장 중요한 것인가를 깨닫게 하는 것이었다(29e–30a). 소크라테스는 바로 이런 활동을 자신에게 부과된 신적 소명으로 여긴 것이다.

신적 소명으로 여겨지는 소크라테스의 삶은 곧 무엇이 훌륭한 삶인가를 검증하는 삶이다. 가장 훌륭한 삶이 무엇인가에 대한 답은 곧바로 드러나지 않는다. 그러나 무엇이 훌륭한 삶인가를 검증조차 하지 않는 삶은 처음부터 훌륭한 삶이 될 자격이 없다. 소크라테스는 다른 이들의 삶을 검증하면서, 자신처럼 "검증하는 삶"이야말로 최선의 삶이 될 수 있다고 주장한다.

그러나 모든 이들이 소크라테스와 같이 자신과 다른 이들의 삶을 검증하는 삶을 살 수는 없다. 소크라테스가 훌륭한 삶의 형태로 제시한 "검증하는 삶"은 소크라테스를 제외한 다른 사람들, 즉 신적 소명을 받지 않은 일반 시민들은 어떻게 살아야 하는 것인지에 대해 구체적으로 답을 주지 않는다. 어떻게 일반 시민들은 그들의 일상적인 생활을 유지하면서, 삶을 검증하고, 영혼을 보살필 수 있는가? 정치적인 삶이 일상화되어 있던 아테네의 현실 속에서, 모든 사람들이 정치 참여를 뒤로 하고 길거리로 나와 자신과 다른 이들의 삶을 검토하고 다닌다는 것은 현실적으로 불가능하다. 소크라테스는 모든 이들이 검증하는 삶을 살 수 있다고 믿었는가?

자신의 활동이 도시에 유익하다는 소크라테스의 주장은 이런 의문을 푸는 중요한 단서가 된다. 이 주장은 불경죄로 기소된 피고인으로서는 다소 대담하고 터무니없기까지 한 것이다. 이에 따르면, 소크라테스는 자기 확신을 통해 부나 권력, 명예보다 영혼과 덕(*aretē*)을 관리하는 것이 각자의 삶에서 무엇보다 중요한 것임을 깨달았고, 이러한 사실을 모르는 아테네 동료 시민들을 깨우치는 일은 그들을 잠에서 깨어나게 하는 것과 마찬가지라, 시민들을 무지로부터 개명시키는 그의 활동은 도시 전체에 큰 유익을 가져다준다는 것이다. 소크라테스는 자신을 황소의 잠을 깨우는 "등에"에 비유하면서, 자신과 같이 도시에 유익을 주는 인물이 다시 나타나기 어려울 것이라고 "경고"하고, 자신을 사형으로부터 구제하기 위한 변호는 자신을 위한 것이 아니라 아테네를 위한 것이라고 주장한다(30d-e). 따라서 아테네에 유익을 주기 위해 신이 내린 선물인 소크라테스를 기소한 자들은 도시의 유익을 제거하려는 자들이며, 나아가 신의 선물을 거부하는 불경스런 자들이라는 것이다.[13]

일반적으로 자신의 활동이 도시에 유익을 주기 위함이었다는 주장은 법정에서 배심원들의 환심을 사려는 피고인의 수사학적 수단이라고 할 수 있다.[14] 그러나 소크라테스의 주장은 수사학적 고려 이상의 의미를 내포하고 있다. 바로 앞에서 제기됐던 문제, 즉 "영혼을 보살피는 철학"으로 점철된 소크라테스의 삶을 어떻게 일반 시민의 삶에 적용할 수 있는가에 대한 중요한 실마리를 제공하기 때문이다. 결론부터 말하자면, 소크라테스의 "영혼을 보살피는 활동"은 기왕의 정치적 삶의 가치를 완전히 배제하지 않고 새로운 의미의 정치적 삶, 즉 '소크라테스적 정치적 삶'을 지향하고 있으며, 따라서 일반 시민들은 이 새로운 형태의 정치적 삶의 선택을 통해 자신의 영혼을 보살핌과 동시에 기존의 정치를 "영혼을 보살피는 정치"로 전환할 수 있다는 것이다.

먼저 주목해야 할 것은, 소크라테스의 삶이 일반적 의미에서 줄곧 "비정치적"이었다는 사실을 알고 있던 배심원들의 입장에서, 소크라테스의 삶이 도시에 유익을 준다는 주장은 강한 의심을 불러일으킨다는 점이다. 배심원들이나 아테네 시민들은, 소크라테스가 만약 그토록 동료 시민들의 삶을 걱정하고 도시에 유익을 주고자 했다면, 왜 그는 가장 사람들이 많이 모여 있고 도시의 중요한 문제들을 논의하는 정치의 장에 나타나지 않았는지 반문할 것이다. 시민으로서 가장 가치 있는 삶이란, 정치에 적극적으로 참여함으로써 도시의 공공선을 추구하는 것이라는 페리클레스적 정치적 삶에 익숙해 있던 아테네 시민들에게, 상식적으로 가장 "비정치적인" 모습을 보여준 소크라테스가 자신의 삶이 도시의 유익을 위해 바쳐졌다고 주장하는 것은 한낱 허풍으로 들릴 수 있다.[15] 아테네인들과 배심원들이 잠재적으로 이런 의구심을 갖게 될 것을 소크라테스는 잘 알고 있었다.[16] 그래서 소크라테스는 자신이 왜 일반적인 의미의 정치 참여를 외면했는지 변호한다. 그런데 그 내용을 잘 살펴보면 소크라테스가 제시하고자 하는 정치적 삶의 새로운 의미에 도달하게 된다.

소크라테스가 정치 참여를 외면할 수밖에 없었던 첫 번째 이유는 알 수 없는 신적인 힘(*daimonion*)이 그의 정치 참여를 방해했기 때문이라고 한다.[17] 이 변명은 극히 개인적이고 특수한 경험에 기초를 두고 있어서 일단 객관적인 진실성이 보장되지 않는다는 약점이 있다. 그러나 그가 이처럼 개인적 경험을 그의 정치 불참의 구실로 내세운다는 것은, 역설적으로 소크라테스가 정치 참여의 필요성을 완전히 부인하지 않는다는 것을 의미한다. 실제로 정치에 참여하려는 소크라테스의 의지가 신적인 힘(*daimonion*)에 의해 얼마나 자주 저지당했는지는 알 수 없다. 그러나 이러한 변명은, 만약 이런 특별한 사유가 없으면 아테네에서의 정치 참여는 소크라테스의 입장에서도 용인 내지 고무될 수 있다는 점을 암시하는 것이다. 따라서 소크라테스의 철학적 활동은 근본적으로 반정치적(antipolitical)이거나 비정치적(apolitical)일 필요가 없다는 잠정적인 결론을 내릴 수 있다.

그러나 정치 참여와 관련된 소크라테스의 두 번째 언급은 이런 잠정적인 결론과 배치되는 듯이 보인다. 소크라테스는 자신이 정치를 멀리하게 된 것이 결국 자신에게도 유익한 일이라고 평가하고 있기 때문이다. 신적인 힘의 방해도 있었지만, 소크라테스도 이 방해를 긍정적으로 평가했고, 이는 정의로운 인간이 살아남기에 정치적 장(場)이 너무 타락했다는 정치에 대한 소크라테스의 경멸적 태도를 드러내는 것으로 보일 수 있다. 더구나 소크라테스는 정치에 대한 부정적 평가의 근거에 대해 "정의를 위해 싸우는 어떤 사람도 아테네 시민들에 대항하거나 어떤 다중의 무리에 대항해서 살아남기 어렵기 때문이다"라고 밝히고 있다(31d5–32a3). 아테네 시민들의 면전에서, 그것도 불경죄(*asebeia*)라는 중죄로 기소된 죄인이 어떻게 이런 대담한 발언을 할 수 있는가? 그러나 그가 이 법정을 그의 삶의 목적이 무엇이었고, 가치 있는 삶이 어떤 것인가를 아테네 시민들에게 보여줄 수 있는 마지막 기회로 삼고 있다는 점을 고려하면, 그가 죽음을 두려워하여 자신의 신조를 왜곡하지는 않았을 것이라고 쉽게 짐작할 수 있다. 여기서 주목해야 할 것은 정치에 대한 소크라테스의 경멸이 정치 자체보다는 아테네 시민들과 아테네 민주정의 특수한 상황을 향했다는 것이다. 소크라테스는 이 대목에서도 그의 철학적 활동이 반드시 반정치적이거나 비정치적일 필요가 없다는 것을 확인해 준 것이다. 소크라테스가 모든 형태의 정치를 완전히 배제하는 것은 아니라는 잠정적인 결론이 여전히 유효하다는 얘기다.

나아가 소크라테스는 자신이 경험한 제한적인 정치 참여의 사례를 소개하면서 놀랍게도 자신의 삶을 일종의 정치적 삶으로 규정하고 있다. 소크라테스는 자신의 첫 번째 정치적 경험으로 500인 위원회의 위원장직을 맡았던 사례를 들고 있다. 이때는 그의 정치 참여를 제재해 왔던 신적인 힘(*daimonion*)이 왜 작동하지 않았는지 확실하지 않다. 어쨌든 10개의 부족들이 돌아가면서 500인 위원회 의장직을 맡아야 할 때 소크라테스는 추첨에 의해 그날의 의장으로 선택되었다. 이 날의 의제는 아르기누사이 해전(海戰)에서 패전한 후 전사자들을 유기하고 돌아온 장군들의 처벌에 관한 것이었다. 소크라테스는 의장으로서 10명의 장군들에 대한 처벌을 의제로 상정해야만 했지만, 장군들을 일괄적으로 처리하는 것이 부당하다고 판단해 의제 상정을 거부했다(32a9–c3). 이러한 현실 정치 참여의 예는 소크라테스의 삶이 정치적 참여를 완전히 배제하지 않음을 여실히 보여준다.[18]

소크라테스의 두 번째 정치경험 사례는 30인의 과두정 시기에 있었던 일이다. 30인의 과두정은 소크라테스와 다른 네 사람에게 살라미스의 레온을 잡아들이라는 명령을 내렸다.[19] 소크라테스는 그가 무고하다고 생각했기 때문에 이 과두정의 명령에 복종하지 않았다. 과두정의 명령에 불복하는 것은 죽음을 무릅쓴 일이었다. 표면적으로 소크라테스가 이 경험을 거론한 것은 그의 삶 전체에서 보이는 정치 참여에 대한 기피가 죽음에 대한 공포 때문이 아니었음을 예시하기 위한 것이었다. 그러나 이 예는 소크라테스가 "정치적"이란 것의 의미를 어떻게 파악하는지 보여주는 중요한 열쇠를 제공한다. 소크라테스와 다른 네 사람들이 살라미스인 레온을 체포하라는 명령을 받았을 때, 소크라테스는 이 명령에 불복하고, "집으로 갔다"고 증언하고 있다(32d). 소크라테스는 어떤 의미에서 이 집으로 간 행위를 자신의 정치 참여의 사례로 제시하는 걸까? 소크라테스는 물론 30인 과두정의 명령을 받기 위한 소환에 응했다. 그러나 소크라테스의 강조점은 분명 이 소환에 응한 행위가 아니라 과두정에게 항명한 행위에 있다. 소크라테스에게 적절한 때 그럴만한 이유 때문에 "집으로 간" 행위는 정치 참여와 다르지 않다는 것이다. 소크라테스에게 "정치적인 것"은 제도적 한계에 갇혀 있지 않다.[20]

이제 소크라테스가 자신의 삶을 통해 그려내려는 독특한 의미의 정치적 삶이 무엇인가를 정리하고자 한다. 우선 소크라테스의 철학적 활동과 그의 삶은 모든 형태의 정치 참여를 배제하는 것이 아니라는 것을 확인할 수 있다. 소크라테스는 일반적인 의미의 정치 참여, 즉 페리클레스적인 시민 이데올로기에 입각한 정치 참여를 우선시하지 않았다. 그러나 모든 의미의 정치를 근본적으로 배격할 이유는 없었다. 둘째, 소크라테스적 정치 참여는 도시에 유익을 줘야 한다는 목적에 있어서 페리클레스적인 정치 참여와 맥을 같이 한다. 그러나 그 내용이 시민의 "영혼 보살핌"에 있다는 점에서 페리클레스적인 정치 참여와는 구별된다. 셋째, 소크라테스적 정치 참여는 정체의 종류에 따른 뚜렷한 선호가 존재하지 않는다는 것을 알 수 있다. 전반적으로 반민주적 경향을 보이는 듯하지만, 그렇다고 과두제나 왕정을 선호하는 흔적도 찾을 수 없다. 마지막으로 소크라테스 식의 정치 참여는 시민의 영혼을 살핌으로써 도시에 유익을 주는 한, 제도적 제약으로부터 자유롭다는 것을 알 수 있다. 레온 체포에 대한 명령에 불복한 자신의 행위를 정치적인 것으로 간주한 소크라테스는, 그가 거리나 시장에서 행한 시민들과의 사적인 대화도 "정치적인 것"으로 간주했을 것이다. 소크라테스는 "정치적인 것"의 의미를 사적 영역으로까지 확장될 수 있는 여지를 마련한 것이다.

"소크라테스적 정치" 혹은 "소크라테스적 정치적 삶"을 이상과 같이 정의한다면, 그의 삶 전체는 일관적인 정치적 삶이었다고 볼 수 있다. 물론 이러한 소크라테스적 정치적 삶은 통상적인 의미의 정치적 삶과는 구분된다. 그러나 그의 삶이 소위 철학자의 전형적인 삶의 형태인 "관조적 삶"과 일치하지 않는다는 것 또한 확실하다.[21] 소크라테스는 공적 영역에서만 가능하다고 생각했던 정치적 삶을 사적 영역에서 살았던 것이다. 이런 의미에서 소크라테스가 자신의 삶을 "사적으로 바쁜"(*polupragmosunē idiai*) 삶이라고 정의한 것은 정확한 묘사이다(31c).[22] 희랍어로 *polupragmosunē*는 대부분 공적이고 정치적인 업무를 뜻하며 *idiai*가 개인적 혹은 사적이란 말로 풀이된다면, 이 "사적으로 바쁜 (혹은 사적으로 공적인)" 삶이란 "소크라테스적 정치적 삶"이란 말과 함께 모순적으로 보인다. 그러나 소크라테스는 그의 철학적 활동을 정당화하는 과정에서 정치의 의미를 새롭게 정의하고 있으며, 이 새롭게 정의된 정치의 관점에서 볼 때 "사적으로 바쁜 삶"이나 "소크라테스적 정치적 삶"은 결코 모순적이지 않다. 소크라테스는 결국 새로운 형태의 삶의 방식, 새로운 형태의 정치적 삶을 탄생시킨 것이다.[23]

소크라테스는 기존의 정치적 삶(페리클레스적 정치적 삶)과는 전혀 다른 형태의 정치적 삶을 개발하고 이를 최초로 선택한 사람이다. 소크라테스의 생애를 통해 소크라테스적 정치적 삶이라는 새로운 형태의 삶이 출현했지만 이로 인해 소크라테스는 비극적 최후를 맞아야만 했다. 그러나 소크라테스는 '소크라테스적 정치적 삶'의 선택이 반드시 그와 같은 최후를 맞는 것은 아니라는 점을 강하게 암시하고 있다. 소크라테스는 그의 『변론』을 통해서 영혼을 보살피는 정치적 삶이 아테네 민주주의와 양립 가능하다는 것 역시 암시한다. 소크라테스가 결국 유죄 판결을 받은 것은 소크라테스에 대한 오랜 편견과 엄청난 적대감을 고려해 볼 때 그리 놀랍지 않다. 오히려 놀랄만한 것은 그의 유죄 판결이 의외로 근소한 차이(220-280)로 결정되었다는 사실이다. 소크라테스는 그의 변론을 통해 무죄 방면에는 실패했지만, '소크라테스적 정치적 삶'이 무엇이며, 그것이 어떻게 정치와 철학 간의 갈등을 바탕으로 만들어졌는지 이해시키는 데 성공했다. 소크라테스가 자신의 삶을 정치적 삶으로 규정하고 있으며, 나아가 가치 있는 삶을 살기 위해서라도 정치 참여를 배제할 필요가 없다고 암시한 사실은 일반 시민들에게는 반가운 일이 아닐 수 없다. 이제 아테네인들은 기왕에 가장 가치 있는 삶으로 여겨졌던 정치적인 삶을 유지하면서, 동시에 소크라테스의 권고를 받아들여 정치의 장에서 자신의 영혼을 보살필 수 있게 된 것이다.

2절 소크라테스적 시민성과 영혼 돌봄 : 『변론』과 『크리톤』[24]

적극적인 정치 참여를 전제로 하는 이른바 페리클레스적 시민성의 관점에서 보면 소크라테스의 삶을 시민성의 한 유형으로 파악하는 것은 어려움이 따른다. 그러나 필자는 이 절에서 그의 삶 속에서 발견되는 다양한 유형의 시민성을 확인하고, 소위 소크라테스적 시민성의 의의를 검토하고자 한다.

앞 절에서 검토한 바와 같이 만약 비공식적 영역에서의 활동도 넓은 의미의 정치 개념에 포함시킬 수 있다면, 소크라테스의 삶을 시민성의 관점에서 이해하는데 큰 무리가 없다.[25] 소크라테스가 비공식적 영역에서 행한 주요 활동은 무엇이었나? 거리와 시장에서 동료 시민들로 하여금 가치 있는 삶을 살 수 있도록 그들의 삶을 검증하고, 그들이 믿고 있는 신념을 캐묻는 활동이었다(30b, 36c). 소크라테스는 이러한 자신의 활동을 등에의 역할에 비유하면서, 자신의 활동이 잠들어 있는 도시를 깨운다는 차원에서 도시에 유익을 주고 있다고 진술한 바 있다(30d–e). 이렇게 보면 소크라테스는 자신의 활동이 비공식적 공간에서의 활동이긴 하지만, 도시의 건강성을 회복시키려는 "건전한 시민성"의 반영이라고 이해하고 있는 것이다.

그러나 소크라테스적 시민성에 대한 이러한 긍정적 자기 평가는 자명한 사실 하나를 간과한 결과라고 할 수 있다. 즉 그의 활동의 기원이 원칙적으로 독특한 종교적 체험에 의존하고 있다는 사실이다. 소크라테스적 시민성의 유익성은 캐물음과 검증 활동에서 소크라테스가 사용하고 있는 논박적 대화법(*elenchos*)과 깊이 관련되어 있는데, 이런 활동의 기원은 사실 신탁의 의미를 정확하게 이해하려는 그의 종교성에 바탕을 두고 있었음을 주목해야 한다.[26] 소크라테스는 이렇게 진술했다.

> "이것들은 (만나는 다른 사람들에게 질문하고(*eromai*), 캐묻고(*exetazō*) 심문하는(*elenchō*) 것) 신이 지시하기 때문이라는 것을 잘 알고 계십시오. 그리고 저는 신에 대한 저의 이 봉사보다

더 크게 좋은 일이 일찍이 여러분을 위해 이 나라에서 생긴 적이 없다고 생각합니다. 제가 돌아다니면서 하는 일이라고는, 젊은이들이든 나이 든 분들이든 상관없이 자신들의 혼이 최선의 상태가 되도록 혼에 대해서 마음 쓰는 것에 앞서거나 그만큼 열성적으로 몸이나 재물에 대해서도 마음 쓰는 일이 없도록 설득하는 일 이외의 아무 것도 아니기 때문입니다."(30a–b).[27]

이와 같은 소크라테스의 진술은 표면적으로 주장되는 그의 건전한 시민성이 사실은 그의 개별적인 종교성에 기초했음을 확인해준다. 소크라테스의 검증하는 삶의 기원은 사실 카이레폰이 받아온 델피신탁, 즉 신의 예지(叡智)에서 비롯된 것이다.[28] 소크라테스는 신탁의 의미를 해석하기 위해 먼저 현명하다고 판단되는 정치가, 시인, 장인 세 부류의 사람들을 검증하면서 자신만이 "무지의 지"(knowledge of ignorance)를 갖고 있음을 깨달았고, 나아가 다른 동료 시민들에게도 이런 "무지의 지"를 깨닫게 하려고 만나는 사람마다 그들의 삶에 대해 캐묻고 신문하는 활동을 했다. 그런데 앞 절에서도 소개한 바와 같이 소크라테스는 이런 자신의 활동을 신적 사역으로 해석한다. 소크라테스의 독특한 활동은 그의 종교적 신념과 종교성에 의해 결정적으로 영향 받았다는 것이다. 다시 말해, 『변론』의 진술에서 엿볼 수 있는 소크라테스적 시민성은 결국 시민적 덕성이나 애국심에 기초했다기보다는 소크라테스 자신의 개별적이고 독자적인 종교성에 기초했다는 점을 상기할 필요가 있다.

소크라테스적 시민성이 이렇게 개별적 종교성에 의존하는 한,

이런 시민성이 궁극적으로 도시에 얼마나 큰 유익을 가져다 줄 지에 대한 의문이 남는다. 캐물음과 검증 활동으로 구성된 소크라테스적 시민성은 시민들의 열광적 집단주의나 지나친 세속주의에 제동을 걸어 도시에 유익을 줄 수 있다. 그러나 소크라테스적 시민성이 이와 같은 유익을 주기 위해서는 어느 시점에서는 이런 캐물음을 중단하고, 국가가 제시하는 가치에 동조해야 하고, 공동체 안에서 자신이 해야 할 일을 수긍하며 공적으로 시민으로서의 역할을 다해야 한다. 즉 소크라테스적 시민성이 어느 시점에 이르러서는, 자신이 속한 정치 공동체에 맹목적인 충성심을 발휘하는 페리클레스적 시민성에게 자리를 내 줘야 한다는 것이다. 그러나 개별적 종교성에 기초를 두고 있는 소크라테스적 시민성이 공공선의 획득에 우선적 가치를 두고 있는 페리클레스적 시민성으로 전환되는 데에는 큰 장애가 따른다. 소크라테스적 시민성이 개별적 종교성에 기반을 두고 있는 한, 그의 삶이 전통적인 시민의 역할과 타협하리라는 보장이 없기 때문이다. 따라서 소크라테스의 삶을 모방하며, 그의 시민성을 계승하려는 사람들이 많이 나타난다면 공동체는 불안정해질 수도 있다. 이런 맥락에서 소크라테스적 시민성은 건전한 시민성의 전형적인 모델이 되기는 어렵다.

소크라테스는 혹시 자신만 이렇게 끊임없이 검증하는 삶을 살고 나머지 시민들은 대체로 페리클레스적 시민성을 선택하는 상황을 상정하고 있는 것일까? 물론 소크라테스가 모든 사람들이 자신과 똑같은 삶을 살아야 한다고(혹은 살 수 있다고) 생각한 것은 아니다. 그러나 소크라테스는 자신이 죽는다고 해서 자신과 같은 검증 작업을 할 사람이 완전히 사라질 것으로 생각해서는 안 된다고 경고한 바 있다(39d). 즉 적어도 일부의 동료 시민들이 자신과 같은 삶을 살게 될 것이라는 확신을 가졌던 것이다. 아테네 시민 중 절대다수가 이런 시민성을 지향한다고 보기는 어렵다. 그러나 소크라테스 한 명 정도가 아니라 상당수의 시민이 이런 삶을 지향한다면 어떻겠는가? 곧바로 드러나지는 않아도 개별적인 종교적 신념은 근본적으로 타협할 수 있는 대상이 아니므로, 국가에 대해서 잠재적으로 파괴적인 시민성이 될 가능성이 있다.

이런 맥락에서 『변론』에 나타난 소크라테스적 시민성에는 아렌트, 마라, 빌라 등의 학자들이 긍정적으로 평가하는 "비판적 시민성"의 요소와 함께, 이와 대조적인 잠재적으로 "파괴적인 시민성"이 공존한다. 이와 같이 소크라테스적 시민성의 양면적 특성의 공존은 그의 군 복무 경험에 대한 기술에서도 확인된다. 기본적으로 소크라테스가 국가의 군 복무 명령에 따랐다는 것은 그의 시민성이 페리클레스적 시민성과 어느 정도 공유하는 측면이 있음을 보여 준다. 그러나 이 경우에도 소크라테스는 소위 페리클레스적 시민성보다 개별적 종교성을 전제로 한 시민성에 우위를 두고 있음이 나타난다.[29] 죽음을 감수한다는 측면에서 국가의 명령이나 신의 명령은 동일하지만, 만약 현재의 국가가 소크라테스가 파악하고 있는 신의 명령과 반대되는 명령을 내린다면, 소크라테스는 국가의 명령보다 신의 명령에 복종하겠다고 선언한다.[30] 결론적으로 『변론』에 나타난 소크라테스적 시민성은 일방적으로 파괴적 시민성이라고 할 순 없지만, 그렇다고 아렌트, 마라, 빌라가 해석하는 것처럼 전적으로 건전한 비판적 시민성이라고도 할 수 없다. 소크라테스적 시민성의 근저에는 어떠한 다른 가치와도 타협할 수 없는 개별적인 종교성이 강하게 자리 잡고 있으며, 이런 특징은 잠재적으로 파괴적 요소를 포함할 수 있기 때문이다.

『변론』에서 드러나는 시민성과 구분되는 소크라테스적 시민성의 또 다른 면모는 『크리톤』에서 발견된다.[31] 『크리톤』은 사형 집행을 기다리고 있는 옥중의 소크라테스에게 그의 죽마고우인 크리톤이 찾아와 탈옥을 권고하고, 이에 대해 소크라테스가 이른바 의인 법률의 입을 빌어 탈옥의 부당함을 크리톤에게 설득시키는 내용을 담고 있다. 『변론』과 달리 『크리톤』은 대화의 형식을 갖는 플라톤의 저작이라는 점에 주목할 필요가 있다.[32] 따라서 역사적 사료에 가까운 『변론』의 해석과 달리 『크리톤』의 해석은 대화편이라는 저술형식을 어떻게 이해하는가에 따라 크게 좌우될 수 있다. 『크리톤』에 나타난 소크라테스적 시민성에 대한 규정 역시 이 대화편의 형식을 어떻게 이해하는가와 깊이 연관되어 있다. 대화편의 형식과 관련해서 가장 큰 관건이 되는 것은 의인화된 법률의 입장이 어느 정도 소크라테스의 입장과 일치하는가이다. 즉 소크라테스가 크리톤의 제안을 거부하는 데 주요한 근거로 간주되고 있는 의인(擬人) 법률의 주장이 어느 정도까지 소크라테스 자신의 입장인가 하는 점이다. 따라서 의인 법률의 논지도 중요하지만, 우선 이 의인 법률이 어떻게 크리톤과 소크라테스의 논의에 개입했는지에 대한 맥락을 이해할 필요가 있다.

이른 새벽에 소크라테스의 감옥에 도착한 크리톤이 소크라테스에게 탈옥을 권유하는 데에는 두 가지 이유가 있었다. 하나는 그가 소크라테스와 같은 훌륭하고 가까운 친구를 잃고 싶지 않다는 것이고, 다른 하나는 크리톤이 친구보다 돈을 더 귀히 여겨 소크라테스를 구하지 못했다는 나쁜 평판을 두려워해서이다(44b–c). 소크라테스는 두 번째 이유에 응대하여 다수는 가장 훌륭한 일과 가장 나쁜 일 어느 쪽도 할 수 없으므로, 다수의 평판이 두려워 바로 탈옥을 감행할 것이 아니라 지금 이것을 실행해야만 할 것인지 아닌지 우선 검토해야 한다고 주장한다(46b). 소크라테스는 아울러 이런 검토는 "이제 비로소 처음 하는 것이 아니라, 지금까지 언제나 추론해 보고서 가장 좋은 것으로 판단되는 그러한 원칙(logos) 이외에는, 내게 속하는 그 어떤 것에도 따르지 않았다"는 그의 행위의 일반 원칙이었음을 강조한다(46b).

소크라테스는 크리톤에게 "우리가 사람들의 모든 의견을 존중할 것이 아니라, 분별 있는 이들의 건전한 의견은 따르되, 어리석은 자들의 나쁜 의견을 존중하지 말아야 한다"는 점을 설득시킨다(47a). 예컨대 몸에 대해서는 이와 관련된 전문가의 의견을 좇아야지 다수를 두려워해 그들의 의견을 좇는 것은 어리석은 일이라는 "전문가 논지"를 다시 등장시킨다. 이어 소크라테스와 크리톤은 몸보다 한층 더 중요한, 우리에게 살 가치를 부여하는 영혼에 관해서 전문가의 의견에 당연히 따라야한다고 여긴다(48a). 따라서 탈옥을 감행하기 전에 소크라테스와 크리톤은 이 관점에서 탈옥이 올바른 것인지를 검증해야 한다.

보통 사람들에게 탈옥의 정당성은 사전에 그의 투옥이 어느 정도 정당한 것이었는가가 중요한 기준이 될 것이다.[33] 크리톤은 물론, 그에게 소크라테스의 탈옥을 돕지 않았다고 비난할 것으로 예상되는 세상 사람들은 탈옥의 정당성을 투옥의 부당함, 즉 판결의 부당함에서 찾을 것이다. 소크라테스가 아테네 법에 의해, 혹은 그 법에 따라 진행된 판결에 의해 부당한 대우를 받았으므로 탈옥이 이를 정정할 수 있는 방법이라고 보는 것이다. 소크라테스에 대한 판결이 부당한 것이었음은 소크라테스도 인정한다.[34] 그렇다고 곧바로 탈옥이 정당화되는가? 탈옥이 부정한 판결의 회복이 될 수 있는가? 탈옥이 부정의의 교정이라고 해도 탈옥이 성공하기 위해서는 온갖 위장과 기만이 필요하고 누군가에게 어느 정도 해를 가할 수밖에 없는데, 이런 탈옥이 과연 정당화될 수 있는가? 크리톤은 그렇다고 믿지만, 소크라테스에게는 아직까지 이런 의문들에 대한 확답이 없다.

소크라테스는 이 대목에서 자신의 첫 번째 원칙을 제시한다. 어떤 경우에도 부정한 행위를 하거나, 남에게 해를 끼쳐서는 안 된다는 것이다. 이 원칙을 편의상 "부정행위불가론(不正行爲不可論)"과 "위해불가론(危害不可論)"으로 칭해 보자. 지금 소크라테스는 부당하게 받은 대우를 회복해야 한다는 크리톤의 주장에 대해 느닷없이 자신의 원칙을 제시한 것이다.

탈옥이 정당하다고 보는 크리톤의 입장으로 되돌아가 보자. 통상적인 시민성의 관점에서, 소크라테스와 같이 부당한 판결을 받은 경우가 아니라면 탈옥은 부정한 것이며 비난받아야 한다. 그럼 탈옥은 경우에 따라서 허용될 수도 있고, 부정될 수도 있는 것인가? 크리톤은 아마 그렇게 가정하고 소크라테스에게 탈옥을 권유한 듯하다. 소크라테스에게 탈옥을 권유하고 있는 크리톤은 대단히 불법적인 시민이라기보다 통상적인 의미의 아테네 시민성을 공유하고 있는 사람이라고 할 수 있다. 그의 시민성에 비추어볼 때, 부정을 당했을 때에는 그 부정으로부터 회복되는 것이 마땅하고 그 과정에서 불가피하게 범하게 되는 부정은 어느 정도 정당화될 수 있다.

이런 관점에 따르면 법률이나 법률에 따른 판결이 부당한 경우, 굳이 이에 복종할 필요가 없다. 그러나 무엇이 부당한지 특히 법의 명령과 관련하여 무엇이 부당한 명령인지 자명한가? 크리톤은 소크라테스에 대한 판결이 부당하게 내려진 것임을 확신하고 이 문제를 크게 걱정하지 않는 것으로 보인다. 그러나 아테네의 모든 시민들이 소크라테스의 탈옥을 정당한 것으로 생각할까? 법의 명령에 복종해야 하는 대상이 바로 그 명령의 정당성 여부를 판단한다는 것은 자의적인 해석을 낳을 가능성이 대단히 높다. 크리톤은 일반적으로 받아들여지는 시민성에 따르고 있는 듯하지만, 그 시민성은 사실 상당 부분 자의성에 기초해 있었던 것이다.

다소 느닷없어 보이는 "부정행위불가론"과 "위해불가론"은 바로 이런 자의성에 기초한 시민성을 내비치는 크리톤을 대상으로 제시된 원칙이라고 할 수 있다. 어쨌든 이 원칙에 따르면, 부정을 행하는 것은 조건부로 허용되는 것이 아니라 어떤 경우에도 용납되지 않는 것이다. 따라서 설령 부정을 당했어도 그 앙갚음으로 부정을 행해선 안 된다(49a-e). 크리톤의 시민성이 법의 명령이 정당한가 부당한가에 따라 이에 복종할 의무 여부를 가리는 데 반해, 소크라테스가 제시한 원칙에 따르면 어떤 경우에도 법의 명령에 복종해야 한다. 여기에는 사실 법을 위반하는 것은 법과 국가에 위해를 가하는 것이고, 누구에게든지 위해를 가하는 것은 부정한 것이라는 가정이 깔려 있다.

크리톤은 소크라테스가 새롭게 제시한 원칙, "부정행위불가론"과 "위해불가론"의 입장에 동의한다(49e). 부정한 판결이나 법에 대해서 앙갚음을 할 수 있다고 생각했던 크리톤은 왜 여기서는 이와 상반된 원칙에 동의했을까? 크리톤의 동의는 소크라테스의 일반 원칙을 개인 간의 사적인 관계에만 한정한다는 가정을 전제로 한다. 만약 크리톤이 소크라테스가 제시한 원칙을 국가에까지 확대해서 적용했다면 애초에 탈옥을 종용하지 말았어야 했다. 크리톤은 여기서 자신의 탈옥 제의가 사실상 어떤 원칙에 기초했는가를 소크라테스에 의해서 확인받는 계기를 갖게 된 것이다.

크리톤은 여전히 소크라테스의 탈옥이 부당하다고 생각하지 않는다. 크리톤도 남에게 해를 끼치거나 부정을 부정으로 되갚는 것은 개인 간의 관계에서 바람직하지 않다고 생각한다. 그러나 소크라테스 한 사람이 법의 명령에 복종하지 않는 것이 법이나 국가에 결정적인 해를 가하는 것이라고 보지는 않았다. 그리고 부당한 판결에 불복하는 것이 부당한 것을 부당함으로 갚는 것에 해당한다고 보지도 않았다. 그에게 소크라테스의 탈옥은 단지 부당한 것으로부터의 회복을 의미할 뿐이다.

"부정행위불가론"과 "위해불가론"을 개인 간의 관계에 적용하는 것에는 동의하지만, 이 원칙들을 개인과 국가의 관계에도 일반적으로 적용해야 할지는 여전히 모호한 입장을 보이는 크리톤에게 소크라테스는 자신의 두 번째 원칙인 "합의론"을 제시한다. 즉 "누군가와 합의한 것들은 이것들이 올바른 것이라면 이행해야만 한다"는 원칙이다. 만약 탈옥이 어떤 합의한 것을 깨는 행위라면 이 역시 부정한 행위가 된다(49e–50a). 소크라테스는 여기서 법률이 이미 시민들이 합의한 내용임을 시사하고, 그래서 이 합의한 내용을 깨서는 안 된다는 것을 암시하고 있다. 그러나 크리톤은 이에 대한 확답을 피한다(50a). 크리톤의 시민성은 여전히 소크라테스의 탈옥에 대해서 확고한 입장을 취하기 어렵다. 남에게 해를 가하거나 앙갚음으로 부정을 행하는 것이 바람직하지 않고 이미 합의한 것을 따라야 한다는 것에는 동의하지만, 이 원칙이 소크라테스가 탈옥을 거부해야 하는 이유가 될 수 있는지는 확신할 수 없는 것이다. 이 대목에서 의인화된 아테네의 법률이 등장한다. 소크라테스의 두 원칙이 탈옥이라는 구체적인 사안에 있어서, 국가와 그 법률을 대상으로 적용될 수 있는 것인가에 대해 주저하고 있는 크리톤에게 바로 그 법률이 의인화를 통해 직접 나선 것이다.

전체적으로 의인 법률의 입장은 소크라테스의 두 원칙을 국가를 대상으로도 적용해야 한다는 것이다. 먼저 의인 법률은 탈옥이 법률과 나라를 해치는 일이라고 해석함으로써 소크라테스의 첫 번째 원칙인 "위해불가론"을 적용한다(50b). 일단 내려진 판결을 무효화하려는 시도가 늘어난다면 당연히 국가의 권위는 실추되고 국가가 존속되기도 어렵다는 것이다. 법률은 소크라테스 한 사람의 불복종이 국가에 끼칠 수 있는 해가 적지 않음을 설득하고 있다. 그렇다고 해도 부정하게 내려진 판결에 대해서는 적어도 그 판결의 효력을 회피할 수 있지 않은가? 더구나 소크라테스에 대한 판결이 부당하다는 것은 많은 사람들이 인정하고 있으므로 소크라테스의 탈옥이 다른 일반 범법자들로 하여금 법률을 회피하는 구실을 제공한다고 보기 어렵다. 따라서 소크라테스가 탈옥하더라도 국가의 존속을 위태롭게 하는 결과가 초래된다고 단정할 수 없다. 이런 관점에서 크리톤은 소크라테스에 대한 판결이 부당한 것이었다는 가정 하에 탈옥이 국가에 해를 끼치는 것이 아닌 긍정적인 행위라고 생각했을 것이다(50c).

이에 대해 의인 법률은 소크라테스의 탈옥이 국가에 해를 가하는 것인지에 대한 논점을 접고 (따라서 소크라테스의 탈옥이 아테네에 어느 정도 해가 되는지의 여부는 아직 완전히 판명되지 않은 상태이다), 앞서 소개된 바 있는 두 번째 원칙인 "합의론"을 제시한다(50c). 기본적으로 나라 안에 살고 있다면 이미 국가의 법에 따르기로 합의한 것이라고 봐야 한다는 "합의론"이야말로 의인 법률이 크리톤을 설득하는 중심 주장이다. 의인 법률은 또한 소크라테스가 국법에 의해 태어났고(그의 부모가 이 국법에 의해 혼인을 했으니까), 또 국법에 따라 양육되고 교육받았으므로 (50d–e), 소크라테스는 조국과 국법에 큰 은혜를 입고 있는 상태라는 이른바 "보은론"(報恩論)을 덧붙인다. 보은론은 합의론과 다른 별개의 논지라기보다 소크라테스가 합의한 상대가 보통 다른 상대보다 훨씬 귀하고 성스러워서 결코 합의를 파기할 생각을 해선 안 된다는 것을 강조하기 위한 보완적인 논지로 이해할 수 있다(51a–b).

이어서 의인 법률은 "설득 아니면 복종론"(persuade or obey)에 근거하여 탈옥의 부당함을 역설한다. 만약 소크라테스의 판결이 부당했다면, 소크라테스는 판결이 내려지기 전에 그의 입장을 설득했어야 한다는 것이다(51b; 52a). 만약 설득에 실패했다면 법률의 명령에 복종해야 한다는 것이다. 소크라테스는 법정에서 배심원들을 설득하는 데 실패했다. 그러니 이제 법률의 명령에 복종하는 것이 도리라는 것이다. 앞서 지적한 바와 같이 "위해불가론"을 어디까지 적용할 것인가는 이론의 여지가 있다. 그러나 "보은론"으로 보충된 "합의론"과 "설득 아니면 복종론"은 의인 법률이 소크라테스 탈옥의 부당함을 지적하는 데 충분한 논변으로 보인다.

마지막으로 의인 법률은 소크라테스의 특수한 상황을 거론하며, 탈옥이 그에게 결코 도움이 되지 않음을 지적한다. 첫 번째는 소크라테스와 법률의 합의는 강제나 기만, 속단에 의해 진행된 것이 아니라는 것이며(52b–e), 두 번째는 소크라테스의 경우 현실적으로 탈옥하여 망명할 나라도 마땅치 않다는 것이다. 탈옥으로 자국의 법을 어기면서. 법을 존중하는 다른 나라로 망명할 수는 없는 노릇이다. 만약 크리톤이 준비해 놓은 테살리아와 같은 불법이 횡행하는 나라로 망명한다면 그곳에서 어떻게 올바름과 훌륭함에 대해 논할 수 있겠는가?(53c–e) 소크라테스는 앞서, 사는 것 자체가 중요한 것이 아니라 "잘 사는 것"이야말로 가치 있다고 선언한 바 있다(48b). 불법적인 나라에서 훌륭함과 올바름에 따라 살 수 있을 가능성은 없다.

그럼 자식 때문이라도 탈옥을 해야 하는가? 이 역시 소크라테스로서는 수긍하기 어렵다. 사형을 받아들일 경우나, 테살리아와 같이 자식을 데려가지 못할 정도로 불법적인 나라로 망명할 경우나 자신이 직접 자식을 돌보지 못한다는 데에는 차이가 없기 때문이다(54a). 그리고 어쨌든 친구들이 대신 자식들을 보살펴 줄 것으로 기대한다. 이러한 보충 논지는 소크라테스와 오랜 친구 관계에 있는 크리톤을 안심시키는 역할을 한다. 앞에서 여러 근거를 통해 보여준 의인 법률의 합리적인 근거뿐 아니라, 친구에 대한 배려까지 고려한 설득이다. 크리톤은 이런 주장에 완전히 설복 당해 소크라테스에게 더 이상 탈옥을 권유하지 않는다.

지금까지 살펴 본 바에 따르면, 의인 법률은 크리톤에게 소크라테스의 탈옥이 부당함을 설득하기 위해 여러 가지 논거를 제시했고, 크리톤은 이에 충분히 설득당한 것으로 보인다(54d). 그럼 이 의인 법률의 설득은 크리톤뿐만 아니라 소크라테스 자신에게도 유효한 것인가? 다시 말해 의인 법률이 제시한 근거들은 다름 아닌 소크라테스의 입장으로 볼 수 있는가?

소크라테스는 어쨌든 탈옥을 하지 않았으므로 소크라테스와 의인 법률은 같은 입장을 취한다고 볼 수 있다. 만약 그렇다면 소크라테스의 입장은 합의한 법률의 명령에 대해서는 적법한 과정에서 그 부당함을 설득시키지 못했을 때 무조건 복종해야 한다는 것으로 이해해야 한다. 개인이 법률의 내용에 합의했다는 것을 어떻게 확인할 수 있나? 의인 법률에 따르면, 소크라테스가 노골적으로 불만을 토로하지 않고, 오랫동안 아테네에서 살아 왔음을 근거로 제시하고 있다. 그런데 소크라테스의 경우를 일반화시켜 얘기하면, 현재 국가에 머물러 살고 있는 모든 시민들은 사실상 그 나라의 모든 법률에 합의한 것이라고 봐야 하고, 재판 과정에서 자신의 무죄를 설득하는데 실패했다면 남은 선택지는 법의 명령에 복종하는 길밖에 없다는 것이다. 이런 입장은 아무리 권위주의 국가에 살고 있더라도 자신이 오랫동안 머물러 살아온 조국이라면, 그리고 일정한 재판 과정을 거쳤다면 법의 명령에 무조건 복종해야 한다는 취지로 이해될 수 있다. 따라서 "악법도 법이다"라는[35] 세간의 표현을 "부당한 판결이라도 국법에 의한 것이라면 무조건 복종해야 한다"는 것으로 이해한다면, 이 표현이 비록 플라톤의 대화편이나 소크라테스에 대한 여타 문헌에서 문자 그대로 발견되지 않더라도, 『크리톤』에 나타난 소크라테스의 논지를 반영하는 것으로 봐야 할 것이다.

소크라테스의 입장이 합의론을 기본으로 하고 보은론과 그 밖의 다른 상황적 조건들까지 제시하고 있는 의인 법률의 입장과 동일한 것이라면, 소크라테스는 탈옥을 거부해야 한다. 그러나 소크라테스가 바로 이런 이유 때문에 탈옥을 거부한 것인가에 대해서는 적어도 형식적인 면에서 여전히 의문의 여지를 남긴다. 무엇보다 의인 법률의 주장이 소크라테스의 입을 통해 개진되긴 했지만, 의인 법률과 소크라테스가 동일인은 아니기 때문이다. 즉 소크라테스가 탈옥을 거부한 것은 의인 법률의 주장에 동의했기 때문이 아니라 자신이 정한 다른 이유 때문일 수 있다는 것이다.

소크라테스의 입장과 의인 법률의 입장이 구분될 가능성은 소크라테스가 기왕에 보여준 행위의 검증 원칙을 고려하면 더욱 높아진다. 첫째로, 소크라테스가 이 중요한 현안을 사실상 자신의 입장에서 진솔하게 검증하지 않았다는 점이다. 어쨌든 현안은 소크라테스 자신이 탈옥을 할 것인가 말 것인가의 문제이다. 소크라테스는 기왕의 행위 원칙에 따라 의인 법률의 입을 빌 것이 아니라 자신이 주체가 되어 보다 철저하게 이 문제를 검증했어야 했다. 두 번째로, 의인 법률의 주장은 표면적으로도 철학적 검증을 거친 결론이 아니라 누군가를 설득하기 위한 주장으로 보인다. 대화법적 형식을 취하고 있지만, 실질적으로는 의인 법률과 소크라테스의 대화 내용을 크리톤에게 설득시키려는 수사학적 의도가 엿보인다. 소크라테스가 기왕의 행위 원칙에 충실했다면, 크리톤이 제안한 탈옥 문제를 자신과 크리톤이 직접 검증했어야 했다. 만약 플라톤이 의인 법률과 소크라테스의 입장을 동일한 것으로 이해하길 원했다면, 왜 굳이 의인 법률을 등장시킴으로써 오해의 소지를 남겼겠는가? 의인 법률의 설득은 궁극적으로 소크라테스 본인의 탈옥 행위 여부를 결정하기 위한 검토가 아니라, 크리톤의 탈옥 제의가 부당한지 아닌지를 결정하기 위한, 크리톤을 대상으로 한 설득이라고 볼 수 있다.[36]

그렇다면 의인 법률의 입장과 구분되는 소크라테스의 입장은 무엇인가? 의인 법률이 등장하기 이전의 소크라테스의 진술에 좀 더 주목할 필요가 있다. 미리 말해 두자면, 의인 법률과 구분되는 소크라테스의 입장은 사실상 시민불복종을 정당화할 수 있는 가능성을 열어두고 있다. 의인 법률은 기본적으로 합의론에 입각해서 소크라테스의 탈옥을 부정하고 있다. 그런데, 과연 소크라테스는 이 법률에 합의한 적이 있는가? 소크라테스는 의인 법률을 통해서가 아니라 자신이 직접 합의론을 제시할 때, "어떤 사람이 누군가와 합의한 것들은, 이것들이 올바른 것들일 경우, 그는 이를 이행해야만 한다"고 말한 바 있다(49e). 즉 합의론은 그 합의한 내용이 올바른 것이어야 한다는 전제를 깔고 있다. 따라서 처음부터 올바른 법이 아니었다면, 합의론에 따른 구속력은 대단히 미약해진다. 두 번째로 소크라테스의 "위해불가론"이 탈옥의 거부에 적용될 수 있는 원칙인지도 아직 불분명하다. 이에 대해서는 의인 법률도 크리톤을 충분히 설득하지 못했음을 확인한 바 있다. 즉 의인 법률에 따르면 탈옥은 법을 위반하는 것이고, 이에 따라 국법의 권위가 상실되면 국가의 존립이 위태롭게 되어 법률과 조국에 위해를 가해 소크라테스는 국가에 해를 가한 것이 된다. 그런데 만약 해당 법률이 부정한 법률이었다면, 부정한 법률을 파괴하는 것이 오히려 국가에 이득이 된다고 해석할 수도 있다. 이렇게 보면, 시민불복종은 국가가 시민의 권리를 보호하기로 한 합의나 계약을 위반했다는 이유뿐 아니라, 불복종으로 인한 법률의 폐기가 오히려 조국을 이롭게 할 수도 있다는 이유에서도 허용될 여지가 있다.

나아가 부정한 법률에 대한 위반 행위가 해당 법률의 파괴에 그치지 않고, 설령 국가 자체의 파괴에까지 이르렀다고 해도, 소크라테스의 원칙상 모든 파괴가 반드시 위해가 되지 않을 수 있다. 이로 인해 국가가 파괴되었다는 것은 정체가 파괴되었다는 것을 의미하고, 결국 새로운 정체가 태어남을 의미한다. 죽음이 몸의 파괴인 것이 확실하고, 모든 파괴가 위해가 된다면 죽음도 위해가 되는 것이므로, 죽음을 회피하지 않는 소크라테스도 자기 자신에게 위해를 가한 셈이 된다.[37] 이런 문제는 소크라테스가 모든 파괴를 위해로 간주하지 않았다고 가정함으로써 해결될 수 있다. 설령 탈옥이 어느 측면에서는 도시를 파괴하는 요소가 있다고 하더라도 소크라테스는 여전히 탈옥의 근거를 찾을 수 있다는 것이다. 요컨대 소크라테스가 탈옥을 거부한 이유가 시민불복종이 절대 허용될 수 없기 때문만은 아니라는 것이다.

만약 소크라테스가 의인 법률의 주장에 설득된 것이 아니라면, 소크라테스가 탈옥을 거부한 나름의 이유는 무엇인가? 소크라테스는 기본적으로 "위해불가론"을 제시한 바 있다. 그러나 이 원칙이, 국가를 대상으로, 그리고 탈옥이라는 구체적인 사안에 있어서, 어떻게 적용되어야 할지는 여전히 애매하다. 사실 개인 간의 관계에 있어서도, 부당한 행위를 당한 사람이 과연 앙갚음을 하지 않는 것이 옳은지, 즉 부당함을 감당만 해야 하는지도 아직 철저히 검증된 바 없다.[38] 이렇듯 소크라테스가 자신의 입장을 확정하기 위해서는 아직 검증해야 할 것들이 많이 남아 있다. 따라서 소크라테스가 탈옥을 거부한 것은 무조건적으로 법에 복종만을 강조하며, 일방적이고 획일적인 준법적 시민성에 입각해 있었기 때문이라고 보기 어렵다.

그렇다면 소크라테스는 왜 탈옥을 거부했을까? 탈옥 거부에 새로운 이유가 있어서라기보다 아직 탈옥의 정당함을 발견하지 못했기 때문이라고 보는 것이 타당하다. 탈옥은 투옥되어 있는 현 상태를 깨는 것을 의미하는데, 크리톤이 새벽에 소크라테스를 찾아오기 전까지 소크라테스에게는 모든 것이 정돈된 안정적인 상태였다. 물론 부당하게 기소되고 사형판결을 받았지만, 『변론』에 나타난 소크라테스의 입장에 비추어 보면, 현재의 상태까지 진행되어 온 과정은 신의 뜻에 의한 것이었다. 그러기에 소크라테스는 사흘 후에 자신의 죽음을 알리는 꿈을 꾸었을지 모른다. 이런 상태에서 느닷없이 크리톤이 찾아와 탈옥을 권유한 것이다. 소크라테스는 법률을 대신해 크리톤을 설득할 때나 자신의 두 가지 원칙을 크리톤에게 제시했을 때에도, 이미 사흘 후에 자신이 죽음을 맞이할 것이라는 것을 알았다. 그의 독특한 종교성에 비추어 보면 충분히 짐작할 수 있는 일이다. 소크라테스 본인에게는 현재 죽음을 기다리는 것이 신의 뜻을 거스르지 않는 것이고 부당한 일을 새로 저지르지 않는 일이다. 처음부터 탈옥은 불가하다는 것을 알고 있었다. 소크라테스는 이렇듯 탈옥을 거부할 독자적인 이유를 갖고 있었다.

그런데 왜 그는 의인 법률을 통해서 자신의 생각과는 다소 다른 내용을 늘어놓은 것일까? 소크라테스는 크리톤의 탈옥 제안에서 자신의 친구이자 동료 시민인 크리톤의 시민성에 중대한 결함을 발견했기 때문이다. 크리톤은 아무런 거리낌 없이 간수를 매수했고, 또한 충분한 검증도 없이 탈옥이라는 불법을 종용하고 있다. 소크라테스는 크리톤의 탈옥 제안에서 이러한 "저급한 수준의 불법성"(lower lawlessness)을 발견한 것이다.[39] 소크라테스가 의인 법률을 통해 크리톤을 설득하고, 마치 자신도 이에 설득당해 탈옥을 거부한 것으로 보이게 한 이유는 이를 통해 크리톤을 "저급한 수준의 불법성"으로부터 구제하려는 의도 때문이었다.

그러나 "저급한 수준의 불법성"을 부정하는 것이 시민불복종과 같은 "상위의 불법성"(higher lawlessness)까지 부정하는 것은 아니다. 예컨대, 소크라테스의 개별적이고 독특한 종교성은 준법적 시민성과는 구분되는 "상위의 불법성"을 열어 놓을 수 있다. 그럼에도 불구하고 소크라테스는 "저급한 불법성"을 감행하려는 크리톤에게(동시에 비슷한 생각을 하고 있는 다른 시민들에게) 법의 지배의 필요성을 강조한다. 소크라테스는 그때까지 지속해 온 철학적 검증만으로도 돈과 명성을 좇는 "저급한 불법성"을 배제해야 한다는 것을 잘 알고 있었기 때문이다. 소크라테스 자신이 탈옥을 거부한 것은 법의 지배 자체를 존중하는 상식적인 시민성에 입각한 것은 아니었다. 하지만 크리톤과 다른 동료 시민들을 "저급한 불법성"으로부터 구제하기 위해, 소크라테스는 마치 의인 법률의 주장에 정확히 동조하는 것처럼 자신을 드러냈고, 이 정도까지 소크라테스는 시민으로서의 책임을 다한 것이다.

요컨대 『변론』과 『크리톤』에 나타나는 소크라테스적 시민성은 하나의 통일된 모델이라기보다 다층적 특성을 지닌다고 할 수 있다. 우리는 『변론』에 나타난 소크라테스적 시민성이 건설적이고 유익한 시민성일 뿐 아니라, 소크라테스의 개별적인 종교성에 기반을 둔 잠재적으로는 파괴적인 시민성을 포함하고 있음을 확인했다. 『크리톤』에서도 우리는 동료 시민이 "저급한 불법성"에 빠지지 않도록 법에의 복종 의무를 강조하는 시민성과 아울러 시민불복종을 허용하며, 사안에 따라서는 그 이상의 불법성까지도 허용할 수 있는 소크라테스적 시민성도 발견했다. 다중적, 다차원적인 소크라테스적 시민성은 페리클레스적 시민성에 비추어 보면 뚜렷한 윤곽이 드러나지 않는 시민성이다. 이런 맥락에서, 소크라테스적 시민성은 모든 정치 공동체가 공공연하게 지향할만한 대표적인 시민성 모델이 되기는 어렵다. 그럼에도 불구하고 우리가 검토한 소크라테스적 시민성은 만약 이와 비슷한 특성을 보이는 시민들이 공동체에 존재할 때 우리가 어떤 태도를 취해야 하는가에 대한 준거점을 제시한다. 예컨대, 도덕적 절대주의나 특이한 개별적 종교성에 기반을 둔 시민성을 발휘하려는 이들이 공동체에 존재한다면 우리는 이들을 어떻게 대해야 할까? 이들의 시민성이 비판적이면서도 건설적인 수준의 시민성에 머물 수도 있지만, 적어도 잠재적으로는 공동체의 존립을 위협하는 시민성으로 전이될 가능성도 있다. 어떻게 이러한 시민성이 파괴적 시민성으로 추락하는 것을 막을 수 있을까?

소크라테스적 시민성에서 작은 실마리를 찾을 수 있다. 소크라테스적 시민성은 잠재적으로는 도시에 위협적인 요소를 내포하고 있으면서도 완전히 파괴적인 것은 아니었다. 그의 도덕적 개인주의와 개별적 종교성은 시민성의 극단적 한계에까지 도달하고 있지만, 여전히 시민성의 범주 안에 놓여있다. 소크라테스는 여전히 다른 동료 시민을 돌보고(*epimeleia*), 아테네에 유익을 주려는 시민적 덕성을 발휘하고자 했다. 어떻게 소크라테스적 시민성이 포함하고 있는 파괴적인 속성들이 적절히 길들여질 수 있었는가? 소크라테스의 도덕적 절대주의나 개별적 종교성이 그의 이성적 활동(그의 철학적 활동)과 결합했기 때문이다. 다시 말해 개별적 신념이 보편적 이성과 결합할 때, 파괴적 시민성에 이르는 것을 막을 수 있다는 것이다. 소크라테스는 자신이 시민성의 한 부분이 되는 잠재적인 위험 요소를 자신의 철학적 활동으로 극복한 것이다.

소크라테스적 시민성이 그것의 파괴적 속성을 차단할 수 있었던 또 다른 이유는 소크라테스가 인간 지식의 한계를 인정하고 있다는 점에서 찾을 수 있다. 신에 비해 인간 지식에 결정적인 한계가 있음을 인정하는 것은 소크라테스의 개별적 종교성과 그의 철학적 활동의 핵심 내용이었다. 종교적 가치에 기초한 근·현대 정치가 종교전쟁이나 자살 테러와 같은 끔직한 결과를 맞이하게 된 것은 이들의 종교적 신념이 기본적으로 인간 지식의 한계를 인정하는 바탕위에 기초하지 않기 때문이다. 개별적 종교성에 입각한 신념이나 도덕이라고 하더라도 인간 지식의 한계를 인정한다면 신념과 가치의 절대성은 어느 정도 유보될 수 있고, 그런 정도까지 종교적 신념이나 도덕적 가치가 시민성의 파괴로까지 이어지지 않을 것이다. 무지의 지(知)에 기초한 소크라테스적 시민성은 그 예를 적절히 보여주고 있다. 소크라테스적 시민성이 현대 정치에서 모든 시민들에게 적용될 수 있는 일반적이고 전형적인 시민성의 모델이 된다고 보기는 어렵다. 그러나 개별적 가치에 의존하면서 공동체적 가치에 도전하는 시민성을 갖고 있는 시민들을 국가가 어떻게 대해야 하고, 이들이 어떤 시민성을 지향해야 하는가에 대해서 소크라테스적 시민성은 유용한 시사점을 제공한다.

3절 청년 교육과 영혼 돌봄의 정치 : 『알키비아데스』

『변론』과 『크리톤』 두 대화편이 이미 영혼 돌봄의 우선적 가치를 알고 있던 소크라테스의 관점에서 영혼 돌봄이 초래하게 될 정치적 쟁점들을 검토한 것이라면, 『알키비아데스』는 통상적인 의미의 정치적 삶을 지향하고 있던 알키비아데스와 같은 정치인의 관점에서 영혼 돌봄과 정치적 삶의 관계를 재조명한 대화편이라고 할 수 있다. 이 대화편의 제목으로 붙여진 알키비아데스라는 인물은 당시 그리스의 명문가 출신으로 어려서부터 외모와 지력이 출중하여 아테네인들로부터 많은 사랑을 받은 이었다. 투키디데스는 그가 젊은 시절 올림픽 마차경기에서 여러 번 수상한 경력을 가졌으며, 기원전 415년 아테네가 시실리 원정을 떠날 때, 니키아스, 라마코스와 함께 선출된 세 명의 장군 중 한 명이라고 기록하고 있다. 그러나 젊은 시절 전도유망했던 알키비아데스의 인생 여정이 결코 순탄한 것은 아니었다. 알키비아데스는 시실리 원정대의 장군으로 선출되어 출정을 나갔으나, 헤르메스 성상(聖像) 훼손 사건의 연루 의혹을 받아 곧바로 민회의 소환명령을 받았다. 소환의 결과를 예측할 수 있었던 알키비아데스는 명령에 불복하고 적국인 스파르타로 망명해 버린다. 이후 알키비아데스는 스파르타뿐만 아니라 페르시아까지 넘나들며 일신의 영달을 위해 언제든지 조국을 배반하는 일을 서슴지 않았으며 우여곡절 끝에 다시 아테네로 귀환하는 데 성공하기도 한다.[40]

이런 알키비아데스가 한 때 소크라테스의 애자(*eromenos, beloved*)였다는 것은 아테네인들에게 잘 알려져 있는 사실이었다.[41] 주지하는 바와 같이 소크라테스에 대한 기소 내용 중에는 소크라테스가 젊은이들을 타락시켰다는 죄목이 포함되어 있는데, 이는 아테네를 배신한 알키비아데스의 경력이나 알키비아데스와 소크라테스가 사제지간이었다는 사실과 무관하지 않다. 따라서 이 대화편의 주 대화상대로 알키비아데스를 등장시키고, 그의 이름을 대화편의 제목으로 정한 것은, 소크라테스가 어떤 의미에서 알키비아데스라는 젊은이를 타락시켰는가를 확인하고, 이를 통해 젊은이를 타락시켰다는 죄목이 얼마나 타당한 것인가를 재검증하려는 플라톤의 의도를 반영한 것이다.[42]

『알키비아데스』라는 대화편의 제목이 이와 같이 곧바로 알키비아데스의 이력과 소크라테스의 재판을 연상시키는 반면, 이 대화편이 실제로 다루고 있는 주제는 매우 포괄적이다. 이 대화편의 부제가 "인간의 본성에 대하여"로 붙여진 점으로 미루어 보아도 이 대화편이 단지 소크라테스와 알키비아데스의 사제 관계 이상의 주제를 다루고 있음을 잘 대변한다. 신플라톤주의자 중 한 사람인 알파라비는 플라톤 철학의 모든 주제가 이 대화편에서 최초로 다뤄지고 있다고까지 주장한 바 있다.[43] 실제로 『알키비아데스』는 비록 심도 있는 수준까지는 아니지만, 정치, 덕, 영혼, 지식 등 인간사의 전 범위에 걸친 다양한 주제들을 포함하고 있다. 어찌 보면 알키비아데스의 타락의 책임 소재를 따지기 위해 검증해야 하는 교육의 본질이 이렇게 다양한 주제를 포괄하고 있기 때문인지도 모른다. 이제 대화편의 내용을 구체적으로 검토하면서, 플라톤이 이 대화편을 통해 전달하려는 중심적인 의도가 무엇이었는가를 추적해 보고자 한다.

『알키비아데스』 대화편은 소크라테스가 알키비아데스에 대한 자신의 사랑이 예전부터 지금까지 변함없이 지속되고 있음을 드러내는 것으로 시작한다. 이와 같은 소크라테스의 언급은 다소 예상

밖이다. 당시 알키비아데스는 동성애의 상대가 될 만한 시기를 훌쩍 넘긴 상태였다. 수려한 외모 때문에 알키비아데스를 애자로 두고 싶어 했던 많은 이들이 있었으나, 이제 그럴 시기는 지났다. 더구나 알키비아데스의 전성기에는 그에게 말조차 걸지 않았던 소크라테스가 이제 와서 그에 대한 사랑을 멈춘 적이 없다고 말하는 것은 다소 의외의 발언이다. 나중에 밝혀지지만, 소크라테스가 알키비아데스에 대해 지속적인 관심을 가졌던 것은 그의 육체에 대한 사랑이 아니라 그의 영혼에 대한 사랑 때문이었다.

소크라테스는 지금까지 자신이 알키비아데스의 애자임에도 불구하고 그를 만나는 것을 자제해 왔다고 진술한다. 어떤 "신적인 전조" 때문에 자신의 알키비아데스와의 접촉을 방해했다는 것이다. 이 전조에 대해서 소크라테스는, 알키비아데스가 너무 어려서 그의 말에 귀를 기울이지 않을 것을 우려한 신의 조치였다고 해석한다(105e–106a). 사실 알키비아데스의 고집스런 태도는 이 대화편의 전반부에도(대체로 119b까지) 여전히 나타난다. 알키비아데스는 소크라테스의 심각한 질문에 진지하게 대답하기보다 단지 논쟁에서 이길 심산으로 자신의 입장만을 고집하는 모습을 보인다. 어떤 의미에서 알키비아데스의 고집은 자신감의 표현이다. 이런 자신감으로 알키비아데스는 지금까지 많은 구애자들을 물리쳤을 것이다.

그런데 소크라테스는 알키비아데스의 자신감이 그가 누리고 있는 여러 소유물 때문이라고 지적한다. 그 연장선에서 소크라테스는 알키비아데스가 현재 어떤 야심으로 살아가고 있는가를 추정한다. 소크라테스에 따르면, 알키비아데스는 정계에 뛰어들어 아테네에서 최고의 권력자가 되려 하며, 그리스뿐 아니라 대륙의 이민족들에까지 자신의 명성을 떨칠만한 권력을 갖고자 한다는 것이다. 마치 이후에 페르시아와 소아시아 국가들을 전전하며 명예와 권력을 추구하게 될 알키비아데스의 미래를 예견하듯, 소크라테스는 알키비아데스가 가슴 속에 품고 있는 야심을 폭로한다. 소크라테스는, "만약 신이 알키비아데스로 하여금 더 많은 것을 얻을 기회를 포기하고 현재에 만족하며 살라고" 한다면 아마 그는 죽음을 선택할 것이라고 예측한다. 나아가 만약 알키비아데스가 자신의 지배력이 유럽에만 국한되고, 아시아에는 미치지 못하게 되었을 경우에도 마찬가지로 죽음을 선택할 것이라고 소크라테스는 예측한다. 알키비아데스의 야심이 미치는 범위를 지적하기 위함이다.

알키비아데스가 실제로 아시아에 대한 야욕을 갖고 있었는지는 확실하지 않다. 그러나 소크라테스는 아시아에 대한 알키비아데스의 야심을 가시화했다. 어찌 보면 소크라테스는 자신이 설정한 가상의 신을 통해 알키비아데스의 속내를 대신 드러낸 셈이다. 이를 통해 소크라테스는 알키비아데스의 환심을 샀으며 가상의 신의 이름으로 알키비아데스를 자신의 영향권 안에 둔 것이다.

알키비아데스의 환심을 산 소크라테스는 이제 그와 함께 보다 진솔한 대화를 나눌 수 있게 됐다. 소크라테스의 첫 번째 작업은 고집스럽고 자신만만한 알키비아데스로 하여금 그가 진정으로 자신이 원하는 것을 얻기 위해서는 소크라테스의 도움이 필요하다는 사실을 깨닫도록 하는 것이다. 이를 위해 소크라테스는 알키비아데스가 아테네의 민회를 통해 대중 앞에 나서게 될 때, 그가 아테네인들에게 어떤 조언을 할 수 있는가를 묻는다(106c). 이들의 대화는 어떤 지식이 정치가에게 필요하고, 어떤 지식이 국가를 명령하고 이에 따른 명예를 얻기에 합당한지, 즉 정치인이 구비해야 할 진정한 지식이 무엇인지에 관한 논의로 이어진다. 이 과정에서 알키비아데스는 자신의 수려한 용모, 부유함, 귀족적 출생 등이 국가에 조언할 자격을 자동으로 부여하는 것이 아니며, 국가에 조언하려면 그에 합당한 지식과 기술을 갖춰야 한다는 것을 깨닫는다. 그 과정을 좀 더 부연하자면 다음과 같다.

알키비아데스는 무엇에 관해서 그가 국가에 조언할만한 지식을 갖추었냐는 물음에 곧바로 "국가에 속한 이들 자신의 일"에 관해서라고 자신 있게 대답한다(107c). 좀 더 구체적인 답을 요구하는 소크라테스에게 알키비아데스는 아테네인들이 "자신의 일들에 관해서," 즉 전쟁이나 평화와 관련된 일과 그 밖의 나랏일에 관해서 심의할 때 조언을 줄 수 있다고 대답한다(107d). 소크라테스는 우선 알키비아데스에게 기술이 그 자체로서 무엇인지를 보여줌으로써 알키비아데스가 과연 전쟁과 평화와 관련된 기술을 갖고 있는가를 검증할 수 있도록 준비시킨다(107d-108d). 소크라테스에 따르면 기술이란 관련된 행위에 대한 "더 좋은" 지식이다. 그런데 알키비아데스는 전쟁과 평화에 관한 조언을 할 때 도대체 어떤 기술을 알고 있는가라는 소크라테스의 물음에 제대로 답하지 못했다. 이를 계기로 이들은 이 기술이 무엇인지 알아내기 위해 우선 시중의 말들(speeches)을 살펴보기로 한다. 그 결과 이들은 전쟁에 관한 주장을 하는 모든 사람들이 "그것을 정당하게 수행하고" 있음을 강조한다는 사실을 발견한다. 전쟁에 관한 기술이란 다름 아닌 정의에 관한 것이다(109b). 그러나 알키비아데스에게 전쟁에 관한 기술로서의 정의는 정의 그 자체라기보다 평판을 위한 것이다. 알키비아데스에게 전쟁에서의 정의(正義)란 여전히 하나의 구실에 불과하다(109c).

소크라테스는 알키비아데스가 만약 전쟁과 관련하여 국가에 조언을 하고자 한다면, 그는 적어도 정의와 관련된 기술을 완전히 파악하고 있어야 한다고 주장함으로써 알키비아데스의 상대주의적 정의관을 일단 유보시킨다. 소크라테스는 알키비아데스가 정의에 관한 지식을 갖고 있다고 가정하고, 그가 어디서 그 지식을 얻었는지를 캐묻지만, 알키비아데스는 대답을 회피한다. 이에 대해 소크라테스는 우정을 걸고 그의 진정성을 맹세하면서(109d), 결국 알키비아데스로 하여금 그가 한 번도 정의가 무엇인지를 발견하려고 애쓴 적이 없음을 깨닫게 한다.

소크라테스는 우선 알키비아데스가 어려서부터 정의가 무엇인지 알지 못하면서도, 한 치의 의심도 없이 누군가 자신에게 "부당한 짓"을 저질렀다고 항변하는 것을 종종 목격했음을 상기한다(110b). 알키비아데스는 이에 대해 자신의 입장이 옳았음을 강력하게 주장한다. 사실 알키비아데스는 모든 면에서 남보다 뛰어났기 때문에, 부정이 개입되지 않는 한 모든 경쟁에서 알키비아데스가 승리할 수 있었다. 그런데 이때 알키비아데스가 일컫는 정의는 자신이 앞에서 전쟁에 대해서 얘기했던 '구실'로서의 정의와 구분된다. 알키비아데스는 다른 종류의 정의를 구분 없이 사용하고 있는 것이다. 소크라테스는, 알키비아데스가 스스로 정의가 무엇인지 알고 있다고 믿고 있지만, 한 번도 정의가 진정으로 무엇인지 찾아보려는 노력을 기울인 적이 없다는 점을 재차 지적한다(110c). 알키비아데스는 이런 소크라테스의 지적에 자신은 정의가 무엇인지에 관해 "다수로부터" 가르침을 받았다고 응수한다(110d-e).[44] 그러나 소크라테스는 다수는 일치된 의견을 내지 못한다는 점, 특히 정의와 관련해서 심각하게 의견이 갈린다는 점을 지적하며, 다수는 결코 정의와 관련해서 어떤 가르침도 줄 수 없음을 강조한다.

이제 알키비아데스는 정의에 대해 무지하다는 사실이 드러났다. 스스로 정의를 깨우치려고 노력한 바도 없고, 자신에게 정의에 대한 가르침을 줬다는 다수는[45] 처음부터 정의에 대한 지식을 가질 수 없는 존재이기 때문이다. 그럼에도 불구하고 알키비아데스는 소크라테스에게 승복하지 않는다. 이제 알키비아데스는, 그리스인들이 늘 염려하는 것은 사실 정의의 문제가 아니라, 편익과 관련된 것이라고 강조하면서 입장을 바꾼다(113d). 그러나 소크라테스는 정의와 편익이 다른 것이 아니라 동일한 것이라고 주장함으로써, 알키비아데스는 정의뿐 아니라 편익도 무엇인지 모른다는 것을 지적한다. 소크라테스에 따르면, 정의는 곧 인간의 탁월성(*aretē*)이므로 인간에게 가장 좋은 것이며 선택할 만한 것이다. 따라서 정의의 추구는 인간에게 가장 좋은 편익을 추구하는 것과 동일하다는 것이다. 이런 시각은 일반적으로 생명보존이나 재산 획득을 인간의 편익으로 보는 것과 다르다.

편익에 대한 새로운 이해를 갖게 된 알키비아데스는 처음으로 소크라테스에게 굴복한다. 알키비아데스는 이제 정의가 무엇인지 모른다는 것을 인정한다(116e). 소크라테스는 알키비아데스의 가장 큰 오류는 정의에 대해 무지하다는 것이 아니라(만약 그렇다면 스스로 깨달으려고 노력을 했거나, 다른 사람에게서 배우려 했을 테니까), 자신의 무지를 깨닫지 못한 점이라고 지적한다. 알키비아데스의 오류는 그가 알기도 전에 행동부터 하려는 데 있다. 행동을 하려면 의당 그것이 어떤 행동인가를 알고 있어야 함에도 불구하고, 알키비아데스는 이에 대한 충분한 지식도 없이 행동하고자 하는 욕구를 앞세워 어리석은 실수를 저질렀다는 것이다(118b). 알키비아데스는 이제 이를 인정했고, 이 대화편의 전반부는 소크라테스 논박의 완벽한 승리로 끝난다. 소크라테스는 알키비아데스만이 이런 역경을 겪고 있는 것이 아니라 아테네의 모든 정치인들도 같은 처지라고 하면서 알키비아데스에게 일종의 위로를 선사한다.

그러나 소크라테스의 위로는 시기상조였다. 알키비아데스는 다른 경쟁 정치인들이 무지하다는 것을 전제로 자신이 아테네에서 가장 성공적인 정치인이 될 수 있다고 결론내린다. 알키비아데스의 이런 결론은 소크라테스에게 매우 실망스러운 것이다. 무지의 상태에 있으면서도 이를 벗어날 생각을 하기보다 무지의 상태에서도 성공적인 정치인이 될 수 있다고 희망하는 것은, 사실상 무지의 상태에 머물러 있어도 좋다고 선언한 것이나 다름없기 때문이다. 알키비아데스는 그가 성취할 수도 있을 법한 고상한 이상을 포기한 것이다. 이제 소크라테스는 알키비아데스로 하여금 진정한 의미의 자기완성을 성취할 수 있도록 훈육해야 할 필요성을 발견한다. 이 시점부터 알키비아데스에 대한 소크라테스의 교육은 본격화되고, 대화편은 새로운 국면에 접어든다. 지금까지 소크라테스는 다소 전투적으로 알키비아데스를 논박해왔다. 알키비아데스의 무지를 드러내기 위해 역설적 논박의 방식을 택한 것이다. 그러나 이제 대화편의 새로운 국면에서 소크라테스는 알키비아데스를 교육하기 위해 그에게 매력적으로 들릴 이야기를 제공한다. 이를테면, 소크라테스는 과거 "왕가의 이야기"를 늘어놓으며, 만약 알키비아데스도 자기완성을 이루게 되면 그 상급으로 이 이야기에 등장하는 사람들처럼 엄청난 정치적 성공을 거두게 될 것이라고 부추긴다.

우선 소크라테스는 아테네에서의 알키비아데스의 모습을 전장에서 배를 조정하는 선장에 빗대어 은유적으로 묘사한다. 만약 알키비아데스가 전함을 조정하고 있다면, 그는 아테네라는 배 안에서 다른 선원들보다 뛰어나게 배를 조정할 수 있다는 것에 만족하지 않고, 상대편의 장군들보다 더 뛰어나고자 분투할 것이며, 동료시민들이 알키비아데스의 탁월함을 인정해서 자발적으로 그의 명령에 복종하기를 기대할 것이라고 말한다(119d-e).[46] 소크라테스의 배의 비유는 알키비아데스의 야심을 자극하기에 충분했다. 이를 알아챈 소크라테스는 이제 스파르타와 페르시아의 왕이 그의 진정한 경쟁자가 되어야 한다고 말한다(120a). 그러면서 소크라테스는 스파르타와 페르시아의 왕가와 알키비아데스를 비교한다. 모든 면에서 알키비아데스가 열등하다는 점을 강조하기 위함이다. 무엇보다 알키비아데스는 이들과 태생적인 면에서 구분된다. 특히 페르시아의 왕은 처음부터 모든 백성들에 대한 지배권을 갖고 태어난다. 반면 알키비아데스와 같은 일반인은 결코 이와 같은 태생적인 지배권을 갖기 어렵다. 출생에서뿐 아니라, 교육에 있어서도 현격한 차이를 보인다. 페르시아의 미래의 왕은 모든 덕과 관련하여 누구와도 견줄 수 없을 정도로 상당한 수준의 훈육을 받는다고 알려져 있다(121d–122a). 부와 관련해서도 소크라테스는 페르시아인의 사치와 호화스러움을 예시하면서, 페르시아의 왕들이 알키비아데스에 비해 월등하다는 것을 지적한다.[47]

"왕가 이야기"의 결말에서 소크라테스는 페르시아와 스파르타의 왕비로 하여금 알키비아데스에게 도대체 무엇을 믿고 자신의 왕에게 대적할 생각을 하는가라고 묻는 상황을 설정한다. 왕비는 알키비아데스가 현재 상태로 페르시아의 왕자나 스파르타의 왕과 대적하는 것은 터무니없다고 지적한다. 사실 페르시아 왕비는 왕의 뛰어난 우월성 때문에 자발적으로 복종한 것이기 때문에, 만약 알키비아데스가 앞으로 페르시아 왕보다 더 우월해 진다면 얼마든지 자발적으로 알키비아데스에게 복종할 것이다. 이에 덧붙여 소크라테스는 알키비아데스가 아직 페르시아 왕자나 스파르타 왕과 같은 능력을 갖추지는 못했지만, 적어도 이들보다 우월하다는 명성을 얻고 싶어 한다는 점을 지적한다(124b).

알키비아데스는 분명 명성을 사랑하는 애욕적인 인물이다. 소크라테스는 "왕가 이야기"를 통해서 알키비아데스가 얼마나 애욕적인 인물인지 다시 한 번 상기시켰다. 그러나 이 애욕과 야망은 앞의 첫 번째 대화 부분에서 승리를 사랑하는 알키비아데스의 속성과는 미묘하게 구분된다. 앞서 알키비아데스가 보여준 승리에의 사랑은 무분별하고 단순한 지배욕에만 초점이 맞춰져 있었다. 그러나

"왕가 이야기"를 들려 준 후 알키비아데스의 명성에 대한 욕구는 분별 있는 왕비의 자발적인 복종을 전제로 한다. 이런 맥락에서 페르시아 왕비는 위대한 정치인의 자질이 무엇인지 아는 인물로 설정된 것이다.

"왕가 이야기"가 끝난 후 알키비아데스의 목표는 단순한 지배자나 전쟁에서의 승리자에 그쳐서는 안 된다는 것이 밝혀진 것이다. 알키비아데스가 페르시아나 스파르타의 왕들과 경쟁해야 할 것은 야전에서의 승리가 아니라 이들보다 더 큰 탁월성을 갖추는 것이다. "왕가 이야기"의 결말은 결국 다시 전쟁에 대한 진정한 기술은 승리가 아니라 정의에 있다고 말한 소크라테스의 첫 번째 주장을 상기시킨다. "왕가 이야기"의 효과는 알키비아데스의 야심을 진정한 의미의 자기완성에 대한 돌봄으로 전환하는데 있었다. 따라서 이 이야기는 알키비아데스를 탁월성의 영역으로 초대하기 위한 준비 단계이다.

이제 소크라테스는 알키비아데스로 하여금 자기완성을 위한 돌봄이 최우선의 과제라는 점을 상기시키고 신의 도움을 청하게 된다(124b–d). 대화편의 나머지 부분에서는 앞서 "왕가 이야기"를 통해 요구된 자기완성을 이루기 위해, 혹은 탁월성을 갖기 위해 무엇을 해야 하는가에 대한 검토가 진행된다. 이 검토는 처음부터 아름답고 훌륭한 사람의 탁월함을 구하는 것으로 정해진다(124e). 이들에게 훌륭한 사람이란 지배할 수 있는 사람을 의미한다(125b). 알키비아데스에게 이 지배란 정치에 참여하는 시민들에게 진정한 조언을 하는 것인데, 진정한 조언이란 국가가 안전하고 더 좋게 운영될 수 있게 하는 질서를 생성하는 것이다.

이런 질서를 생성하기 위해 도시에 필요한 것이 무엇인가라는 물음에 대해, 알키비아데스는 파당을 몰아내고 시민들 간의 증오를 없앨 수 있는 우정(*philia*)이 필요하다고 답한다(126c). 소크라테스는 일단 이 우정을 생각의 일치(*homonoia*)로 이해하지만 이 생각의 일치는 모두 같은 지식이나 기술을 갖고 있는 사람들끼리의 일치가 아니라, 각자 다른 일을 해도 생길 수 있는 일치라는 것을 지적한다. 즉 모두 같은 일을 할 때보다 각자 제 일을 할 때 시민들이 정의롭게 되고, 서로에 대해 우애를 갖게 된다는 것이다(127c). 그러나 알키비아데스는 국정에 대해서 어떤 말을 해야 할지 모르겠다고 고백한다(127d). 소크라테스와 알키비아데스는 결국 국가의 일에 조언하기 전에, 자기 자신에 대한 돌봄이 선행되어야 한다는 사실을 주목한다. 이어서 이들은 무엇이 과연 자기 자신에 해당하는가를 검토하고, 진정한 자기 자신이란 결국 육체와 구분되는 영혼을 의미한다는 결론에 이른다.

이 과정에서 세 가지 논지가 사용된다. 첫째, 소유물과 그것을 소유하는 주인은 구분해야 한다는 것이다. 이 맥락에서 소크라테스와 알키비아데스는 진정한 돌봄의 기술은 소유물에 대해서가 아니라 그것이 속한 것에 대해서 발휘되어야 한다는 데 합의한다. 두 번째 논지는 앞의 논지에 따라서, 인간은 자신에게 속해 있는 것이 아니라 인간 자체에 대한 돌봄이 필요하다는 것이다. 마지막으로 세 번째 논지는 인간에게 무엇이 속한 것이고 무엇이 그것의 주체가 되는가에 관한 인간 자체에 대한 물음이다. 소크라테스와 알키비아데스는 영혼이 신체를 사용하는 주체가 되어야 하고, 영혼이 결국 인간 자체라는 결론을 내린다(130a).

영혼이 곧 인간이라는 것이 충분히 증명되었는지 소크라테스가 물었을 때 알키비아데스는 제우스에 맹세코 동의한다(130c). 이제 자신에 대해 알려고 노력하는 것은 곧 영혼에 대해 알려는 것과 동일한 것이다(130e). 자기 자신과 영혼의 이런 관계는 애욕적인 측면에서도 마찬가지로 적용될 수 있다. 누군가 알키비아데스를 사랑한다고 할 때 그의 육체를 사랑하는 것은 알키비아데스 자신보다는 그에게 속한 것을 사랑하는 것이나 다름없다. 알키비아데스의 애욕의 가장 큰 문제는 그가 민중의 연인이 됨으로써 타락할 수 있다는 것이다(132a). 소크라테스는 민중에 대한 타락한 사랑이 몸에 대한 사랑과 같이 비난할 만하다고 암시한다. 소크라테스는 아직 알키비아데스가 민중의 연인이 되었는지, 혹은 민중의 연인이 모두 타락하게 되는지에 대해서 단언하지는 않았다. 그러나 이 대목에서 확실한 것은 만약 알키비아데스가 타락했다면 그것은 아테네 민중의 탓이지 결코 소크라테스의 탓은 아니라는 점이다.

이제 아테네 민중의 모습을 "그들의 옷을 벗긴 상태에서" 정확히 살펴볼 필요가 있다(131e–132a). 소크라테스는 시각의 유비를 수단으로 이들에 대한 검토를 시작한다. 사람들은 상대방의 눈동자에 비친 자신의 상(像)을 보고 자기 자신을 파악한다. 이 은유는 마치 사랑하는 두 사람이 서로의 눈을 바라보는 것과 같이 서로의 영혼을 검증하고자 하는 사람들의 모습을 애욕적으로 그린 것이다. 이 은유는 또한 눈에 보이지 않는 영혼과 가시적인 세계, 특히 정치 세계를 연결시켜 주는 가교 역할을 한다. 다른 사람의 눈동자에서 자기 자신을 볼 때, 자기 자신의 눈뿐만 아니라 얼굴이나 몸 전체를 바라볼 수 있기 때문이다. 마찬가지로 우리가 다른 사람의 영혼과 함께 할 때, 우리 자신의 영혼의 중심만 식별하는 것이 아니라 영혼의 주변과 영혼 전체를 식별하게 된다. 자기 자신에 대한 지식은 결국 어떻게 자기 자신의 부분들(즉, 몸과 영혼)과 영혼의 각 부분들이 영혼의 중심이 되는 이성적인 것을 중심으로 질서 있게 자리 잡게 되는가를 아는 지식이다. 이런 맥락에서 소크라테스는 자기 자신에 대한 지식(self-knowledge)이 다름 아닌 절제가 된다는 것을 지적한다(131b, 133c). 아울러 자기 자신에 대한 지식은 자신과 훨씬 동떨어져 있는 소유물, 즉 자신에게 소속된 것(몸)에 소속된 것(소유물)의 관계를 아는 것이다. 시각의 유비는 이렇듯 세계 전체가 인간 영혼을 중심으로 동심원을 그리는 질서 잡힌 상태가 되어야 한다는 것을 잘 나타낸다.

소크라테스는 이런 관점에서 정치 세계에 접근한다. 정치술이란 다수에게 소속되어 있는 것들에 대해 질서를 부여하는 것이다(133e). 정치 세계의 질서를 알려면, 자기 자신에 대한 이해를 바탕으로 세계 전체에서 정치 공동체의 위치를 파악해야 한다. 무엇보다 자기 자신에 대한 이해가 우선적으로 선행되어야 한다. 그런데 자기 자신에 대한 지식만으로 정치적 성공을 보장할 수는 없다. 올바른 정치 질서에 대한 지식이 곧바로 그 질서를 실행할 수 있는 지식을 의미하는 것은 아니기 때문이다. 자기 자신에 대한 지식은 정치적 지식의 필요조건이지만, 그 지식의 실현을 위한 충분조건은 아니라는 말이다. 따라서 소크라테스는 알키비아데스에게 자기 자신에 대한 지식만 있으면 정치적 성공을 거둘 수 있다고 말하는 것은 아니다. 그럼에도 불구하고 가장 이상적인 정치의 모습을 그리는 것은 알키비아데스와 같은 야심찬 인물에게 매력적인 것이 아닐 수 없다. 알키비아데스와 같은 인물이 실현 가능성이 희박하다는 이유로 정치적 이상을 포기하진 않을 것이다. 그런데 알키비아데스는 소크라테스와의 대화를 통해서 가장 이상적인 정치는 자유와 권력을 추구하는 것이 아니라 정의와 절제를 추구해야 한다는 것을 깨닫게 됐다(134c). 이 대화편에서 가장 극적인 것은, 알키비아데스로 하여금 현실 정치와 이상 정치와의 타협을 시도하지 않고 이상 정치를 바르게 추구할 수 있도록 알키비아데스의 야심을 유지시키는 데 소크라테스가 성공하고 있다는 것이다.

관건은 알키비아데스가 어떤 이상 정치를 추구하느냐에 있다. 이런 맥락에서 소크라테스는 알키비아데스의 성품과 신념을 전환하는 데 상당한 노력을 기울였고, 이 대화편의 말미에 알키비아데스가 앞으로 소크라테스의 제자로서 헌신하겠다고 맹세하는 것을 보면 소크라테스의 노력은 어느 정도 성공을 거뒀다고 할 수 있다. 알키비아데스의 전환은 한편으로는 삶에 대한 그의 태도 변화를 의미하지만, 다른 한편으론 정치적 범주에 대한 이해의 변화를 의미한다. 소크라테스가 말하는 정의는 다수의 일반인이 말하는 정의와 달리, 도시에 질서를 부여하는 순수한 과학적 기술을 의미한다. 경건 역시 마찬가지다. 대화편의 전반부에 소크라테스가 시가의 기술을 뮤즈의 신과 연결시킬 때, 신성과 기술의 관계를 밀접하게 엮은 바 있다. 대화편의 마지막 단락에서도 소크라테스가 언급하는 신은 진정한 정치술의 근거나 안내자가 되는 과학적 기술과 같은 종류의 신이다. 다시 말해 완벽한 정치가는 정치의 과학적 기술의 명령을 종교적 방식으로 실행하는 것과 같다.

이런 식으로 종교를 규정한다고 해서, 경건에 대한 이 대화편의 입상이 불건전하다고 해석할 필요는 없다. 이 대화편의 앞부분에서 소크라테스가 언급했던 신은, 정치적 기술에 대해 무지했던 알키비아데스에게 절제의 필요성을 소개하는 역할을 한 바 있다. 이제 소크라테스의 신은 지속적으로 과학적 의미의 정치술을 추구할 수 있도록 하는 동조자라고 할 수 있다. 이런 의미에서 알키비아데스가 훌륭해지기 위해서는 지속적으로 소크라테스의 지도 아래, 더 구체적으로 소크라테스의 신의 지도 아래 있어야 한다는 것이다. 이것이 사실이라면 알키비아데스의 타락은 이들의 감독에서 벗어나 아집과 불경의 유혹에 빠졌기 때문이라고 진단할 수 있다. 소크라테스는 이미 알키비아데스가 일종의 민중의 사랑에 의해 타락할 가능성이 있다고 경고한 바 있다(131e–132a). 알키비아데스가 처한 또 다른 위험은 그가 지식이나 진정한 훌륭함에 의해서가 아니라 그의 미모나 부 그리고 가계의 배경에 의해서 정치에서 성공하려 들거나 혹은 정치에 성공한 것처럼 보이려 한다는 점이다. "왕가 이야기"를 통해 소크라테스는 알키비아데스가 진정한 훌륭함을 갖춰야 한다는 것을 촉구한 바 있다. 만약 그 전에 그가 페르시아의 왕비를 유혹하려 했다면 "왕가의 이야기"의 수사학적 목적은 완전히 실패한 것이다. 주지하다시피 역사적 인물로서의 알키비아데스는 나중에 스파르타의 여왕을 유혹한 바 있다. 역사적 알키비아데스는 소크라테스의 가르침을 수용한 이 대화편의 알키비아데스와 달리 아집과 불경의 유혹에 넘어갔음을 반증하는 것이다.

소크라테스는 알키비아데스의 타락과 어떻게 연관되는가? 구체적으로 소크라테스의 교육은 알키비아데스의 무지와 무모한 야심과 어떤 관계에 있나? 이 대화편에서도 드러나듯이 소크라테스가 꺼낸 “왕가 이야기”는 알키비아데스의 “아시아적 야심”과 무관하지 않다. 그러나 소크라테스는 알키비아데스로 하여금 자기 자신에 대한 지식의 중요성을 주목하게 함으로써 그의 야심이 올바른 정치적 이상을 향하도록 그를 교화시켰다. 주지하듯이 역사적 인물로서의 알키비아데스는 대화편의 알키비아데스가 가지 않았을 길을 걸었다. 그러나 현실에서 알키비아데스의 타락은 소크라테스의 교육이 효과가 없었기 때문이 아니라, 알키비아데스가 대화편에서와 같이 영혼의 전환을 경험할 기회를 아예 갖지 못했기 때문이다.

4절 제국의 정체성과 영혼 돌봄의 정치 : 『메네크세노스』[48]

소크라테스의 삶이 주변인들, 특히 젊은이들에게 어떤 영향을 미쳤는가를 검증할 수 있는 또 다른 저작은 『메네크세노스』라는 대화편이다. 이 대화편에서 소크라테스는 이제 막 정치에 입문하려는 메네크세노스와 함께 어떤 연설문이 아테네의 에피타피오스(국장연설문)로 바람직한가를 검토한다. 이런 극적 구성이 갖는 의미를 이해하기 위해서는 우선 에피타피오스가 아테네 현실 정치에서 어떤 의미를 지니는가를 짚어 볼 필요가 있다.

에피타피오스(*epitaphios*)는 주로 아테네에서 전몰자들을 추모하기 위한 국장(國葬)에서 행해졌던 공식적인 연설문이다. 이 국장 연설문의 초점은 전몰자들의 유족에 대한 위로보다는 이들이 몸 바쳐 희생한 조국을 칭송함으로써 이들의 희생이 결코 헛된 것이 아님을 강조하는 데 있다. 따라서 에피타피오스는 아테네의 탁월성(*aretē*)이 가장 공식적으로 칭송되는 공간이라고 할 수 있다. 국장 연설을 통해 아테네의 탁월성을 접하는 아테네인들은 자신들이 훌륭한 국가의 시민이라는 자부심을 갖게 되고, 국가의 탁월성을 서로 공유한다는 인식 아래 공동체의 정체성을 형성해 나간다. 따라서 에피타피오스는 아테네 시민들이 자신들의 정체성을 확인할 수 있는 "상상의 공간"이며, 서로 간의 소통을 통해서 공동체의 정체성을 끊임없이 "재구성"하는 아테네 정체성의 생성소라고 할 수 있다. 에피타피오스를 접함으로써, 아테네인들은 자신들이 생각하는 "훌륭한 국가"의 모습을 그려 나갔고, 특히 민주정을 채택하고 있는 아테네 정체의 특성을 발전시켰다. 따라서 에피타피오스의 작성에 참여한다는 것은 아테네가 추구하고자 하는(혹은 아테네가 추구해야 하는) 정체성 문제에 개입하는 매우 정치적인 의미를 갖고 있다고 할 수 있다.[49]

이런 맥락에서 소크라테스가 에피타피오스를 스스로 소개하고 있는 상황은 아테네 현실정치에 대한 소크라테스의 관심을 드러내는 대목이라고 할 수 있다. 『변명』에서도 소크라테스는 아테네 정치에 참여한 경험을 소개한 바 있다. 그러나 그것은 마지못해 수동적으로, 그것도 아주 제한된 횟수와 범위에 국한된 정치 참여였다. 또 『국가』에서 소크라테스는 이상적인 정체의 본을 그려 완벽한 정치 참여의 가능성을 피력한 바 있지만, 그것은 이른바 로고폴리스(*polis en logoi*)라는 "말로 만든 국가"였지 지상에 있는 구체적인 현실 국가는 아니었다.[50] 이와 대조적으로 『메네크세노스』에 나타난 소크라테스의 정치 참여의 모습은 지극히 구체적이고 현실적인 정치개입이며, 수동적이 아니라 적극적이다. 더구나 에피타피오스에 관심을 가졌다는 사실은 아테네의 정치적 사안에 일회적으로 관여했음이 아니라 도시 전체의 정체성 문제와 관련된 아테네 현실정치의 전반적인 방향과 미래에 관심을 갖고 있음을 의미한다. 플라톤의 어느 저작보다도 아테네의 현실정치에 직접적으로 그리고 적극적으로 관여하고 있는 소크라테스의 모습이 연출된 것이다.[51]

소크라테스는 여기서 페리클레스라는 구체적인 정치가를 매개로 현실정치로의 개입을 시도하고 있다. 페리클레스에 대한 소크라테스의 태도는 『고르기아스』에서 나타나는 그의 태도와 사뭇 대조적이다.[52] 페리클레스에 대해 대단히 부정적인 평가를 내렸던 『고르기아스』와 달리 『메네크세노스』는 페리클레스의 국장 연설문을 어느 정도 긍정적으로 평가한다. 무엇보다도 소크라테스 자신이 전달하는 에피타피오스가 페리클레스의 정부(情婦)가 지어준 것일 뿐 아니라, 그것도 페리클레스가 행한 연설에서 사용하지 않고 남은 일부를 이용한 것이라고 암시함으로써 페리클레스에 대한 부정적 평가를 상당히 유보하고 있다. 페리클레스에 대한 대조적인 평가와 함께, 수사학에 대해서도 소크라테스는 『고르기아스』에서 보여준 태도와 다른 입장을 드러낸다. 정치에서 수사학의 가치 자체를 부정했던 『고르기아스』와 달리[53] 『메네크세노는』는 바로 수사학의 대상이 되는 에피타피오스를 다룸으로써 수사학의 긍정적 사용 가능성을 상당히 열어 놓고 있기 때문이다.

그럼에도 불구하고 소크라테스의 에피타피오스는 페리클레스의 에피타피오스와 내용면에서 상당한 차이를 보인다. 무엇보다도 소크라테스의 에피타피오스는 페리클레스의 에피타피오스가 지지하는 아테네 정체성에 심각한 문제를 제기한다. 펠로폰네소스 전쟁이 끝나고 플라톤이 『메네크세노스』 대화편을 저술할 즈음에는, 많은 사람들이 페리클레스 시대를 그리워하며, 펠로폰네소스 전쟁의 패배는 그와 같은 유능한 지도자가 없었기 때문이라는 투키디데스의 평가에 대체로 동의하는 상태였다고 할 수 있다.[54] 페리클레스의 그 유명한 에피타피오스에 의해 대표되는 아테네 제국의 정체성은 그의 생존 당시에는 물론이고 그의 사후에도 펠로폰네소스 전쟁을 거쳐 코린토스 전쟁을 치른 시기에 이르기까지 아테네인들이 가장 동경하는 아테네의 이미지이자 그들의 정체성이라고 볼 수 있다.

『메네크세노스』의 소크라테스는 지금 이러한 페리클레스적 아테네 정체성에 의문을 던지는 것이다. 소크라테스의 과제는 페리클레스가 구축한 아테네의 정체성을 대체할 만한 새로운 정체성의 토대를 마련하는 것이다. 이제 『메네크세노스』에 소개된 에피타피오스를 구체적으로 분석함으로써, 소크라테스가 새롭게 구축하고자 했던 아테네 정체성이 무엇이었는가를 확인하고자 한다. 형식적으로 소크라테스의 에피타피오스는 크게 세 부분으로 나뉜다. 아테네와 아테네인의 역사적 기원을 설명하는 부분, 고대부터 현재까지의 전쟁사(페르시아 전쟁, 펠로폰네소스 전쟁, 코린토스 전쟁)를 기술한 부분, 마지막으로 현재 생존해 있는 아테네인들(전몰자의 부모와 자식들)에게 전하는 당부의 말이 그것이다.

소크라테스는 전몰자들을 제대로 칭송하기 위해서는 그들의 자연적 본성(*kata phusin*)에서 그 칭송의 내용을 찾아야 한다고 주장하면서, 죽은 자들의 자연적 본성의 근원을 추적한다(237a). 이를 위해 소크라테스는 아테네의 지리적, 혈통적 전통에 대해 비교적 자세히 소개한다. 페리클레스의 에피타피오스가 아테네의 종족적 기원에 대한 언급을 대수롭지 않게 지나쳐 버린 데 반해 소크라테스의 에피타피오스는 소위 아테네의 토착인 전설(*autochthôn*)을 마치 역사적 사실처럼 자세히 소개한다.[55] 소크라테스는 여기서 아테네인들이 다른 족속들과는 달리 예전부터 변함없이 같은 땅에서 태어나서 그 땅에서 양육 받았으며, 지금까지 살고 있음을 강조한다(237c5-d2). 뿐만 아니라 이렇게 동일한 지역에서 살 수 있었던 것은 아테네 족속이 신으로부터 축복받고 있음을 의미한다고 지적한다. 신은 그리스의 다른 지역들을 맹수들로 가득 채웠지만 아테네인들이 거주해 온 아티카에는 인간들과 이들의 섭생에 필요한 곡식들로 땅을 채우는 축복을 내렸다는 것이다(238a2-6).

이런 소크라테스의 주장은 어느 하나 정확한 사실을 반영하고 있지 않다. 기원전 4세기에도 토착인 전설은 신화에나 등장하는 내용이지 이 전설을 사실로 받아들일 사람은 그리 많지 않았다. 더구나 아테네인들의 거주 지역이 갖고 있는 자연적 혜택에 대한 기술은 역사가인 투키디데스의 아티카 지역에 대한 설명과 거리가 멀다.[56] 그럼에도 불구하고 소크라테스는 이 토착인 전설을 바탕으로 당시의 아테네 정체인 민주정을 칭송한다. 즉 "신이 다툼을 벌일 정도로 축복받은 이 땅에서 태어난 사람들이 형제자매를 이루고, 이 땅에서 신으로부터 부여받은 곡식과 열매로 양육되었으며, 신은 이들에게 적당한 기술(*technai*)을 가르쳐 주어 현재의 정체(*politeia*), 즉 민주정을 허락하였다는" 것이다. 따라서 아테네인의 민주정은 여러 정체 중의 하나를 선택함으로써 이루어진 인간적인 결정의 산물이 아니라 신으로부터 부여받은 자연적 속성(*kata phusin*)으로부터 도래된, 다분히 신적이며 자연적인 결과물이라는 것이다. 소크라테스에게 정체(*politeia*)란 시민들이 양육되는(*paideia*) 방식이기에 이 정체에 대한 칭송은 곧 아테네인들의 조상들에 대한 칭송이고 나아가 이 정체와 양육을 이어받은 전몰자들과 생존자들에 대한 칭송이기도 하다. 이런 맥락에서 소크라테스는 다음과 같이 민주정을 정의한다.

> "우리 정체의 기원은 태생의 평등(*isou genesis*)에 있다. 다른 도시들에는 다양하고 불평등한 인간의 조건들이 혼재되어 있기 때문에 정체 역시 다양한 종류의 불평등에 기반하고 있다. 그것들은 참주제나 과두제로 불린다. 그러므로 그들은 서로를 노예와 주인의 관계로 이해한다. … 그러나 자연적 본성에 따른 우리의 평등한 태생(*he isogonia hemas he kata phusin*)은 법 앞의 평등(*isonomia*)을 추구하도록 하였다"(238d–239a).

아테네의 기원을 기술하면서 제시된 토착인 전설과 민주 정체는 결국 아테네인들로 하여금 폴리스 안에서 서로의 상이함을 초월하여 시민적 연대성을 갖게 하는 중요한 요소이다.[57] 재미있는 것은 소크라테스는 이 정체를 민주정(*demokratia*)으로 부르지 않고 귀족정 혹은 문자 그대로 표현하자면 최상의 정체(*aristokratia*)로 분류하고 있다는 사실이다. 소크라테스는 어떤 이들에게는 민주정으로 불리는 아테네 정체가 사실은 많은 사람들에게 최상의 정체로 불린다는 것을(*met' eudoxias plethous aristokratia*, 238d1–2) 확인하고 있다. 소크라테스에 따르면, 부(富)나 부모의 혈통에 의해 관직이 결정되는 것이 아니라 본인의 지혜와 능력에 의해서 결정될 수 있다면, 이렇게 운영되는 민주정이 바로 최상의 정체가 될 수 있다는 것이다.[58]

소크라테스는 아테네인들의 조상이 바로 이런 민주 정체에서 양육되었기 때문에 현재의 아테네인들이 자유(*eleutheria*)를 가장 소중히 여기게 되었고, 이 자유를 지키기 위해서 아테네인들은 그리스인들 전체를 대표해 이어족(페르시아)과 싸우기도 하였고, 때로는 일부의 그리스인들을 대신하여 또 다른 그리스인들과 대적했다고 얘기하며 이에 대한 구체적인 행적을 열거하기 위해 전쟁사를 기술한다. 소크라테스는 페르시아 전쟁, 펠로폰네소스 전쟁 그리고 코린토스 전쟁으로 분류될 수 있는 아테네 전쟁사에 대해 기술하고 있는데, 놀랍게도 이 부분에서 심각한 수준의 역사 왜곡이 발견된다.[59] 왜 소크라테스는 이런 허위와 왜곡을 동원하면서까지 에피타피오스를 지어야했을까? 뒤에서 설명하겠지만, 그것은 페리클레스의 제국주의적 속성을 갖는 아테네 정체성과는 대조적인 "자유주의적"인 아테네 정체성을 수립하고자 한 소크라테스의 의도에 기인한 것이다. 우선, 소크라테스가 범한 역사 왜곡의 구체적인 내용부터 살펴보자.

페르시아 전쟁에 대한 기술에 있어서 소크라테스는 단연코 마라톤 전투가 최고의 칭송을 받아야 한다고 주장한다. 그 근거는 바로 이 사람들이 아테네인들의 육체적 조상일 뿐만 아니라 현재 아테네인들이 누리고 있는 자유의 조상이라는 점이다(240d). 소크라테스는 또한 아테네가 기여한 살라미스와 아르테미시움 해전에 두 번째 칭송을 돌리고, 다음으로 플라타이아 육전을 언급한다. 문제는 소크라테스는 여기서 스파르타가 페르시아를 상대로 전설적인 전과(戰果)를 올린 바 있는 그 유명한 테르모필라이 전투는 언급조차 하지 않는다는 것이다. 페르시아의 공격으로부터 그리스 세계를 구한 아테네와 스파르타에 대한 평가가 공정하게 이뤄지지 않는 대목이다.

뿐만 아니라 소크라테스는 기원전 5세기의 그리스 역사를 서술하면서, 투키디데스도 인정하는 아테네 제국의 팽창에 대해서는 언급조차 하지 않는다. 이것 역시 명백한 역사 왜곡이다. 좀 더 구체적으로 살펴보면, 우선 페르시아 전쟁 이후에 벌어진 에우리메돈 전투(기원전 469년), 사이프러스 전투와 이집트 전투(기원전 459-454년) 등에 대해서 소크라테스는 이어족과 공모하여 그리스를 위협하는 세력을 제거하기 위한 전투였다고 서술하는데, 이 일련의 전쟁들은 사실 아테네가 페르시아 전쟁 이후 조직한 델로스 동맹을 동원하여 자신의 세력을 제국으로 발전시키는 과정에서 일어난 대표적인 세력 팽창 전쟁들이다.[60] 주지하다시피 투키디데스도 페르시아 전쟁 이후 아테네 제국의 팽창이란 맥락에서 소위 펜테콘타이티아(50년사: 페르시아 전쟁(기원전 480)과 펠로폰네소스 전쟁(기원전 431) 사이)를 기술하고 있다. 그럼에도 불구하고 소크라테스는 이런 전쟁들로 인해 페르시아가 그리스 공략을 포기하게 되었고, 이로 인해 그리스의 자유가 지켜졌으니 모든 그리스인들이 아테네인들에게 감사해야 한다고 역설한다.

펠로폰네소스 전쟁에 대한 기술에서도 소크라테스의 역사 왜곡은 계속된다. 소크라테스는 펠로폰네소스 전쟁의 원인을 페르시아로부터 그리스의 자유를 지키기 위해 숭고하게 노력해 온 아테네가 의도하지 않게도 권력이 확대되면서 주변국의 질시를 얻게 되었다는데서 찾고 있다(242a). 주변국의 질시가 펠로폰네소스 전쟁의 한 요소였던 것은 사실이다. 그러나 소크라테스의 역사관에서 아테네가 점차 제국으로 성장해 감에 따라 주변국이 느끼게 될 위협이나 두려움을 합리적으로 이해할 수 있는 여지는 찾기 어렵다. 아테네 제국의 성장과 이에 따른 스파르타의 두려움 때문에 전쟁이 발발했다고 보는 투키디데스의 설명과 역시 큰 대조를 보인다(Thuc. I. 23 참조).

아테네 제국의 멸망에 대한 설명 역시 당시에 널리 공유되고 있었던 일반적인 역사관과 거리를 두고 있다. 잘 알려져 있는 바와 같이 투키디데스는 시실리 원정에 대한 잘못된 결정과 뒤따른 전략적 실패를 아테네 제국이 쇠퇴하게 된 결정적 계기였다고 해석한다. 아테네 제국 쇠퇴에 대한 투키디데스의 이러한 분석은 아테네 제국이 페리클레스가 죽은 후 데모스의 지나친 탐욕으로 얼룩지게 되었고, 결국 무모하게 시실리원정을 감행하게 되었다는 아테네 민주정에 대한 자성과 깊이 연결되어 있다.[61] 이에 반해 소크라테스는 "함대 재정비에는 원거리 제약이 있었기 때문에 불운이 그들의 계획을 포기하게 만들었다"(243a3-5)고 기술함으로써 아테네의 실패를 그저 우연적인 요소에서 찾는다. 뿐만 아니라 마치 카마리나에서 연설하고 있는 아테네인 에우페무스의 주장을 되뇌듯 애초에 시실리 원정은 레온티니인의 자유를 위해 출정한 것이라고 주장한다(Thuc. VI. 82-87 참조).

이후 소크라테스는 전쟁 중에 스파르타와 아테네가 대비될 수 있는 두 개의 사건, 즉 412년 경 스파르타와 페르시아의 밀레토스 동맹과 406년경 아르기누사이 전투를 소개하면서, 스파르타가 상황에 따라 이어족과도 동맹을 맺었던 반면, 아테네는 끊임없이 그리스의 자유와 덕을 추구해 왔음을 강조하지만 이것은 사실과 다르다.[62] 또 코린토스 전쟁에 대한 기술에 있어서도, 소크라테스는 모든 나라가 아테네에 구조를 요청했고 아테네는 단지 이 요청에 응했기 때문에 전쟁이 개시된 것이라고 주장하지만(244e3), 사실은 아테네가 전쟁에 개입할 때는 페르시아와 연계해 스파르타에 대항한 것이었으므로, 아테네인들이 이방인들로부터 그리스인들의 자유를 지켜줬다는 그의 주장은 왜곡에 해당한다.[63] 이처럼 소크라테스는 당시의 정황을 알고 있는 사람들이라면 수긍하기 어려운 역사 왜곡을 반복하고 있다.

소크라테스는 왜 이렇게 심각한 수준의 역사 왜곡을 범하고 있는 걸까? 해답의 실마리는 소크라테스가 지금 새로운 아테네 정체성을 모색하고 있는 중이라는 사실에서 찾을 수 있다.[64] 소크라테스의 왜곡된 역사 기술은 페르시아 전쟁으로부터 코린토스 전쟁에 이르기까지 아테네가 변하지 않는 유일한 가치와 덕을 추구해 왔음을 강조하기 위한 것으로 이해할 필요가 있다. 그 가치와 덕은 다름 아닌 아테네인들, 나아가 전체 그리스인들의 자유의 추구이다. 다시 말해 소크라테스가 새롭게 모색하고자 하는 아테네 정체성은 아테네인들의 자유의 추구에 기초한다. 따라서 소크라테스의 시각에서 페르시아 전쟁 시기의 살라미스나 마라톤에서의 승리는 그 자체로서의 의미보다는 그리스 전체의 자유의 수호라는 숭고한 가치를 지키기 위한 것이었음에 더 큰 의의가 있다.

펠로폰네소스 전쟁도 개별 전투의 승패에서 그 의미를 찾는 것이 아니라, 이 전쟁이 아테네인들과 그리스인 전체의 자유를 지키기 위한 과정에 일어난 경과적인 사건이었다는 데에 더 큰 의의를 발견할 수 있다. 이런 관점에서 소크라테스에게 아테네 제국의 쇠퇴는 결코 '비극적'이지 않다. 아테네 제국의 몰락을 장식한 아테네의 내전(*stasis*), 즉 스파르타에 의해 주도된 과두혁명도 아테네의 조화로운 시민정신의 붕괴라는 비극으로 다루어지는 것이 아니라, 그 이후 민주파들이 그들의 정적이었던 과두파에게 보여 주었던 관대함과 절제를 칭찬하는 것에 초점이 맞춰진다. 아테네는 언제나 자유를 추구하는 시민들의 견고한 공동체였다는 것이다(244a1-3).[65] 내전이 마무리된 이후의 역사 기술에서도, 소크라테스는 아테나가 그리스 내의 다른 시민들이나 야만족에 대해서 자유를 뺏으려고 한 적이 없고, 오히려 스파르타가 이 기회를 노려 다른 그리스인들의 자유를 빼앗으려 시도했다고 묘사한다. 소크라테스에 의하면 코린토스 전쟁은 바로 이런 스파르타의 시도를 저지하기 위해 일어났다는 것이다. 소크라테스는 이렇게 그리스인들의 자유와 안전의 추구를 페르시아 전쟁으로부터 그 당시까지 이어져 오는 아테네 전쟁사의 변함없는 패러다임으로 보고 있다. 아테네의 역사는 처음부터 끝까지 자신과 그리스 전체 때로는 이방인들의 자유까지도 지켜주는 자유 수호의 역사였다는 것이다.

요약하면, 고대의 토착인 전설을 역사적 사실인 양 묘사한 것을 비롯해 민주정을 찬양하기 위해 이 정체를 애매하게도 최고의 정체(*aristokratia*)로 규정한 것, 그리고 이어지는 전쟁사 기술에서 드러나는 역사 왜곡은 모두 태고부터 지금까지 자유의 가치를 수호해 온 아테네 정체성을 재건하기 위한 소크라테스(물론 "플라톤의 소크라테스")의 의도에서 기인한 것으로 볼 수 있다. 이렇게 에피타피오스를 통해 아테네의 새로운 정체성을 확립하고자 하는 것이 소크라테스의 의도였다면, 많은 부분 특히 전쟁의 동기와 의도를 서술하는 과정에서 드러나는 역사 왜곡은 사실 그런 '정당한' 의도를 가졌어야 함에도 불구하고 그렇지 못했던 기왕의 아테네 정체성을 비판하는 것이고, 동시에 앞으로 재건해야 할 아테네 정체성의 방향을 제시한 것으로 이해해야 할 것이다. 시실리 원정의 실패가 이전 세대의 지나친 욕심과 무지에 기인하고 있음을 잘 알고 있는 아테네인들에게 본시 레온티니인들의 자유를 위해 시실리 원정이 감행되었다고 거짓 증언함으로써, 소크라테스는 아테네인들에게 "그래, 사실 그랬어야 했다"는 자성과 함께 보다 전통적인 정통성의 회복을 촉구하고 있는 것이다. 소크라테스는 아테네의 제국주의적 속성에 대해서는 침묵하고, 대신 아테네 역사를 그리스 전체의 자유와 안전을 위해 싸운 것으로 윤색함으로써 아테네 제국의 문제점이 기실 어디에 있는가를 아테네인들 스스로 깨닫게 하고, 향후 아테네가 선택해야 할 새로운 정체성의 방향을 제시하고자 한 것이다.

요컨대 소크라테스의 목적은 아테네가 페리클레스의 팽창주의적 정체성에서 벗어나, 일찍이 페르시아 전쟁 시에 범그리스의 자유를 위해 싸웠던 자유주의적 정체성을 회복하는 것이라고 할 수 있다. 그런데 이러한 소크라테스의 목적이 플라톤이 『메네크세노스』를 통해 전달하고자 했던 최종적인 메시지라고 결론짓기에는 어려움이 있다.

분명 페리클레스 시기의 아테네 정체성과 페르시아 전쟁 시기의 아테네 정체성은 구별될 수 있으며, 전자보다 후자가 우월하다는 것을 소크라테스가 강조한 바 있다. 문제는 두 정체성 간에는 사실 불가피한 연속성이 존재한다는 사실이다. 펠로폰네소스 전쟁 초기에 아테네 사절단의 말처럼 페르시아로부터 자유를 지키기 위한 아테네의 노력은 필연적으로 아테네를 제국으로 성장시키는 계기를 마련하였고, 아테네는 순차적으로 팽창적 제국으로 변모하였다.[66] 투키디데스에 따르면 팽창적 제국으로의 전환은 제국시민의 탐욕을 부추겼고 이에 따라 공화주의적 덕을 상실한 시민들이 최소한의 연대성마저 상실함으로써 결국 제국의 쇠퇴를 초래했다는 것이다. 다시 말해 제국은 애초에 자유를 추구하는 정체성을 가졌다 하더라도 필연적으로 팽창적 제국으로 전환될 수밖에 없고, 이는 결국 제국의 붕괴를 초래하게 되는 “자유주의 제국의 패러독스”를 겪게 된다는 얘기다.[67] 애초에 아무리 자유를 추구하는 정체성을 가진 제국이라도 이 목적을 충실히 이행하는 과정에서 불가피하게 팽창적 제국의 정체성을 갖게 되고, 결국 이 때문에 제국의 자멸을 초래하게 된다는 지적은 지금 막 자유를 추구하는 제국의 정체성을 제시하고 있는 소크라테스에게 큰 걸림돌이 아닐 수 없다.

이제 소크라테스의 과제는 단순히 자유를 추구하는 아테네 정체성의 회복이 아니라 어떻게 하면 이 자유주의적 제국의 정체성이 팽창적 제국으로 전락하는 것을 막을 수 있는가, 요컨대 어떻게 “자유주의적 제국의 패러독스”로부터 벗어날 수 있는가 하는 것이다.[68] 소크라테스는 에피타피오스의 말미를 장식하고 있는 “산 자들에 대한 당부”에서 그 방안을 찾고 있다.

이 부분에서 소크라테스는 전통적인 장례 연설문의 구성 형식 중 하나인 의인화 기법(*prosopopoiia*)을 사용한다. 이는 전쟁에서 희생된 전몰자들의 목소리를 빌어 유족인 자식들과 부모들에게 당부의 말을 전하는 것이다. 『메네크세노스』를 연구하는 많은 학자들은 자식들에게 덕을 강조하고 부모들에게 관조적 삶과 유사한 형태의 삶을 제안하는 이 부분이 가장 ‘소크라테스적’이라고 하나, 이 부분이 어느 정도 소크라테스의 의중과 일치하는지는 논란의 여지가 있다.[69] 확실한 것은 소크라테스는 이 대목에서 제국의 정체성이란 결국 시민 한 사람 한 사람이 “어떻게 살고 있는가,” 즉 시민들의 전반적인 삶의 방식과 결부되어 있음을 강조하고 있다는 것이다. 에피타피오스의 이전 부분이 마치 아테네가 바람직한 정체성을 갖기만 하면 시민 개개인의 삶도 곧바로 가치 있는 삶이 될 수 있는 것처럼 묘사하고 있다면, 이 '당부'의 부분은 아테네 정체성이 결국 시민 개개인이 어떤 삶을 선택하느냐에 달려 있음을 강조하고 있다. 이제 이 당부의 말을 면밀히 분석함으로써, 소크라테스의 에피타피오스는 새로운 아테네 정체성의 확립이라는 정치적 의도뿐 아니라 가치 있는 삶의 추구라는 철학적 의도를 갖고 있음을 밝히고자 한다.

먼저 전몰자의 자식들에게 당부하는 말을 살펴보자. 소크라테스는 여기서 자신에게 수치를 안겨주는(*aischunai*) 삶은 결코 가치 있는 삶이라고 할 수 없다는 점을 강조하며, 그런 삶은 인간들 사이에서도 신들에게도 결코 환영받을 수 없다고 선언한다(246d). 앞에서 죽은 자들에 대해 언급하는 부분에서 소크라테스는 전장에서 그들이 보여준 용맹함을 중심으로 칭송하였다. 이제 자식들에게 전하는 당부의 말에서 소크라테스는 삶 전체에서 드러나는 삶의 방식에 대해 조언하고 있다. 소크라테스는 그들의 실천(*praxis*) 하나하나에 훌륭함(*aretê*)이 깃들어 있지 않다면 결국 부끄럽고 천한 행동이 될 것이며, 모든 지식 역시 훌륭함과 정의가 수반되지 않으면 미천한 지식에 불과하다고 지적한다. 아울러 모든 삶의 영역에서 덕스럽게 행동해야 사후에 부모를 영광스럽게 만날 수 있으며, 그렇지 않다면 아비들은 자식들을 결코 환영하지 않을 것이라고까지 경고한다(247c).

소크라테스는 전몰자의 자식들에게 그들의 부모가 전시에 발휘했던 용기의 덕을 모든 삶의 영역에 확장하여 전시에나 평시에 발휘할 것을 권하고 있다. 사실 소크라테스가 자식들에게 권고하고 있는 가치 있는 삶은 전통적으로 이해되어 온 도덕적 삶과 크게 다르지 않다. 여기서 우리는 페리클레스의 "제국주의적 정치적 삶"과는 구별되는 "덕 있는 정치적 삶"의 모델을 발견할 수 있다. 소크라테스가 여기서 제안하는 "덕 있는 정치적 삶"은 대담함(*tolma*)이나 무절제한 행동까지도 제국의 이익에 부합하기만 하면 용인하는 페리클레스의 맹목적인 "제국주의적 정치적 삶"과 구별된다. "덕 있는 정치적 삶"은 전통적 의미의 절제와 신중함을 중시한다. 그러나 이러한 "덕 있는 정치적 삶"은 아테네인들이 제국 시민으로 남아 있는 한 여전히 한계를 지니고 있다. '훌륭한' 제국 시민이란 결정적인 순간에 인간적 덕(*aretê*)과 제국의 이득 사이에서 모름지기 제국의 안전과 자유를 우선시 할 수밖에 없기 때문이다. 소크라테스 역시 전몰자의 아들들에게 "덕 있는 정치적 삶"을 추천하고 있지만, 인간적 훌륭함(*aretê*)을 위해서 제국의 이익까지 희생해야 한다고 말하진 않는다. 소크라테스가 권고하고 있는 "덕 있는 정치적 삶"은 정치 공동체의 공동선까지도 초월할 수 있는 철학적 삶은 아니기 때문이다. 철학적 삶만이 가장 훌륭한 삶이라고 주장한 것으로 알려져 있는 "정통" 소크라테스와 달리, 『메네크세노스』의 소크라테스는 도덕적이면서도 정치적인 삶을 추천하고 있다.

문제는 이런 도덕적·정치적 삶도 "자유주의 제국의 패러독스"로부터 여전히 자유롭지 않다는 것이다. 아테네의 아들들이 제국시민으로 남아 있는 한, 언젠가 이들 혹은 다음 세대는 팽창적·침략적 제국주의의 마력에 빠지게 되고 제국의 자멸을 초래할 수 있기 때문이다.[70] 어찌 보면 소크라테스는 진퇴양난의 처지에 놓여 있다.

아테네가 제국의 정체성을 유지하면 "덕 있는 정치적 삶"은 결국 팽창주의적 정치적 삶으로 전락할 것이고, 그렇다고 정치 공동체의 정체성 자체를 송두리째 부정할 위험이 있는 철학적·관조적 삶을 제안할 수도 없는 노릇이기 때문이다. 소크라테스는 이런 곤경에서 벗어나기 위해, 전몰자들의 부모에게 당부하는 말에서 매우 독특한 제안을 한다.

부모에게 당부하는 말에서 소크라테스는 델피의 유명한 격언인 "무엇이든 지나침이 없어야 한다"(*mêden agan*)는 문구를 상기시킨다. 이 격언은 사실 절제의 중요성을 강조하는 것이지만,[71] 소크라테스는 자신의 행복을 다른 사람에게 지나치게 의존하고 있으면 안 된다는 것으로 해석한다. 따라서 모든 사안에 있어서 자기 자신만을 의지하는 사람이 가장 훌륭한 삶을 살 준비가 된 것으로 간주된다(247e–248a). 덧붙여 이렇게 자기 충족과 자기 독립성을 갖춘 사람만이 절제 있고(*sôphrôn*), 용기 있으며(*andreios*), 지혜로운(*phronimos*) 사람이라고 얘기할 수 있다는 것이다. 이런 사람은 무엇이 생겨나고 사라질 때(예컨대 재산의 획득과 손실, 자식의 탄생과 죽음에 따라) 지나치게 즐거워하거나 괴로워하지 않을 것이라고 한다. 따라서 전몰자들의 부모들은 자식을 잃었다고 슬퍼하기보다 지금까지 이룬 것을 명예롭게 하는 편이 나을 것이라고 소크라테스는 조언한다.

이런 조언은 앞서 자식들에게 주었던 메시지와는 사뭇 다른 뉘앙스를 갖는다. 물론 앞의 "덕 있는 정치적 삶"과 마찬가지로 대담보다는 절제를, 도시에 대한 에로스적인 탐닉보다는 자기충족(*autarcheia*)을 강조한다는 측면에서 페리클레스의 "제국주의적 정치적 삶"과 구별된다. 그러나 가능하면 독립적이고 독자적인 삶을 유지해야 한다는 당부는 가족적인 유대와 조상의 명성에 걸맞은 덕을 끊임없이 성취해야 하고, 만약 그렇지 못하면 사후에 가족들을 반갑게 맞을 수 없다는 자식들에게 했던 당부의 내용과는 거리가 멀다.[72] 여기서는 적어도 아테네에 대한 애국심을 바탕으로 죽은 자들이 보여준 덕에 견줄만한 덕을 갖추라고 조언하지도 않으며, 아테네의 위대함이라는 불멸의 기억을 통해서 불멸의 인생을 살라고 권하지도 않는다. 대신 살아 있는 사람은 죽은 사람보다 더 잘 살아야 한다고 하면서, 그 방법으로 "지나침이 없이"라는 델피의 격언을 이행하라는 다소 엉뚱한 조언을 하고 있는 것이다.

아테네 정체성을 모색하는 와중에 등장한 "지나침이 없는" 삶에 대한 제안을 어떻게 해석해야 할까? 이는 분명 삶과 죽음, 부와 빈곤, 자식의 생사에 이르기까지 모든 문제에 있어서 한 걸음 떨어져 지나치게 열 내지 않는 관조적 삶을 의미한다. 그러나 이러한 지나침이 없는 삶은 철학자가 "전체에 대한 지식"을 사랑하기 때문에 공동체의 일에 소홀하거나 초월할 수밖에 없는 관조적 삶이라기보다, 일반인들이 상식적으로 취할 수 있는 세상일에 어느 정도 거리를 두는 정도의 관조적 삶이다. 소크라테스는 왜 이런 삶을 부모들에게 제안하는 걸까? 자식을 잃은 부모의 슬픔을 달래기 위해서라고 볼 수 있으나, 여기에는 소크라테스의 정치철학적 의도가 포함되어 있다고 할 수 있다.

앞에서 우리는 진퇴양난에 빠진 소크라테스를 발견한 바 있다. 장차 아테네 제국 시민의 주역이 될 젊은이들에게 제국의 정체성을 부정하게 할 수도 없고, 그렇다고 이들이 결국 탐욕적이며 침략적인 제국의 시민으로 전환되는 것을 방관할 수도 없는 상황이다. 소크라테스는 이런 상황을 극복하기 위해 "지나침이 없는" 삶을 지향하는 부모의 세대를 두고자 한 것이다. 젊은이들은 자유를 추구하는 제국의 시민으로 살게 하고, 반면 그 부모들은 매사에 지나치게 열성을 내지 않는 유사 관조적 삶을 살게 함으로써, 소크라테스는 자유주의적 제국이 침략적이고 팽창적인 제국으로 전락하는 것을 제어하고자 한 것이다. 소크라테스는 세대 간의 견제와 균형을 통해 "자유주의 제국의 패러독스"로부터 벗어날 수 있는 방안을 모색한 것이다.

3장
플라톤의 『고르기아스』와 영혼 돌봄의 정치에 대한 수사학적 타진

1절 소크라테스적 삶과 수사학의 화해 가능성 : 소크라테스 vs. 고르기아스

자신의 삶을 자전적 형태로 서술한 『제7편지』에서 플라톤은 아테네의 정치적 격변 속에서 환멸을 느꼈다고 회고한다. 무엇보다 그의 스승 소크라테스가 아테네 법정에서 사형판결을 받은 것을 목격하고 정치에 대한 강한 불신을 가졌을 것이다. 그럼에도 불구하고 플라톤은 정치의 개선 가능성을 완전히 포기하지 않았다. 플라톤은 철인왕의 출현으로 정치의 타락을 막을 수 있다고 믿었다. 플라톤이 철인왕의 실현 가능성을 얼마나 믿고 있었는가는 논란의 대상이지만(이에 대해서는 이 책의 5장에서 본격적으로 다룰 것이다), 플라톤은 현실에서 철인왕에 의한 정치를 시도한 바 있다. 『제7편지』의 내용을 신뢰한다면, 플라톤은 당시 그리스 세계에서 강력한 도시 국가 중 하나였던 시라쿠사에서 철인왕을 만들려고 시도했다. 플라톤이 처음 시라쿠사를 방문했을 때 이 도시는 타락으로 가득한 곳이었다. 첫 번째 방문에서 얻었던 유일한 소득은 디온이라는 정의로운 친구를 얻은 것이었다. 이 디온으로부터 시라쿠사의 젊은 참주 디오니시오스 2세가 철학에 관심이 있으며, 장차 철인왕이 될 재목이라고 알려 온 것이다(327d–328a). 그러나 디오니시오스 2세를 철인왕으로 만들어 보려는 두 차례에 걸친 플라톤의 시도는 모두 실패했다. 현실에서 실패로 끝난 철인왕의 기획이 플라톤 정치철학 전체의 프로그램 속에서 어떤 위상을 차지하는가는 이 책의 5장에서 본격적으로 검토될 것이다. 이 장에서는 철인왕의 기획을 성사시킬 수 있는 하나의 수단으로서 소피스트의 수사학이 활용될 여지에 관해 검토하고자 한다. 당시 아테네의 정치 사회에서 수사학은 상당한 영향력을 행사하고 있었다. 이 때문에 수사학을 가르치는 소피스트 역시 대중적으로 상당한 인기를 누렸다. 물론 수사학에 대한 대중적 인기와 플라톤이 수사학에 대해서 가졌던 관심은 사뭇 달랐다. 주지하는 바와 같이 대중은 수사학이 가져다 줄 것으로 기대되는 정치권력 때문에 수사학의 위력을 동경한다. 수사학이 만약 이런 위력을 갖고 있다면, 그 위력은 플라톤의 정치사상을 실현하는 데에도 유용할 수 있다. 철인왕에 의한 통치 실현에 수사학의 위력을 활용하는 것은 어떠한가? 시라쿠사에서의 실패가 확인하듯, 이미 정치권력을 획득한 참주에게 철학을 가르치는 것은 어려운 일이다. 그렇다면, 철학자가 수사학의 힘을 빌어 권력을 잡는 방법은 어떠한가? 철학자의 관점에서 보면 수사학은 정치적 핍박으로부터 철학을 보호하는 소극적 기능과 함께, 철인왕의 기획을 가능케 하는 적극적 기능을 행사할 수도 있다. 다시 말해 수사학은 잘 활용하기만 하면 평생 철학적 활동을 하다가 어이없게 아테네인들에게 정치적 핍박을 당한 소크라테스를 구할 수 있을 뿐 아니라, 플라톤이 가장 이상적인 정체로 상정한 국가를 실현할 수 있는 수단이 될 수 있다는 것이다. 『고르기아스』는 이런 기대에 대한 플라톤의 대답이 담겨 있는 대화편이다.

수사학이 플라톤의 정치 이상을 완성하는 수단이 될 수 있을까? 『고르기아스』가 바로 이 문제를 다루고 있다는 것은 이 대화편이 설정하고 있는 극적 배경을 통해 잘 드러난다. 주지하다시피 직접 민주주의를 실천하던 아테네의 정치 환경에서, 정치적 삶이란 곧 수사학(*rhetorikē*)의 광범위한 사용을 전제로 한다. 아테네인들에게 수사가(*rhētor*)란 종종 정치가(*politikos*)를 의미하기도 한다.[1] 이런 맥락에서 철학적 삶만을 고집했던 소크라테스가 이와 정반대의 삶을 지향하는 소피스트인 고르기아스의 향연장을 찾았다는 설정은 매우 의미심장하다. 더구나 이 극적 설정은 실제로 있었던 일이라기보다 플라톤에 의해 "구성"됐다는 것이 학자들의 견해이다.[2] 플라톤이 이처럼 허구적 상황을 꾸며낸 것은 『고르기아스』가 소크라테스의 철학적 삶과 수사학의 사용을 전제로 하는 정치적 삶의 화해 가능성을 타진하기 위함이라는 기대를 갖기에 충분하다. 이제 『고르기아스』의 분석을 통해 플라톤 정치철학의 형성 과정에서 수사학의 활용 가능성을 검토하고, 이로써 플라톤 정치철학이 궁극적으로 영혼 돌봄과 정치적 삶을 결합하는 "영혼 돌봄의 정치"를 지향하고 있음을 설명하고자 한다.[3]

『고르기아스』는 소크라테스와 그의 친구 카이레폰이 고르기아스와 그 일행이 머물며 강연을 베풀고 있다는 칼리클레스의 집에 등장하면서 시작한다. 소크라테스는 여느 때처럼 시장에서 사람들을 만나 대화를 나누느라 시간을 지체했고, 이 때문에 칼리클레스의 집에 늦게 도착해 고르기아스의 수사학 강연을 듣지 못했다. 집 주인인 칼리클레스는 소크라테스가 고르기아스의 대단한 강연을 듣지 못한 것을 비아냥거리며 안타까워한다. 칼리클레스의 집에는 많은 사람들이 운집해 있었을 것이다. 여기서 우리는 두 종류의 다른 집단을 발견할 수 있다. 하나는 소크라테스와 저잣거리에서 대화를 나누다가 소크라테스를 따라온 무리이며, 다른 하나는 일찍부터 칼리클레스의 집에 모여 고르기아스의 대화를 들었던 무리다. 후자가 세속적 관점에서 수사학에 관심을 가졌던 집단이라면, 전자는 기본적으로 수사학보다는 소크라테스가 늘 강조해 온 영혼 돌봄, 요컨대 "소크라테스적 삶"에 보다 큰 관심을 갖는 집단이라고 할 수 있다.[4] 두 집단은 지금까지 영혼 돌봄을 전제로 하는 소크라테스적 삶과 수사학의 사용을 전제로 하는 정치적 삶이 결코 양립할 수 없다고 판단했을 것이다. 따라서 소크라테스를 따라온 무리는 사실 소크라테스가 왜 칼리클레스의 집을 방문했는지 의아해 했을지 모른다. 일찍부터 칼리클레스의 집에서 고르기아스의 수사학 강연을 지켜본 무리 역시 소크라테스의 등장이 뜻밖이었을 것이다.

이후 대화편의 전체적인 구조는 소크라테스가 수사학적 삶을 추종하는(그러나 수사학에 대해 각자 다른 이해의 정도를 갖고 있는) 고르기아스, 폴로스, 칼리클레스 세 사람[5]과 차례로 대화를 나누는 것으로 구성되어 있다. 이 과정에서 삶에 대한 전혀 다른 두 가지 접근, 즉 소크라테스의 영혼 돌봄의 삶과 수사학을 수단으로 하는 권력 추구의 삶이 극명하게 대조된다. 일견 소크라테스가 칼리클레스의 집에 방문한 것은 이 대조적인 삶의 원칙 가운데, 소크라테스의 영혼 돌봄의 삶이 수사학을 사용하는 정치적 삶에 비해 얼마나 가치 있는 것인가를 보여주기 위한 것이라고 이해할 수도 있다. 그러나 이러한 이해는 소크라테스가 왜 굳이 칼리클레스의 집에 방문했을까 하는 의문을 만족스럽게 해결하지 못한다. 소크라테스가 여느 때와 마찬가지로 자신과 다른 이들의 삶을 검증하는 작업을 하고자 했다면, 이미 수사학의 위력에 매료된 사람들이 모인 칼리클레스의 집을 택하기보다 여느 때와 마찬가지로 시장이나 길거리를 택하는 것이 나았을 것이다. 소크라테스가 일상적인 검증 작업을 미루고 칼리클레스의 집을 방문했다는 것은 철학적 삶의 우월성을 입증하기 위한 것 이상의 어떤 추가적인 목적을 위한 것이라고 가정할 만하다.

소크라테스가 칼리클레스의 집을 방문한 또 다른 목적이 무엇일까? 앞서 언급한 바와 같이 수사학의 위력을 철학적 목적으로 사용할 가능성을 타진하기 위함이 아니었을까? 철학적 삶을 통해 영혼 돌봄을 하는 것이 정치와 근본적인 마찰을 빚고 있으므로, 수사학의 힘을 빌어 보다 안전하게 영혼 돌봄의 삶을 선택할 수 있는 방안을 모색하기 위함이 아니었을까? 소크라테스의 죽음을 염두에 두면, 그의 철학적 삶과 영혼 돌봄의 정치가 아테네인들에게 순순히 받아들여지기 어렵다는 것은 자명하다. 아테네인들에 의해 기소당하고, 결국 사형 선고를 받은 소크라테스가 수사학의 대가 고르기아스가 주도하는 향연에 참여한다는 극적 설정은 플라톤이 소크라테스로 하여금 아테네 시민들과의 화해를 시도하게 하려는 의도라고 가정해 볼 만하다. 수사학의 대가인 고르기아스와의 대화에서 소크라테스와 고르기아스 모두 서로에게 예의와 존경심을 보이는 장면은 이런 추정을 어느 정도 뒷받침한다. 그러나 아직은 단정할 수 없다. 이제 소크라테스와 고르기아스의 문답을 보다 구체적으로 검토하면서, 소크라테스가 칼리클레스의 집에 방문한 의도, 즉 플라톤이 이런 극적 설정을 기획한 의도를 찾아야 한다.

사실 소크라테스와 고르기아스의 대화 직전 마치 이들의 대변자라도 되는 듯이 카이레폰과 폴로스가 간단한 문답을 나눈다. 이들의 대화는 결국 자신들이 무엇에 대해서 논의하고 있는지에 대한 정확한 이해가 없음을 드러낸다. 이후 소크라테스와 고르기아스가 대화를 이어받고 나서야 수사학을 정의(定義)하는 쪽으로 제대로 방향을 잡는다.

소크라테스는 먼저 고르기아스가 갖고 있는 기술(*technē*)이 무엇인가를 묻는다. 고르기아스는 즉각적으로 "인간사에서 가장 위대한 것"이라고 답하지만(451d), 소크라테스는 무엇이 바로 그 "위대한 것"인지 구체적으로 밝힐 것을 요구한다. 이에 대해 고르기아스는 "위대한 것"이란 "자신의 나라에서 자유와 지배를 얻는 것"이라고 밝힌다. 이에 덧붙여 고르기아스는 자신의 수사학이 그 기술을 배운 자로 하여금 "법정이나 위원회, 그리고 민회에서 사람들을 설득하는 능력을 갖추게" 함으로써 "가장 위대한 것"을 얻게 한다고 주장한다(452e). 법정(*dikasterion*), 위원회(*boulē*), 민회(*ekklesia*)는 아테네 민주정의 대표적인 정치 기구들이다. 고르기아스는 여기서 아테네의 민주적 제도들을 구체적으로 언급함으로써 그의 기술이 아테네의 정치적 맥락에서 효과적이라는 것을 강조한 것이다. 특히 민주적 정치제도 환경에서 대중을 설득시킬 수 있는 힘은 정치권력을 얻을 수 있는 가장 효과적인 수단임을 부인할 수 없다. 뿐만 아니라 고르기아스는 수사학의 힘으로 모든 선생들을 설득하면 재물이나 아름다움, 건강 등 원하는 것은 무엇이든 얻을 수 있다고 말함으로써 자신의 기술이 일상적으로 유용한 것임을 강조한다.

그러나 소크라테스는 수사학의 설득의 힘과 그 본질이 무엇인가를 되묻는다. 소크라테스는 재물, 아름다움, 건강을 얻기 위한 일상생활에서의 설득도 사실은 말의 힘이라기보다 결국은 정치권력으로 오는 것이 아닌가라고 반문한다. 이에 대해 고르기아스는 이번에도 아테네의 구체적인 정치제도를 언급함으로써 수사학의 위력을 과시한다. 즉 자신의 수사학은 아테네 "재판정의 배심원과 정의와 부정의를 다루는 모든 종류의 대중(*ochlos*)을 설득시킬 수 있는" 기술이라는 것이다(454b).

이에 대해 소크라테스는 대중을 설득할 수 있는 기술이란 진정한 가르침을 통해서가 아니라 단지 확신(혹은 믿음, *pistis*)에 의한 것일 뿐임을 고르기아스에게 확인시킨다. “많은 사람들을 대상으로, 그것도 짧은 시간에 그렇게 중대한 문제”를 가르침을 통해서 설득하기란 애초부터 불가능한 일이라는 것이다(455a). 대중에 대한 설득이 단지 확신에 의한 것이라는 점이 밝혀짐으로써 수사학의 기술이 가르침을 결여하고 있다는 사실이 드러났지만, 고르기아스는 이런 사실을 크게 개의치 않는다. 어쨌든 그는 수사학이 앞서 언급된 광범위한 영역에서 정치권력을 얻을 수 있는 가장 효과적인 수단이며, 이를 통해 인간사에서 가장 위대한 것, 즉 자유와 지배를 획득하는 수단이 된다고 믿기 때문이다.

그러나 소크라테스는 수사학이 가르침이 아니라 그저 확신에 의한 것이라는 점에 집중하면서, 수사학이 국가에서 최고의 의사를 고를 때나 국가 시설을 건축하는 기술 전문가를 선출할 때에도 유용한지 묻는다. 고르기아스는 이 질문을 반겼을 법하다. 그의 수사학은 일반적으로 법정의 배심원들을 설득하는 데 유용한 것으로 알려져 있지만, 이제 고르기아스는 의사나 기술 전문가를 고를 때에도 그의 수사학이 유용하다는 것을 밝힐 수 있는 기회를 얻게 된 것이다. 고르기아스는 수사학에 능한 사람은 과거 테미스토클레스나 페리클레스가 그랬던 것처럼 성벽이나 항구, 갑문 등의 국가 시설 건설의 문제를 결정할 때 국가의 심의에 결정적인 영향을 미칠 수 있다고 여겼으므로, 소크라테스의 질문에 대해 자신 있게 수사학의 위력을 내세운다.

아테네의 관행에 비추어 볼 때, 국가의 대표 의사나 기술자를 결정하는 데에도 수사학이 영향력을 발휘한다는 고르기아스의 주장은 사실 그리 지나친 것은 아니다. 아테네인들은 토목건축 사업을 할 때나 흑사병이 번졌을 때에도 그들이 어떤 조치를 취해야 하는가를 결정하기 위해 민회를 열었고, 민회의 결의는 대부분 수사가이자 정치가의 발언에 의해 좌우되는 경우가 많았기 때문이다. 물론 민회에서 발언하는 정치가들이 의술이나 건축술에 조예가 있다고 아테네인들이 믿은 것은 아니다. 아테네인들이 민회에서 정치가에 의존했던 것은 예컨대 국가적 건설 사업을 언제 시행할지, 국가 시설을 건축할 만한 재정은 충분한지, 전쟁에서 누굴 주적(主敵)으로 간주할지와 같은 정치적인 결정에 관한 것이었다. 따라서 이런 결정은 해당 사안에 대한 기술적인 결정과는 분명히 구분된다. 그렇지만 고르기아스는 민회에서 수사가들의 조언이 기술적인 지식을 결여하고 있음에 대해서 전혀 고려하지 않는다.

이런 고르기아스에 대해서 소크라테스는 만약 수사가들이 이와 같이 모든 사안에 대해서 민회에서 정치적 영향력을 발휘할 수 있다면, 수사가들은 아마도 세상의 모든 기술을 이미 섭렵했어야 한다고 주장한다. 앞서 고르기아스가 주장한 것처럼 만약 수사학이 모든 영역에서 상대방을 확신에 이르게 할 위력을 갖고 있다면, 수사가란 단순히 말을 통해 설득하는 기술을 갖고 있는 사람이 아니라 놀랍게도 세상의 모든 지식을 이미 섭렵한 초자연적인 지식을 갖고 있는 사람으로 봐야 한다는 것이다(456a).

수사학이 사실상 전지적(全知的) 능력을 가졌다고 봐야 한다는 소크라테스의 냉소적 지적에 대해 고르기아스는 이제 수사학의 전형적인 방식을 사용하며 긴 연설을 늘어놓는다. 고르기아스의 연설

(456b-457c)은 크게 두 부분으로 나뉜다. 하나는 수사학의 전능한 힘에 대한 언급이고, 두 번째는 수사학을 배운 학생들이 이런 수사학의 전능한 힘을 남용한다고 해도 수사학을 가르친 스승에게는 잘못이 없다는 것이다. 고르기아스는 먼저 수사학이 전능한 힘을 갖고 있다는 것을 입증하기 위해, 자신이 그의 형제인 의사도 하지 못하는 일을 하고 있다는 사례를 든다. 즉 고집스런 환자로 하여금 고통스런 치료를 받도록 설득하는 것은 의사가 아니라 바로 수사학을 구사하는 자신에게 달려 있다는 것이다. 물론 고르기아스는 자신의 능력으로 질병을 치료할 수 없다는 것은 알고 있다. 그러나 환자를 설득시키지 못하면 의술은 무용지물이므로 의술보다 수사학이 더 우월하다는 것이 고르기아스의 입장이다.

고르기아스는 이 대목에서 좀 더 과격한 주장을 내놓는다. 수사학에 능한 사람과 진정한 의사가 만약 국가 최고의 국립의사로 뽑히기 위해 민회에서 연설을 한다면 수사학에 능한 이가 진짜 의사마저 누를 수 있다는 것이다. 고르기아스의 이 발언은 사실 수사학의 남용 가능성을 자인한 것이다. 고집스런 환자를 설득했다면, 설득 방법과 상관없이 그것은 누구에게도 해가 되는 일이 아니다. 그러나 만약 수사학에만 능한 사람이 국가의 최고 의사로 뽑힌다면 명백히 민회에 모인 시민들을 기만한 것이고, 이렇게 뽑힌 가짜 의사가 국가에 큰 해악을 끼칠 것은 당연히 예상되는 일이다. 수사학의 위력은 대단하지만, 그 위력을 남용하면 시민을 기만하고 국가에 해를 입히는 결과를 낳을 수 있다는 것이 드러난 것이다. 수사학의 위력에 대한 고르기아스의 지나친 자만이 테미스토클레스나 페리클레스는 결코 행하지 않았을 수사학적 기만이나 남용의 가능성을 열어 놓은 것이다.

고르기아스는 수사학의 남용에 따르는 비난을 잘 알고 있었을 것이다. 그래서 그의 연설의 두 번째 부분에서, 설령 수사학의 남용이 발생하더라도 그 책임은 그 능력을 남용한 학생에게 있지 그런 위대한 능력을 가르친 수사학의 스승에게 있는 것이 아니라는 점을 강조한다. 고르기아스의 가정은 기술은 중립적인 것이므로, 그것을 실천하는 사람이 어떻게 행하느냐는 기술의 성격과 무관하다는 것이다. 복싱 기술을 가르쳤다고 해서 친구나 가족을 해치라고 가르친 것은 아니라는 것이다. 만약 복싱 기술을 배운 사람이 그런 짓을 했다면 이는 가르친 사람의 잘못이 아니라 전적으로 그 기술을 남용하고 오용한 실천자의 책임이라는 주장이다.

고르기아스의 연설을 요약하면, 그의 수사학 기술은 전능한 것이어서 때로는 남용될 소지가 있지만, 이 기술은 기본적으로 중립적이라는 것이다. 사용하는 자가 이 기술을 정당하게 사용하면 유용한 것이 되고, 이를 남용하거나 오용하면 해가 된다는 것이다. 고르기아스는 기술은 기본적으로 중립적이라는 상식적인 견해에 호소하면서, 수사학도 이런 기술 중의 하나임을 지적한 것이다.

그러나 수사학은 여느 기술과는 다른 측면이 있다. 고르기아스도 강조했듯이 수사학은 다른 기술보다 전능한 힘을 갖고 있다. 특히 수사학의 힘이 가장 잘 발휘될 수 있는 아테네의 민주정치 환경에서, 수사학의 남용은 아테네 국가 전체를 위험에 몰아넣을 수 있으며, 아테네 시민들의 삶에 결정적인 악영향을 미칠 수 있다. 그럼에도 불구하고 소크라테스의 태도에서 고르기아스에 대한 비난은 노골적으로 드러나지 않는다. 아마도 조국 아테네의 정치적 타락의 책임을 이방인인 고르기아스에게 돌리는 것은 어리석은 일이라고 판단했기 때문일 것이다. 더구나 고르기아스는 자신의 수사학적 기술이 남용될 수도 있다는 것도 잘 알고 있는 소피스트였다. 따라서 수사학의 남용에 자신은 책임이 없다는 것을 적극적으로 변호하고 나선 것이다. 아테네에서는 이처럼 무책임한 태도를 보이는 고르기아스도 자신의 모국에서는 수사학의 남용을 막을 어떤 방도를 가졌을지 모른다.

이런 맥락에서 소크라테스는 고르기아스를 대단히 조심스럽게 대하고 있으며, 여전히 존경을 표하고 있다. 고르기아스는 이제 피곤함을 핑계로 더 이상 난처한 질문을 피하고 싶어한다. 그러나 수사학의 남용 여부가 아테네 국정에 지대한 영향을 미친다는 사실이 밝혀진 이상, 카이레폰이나 칼리클레스 그리고 그곳에 모여 있던 아테네의 시민들은 고르기아스와 소크라테스의 대화가 더 진전되기를 원한다(458c–d). 이런 분위기를 알아챈 소크라테스는 "당신은 아마도 올바로 말했을 듯한데, 제가 잘못 알아들었을 수도 있을 것 같습니다"라고 조심스럽게 고르기아스와의 대화를 이어가려 한다.

소크라테스는 설득의 기술이 모든 영역에서 효력을 발휘할 수 있는 것은 그 대상이 전문적 지식이 없는 대중이기 때문이라는 점을 다시 환기시킨다. 그러나 아테네의 정치적 결정은, 그것이 설령 전문적인 지식을 요하는 사안이라고 하더라도, 비전문가인 정치인이 대중을 상대로 하는 연설을 통해 이뤄지는 것이 통례이다. 아테네 민주정은 대중의 민주적 심의 능력을 신뢰한다. 대중은 비록 전문적 지식을 결여하고 있지만 정치적으로 올바른 판단을 내릴 수 있다는 것이다. 그런데 대중의 민주적 심의 능력은 이들에게 적절한 조언을 해 줄 수 있는 사람을 전제로 한다. 대중에게 조언을 해 주는 이는 누구인가? 다름 아닌 정치가이자 수사가들이다. 따라서 아테네 민주정이 제대로 작동하기 위해서는 고르기아스가 배출한 수사가가 수사학의 남용을 자제하거나 아테네의 대중이 수사학의 힘을 남용하려 드는 이를 가려낼 수 있어야 한다. 문제는 대중이 수사학의 남용을 알아차리기란 대단히 어려운 일이라는 데 있다.

고르기아스의 수사학이 아테네 정치 현실에서 정상적으로 기능하기 위해서는 수사가가 대중의 심의 능력을 신뢰하고 아테네의 민주적 가치를 인정하는 사람이어야 한다. 이런 수사가를 "고르기아스식 수사가"라고 칭해 보자. 앞서 고르기아스는 배심원 법정에서 배심원을 설득할 수 있는 능력을 그의 수사학의 첫 번째 기능으로 내세운 바 있다. "고르기아스식 수사가"라면 배심원 법정에서 배심원을 기만하거나 현혹시키기보다 배심원들이 기왕에 갖고 있던 정의관에 호소할 것이다. 또 "고르기아스식 수사가"라면 민회에서 자신의 사적 이익을 위해서가 아니라 국가(전체)의 이익을 위해서 시민들을 설득할 것이다. 이런 맥락에서 "고르기아스식 수사가"는 민주적 공동체의 유지와 공익에 필수적인 민주적 수사가라고 할 수 있다.

그러나 "고르기아스식 수사가"가 민주적 수사가의 모습만 띠는 것은 아니다. 고르기아스는 이미 그가 배출한 수사가가 국가의 최고 의사로 선출될 수도 있다고 장담으로써 수사학의 남용 가능성을 인정한 바 있다. 수사학에 남용의 여지가 있다는 것은 곧 수사가가 아테네 대중의 결정을 조작할 수 있다는 것을 의미한다. 그렇게 되면 이들이 아테네 대중의 민주적 심의 과정에서 긍정적인 역할을 할 리 없다. 요컨대 "고르기아스식 수사가"가 민주적 가치를 존중하는 한 고르기아스의 수사학은 그 유용성을 인정받을 수 있는 반면, 수사학이 갖는 능력을 지나치게 강조할 때, 수사학은 아테네 민주정을 위협하는 요소가 된다. 결과적으로 고르기아스는 수사학의 스승으로서 수사학의 남용에 대한 책임을 면하기 어렵게 된다.

이런 맥락에서 고르기아스는 수사학의 힘을 보여주면서도 동시에 민주정체 하에서 그것이 남용되지 않는다는 것을 증명하기 위해서 그의 입장에 중대한 전환을 시도한다. 즉 고르기아스는 자신이 중립적 기술로서의 수사학을 가르칠 뿐 아니라, 정의가 무엇인지 모르는 학생에게는 정의에 대한 가르침도 줄 수 있다고 주장한 것이다. 이는 그의 수사학이 남용될 가능성이 희박하다는 것을 입증하기 위한 것이었다. 소크라테스는 고르기아스의 주장에 모순이 있음을 지적한다. 고르기아스에게 정의를 배운 사람은 결코 부정의를 행해서는 안되는데, 수사학의 남용이 발견된다는 것은 정의를 가르친 고르기아스에게 문제가 있음을 드러낸다는 것이다. 그럼에도 불구하고 학생들의 잘못에 대해 자신은 책임이 없다고 말하는 고르기아스의 주장은 모순이라는 것이다.

이러한 지적에 대해 폴로스는 고르기아스의 실수를 지적하면서 수사학을 변호하고자 한다. 소크라테스가 고르기아스에게 수사학뿐 아니라 정의를 가르칠 수 있는가라고 물었을 때, 고르기아스는 수치심에 못 이겨 자신도 정의를 가르칠 수 있다고 대답했는데, 이것이 결정적인 실수라는 것이다. 폴로스는 소크라테스가 고르기아스의 수치심을 자극하여 그로 하여금 불필요한 얘기를 하게 했고, 이로 인해 고르기아스는 모순에 빠지게 됐다는 것이다.[6]

고르기아스는 정말 소크라테스가 쳐놓은 함정에 빠진 것인가? 사실 스승의 한 사람으로서, 인간사에서 가장 중요한 요소 중 하나로 간주되는 정의에 대해서 가르칠 수 없다고 자인하는 것은 수치스런 일이 아닐 수 없다. 고르기아스가 정의에 관해서 가르침을 줄 수 있다고 한 것은 당연한 것이다. 오히려 "고르기아스식 수사학"이 갖고 있는 보다 근본적인 문제는 수사학적 능력에 대한 지나친 확신에 있다. 고르기아스가 자신의 수사학적 능력을 지나치게 내세우지만 않았어도 수사학의 중립성이 지켜지면서 아테네 민주정에서 수사학의 효용을 계속 인정받았을지 모른다. 다시 말해, "고르기아스식 수사학"이 어느 정도의 절제만 있었다면, 이 수사학은 아테네 민주정에서 대중의 민주적 심의에 긍정적으로 기여하는 역할을 했을 것이고, 그 남용 가능성에 대한 비난도 면할 수 있었을 것이다. 결론적으로 고르기아스의 모순은 소크라테스가 유발시킨 수치심보다 그가 수사학의 능력을 지나치게 과장했기 때문이다.

어쨌든 고르기아스의 입장은 모순적이라는 사실이 드러났다. 그에 따르면 그에게 수사학을 배운 자라면 그 능력으로 무엇이든 할 수 있다 하더라도, 그에게 정의에 관해서도 배웠기 때문에 수사학을 남용하지 말았어야 한다. 그럼에도 불구하고 현실에는 여전히 수사학을 남용하는 이들이 존재한다. 즉, 고르기아스가 정의를 온전히 가르치지 못했거나 수사학의 남용에 대해서 고르기아스가 책임이 있다고 인정해야 하는 상황이다.

고르기아스의 입장이 표면적으로 난관에 빠진 것은 사실이지만 우리는 여전히 그의 입장을 변호할 수 있는 두 가지 근거를 상상해 낼 수 있다. 첫째는 고르기아스의 학생들이 고르기아스에게 정의에 관한 지식을 구하지 않았을 가능성이 있다. 고르기아스는 기본적으로 수사학만을 가르치기로 되었으므로, 학생들이 구하지 않는 이상 정의에 관한 지식을 가르칠 의무는 없다. 따라서 고르기아스에게 정의에 관해서 배우지 못한 자들이 수사학을 남용하는 것에 대해서 고르기아스의 책임은 면제된다. 둘째, 고르기아스로부터 정의에 관해서 배웠다고 하더라도 이들이 이후에 타락했을 가능성이 있다. 고르기아스에게 이들의 교육에 대한 지속적인 책임이 없는 한, 이들이 도덕적으로 타락한 이후 행하게 되는 수사학의 남용에 대해서 고르기아스에게 책임을 물을 수 없다.

그런데 아테네의 정치적 타락에 대해 외국인인 고르기아스에게 얼마나 책임이 있는가를 따지는 것은 일종의 넌센스다. 그래서 소크라테스도 고르기아스를 계속 추궁하는 대신 고르기아스를 변호하고 나선 폴로스와의 대화를 이어간 것이다. 이 과정에서 우리가 주목해야 할 것은 수사학의 문제가 단순히 기술의 중립성이나 스승의 책임 여부에 관한 것이 아니라는 것이다. 수사학을 배우려는 이들은 정의에 관한 지식도 배워야 하며, 이후 도덕적으로도 타락하지 말아야 한다. 고르기아스 수사학의 남용 문제는 불가피하게 도덕적 문제로 귀결된다는 얘기다.

요약하면 소크라테스는 우선 고르기아스와의 대화를 통해서 수사학이 긍정적, 부정적 측면을 모두 갖고 있음을 드러냈다. "고르기아스식 수사가"가 데모스의 민주적 심의 능력을 인정하고 민주적 가치를 존중하는 한, 수사학은 국가에 유익을 주는 긍정적 측면을 갖는다. 그러나 수사학의 능력에 대한 지나친 강조는 오히려 화(禍)를 부른다. 소크라테스는 결국 "고르기아스식 수사학"의 성패는 궁극적으로 수사가의 도덕성에 달려 있음을 지적한 것이다. 그가 배출한 수사가가 정의에 관한 지식을 타락시키지 않는 한 고르기아스는 수사학의 능력을 내세울 수 있지만, 수사가가 도덕적으로 타락하는 순간 그의 수사학은 국가에 해악을 끼친다. 이제 수사학의 문제는 본질적으로 도덕성의 문제라는 사실이 밝혀졌다. 다음 절에서는 고르기아스의 전형적인 제자라고 할 수 있는 폴로스와 소크라테스의 대화를 검토한다. 이는 "고르기아스식 수사가"가 과연 어떤 도덕성을 갖고 있는지를 시험할 리트머스 시험지가 될 것이다. 아울러 "고르기아스식 수사학"이 민주정 하에 긍정적인 역할을 위해서 수사가가 어떤 도덕성을 가져야 하는가도 드러날 것이다.

2절 영혼 돌봄의 정치와 수사학의 양립 불가성 : 소크라테스 vs. 폴로스

고르기아스로부터 수사학을 전수받고 아테네에서 수사학 교사로 활동하고 있는 폴로스는 그의 스승 고르기아스가 소크라테스에 의해서 논박당하는 것을 매우 못마땅해 했을 것이다. 앞서 지적한 바와 같이 고르기아스 수사학의 근본적인 문제는 수사학에 대한 지나친 과신에 있음에도 불구하고, 폴로스는 보다 노골적으로 수사학의 위력을 전면에 내세우며 고르기아스가 소크라테스의 계략에 의해 불필요하게 정의의 문제에 집착하게 됐다고 주장한다. 폴로스에 따르면 수사학 교사들은 정의에 관해 가르칠 필요가 없으며, 그들이 정의를 가르칠 능력이나 의향이 없다고 해서 결코 수치스러운 일도 아니라는 것이다. 폴로스는 수사학의 영역과 정의의 영역이 엄격히 구분된다고 여긴다. 고르기아스는 소크라테스가 자극한 수치심으로 인해 본래 엄격히 구별되는 두 영역을 결합하였고, 이 때문에 모순에 빠지게 됐다는 것이다. 폴로스는 수사학과 정의를 각기 다른 영역으로 구분함으로써 수사학의 중립성을 회복하고자 하였다. 그러나 폴로스의 고르기아스 비판은 그나마 고르기아스 수사학에 남아 있던 도덕적 요소를 완전히 배제하는 결과를 낳았다.

고르기아스와 달리 수사학의 권력적 측면에만 주목하는 폴로스에게 수사학이 남용되거나 오용될 가능성은 그리 문제될 것이 없다. 수사학을 어떻게 하면 긍정적인 범위 안에 머물게 할 것인가를 고민했던 고르기아스와 달리, 폴로스에게 수사학이 남용될 가능성은 오히려 수사학의 파괴력을 입증해 주는 좋은 근거가 된다. 이런 맥락에서 폴로스의 수사학은 기본적으로 비도덕적이다. 그러나 폴로스는 수사학의 노골적인 비도덕성에 대해 오히려 자부심을 갖는다.

폴로스 수사학이 일말의 도덕성도 고려하지 않는다는 것을 확인한 소크라테스는 이제 그의 수사학을 정면으로 비판한다. "소크라테스 당신은 수사학이 무엇이라고 생각하느냐"는 폴로스의 갑작스런 질문에 소크라테스는 수사학이란 결코 진정한 기술이 아니라 순간적인 만족과 쾌락을 주는 요령(*empeiria*, knack)에 불과하다고 단정 짓는다(462c). 또한 소크라테스는 수사학을 진정한 기술의 범주에서 제외시키고 일종의 아첨(*kolakeia*)으로 분류한다. 소크라테스의 이런 반응은 앞에서 고르기아스를 대했던 태도와는 사뭇 다른 것이다. 소크라테스는 수사학이 요리와 짝을 이루는 비슷한 범주의 요령이라고 분류한다. 즉 요리가 의술과는 대조적으로 진정으로 몸에 유익을 주는 것이 아니라 단지 만족과 쾌락만을 주듯이, 수사학은 영혼에 진정한 유익이 아니라 쾌락만을 준다는 것이다. 소크라테스는 이제 수사학의 남용 혹은 오용을 비판하고 있는 것이 아니라 수사학의 내재적인 속성을 근거로 수사학의 유용성을 전면적으로 부정하고 있다.

수사학을 기술이 아닌 요령으로 정의내린 후 소크라테스는 수사학의 지위를 확인하기 위해 몸과 영혼을 구분하고 진정한 유익을 주는 것과 단순히 쾌락만을 주는 것을 각각 구분하는 방법을 동원한다. 이에 따르면 수사학은 아첨의 한 부분으로서 정치가 맡아야 할 부분을 차지한 사이비 정치에 해당한다. 기술의 관점에서 수사학을 분류한 소크라테스의 입장은 다음과 같이 나타낼 수 있다.

몸		영혼	
진정한 기술	아첨술	진정한 기술(정치)	아첨술
체육	화장술	입법	궤변술
의학	요리술	사법	수사술

이 구분에서 주목할 만한 것은 입법과 사법이 영혼을 돌보는 기술로 분류되어 있다는 것이다(464b-c). 다시 말해 소크라테스는 입법과 사법을 그 내용으로 하는 정치의 주요 목적이 영혼의 돌봄에 있다고 선언한 것이다. 이 문제는 나중에 소크라테스가 칼리클레스와 대화하는 과정에서 자신을 '진정한 정치가'로 정의 내리는 부분에서 좀 더 구체적으로 다룰 것이다. 여기서 일단 주목하고자 하는 것은 소크라테스가 개인의 영혼, 성격, 성향의 형성을 입법과 사법에 연결시킴으로써 영혼 돌봄의 문제를 정치적 문제로 보고 있다는 사실이다.[7]

폴로스는 아직 소크라테스에게 승복하지 않았다. 어쩌면 폴로스에게 기술과 요령의 구분은 그리 중대한 사안이 아닐지 모른다. 그에게 절실한 문제는 수사학이 요령이냐 진정한 기술이냐가 아니라, 공동체에서 수사학이 가져다주는 권력이다. 폴로스는 명시적으로 그의 관심은 수사학의 기술성 여부가 아니라 수사학적 권력(*dunamis*)의 효력이라고 말한다(466b). 폴로스는 아마도 소크라테스가 수사학의 기술성은 인정하지 않아도 수사학이 가져오는 권력의 효력에 대해서는 인정할 것이라고 기대했을 것이다. 그러나 폴로스의 기대와 달리 소크라테스는 영향력 있는 수사가나 참주라 하더라도, 이들이 결코 권력을 쥐고 있다고 말할 수 없다고 지적한다. 소크라테스에게 권력은 진정으로 자신에게 유익을 가져다주는 힘을 의미한다. 참주는 누구든지 살해하거나, 강탈하거나, 추방시킬 수 있다. 그러나 이것이 실제로 그에게 유익한 것이 아니라면 그가 진정으로 원한 것을 얻었다고 할 수 없고, 이런 참주가 권력을 가졌다고 할 수도 없다는 것이다(466d~468e). 이런 주장은 참주들이 스스로 유익한 것이라고 여기는 것과 그들에게 진정으로 유익한 것은 구분된다는 가정에 기초해 있다.[8]

진정으로 유익한 것과 그렇지 않은 것을 구분하는 소크라테스는 부당하게 남을 죽인 자가 있다면 그는 사실 "진정으로" 자신이 원하는 것을 한 것이 아니므로 비참하고 가여운 자라고 말한다. 반면에 무엇이든 마음먹은 대로 행할 수 있는 참주의 자유가 더 가치 있다고 여기는 폴로스는 백번 양보하여 무엇이든 할 수 있는 참주의 자유가 가장 훌륭하다고는 못해도 적어도 부당하게 죽임을 당하는 것보다는 낫다는 입장을 드러낸다(469a~b). 이런 맥락에서 소크라테스는 "부정의를 행하는 것보다 차라리 당하는 것이 더 낫다"는 유명한 명제를 내놓는다. 그러나 폴로스는 소크라테스의 명제에 결코 동의하지 않는다.

여전히 권력 자체의 효력에 매료되어 있는 폴로스에게 소크라테스는 자신이 원하는 대로 폭력을 휘두르는 악한의 예를 들고 그가 자신이 원하는 것을 행한 것인지 묻는다. 폴로스는 악한이 자신이 원하는 것을 행한 것이 아니라고 대답하지만, 그 이유는 그가 처벌을 면할 수 없기 때문이라고 폴로스는 이해한다(470a). 즉 폴로스가 상정하고 있는 권력자란 소소한 폭력배가 아니라 자신이 저지른 어떤 범죄에 대해서도 처벌을 막을 수 있을 정도로 신중하게 권력을 사용하는 권력자라는 것이다. 폴로스는 비로소 자신의 세계관을 온전히 드러낸다. 즉 부정의를 행하더라도 처벌만 받지 않는다면 누구든 마음대로 부정의를 행할 것이며, 이런 조건을 현실에서 이뤄낼 수 있는 사람이 가장 행복한 자라고 선언한 것이다. 아르켈라우스라는 참주는 이런 폴로스의 세계관을 반영하는 전형적인 모델이다. 그는 모든 악행을 저지르며 참주의 자리에 올랐으나, 자신의 권력 덕에 처벌을 걱정할 필요가 없었다. 폴로스는 이런 아르켈라우스의 삶이야말로 가장 행복한 삶이라고 단정한다.

그러나 소크라테스는 아르켈라우스가 진정으로 자신이 원하는 것을 얻었다고 보지 않는다. 앞서 언급한 바와 같이, 소크라테스는 "행위자가 최선이라 믿는 것"과 "실제로 행위자에게 최선인 것"을 구분한다.[9] 아르켈라우스가 자신이 믿는 바에 따라 최선을 행했는지는 몰라도, 그것이 자신에게 실제로 최선의 것을 행한 것인지는 확실하지 않다는 것이다. 만약 아르켈라우스가 평생 부정을 행하면서도 처벌받지 않음으로써 실제로 그런 악행이 자신에게 해가 됨을 깨닫지 못했다면, 이는 진정으로 행복한 삶이 아니라 자기기만적인 삶이라고 할 수 있다. 무엇이든 그때그때 원하는 대로 얻는 것을 마치 진정으로 자신에게 최선이라고 착각했다는 것이다. 그런데 무엇이 자신에게 진정으로 최선의 것인지 어떻게 알 수 있는가? 상당한 수준의 교육과 정의에 대한 이해가 선행되어야 한다(470e). 그럼에도 불구하고 폴로스는 장기적으로, 아마도 생을 마감할 때까지 자신이 원하는 것을 제재 없이 얻을 수만 있다면 그런 삶이 행복한 삶이라고 여기고, 자신이 원하고 있는 것이 과연 진정으로 자신에게 유익한 것인가를 따지지 않을 것이다. 폴로스에게 자기기만이란 개념은 없다.

아르켈라우스가 자기기만에 빠져 있는가? 그가 자기기만에 빠져있다고 판단할 수 있는 것은 우리가 소크라테스의 관점, 즉 악행으로 가득한 삶이 가치 있는 삶이 될 수 없다는 소크라테스의 도덕적 기준에 서 있을 때이다. 달리 말하자면, 아르켈라우스의 삶은 제3자의 관점, 그것도 절대적인 도덕 기준의 관점에서만 자기기만이라고 일컬어질 수 있다. 처벌만 피할 수 있으면 진정으로 최선인 삶과 외견상의 최선의 삶을 굳이 구별할 필요가 없다고 보는 폴로스의 입장에서 아르켈라우스의 삶은 기만에 빠져 있는 삶이 아니라 성공적인 삶이다.

폴로스는 사람들이 도덕성을 고려한다면, 그것은 악행 뒤에 쫓아올지 모르는 처벌에 대한 두려움 때문이지 도덕성의 절대적 기준 때문이 아니라고 가정한다. 따라서 온갖 악행을 저지르고도 아무런 처벌도 받지 않은 아르켈라우스의 삶을 바람직한 삶으로 제시함으로써 폴로스는 자신의 세계관이 많은 이들에게 설득력을 가질 것으로 판단했다. 이러한 폴로스에 대한 소크라테스의 논박은 단순히 그의 논리적 결함을 지적하는 데 그치는 것이 아니라 아르켈라우스의 삶을 동경하는 모든 이들의 세계관에 대한 반박이라고 할 수 있다. 구체적으로 소크라테스는 일반적인 믿음과는 달리 1) 부정의를 행하는 것보다 차라리 당하고, 2) 악행을 저질렀다면 처벌을 면하는 것보다 처벌 받는 편이 더 낫다고 주장한다(474c~479a). 처벌만 면할 수 있으면 모든 사람들이 악행을 행할 것이라는 폴로스의 세계관과 정반대의 것이 제시된 것이다.

이를 입증하기 위해 소크라테스는 우선 부정의를 행하는 것이 당하는 것보다 수치스럽다(*aischion*)는 점을 확인한다. 그런데 어떤 것이 수치스러운 이유는 그것이 고통스럽거나 해롭기 때문이다. 부정의를 행하는 것은 부정의를 당하는 것보다 적어도 고통스런 일은 아니다. 그럼 부정의를 행하는 것이 부정의를 당하는 것보다 고통스럽지는 않으면서 더 수치스런 이유는 무엇인가? 그것이 더 해롭기 때문이라고 결론지을 수밖에 없다. 따라서 부정의를 행하는 것은 이를 당하는 것보다 더 해롭고 나쁜 일이라는 것이 소크라테스의 주장이다(475d).[10]

소크라테스는 이 논지의 연장선에서 부정의를 행했으면 그 부정의를 영혼으로부터 제거하기 위해 처벌을 받는 것이, 비록 그것이 고통스럽다 해도 처벌을 피하는 것보다 낫다는 주장을 전개한다. 대가를 치루는 것은 혼이 나쁜 상태에서 벗어나 좋은 상태로 회복되는 것을 의미한다. 이는 마치 몸이 나쁜 상태에서 벗어나기 위해 고통스런 치료의 단계를 거쳐야 하는 것과 같은 이치다. 의학적인 치료가 그것 자체로는 고통스럽지만 유익한 것이듯, 적절한 처벌을 받는 것 역시 즐거운 일은 아니지만 유익한 일이라는 것이다. 이런 관점에서 보면 아르켈라우스의 삶은 가장 비참한 삶이다. 살면서 온갖 부정의를 범함으로써 가장 악한 혼의 상태가 되었음에도 불구하고, 처벌을 받지 않음으로써 영혼을 치유할 수 있는 기회조차 놓쳤기 때문이다.

이런 맥락에서 소크라테스는 수사학이 기왕에 일반적으로 여겨져 왔던 목적과는 정반대의 기능을 수행해야 한다고 주장한다. 수사학의 유용성은 처벌을 면하는 데 있는 것이 아니라, 부정을 행한 경우에 자신이든 친구든 처벌을 받게 해달라고 설득하는 데 있다는 것이다. 폴로스가 수사학의 기능을 이렇게 역설적으로 규정하는 소크라테스의 주장을 받아들일 리 없다. 이는 수사학에 대해 엄밀히 정의하는 차원을 떠나서 그의 세계관이 소크라테스 도덕성의 절대적 기준을 받아들일 수 없기 때문이다. 이제 우리에게는 두 개의 세계관이 제시되어 있는 셈이다. 수사학을 어떤 방식으로 활용할 것인가는 수사학 자체의 문제라기보다 우리가 어떤 세계관을 추종할 것인가, 즉 "어떻게 살 것인가"를 결정하는 문제가 된 것이다.

3절 두 세계관의 충돌 : 소크라테스 vs. 칼리클레스[11]

칼리클레스와의 대화에 이르러서야 비로소 "어떻게 살 것인가?"에 대한 본격적인 토론이 벌어진다. 소크라테스와 칼리클레스야말로 어떻게 살 것인가에 대한 해답으로 철학적 삶과 정치적 삶의 극명한 대조를 보여준 장본인들이기 때문이다. 이제 본격적으로 세계관의 충돌이 벌어진 것이다. 대화편의 분량과 비중 면에서 칼리클레스와의 대화가 『고르기아스』 대화편의 중심이 된다는 것을 고려할 때, 두 세계관의 충돌 문제가 정작 수사학의 문제보다도 더 핵심적인 주제라고 해도 과언이 아니다. 이런 의미에서 앞선 고르기아스나 폴로스와의 대화는 칼리클레스와의 대화를 위한 서언적인 성격을 갖는다고 할 수 있다.[12]

소크라테스의 세 번째 대화 상대자인 칼리클레스는 사실 소크라테스 일행을 맨 처음 맞이한 인물이다. 이때 칼리클레스는 소크라테스 일행이 늦게 도착한 것에 대해 약간의 냉소 섞인 농담을 던지긴 했지만[13] 대체로 소크라테스의 방문을 환영했고, 비교적 여유 있게 소크라테스의 요구에 응했다. 소크라테스가 고르기아스의 수사학적 연설을 듣기보다 그와 일대일 대화를 나누고 싶다고 전하자 칼리클레스는 소크라테스의 요구에 순순히 응해 줬다(447a-c). 이때까지만 해도 칼리클레스는 그가 가장 가치 있는 삶으로 여기고 있는 정치적 삶이 소크라테스가 추구하는 것으로 알려진 철학적 삶에 비해 월등하다는 확신을 가진 듯하다. 칼리클레스는 수사학의 대부 고르기아스와 소크라테스의 대결을 칼리클레스 자신이 추구하는 정치적 삶의 우월성을 입증할 기회라고 여겼을 것이다.

그런데 소크라테스와 고르기아스의 대화 그리고 뒤이은 소크라테스와 폴로스의 대화는 칼리클레스에게 적잖은 실망을 안겨 준 듯하다. 수사학의 중립적 성격을 바탕으로 수사학의 위대함을 주장하고자 했던 수사학의 대부 고르기아스의 입장은 소크라테스와의 대화를 통해 결국 일관성을 유지하기 어렵다는 것이 밝혀졌고(461a), 고르기아스의 추종자이자 수사학의 차세대 주자 폴로스 역시 자신이 애초에 내세운 세계관을 정반대로 뒤집을 수밖에 없는 논리적 취약성을 드러냈다. 자신이 가장 가치 있는 삶이라고 믿어 왔던 정치적 삶과 그를 위한 핵심적 수단이라고 할 수 있는 수사학의 역할이 여지없이 허점투성이로 얼룩지는 것을 보고, 소크라테스를 비교적 환영했던 처음의 분위기와는 사뭇 다른 상태에서 세 번째 대화 상대자로서 칼리클레스는 소크라테스와의 대화를 시작한다.

칼리클레스는 폴로스와 대화하던 소크라테스의 말을 가로채며 매우 건방진 태도로 둘 사이에 끼어든다. 칼리클레스는 "만약 당신의 말이 진정이라면 세상은 완전히 거꾸로 뒤집어져 있는 상태이고, 우리는 마땅히 행해야 하는 것과 정반대로 행하고 있다"(481c)고 말문을 연다. 칼리클레스의 주장은 앞에서 폴로스와의 대화를 통해서 보여준 소크라테스의 입장(즉 부정의를 행하는 것은 부정의를 당하는 것보다 더 나쁘다는 것과 부정의를 행하고도 처벌받지 않는다면 처벌 받은 경우보다 더욱 나쁘다는 주장)이 소크라테스가 진지하지 않은 태도로 일관함으로써 도달하게 된 아이러니에 불과하다는 것이다. 그래도 만약 소크라테스가 진지했다고 우긴다면, 이 세상은 소크라테스의 입장과는 정반대로 거꾸로 서 있는 것과 마찬가지라고 비웃는 것이다. 칼리클레스는 공연히 소크라테스 일행을 받아들여 고르기아스와 폴로스를 곤경에 처하게 했다고 생각했을 것이다. 소크라테스와 폴로스의 대화는 이들의 세계관 사이에는 화해할 수 없는 커다란 간극이 있다는 것을 드러냈을 뿐이다. 이제 칼리클레스가 바랄 수 있는 것은, 지금까지 그래왔던 것처럼 철학은 철학의 위치로 돌아가고(그것이 길거리이든, 아니면 철학자 자신의 골방이든 상관할 바 아니다), 자신과 자신의 입장을 따르던 다른 사람들(고르기아스의 수사학 연설을 관람하러 자신의 집을 방문한 사람들)은 여전히 정치적 삶과 수사학의 가치를 높이 평가하면서 소크라테스의 도전에 흔들리지 않고 살아가도록 하는 것이다.

그러나 칼리클레스의 바람대로 소크라테스가 조용히 '자신의 위치로' 돌아가기에는 소크라테스와 폴로스는 너무나 중대한 문제를 다루고 있다는 것이 드러났다. 폴로스도 인정했듯이 이제 그들의 이슈는 수사학의 도덕적 가치나 효용의 문제를 넘어서 가치 있는 삶을 선택하는 데 결정적인 기준이 될 세계관(Weltanschauung)의 문제에 도달했기 때문이다. 칼리클레스의 집에 모여 있던 청중들, 소크라테스를 따라온 일행, 심지어 수사학의 대가인 고르기아스도(고르기아스는 자신의 대화 후에도 줄곧 남아서 칼리클레스가 소크라테스와 계속 대화하도록 권하고 있다. 497b 참조) 중도에서 포기하거나 해결되지 않은 상태로 내버려 둘 수 없는, 난해하지만 피할 수 없는 중대한 문제에 직면해 있다는 사실에 동의하고 있다. 이런 상황에서 이제 논의의 중심은 수사학의 역할과 가치의 범위를 넘어서 가치 있는 삶의 선택이라는 가치관의 충돌로 전환되었다.[14]

전통적인 해석에 의하면 칼리클레스는 소크라테스의 도덕주의(moralism)에 반대하고, 가장 강력한 비도덕주의(immoralism)를 대변하는 인물로 알려져 있다.[15] 그러나 뒤에 밝혀지겠지만 칼리클레스의 소위 비도덕주의 혹은 반도덕주의는 전통적인 해석에 비해 훨씬 복잡하고, 다의적인 성격을 갖는다.[16] 문제는 이 복잡하고 다의적인 자신의 입장을 칼리클레스 본인도 정확하게 모르고 있다는 사실이다. 칼리클레스는 소크라테스와의 대화를 거치고 나서야 비로소 자신이 내세운 입장 가운데 어디까지 스스로 동의하고, 어디서부터 이견을 갖고 있는지를 깨닫게 된다. 칼리클레스의 입장이 표면적으로 보이는 것보다 복잡하고 다의적인 성격을 갖는다는 것은, 칼리클레스 본인뿐 아니라 이들의 대화를 지켜보면서 칼리클레스의 비도덕주의와 반도덕주의를 자신의 입장이라고 여겨온 청중들에게도 중요한 의미를 갖는다. 칼리클레스와 그에게 동조해 온 이들이 자신의 입장의 다중성을 이해했다고 해서 곧바로 소크라테스적 삶을 수용하리라는 보장은 없다. 하지만 이들은 아마도 지금까지 자신의 입장을 정확히 모른 채, 소위 포괄적 의미의 비도덕주의를 마치 자신의 입장인 양 착각하고, 소크라테스의 도덕주의에 맹목적으로 반대해 왔을지 모른다.

따라서 소크라테스 자신이 제시하는 가치 있는 삶의 내용이 무엇인지를 밝히기에 앞서, 칼리클레스 본인이 자신의 입장을 어떻게 정리하고 있는지를 점검하고자 한다. 이를 위해 소크라테스가 먼저 시도한 것은 칼리클레스가 일관성을 가질 수 있도록 그의 정체성을 확인시켜주는 것이었다. 소크라테스는 칼리클레스가 언제나 데모스의 사랑을 구하기 때문에 데모스의 속성인 변덕에 제약 받을 수밖에 없다는 것을 지적한다. 소크라테스에게 문제가 되는 것은 칼리클레스의 입장이 외적인 요소, 즉 데모스의 눈치를 보느라 솔직하게 드러나지 않을 수 있다는 점이다. 물론, 자신의 입장에 대한 솔직함(*parrhesia*)이 곧바로 그 입장에 대한 앎(*episteme*)으로 이어지는 것은 아니다. 그럼에도 불구하고 소크라테스는 이 솔직함의 회복을 앎으로 나아가기 위한 전제조건으로 삼는다. 소크라테스는 칼리클레스가 솔직함을 회복하려면 우선 자신의 정체성을 회복하는 것이 급선무라고 보고, 다음과 같이 칼리클레스를 자극한다. 만약 칼리클레스 본인이 주장하듯이 소크라테스의 입장이 세상을 거꾸로 뒤집어 놓은 것이라면, 칼리클레스가 이 자리에서 소크라테스를 온전히 반박하지 못하는 한, 칼리클레스 역시 거꾸로 뒤집어진 세상에 살고 있는 꼴이 된다는 것이다. 따라서 자신이 똑바로 선 세상에 산다는 것을 입증하기 위해서라도 칼리클레스는 소크라테스의 입장을 반박해야 한다는 것이다(482b–c). 소크라테스는 칼리클레스 자신의 내적 일관성만을 요구함으로써, 지금까지 데모스의 애정에만 매달려 왔던 칼리클레스로 하여금 데모스의 구속에서 벗어날 구실을 마련해 주었다. 칼리클레스가 자신의 입장을 솔직하게 표현할 수 있는 여건을 마련해준 셈이다. 이제 정체성을 회복한 칼리클레스는 자신의 입장을 설명하는 비교적 긴 연설을 늘어놓는다.

칼리클레스의 연설은 크게 세 부분으로 구성되어 있다. 첫째, 고르기아스와 폴로스가 소크라테스의 기만적인 술책에 넘어갔음을 지적하는 부분이다(482c–483a). 고르기아스와 폴로스 두 사람 모두 노모스(*nomos*)의 영역과 퓌시스(*phusis*)의 영역을 명확히 구분하지 못했고, 소크라테스는 이를 이용해서 그들로 하여금 모순되는 결론에 이르게 하였다는 것이다. 둘째, 칼리클레스는 노모스와 퓌시스 중에서 퓌시스의 우월함을 역설하는 이른바 자연주의(naturalism)의 입장을 피력한다(483a–484c). 강한 자가 약한 자를 지배하고, 강한 자가 더 많이 갖는다는(*pleonexia*) 퓌시스의 원칙은 동물의 세계나 크세르크세스나 다리우스와 같은 페르시아 왕들의 예에서 보이는 이방인의 세계, 더 나아가 모든 인류 종족에서도(483d–e) 통용되는 것으로서 노모스의 원칙보다 앞선다는 것이다.[17] 셋째, 칼리클레스는 철학에 대한 지나친 헌신을 비판한다(484c–486d). 철학에 대한 칼리클레스의 비판은 어찌 보면 불가피한 것이다. 앞서 소크라테스는 자신과 칼리클레스를 비교할 때, 칼리클레스는 데모스의 변덕에 의해서 영향 받고, 소크라테스는 철학에 의해 영향 받는다는 사실을 지적한 바 있기 때문이다. 소크라테스는 철학의 명령이 자신으로 하여금 일관된 입장을 갖게 했다고 강조하지만(482a), 칼리클레스의 관점에서 소크라테스가 그토록 지나치게 철학에 매달리는 것은 시민으로서 마땅히 행해야 할 의무를 저버리는 짓이다. 결국 칼리클레스는 소크라테스에게 이제라도 철학으로부터 벗어나 정치적 삶으로 전향할 것을 권유한다(484c–486d).

칼리클레스의 연설은 그가 정치적 삶을 어떻게 규정하고 있는가를 보다 솔직하게 드러낸다. 그의 자연주의는 공동체 안에서도 강한 자가 우월한 지위를 차지하는 것을 정당화한다. 이는 공동체가 정해 놓은 노모스를 과소평가하는 것과 같은 것이다. 칼리클레스의 자연주의는 당시 데모스가 추구하던 "법 앞의 평등" 즉 이소노미아(*isonomia*)에 정면으로 도전하는 것으로 보일 수 있다. 데모스로부터 의심받을 가능성이 있음에도 불구하고, 칼리클레스가 자신의 입장을 솔직하게 드러낼 수 있었던 것은 일관성을 요구하는 소크라테스의 "도움"으로 데모스의 애정으로부터 독립할 수 있었기 때문이다.

솔직함을 회복한 칼리클레스의 머릿속은 퓌시스의 원칙에 충실한 "진정한 인간"(*ho anēr*, real man)과 권력을 마음껏 휘두를 수 있는 정치가의 이미지로 꽉 차 있다. 그에게 정치적 삶이 가장 가치 있는 삶인 이유는 바로 권력을 가진 정치가야말로 동물의 세계나 국제관계에서 일관성 있게 통용되는 자연의 원칙을 가장 잘 수용하고 있는 것으로 비춰졌기 때문이다. 이런 맥락에서 칼리클레스는 권력 있는 정치가에게 효과적인 수단이 되는 수사학을 무엇보다 중요하게 여기고 있다. 이제야 비로소 칼리클레스는 자신이 어떤 종류의 정치적 삶을 추구하며, 왜 그런 삶을 가장 가치 있는 삶으로 간주하고 있는지, 그리고 그가 무엇 때문에 수사학을 옹호하고 나서는지에 대해서 솔직하게 자신의 입장을 드러낸 셈이다. 적어도 칼리클레스 본인의 관점에서는 그의 입장이 일관성 있게 서술된 것이다.

이제 소크라테스는 칼리클레스의 입장이 과연 본인의 이해처럼 모순 없이 유지될 수 있는가를 검토하고자 한다. 이를 위해 소크라테스는 연설 대신 그가 줄곧 사용해온 대화법을 통해 칼리클레스를 검증한다. 소크라테스는 일대일 문답을 통해서 "보다 우월한 것"(*to kreitton*: superiority)은 물리적으로 "강함"(*to ischuroteron*, strength)을 의미하는 것이 아니라 "보다 훌륭한 것(사람)들"(*hoi beltioi*, the better)과 동일하다는 사실을 확인한다(489c). 결국 칼리클레스에게 "보다 훌륭한 자들"(*toi beltioi*) 이란 "보다 현명한" 혹은 "보다 지혜로운 자들"(*toi phronimoteroi*)을 의미하므로 "보다 우월한 사람들"(*toi kreittoi*)도 육체적으로 강한 자들이 아니라 "보다 지혜로운 자들"(*toi phronimoteroi*)과 "용기 있는 자들"(*hoi andreioi*)이라는 사실에 동의한다(489e–491b). 물론 칼리클레스는 "보다 우월한 자들"(*hoi kreittoi*)이 어떻게 정의되든 간에 이들이 도시를 지배해야 하고, 이들이 다른 이들보다 더 많은 것을 취해야(*pleon echein*) 한다는 자연주의 원칙을 잊지 않고 확인해 준다(491d).

그런데 여기서 한 가지 주목할 것이 있다. 소크라테스와의 문답을 통해서 칼리클레스가 인정한 정치가의 범주에는 다른 사람들을 지배하는 힘 있는 정치가뿐 아니라 지혜(*phronimos*)와 용기(*an-*

dreia)를 갖춘 덕 있는 정치가도 포함되어 있다는 사실이다(489e2-9; 491a7-b3). 이 덕 있는 정치가는 지혜와 용기를 통해 공동선에 기여할 수 있을 것이다. 물론 칼리클레스의 입장에서 이보다 더 중요한 것은 이들이 역시 남들보다 더 많이 가질 수(*pleon echein*) 있다는 점이다. 칼리클레스의 관점에서는 덕 있는 정치가나 힘 있는 정치가나 남들보다 더 많은 것을 취할 수만 있다면 차이가 없다. 칼리클레스에게 덕 있는 정치가가 공동선에 기여할 수 있다는 것은 이들이 남들보다 많은 것을 차지할 가치가 있다는 것을 대중에게 정당화하는 구실 정도로 이해되었을지 모른다. 그럼에도 불구하고 소위 자연주의자였던 칼리클레스가 덕 있는 정치가의 범주를 고려하게 된 것은 칼리클레스 역시 공동선에 대해서 완전히 등을 돌릴 수 없다는 것을 드러낸 것이다. 소크라테스와의 문답을 통해 칼리클레스는 그의 자연주의 안에 본인이 의식하지 못했던 덕 있는 정치가의 범주가 포함되어 있음을 깨닫게 된 것이다.

자신의 세계관이 덕 있는 정치가를 포함하고 있다는 것을 깨닫게 된 것은 칼리클레스에게는 일종의 전환이다. 이에 더해 소크라테스는 또 다른 전환을 시도한다. 이번에는 내적 지배로의 전환이다. 여태껏, 칼리클레스가 갖고 있던 정치가의 이미지는 "다른 사람들을 지배"하는 것에만 초점이 맞춰져 있었다. 이제 소크라테스는 이 정치가가 "자기 자신을 지배"하는 일에 있어서는 어떤지 물으면서 외적 지배에서 내적 지배로의 전환을 시도하고 있다(491d). 이는 또한 도시 전체의 지배와 관련된 정의(正義)의 문제로부터 각각의 개인이 자신을 지배하는 것과 관련된 절제(節制)의 문제로의 전환을 의

미하기도 한다.[18]

내적 지배로의 전환은 칼리클레스가 지금껏 가장 가치 있는 삶으로 여겨 온 정치적 삶에 대한 이해에 있어서도 중대 전환을 가져온다. 앞에서 칼리클레스는 정치가의 외적 상태만을 고려해서 그 이미지를 일관성 있게 기술했을 뿐 그들의 내적 상태를 고민해 본 적이 없다. 이제 칼리클레스는 자신이 염두에 두고 있는 정치가가 내적으로는 어떤 삶을 유지하는 사람인가를 검토할 기회를 갖게 된 것이다(492d 참조). 내적 지배로의 전환에 관한 최초의 질문을 받았을 때, 칼리클레스는 그가 염두에 두고 있는 정치가는 "다른 사람들을 지배"할 수 있을 뿐 아니라 "자기 자신도 지배"할 수 있다고 자신 있게 대답한다. 그런데 칼리클레스의 관점에서 자기 자신을 지배한다는 것은 가장 무절제한 상태를 의미한다. 이는 앞에서 칼리클레스가 다른 사람을 지배하는 것의 의미를 다른 이들보다 많이 갖는 것(*pleon echein*)으로 이해했던 것의 연장이라고 볼 수 있다. 칼리클레스에게, 내적 지배의 관점에서 "보다 많이 갖는다"는 것의 의미는 자신의 욕망을 최대로 충족시키는 것 밖에 없다.

절제/무절제의 이슈가 전면에 부각되자 칼리클레스는 권력 지향적 정치가와 덕 있는 정치가의 느슨한 공존을 허용했던 자신의 이전 입장을 제대로 유지할 수 없음을 감지하게 되었다. 왜냐하면 "절제 있는 삶이 행복한가, 아니면 무절제한 삶이 더 행복한가?"라는 소크라테스의 질문을 받았을 때, 어느 한 쪽을 선택하는 것은 앞의 두 정치가의 이미지 중 하나만을 선택해야 하는 것과 같기 때문이다. 즉 덕 있는 정치가의 이미지와 무절제한 인간의 삶과는 양립하기 어렵다는 것을 칼리클레스는 알게 된 것이다. 여기서 칼리클레스는 이전에 자신의 정치가의 이미지 속에 어느 정도 남겨 두었던 덕 있는 정치가의 이미지를 완전히 끊어버리고, 권력 지향적인 정치가의 이미지만을 고수함으로써 무절제한 쾌락주의적 삶을 전면에 내세운다. 이제 칼리클레스에게 있어서 내적 지배란 모든 욕망을 즉각적으로 충족시킬 수 있는 쾌락주의를 의미한다.

칼리클레스의 쾌락주의를 누그러뜨리기 위해 소크라테스는 쾌락의 추구가 결코 만족으로 이어질 수 없음을 강조하는 두 가지 이야기를 제시한다(492e–494a). 첫 번째 것은 욕망을 채우는 것은 마치 구멍 뚫린 항아리에다 체로 물을 나르는 것과 같다는 이야기이다. 두 번째 이야기는 절제 있는 사람과 무절제한 사람의 비유로, 이미 각기 좋은 것들로 가득 찬 항아리를 갖고 있어서 더 이상 수고를 하지 않고 편히 쉬어도 되는 사람이 있는 반면, 끊임없이 새로운 것으로 항아리를 채워야 하는 사람이 있다는 것이다. 칼리클레스는 이런 이야기에 대해서 즐거움은 욕망을 채우는 데 있으므로 더 이상 욕망을 채우지 않아도 되는 삶은 마치 돌과 같이 죽은 삶이라고 단정하면서 절제 있는 삶보다 무절제한 삶을 칭송한다(494a–c). 소크라테스는 이 두 이야기로도 인생에서 쾌락의 추구가 최고의 가치를 가진다는 칼리클레스의 입장을 바꾸지 못한 것이다.

소크라테스는 칼리클레스가 쾌락주의를 버리기 쉽지 않다는 점을 깨닫고, 쾌락을 부정하는 대신 쾌락의 종류를 구분하는 쪽으로 방향을 바꾼다. 즉 쾌락은 모두 동일한 것이 아니라 바람직한 것과 그렇지 못한 것이 존재한다는 것이다. 쾌락의 구분을 인정할 수밖에 없지만, 이때부터 칼리클레스는 소크라테스의 물음에 더 이상 진정성을 보이지 않는다(495a).[19] 칼리클레스의 대답에 진정성이 없는 한 소크라테스의 설득이 실질적인 효과를 거두기 어렵다. 그럼에도 불구하고 소크라테스가 칼리클레스와 대화를 지속한 것은 아마도 칼리클레스의 영혼을 위해서가 아니라, 칼리클레스와 지금껏 입장을 같이 했고 소크라테스와 계속 솔직한 대화를 이어가기를 원하는 청중들을 위해서였다고 할 수 있다.

칼리클레스의 진정성은 퇴색했지만 소크라테스에 의해 인도되는 그의 대답에 진심으로 동의하는 다른 청중들의 진정성까지 사라진 것은 아니다. 칼리클레스의 입을 통해 여전히 일부의 청중들은 소크라테스와 진실한 대화를 이어가고 있는 셈이다. 이런 맥락에서 "어떤 쾌락은 좋은 것이지만, 어떤 쾌락은 나쁜 것이다"(499b)라는 결론은 칼리클레스에게는 진정성이 결여된 마지못한 동의였을지 몰라도, 지금까지 진정성을 담아 온 청중들에게는 진정한 동의라고 볼 수 있다. 쾌락이 좋은 것과 나쁜 것으로 구별된다는 것은 대화의 새로운 국면을 연다. 이 구별은 좋은 쾌락이 무엇인가를 알아야 한다는 쾌락에 관한 기술(*technē*)을 필요로 하는데, 이 기술의 필요는 결국 우리가 매일매일의 즐거움에 대해서 어떤 태도로 살아가야 하는지를 묻게 되는 "우리는 어떻게 살아야 하는가?"라는 가장 근본적인 질문에 이르게 한다(500b–c 참조).

지금까지의 논의의 흐름을 되짚어 보면, 소크라테스는 외적 지배의 문제에만 착목했던 칼리클레스로 하여금 내적 지배의 문제로 눈을 돌리게 하였고, 이 과정에서 칼리클레스는 굽힐 줄 모르는 단순한 쾌락주의에 경도되었음이 밝혀졌다. 이제 칼리클레스의 단순한 쾌락주의가 개선될 가능성이 희박하다는 것은 확인됐지만, 칼리클레스가 마지못해 동의한 쾌락의 구별에 진실하게 동의했을 일부의 청중들, 즉 칼리클레스의 쾌락주의에 동의하면서도 쾌락의 종류를 구별할 필요가 있다고 보는 사람들은 "이제 그래서 어떻게 살란 말인가?"라고 자문할지 모른다. 여기서 한 가지 주목할 것은 "어떻게 살 것인가"의 문제란 시시각각 일어나는 여러 사안들에 대해서 구체적으로 어떤 행동을 할 것인가를 판단하는 문제라기보다 삶 전체의 방식(way of life)에 관한 문제라고 하는 점이다. 삶의 방식에 관한 문제는 결국 화해할 수 없는 두 종류의 삶인 정치적 삶과 철학적 삶 사이의 근본적인 선택을 의미한다.

이렇게 정치적 삶과 철학적 삶 사이의 양자택일의 문제로 회귀한 것은 소크라테스가 칼리클레스의 집을 방문하기 이전의 상태로 논의가 후퇴된 느낌을 준다. 정치적 삶을 선호하는 사람들과 철학적 삶을 선호하는 사람들은 처음부터 구분되어 있었다. 그래서 전자의 부류는 고르기아스가 수사학의 향연을 벌이기로 했던 칼리클레스의 집으로 갔을 테고, 후자의 부류는 거리나 시장에서 만나는 사람들에게 문답법적 대화를 시도하는 소크라테스의 뒤를 따라 다녔을 것이다. 철학적 삶을 지향하는 이들과 정치적 삶을 지향하는 이들의 기본적인 단절을 전제했을 때, 칼리클레스의 집에 나타난 소크라테스를 본 사람들은 두 종류의 삶을 연결하는 어떤 대안을 기대했을지 모른다는 점을 앞서 지적한 바 있다. 이런 맥락에서 소크라테스와 칼리클레스와의 대화가 결국 정치적 삶과 철학적 삶의 간극을 재확인한 선에서 그친 것은 다소 실망스런 일일 수 있다.

그러나 좀 더 자세히 살펴보면, 소크라테스와 칼리클레스의 대화는 철학적 삶과 정치적 삶의 관계를 새롭게 조명한 측면이 있다. 애초에 칼리클레스의 집에 있었던 사람들은 수사학의 향연을 보기 위해 모인 사람들이다. 다시 말해 칼리클레스적 정치적 삶의 가치에 대체로 동의하고, 권력 지향적 정치가의 이미지를 추구하기 위해서 수사학을 배우고자 했던 사람들이다. 이들은 정치적 삶과 철학적 삶 중에서 정치적 삶을, 보다 구체적으로는 권력 지향적 정치가의 삶을 선호한 사람들이다. 그런데 소크라테스와 칼리클레스의 대화가 진행되는 동안 이들은 적어도 두 가지 사실을 깨달았을 것이다. 첫째, 칼리클레스적 정치적 삶이 늘 권력 지향적인 정치적 삶만을 추구하는 것은 아니라는 것이다. 앞에서 보았듯이 지혜와 용기를 갖춘 덕 있는 정치가도 칼리클레스적 정치적 삶의 범주 안에 포함되어 있었다. 칼리클레스는 자신의 세계관을 일관성 있게 견지하기 위해서 사실 자신의 세계관이 포용할 수 있는 덕 있는 정치가의 범주를 포기했지만, 이들의 대화를 듣고 있던 청중 중 적어도 일부의 사람들은 칼리클레스의 정치적 삶에 포함되어 있는 덕 있는 정치가의 삶을 바람직한 정치적 삶으로 받아들였을 것이다. 둘째, 앞서 논의한 바 있듯이 쾌락에는 바람직한 것과 그렇지 않은 것이 있다는 깨달음이다. 칼리클레스는 소크라테스의 논박에 의해 마지못해 동의한 것으로 보이지만, 일부의 청중들은 바람직한 쾌락과 그렇지 않은 쾌락을 구분할 필요성에 대해 진지하게 동의했을 것이다.

칼리클레스적 정치적 삶을 의심 없이 받아들였던 이들은 이제 소크라테스와 칼리클레스와의 대화를 경청하는 과정에서 자신이 어디까지 칼리클레스의 입장에 동의하고 어디서부터 이견을 갖는가를 깨닫게 됐을 것이다. 아울러 이들은 당연히 가장 가치 있는 삶으로 여겨 왔던 정치적 삶도 사실은 보다 세분화될 수 있다는 사실도 알게 됐을 것이다. 결과적으로 이들은 자신이 과연 올바른 삶을 추구하고 있는가에 대해서 근본적인 의문을 제기할 수 있게 된 것이다. 이들은 이제 칼리클레스의 정치적 삶을 맹목적으로 받아들이는 대신 소크라테스의 영혼 돌봄의 삶에 주의를 기울일 수 있게 됐다. 이런 상황은 소크라테스가 칼리클레스의 집을 방문하지 않았다면 일어나지 않았을 일이다.

4절 중간 수준의 정치가의 가능성 : 소크라테스 vs. 페리클레스 via 칼리클레스[20]

수사학은 이제 가치 있는 삶의 선택이라는 맥락에서 재검토되어야 한다. 아직까지 수사학의 위상은 확실히 결정되지 않았다. 폴로스와의 대화에서 소크라테스는 수사학을 아첨을 하기 위한 재주(*empeiria*)에 불과하다고 평가했었다.[21] 이 평가를 따르면, 수사학은 어떠한 경우에도 긍정적으로 평가될 가능성이 없다. 수사학의 가치가 부정된다면 수사학의 위력을 전제로 전개되는 정치적 삶 역시 부정될 수밖에 없다. 반면 칼리클레스와의 대화중에 소크라테스는 수사학이 긍정적으로 평가될 수 있는 가능성을 내비친 바 있다. 앞 절에서 확인한 바와 같이 소크라테스는 공동선을 추구하는 덕 있는 정치가의 가능성을 암시한 바 있다. 권력 지향적 정치가가 사용하는 수사학은 재주(*empeiria*)에 불과할지 몰라도, 덕 있는 정치가가 사용하는 수사학은 선의의 수사학으로서 훌륭한 것(*to kalon*)으로 간주될 가능성을 열어 놓은 것이다.

소크라테스의 최종적인 견해는 무엇인가? 일견 소크라테스는 덕 있는 정치가가 사용했을 법한 공동선을 위한 수사학 — 이를 '중간 수준의 수사학'으로 칭해보자 — 의 가능성을 인정하는 것처럼 보인다. 소크라테스는 칼리클레스에게 "연설가들은 그들의 연설을 통해서 항상 최선의 관점에서 시민들을 가능한 한 훌륭하게 만들려고 한다고 생각하는가, 아니면 연설가들은 자신의 사적 이익의 도모를 위해서 공적 이익을 내팽개치고, 시민들을 즐겁게 만족시키는 데에만 집중하리라고 생각하는가?"라고 묻는다(502e). 이 질문은 적어도 표면적으로는 아첨하며 사사로운 이익을 취하는 연설가와 이와 대조적으로 공동선을 도모하며 시민을 보다 훌륭하게 만드는 연설가가 있다는 것을 전제한 것으로 보인다. 아울러 이 질문에는 시민을 보다 훌륭하게 만드는 정치가란 다름 아닌 공동선을 도모하는 정치가라는 가정도 깔려 있다.

그러나 앞서 언급한 바와 같이 폴로스와의 논의를 통해서 밝혀진 소크라테스의 입장은 어떤 경우에도 수사학은 시민들을 "보다 훌륭하게 만들" 가능성이 없다는 것이었다(예를 들어 501a-c). 뿐만 아니라 소크라테스는 영혼의 조화와 개선이라는 측면에서 개개인을 훌륭하게 만드는 일과 외적으로부터 도시를 방어하는 것과 같은 공동선을 제공하는 일은 뚜렷이 구분된다고 보았다.[22] 이런 맥락에서 소크라테스가 마치 시민들을 훌륭하게 만드는 것과 공동선을 도모하는 것을 동일한 것처럼 취급하며 칼리클레스에게 질문을 던진 것은 이상하게 보인다. 그러나 소크라테스의 질문을 이상하게 여기는 것은 소크라테스의 입장을 일관되게 이해하려는 독자에게만 해당되며 칼리클레스에게는 해당되지 않는다. 칼리클레스에게는 오히려 양자를 구분하지 않는 소크라테스의 질문이 자연스럽다. 일반적으로 영혼의 조화나 개선, 그리고 시민을 보다 훌륭하게 만드는 일 등을 공동선의 획득과 구별하여 정치가의 역할로 이해하지 않기 때문이다. 그러나 소크라테스는 앞서 수사학을 분류하면서 정치의 목적은 몸이 아닌 영혼을 위한 것임을 분명히 한 바 있다(앞 절의 표 참조).

칼리클레스가 소크라테스의 질문을 얼마나 정확하게 이해했는가와 별도로, 소크라테스는 이 과정에서 독자와 청중들에게 사실상 세 종류의 정치가가 존재한다는 사실을 암시하고 있다. 세 종류의 정치가란 다음과 같다. 첫 번째는 비록 시민들을 즐거움으로 만족시킬 수는 없지만, 영혼의 개선이라는 측면에서 이들을 보다 훌륭하게 만드는 데 헌신하는 정치가이다. 일반적으로 이들을 정치가로 부르진 않지만, 소크라테스는 줄곧 이런 종류의 정치가만을 진정한 정치가로 인정했었다. 두 번째는 시민들을 만족시키면서 동시에 공동선을 추구하는 정치가이다. 이들은 통상적으로 훌륭한 정치가의 범주에 들어갈 수 있지만, 정치의 최고의 목적을 추구하는 첫 번째 정치가가 되지 못한다는 측면에서 최악의 수준을 면한 "중간 수준의 정치가"로 부를 수 있다. 마지막으로 세 번째는 아첨(*kolakeia*)으로 시민들을 만족시키면서 사적 이익만을 추구하는 최악의 정치가들이다.

칼리클레스에게 첫 번째 정치가는 개념조차 존재하지 않는다. 그에게는 두 번째 정치가가 최선의 정치가이다. 이 때문에 "진정한 정치가"가 누구냐는 소크라테스의 질문에(503a) 대해 칼리클레스는 현재로서는 그런 훌륭한 정치가를 찾을 수 없지만, 과거에는 테미스토클레스, 시몬, 밀티아데스, 페리클레스와 같은 훌륭한 정치가가 있었다고 주저 없이 대답한다. 이들 모두는 당시 아테네의 공동선을 위해 애썼던 정치가들이다.[23] 소크라테스는 이들이 자신의 사사로운 이익을 위해서 대중들에게 아첨만 일삼는 현재의 정치가와는 다르다는 것을 인정한다. 그러나 이들이 "진정한 수사학"을 구사하는 진정한 정치가였다는 것에 대해서는 강하게 부인한다. 다시 말해 소크라테스는 공동선을 추구하는 정치가나 중간 수준의 정치가는 결코 진정한 정치가가 될 수 없다고 본 것이다.

소크라테스에게 진정한 수사학이란 천문 및 도덕의 조화를 염두에 두고 시민들의 영혼에 모든 관심을 쏟으면서 이들이 정의나 절제 및 그 밖의 덕을 증진할 수 있도록 하는 반면, 부정의나 무절제를 배제할 수 있도록 하는 기술이다. 소크라테스에 따르면 이런 기술을 실천하는 정치가가 진정한 정치가이다(504c-d). 이 기준에 의하면 당시 존경받고 있었던 과거의 어떤 정치가도 "진정한 수사학"을 구사했다고 볼 수 없다. 그들은 우주적인 조화(cosmological harmony)에 관해 무지했을 뿐 아니라 시민들의 영혼의 개선에 관해서도 그다지 관심을 갖지 않았기 때문이다. 소크라테스는 공동선을 추구하는 정치가를 어느 정도 인정하는 듯하다가, 다시금 수사학과 정치가에 대한 엄격한 기준으로 선회하여 중간 수준의 정치가들에 대해 가혹한 평가를 내리고 있는 것이다. 소크라테스는 군사적 안보나 경제적 부와 같은 공동선의 중요성을 무시할 정도로 순진한 철학자는 아니다.[24] 그렇다면 소크라테스는 왜 중간 수준의 정치가들을 폄하하고 있는가?

중간 수준의 정치가는 소크라테스의 철학적 삶을 동경하지만, 자신에게 닥칠지 모르는 부정의에 무기력할 수밖에 없다는 우려를 갖고 있던(그래서 소크라테스가 칼리클레스의 집으로 향했을 때 수사학으로부터 도움을 기대했을) 소크라테스의 추종자들에게나, 혹은 수사학의 위력을 인정하지만 수사학을 사악한 목적으로 사용하는 것을 수치스러워 했던(즉, 수사학의 힘에 매료되어 고르기아스의 연설을 들으러 칼리클레스의 집을 찾았지만 칼리클레스의 무분별한 권력 지향적 수사학과 극단적인 쾌락주의에는 반감을 갖고 있는) 사람들에게, 가장 현실적인 대안으로 여겨질 법하다. 이런 맥락에서 중간 수준의 정치가 모델이 될 만한 과거의 이름난 정치가들을 비난하는 소크라테스의 태도는 자못 실망스런 일이다. 그러나 소크라테스의 태도는 칼리클레스를 포함한 그 자리에 모인 청중들이 과거의 이름난 정치가들을 칭송하는 동기가 무엇인가를 성찰하게끔 한다. 과거의 정치가들을 찬양하는 이들은 언제든지 권력 지향적 정치가를 추앙할 수 있는 내적 동기를 갖고 있다는 점을 소크라테스는 우려한다. 칼리클레스나 청중들이 과거의 명망 있는 정치가들을 칭송하는 근거가 그들이 공동선에 헌신했기 때문이라고 하지만, 이들의 내면 깊숙한 동기는 권력 획득을 가능케 하는 수사학의 힘을 동경하기 때문이라는 것이 소크라테스의 암시이다.

이런 소크라테스의 입장은 중간 수준의 정치가가 사용하는 수사학도 본질적으로 권력 지향적 정치가가 사용하는 수사학과 다를 바 없다는 인식에 기초한다. 중간 수준의 정치가가 사용하는 수사학이 그 목적을 공동선의 추구에 두고 있다고는 하나, 그가 대중을 성공적으로 설득하기 위해서는 사실상 대중에게 즐거움을 줘야 한다. 대중을 즐거움으로 만족시켜야 한다는 측면에서, 사사로운 이익을 목적으로 행하는 권력 지향적 수사학이 대중에게 아첨하는 것과 본질적으로 다르지 않다는 것이다. 중간 수준의 정치가와 권력 지향적 정치가의 또 다른 공통점은 양자 모두 적어도 억울하게 부정의(injustice)를 당하지 않을 수 있는 능력을 갖추고 있다는 점이다. 이는 공동선을 추구하는 중간 수준의 정치가들 역시 타인으로부터 부정의를 당하지 않는다는 사적 이익도 함께 누린다는 것이다. 따라서 중간 수준의 정치가를 칭송하는 이들은 그가 수사학의 힘을 빌어 사적으로도 자기방어의 능력을 갖추고 있음을 부러워했을 것이다.

그러나 자기방어의 목적이 권력의 확대로 변질되는 것은 시간 문제이다. 또한 수사학의 힘을 동경하는 한, 중간 수준의 정치가가 권력 지향적 정치가로 전환되는 것 역시 어렵지 않다. 마찬가지로 중간 수준의 정치가를 칭송하는 이들도 어느 순간 공동선을 버리고 사적 이익만을 추구하게 될 것이다. 소크라테스는 중간 수준의 정치가가 최악의 권력지향적인 정치가로 전환되는 것은 그리 어려운 일이 아니라는 사실을 잘 알고 있었다. 공동선과 자기 방어를 위한 수사학이 그 자체로 비난받을 만한 것은 아니지만, 중간 수준의 수사학은 의식적으로 혹은 무의식적으로 권력 지향적 수사학으로 전락할 수 있는 가능성에 항상 노출되어 있다는 것이다.

이런 사실을 깨닫지 못하는 이들에게 소크라테스는 좀 더 확실하게 이를 각인시킬 필요가 있었다. 소크라테스는 먼저 중간 수준의 정치가가 자기방어라는 목적을 달성하기 위해서는 적어도 정체의 성격과 자신을 일치시켜야 한다는 사실을 상기시킨다. 예컨대 이 중간 수준의 정치가가 참주정 하에 살고 있다면 이 정치가는 참주의 성격을 닮아야 한다. 그래야만 참주에게 영향력을 발휘할 수 있기 때문이다. 즉 참주정 하에서 중간 수준의 정치가가 되는 것은 궁극적으로 자신의 영혼을 참주적으로 만드는 영혼의 타락을 감수해야 한다(510a-511a). 소크라테스는 여기서 민주정 하에서의 상황을 상세히 기술하고 있지 않지만, 참주정 하에서의 영향력 있는 정치가가 참주적 영혼을 가질 수밖에 없듯이, 민주정 하에서의 영향력 있는 정치가는 민주적 영혼을 가질 수밖에 없다는 사실은 쉽게 유추될 수 있다. 민주적 영혼에 대해서는 『고르기아스』 대화편에서 구체적으로 논하고 있지는 않다.[25] 하지만 민주적 영혼이 가장 조화로운 영혼의 상태가 아닌 것만은 확실하다.[26] 소크라테스가 암시하는 바는 이 중간 수준의 정치가를 존중하는 것이 상당수의 사람들의 생각처럼 자신의 영혼을 위해 결코 안전한 선택이 아니라는 것이다. 소크라테스가 여기서 공동선이 불필요하다고 말한 적은 없다. 다만 공동선의 추구를 최우선으로 하는 공동체나 이와 비슷하게 자기방어만을 지나치기 추구하는 개인이 있다면, 이들은 영혼의 타락이라는 예상치 못한 결과를 낳을 수 있다는 것을 경고하고 있는 것이다.

소크라테스는 중간 수준의 정치가를 동경하는 사람들에게 경고와 함께 경계의 메시지를 전달하고자 했던 것이다. 첫째, 소크라테스는 이들이 정체의 성격을 닮아가면서 언제든지 자신도 모르는 사이에 영혼의 타락을 경험할 수 있다는 점을 경고하고 있다. 둘째, 소크라테스는 이들에게 칼리클레스와 같은 자를 경계하라는 메시지를 보내고 있다. 즉 실제로는 세 번째 정치가이면서 마치 중간 수준의 정치가처럼 행세하는 자들에 대한 경계이다. 칼리클레스와 같은 권력 지향적이고 야심 있는 정치인들은 그들의 지배적 성향을 마치 공동선을 위한 정치 혹은 자기방어를 위한 수사학인 것처럼 가장해 자신들의 야심을 숨길 수 있다는 것이다. 이런 경고와 경계의 메시지를 전달하기 위해, 소크라테스는 이 공동선을 위한 정치가가 진정한 정치가보다 훨씬 더 열등하다는 사실을 부각시켜야 했다. 이런 맥락에서, 소크라테스는 세인들에 의해 칭송받아 온 과거의 명망 있는 정치가들을 냉혹하게 비판한 것이다.

중간 수준의 정치인에 대한 경고와 경계를 담은 소크라테스의 입장은 페리클레스에 대한 소크라테스의 불공평한 평가에서 가장 잘 드러난다. 소크라테스는 페리클레스가 시민들을 "게으르고, 비겁하고, 수다스러우며 돈을 좋아하게 만듦"으로써 타락시켰다고 비난한다(515e). 소크라테스는 아테네인들이 처음에는 페리클레스를 존경했다가 나중에는 그를 기소한 점을 들어, 페리클레스가 시민들을 포악하게 만들었다고 주장한다. 페리클레스의 통치 기간 중 시민들이 훌륭해졌다면, 그들이 무고한 페리클레스를 기소하지 않았을 것이라는 가정이다(515e–516d). 소크라테스의 이런 주장은 역사적 사실을 왜곡한 부당한 비판이라는 것이 지배적인 견해이다. 예컨대 투키디데스는 "페리클레스는 유죄 판결 이후 오래지 않아서 그의 지도력을 되찾았고, 거의 죽을 때까지 지속했다"고 기록한다(Thucydides, II. 65. 3). 즉, 페리클레스 시기의 시민들이 결코 그에 대해서 가혹하지 않았다는 것이다. 플루타르크의 저작 역시 이런 해석을 뒷받침한다.[27] 기원전 430년경 페리클레스가 시민들의 존경을 받을 당시, 그는 시민들로부터 자신의 양자를 시민으로 승격시키는, 당시 사정으로 볼 때 이례적인 특권까지 부여받았다. 이런 사실들은 소크라테스의 주장과는 달리 페리클레스 치하의 시민들이 적어도 페리클레스에게 더욱 관용적이었음을 입증한다.

이러한 왜곡을 감행하면서까지 페리클레스를 비판하고자 한 소크라테스의 주요 목적은 중간 수준의 정치인에 대한 경고를 전달하기 위함이었다. 페리클레스가 제공한 공동선은 결코 무시할 만한 것이 아니었다. 또 시민들의 영혼을 개선하는 차원에서도 페리클레스가 일정 수준 공헌했을지 모른다.[28] 그럼에도 불구하고 소크라테스가 지금 페리클레스를 비판하는 근거는 그가 결코 시민들을 훌륭하게 만들지 못했다는 것이다. 국가가 공동선을 추구하고, 개인이 자기방어를 하는 것은 자연스런 일이다. 그러나 만약 공동선의 추구나 자기방어의 필요성을 공동체가 추구해야 할 최고의 가치로 삼는다면, 그 순간 공동체와 개인에게 위험이 뒤따르게 된다는 것이다. 그렇게 된다면, 국가는 칼리클레스와 같은 야심을 숨긴 독재자에게 위협받을 수 있으며, 개인은 영혼의 타락을 경험할 수 있다는 것이다.

5절 영혼 돌봄의 정치와 진정한 정치가[29]

공동선을 추구하는 정치가가 최선의 정치가로 간주되는 것을 경계해야 한다면 어떤 사람을 최선의 정치가라고 할 수 있는가? 앞서 살펴 본 바와 같이 소크라테스는 첫 번째 종류의 정치가, 즉 시민들의 영혼을 보다 훌륭하고 조화롭게 만들 수 있는 정치가가 최선의 정치가라고 답할 것이다. 소크라테스에게 조화로운 영혼이란 절제와 질서를 가진 영혼을 의미한다. 이런 영혼만이 신적인 성찬을 공유할 수 있고, 신적인 성찬을 나눌 수 있는 자만이 다른 사람들과 우정을 나눌 수 있다고 소크라테스는 보았다. 무엇이 진정한 절제이고 질서인가에 대해서는 우주의 기학학적 균형 혹은 형평이라는 다소 추상적이고 애매한 근거가 제시된다.

그러나 이 애매한 근거로부터 소크라테스가 의미하는 "진정한 정치"의 중요한 단서가 발견된다. 우주적 조화와 질서의 원칙은 상호 연결되어 있으며, 인간사를 포함해서 이 세상의 모든 존재는 미세한 입자들로부터 거대한 별에 이르기까지 모두 기하학적 균형을 이뤄야 한다(508a, 504c-e 참조). 우주의 기하학적 균형이 무엇인가를 단박에 알아 낼 수는 없다. 그러나 적어도 우리의 영혼을 조화롭게 만들기 위해서 우리가 취해야 할 태도가 무엇인지는 알 수 있다. 바로 자기 자신과의 내적 조화를 이뤄내는 것이다. 이 조화는 결국 절제를 의미한다. 자기 자신과의 내적 조화, 즉 절제를 갖출 때 다른 사람들과의 조화도 가능하다. 따라서 공동체 전체의 관점에서 조화와 질서를 이루려면, 자기 자신의 절제 뿐 아니라 다른 이들의 영혼의 내적 조화도 전제되어야 한다. 이런 맥락에서 공동체의 최고 목표는, 그 구성원 각각을 절제 있고 조화롭게 만들기 위해 영혼을 돌보고 개선하는 것이어야 한다. 이와 같은 공동체의 목표를 이해하고 추구하는 것이 진정한 정치라고 할 수 있다.[30] 이제 진정한 정치가 자신과 타인의 영혼 돌봄이 되어야 한다는 소크라테스의 주장이 조금 더 명확해졌다.

여기서 주목할 만한 것은 이 진정한 정치의 개념이 일반인과 철학자를 막론하고 모두에게 적용될 수 있다는 사실이다. 철학자의 입장에서, 만약 그가 앞에서 언급한 우주의 기하학적 평형의 바탕에서 진리를 추구하고 있다면, 그는 멀리는 우주의 다른 별, 그리고 궁극적으로는 "전체"(the Whole)에 대한 지식을 추구해야겠지만 가깝게는 바로 자기 자신의 영혼과 그가 속해 있는 정치 공동체 내 다른 영혼들과의 관계를 규명해야 할 것이다. 이런 맥락에서 철학자들도 결코 정치를 외면할 수 없다. 그런데 이러한 철학자의 정치적 관심은 정치적 삶과 철학적 삶의 엄격한 분리라는 기왕의 관념을 뛰어 넘을 때 가능하다. 철학자들이 일반적으로 이런 주장에 설득 당할 것인지는 여전히 논쟁의 여지가 있다.[31] 그러나 적어도 소크라테스는 철학자들의 철학적 활동이 정치 공동체 내 다른 이들의 영혼의 보살핌과 근본적으로 연계되어 있다는 것을 밝힌 것이고, 아울러 소크라테스 본인의 철학적 활동이 정치의 근원적인 목적과 불가분의 관계에 있다는 것이 밝혀진 것이다. 이제 소크라테스의 활동은 정치가가 지향해야 할 진정한 의미를 담은 정치적 삶이다. 바로 이런 맥락에서 철학자 소크라테스는 자신만이 유일한 정치가라는 주장을 내놓은 것이다(521d-e).[32]

이런 주장은 소크라테스가 지향하는 정치가 통상적인 의미의 정치와는 달리 영혼 돌봄의 정치라는 것을 다시 확인시켜 준다. 그러나 일반인들에게 이러한 주장은 그저 바람직한 정치에 대한 규범적인 선언으로 들릴 가능성이 높다. 가장 우려스러운 것은, 설령 누군가 영혼 돌봄의 정치를 실천할 마음을 먹었다고 하더라도, 그가 현실적으로 안전하게 삶을 유지할 수 있는가 하는 것이다. 바로 소크라테스와 같은 '진정한 정치가'의 안전성 문제이다. 칼리클레스는 이미 몇 차례나 소크라테스의 죽음을 예고한 바 있다(예컨대 486b). 소크라테스와 같은 진정한 정치가가 정치적 핍박을 받을 우려가 있는 상황에서 영혼 돌봄의 정치를 기대하기란 어려운 일이다. 소크라테스 역시 이 부분에 대한 우려를 나타낸다. 진정한 정치적 삶을 추구하는 이들은 마치 어린이들의 건강을 걱정해서 맛있는 것을 못 먹게 하는 의사와 같고, 반면 그 경쟁자들은 어린이들에게 제한 없이 늘 맛있는 것을 만들어 주는 요리사와 같아서, 결국 재판에서 이 어린이와 같은 배심원들은 아첨하는 이들에게 기만당할 것이고, 이들의 건강을 진정으로 걱정하는 진정한 정치가는 위험에 빠질 수밖에 없다는 것이다(522a).

이런 "상상의 재판"은 소크라테스가 처했던 역사적인 재판을 암시한다. 그러나 이보다 더욱 중요한 것은 이 비유에서 소크라테스가 그가 제시하는 진정한 정치적 삶과 데모스 간의 의사소통에 결정적인 한계가 있음을 드러낸다는 점이다. 이는 『고르기아스』 대화편의 의의를 근본적으로 훼손하는 심각한 문제이다. 왜냐하면 만약 진정한 정치, 그리고 이를 추구하는 진정한 정치적 삶이 결국 현실적으로 불가능하다면 지금까지의 논의는 처음으로 돌아가는 수밖에 없기 때문이다. 사실 지금까지의 논의에서 소크라테스는 수사학과의 어떤 타협도 허용하지 않았다. 칼리클레스의 집에 처음부터 와 있었지만, 소크라테스와 칼리클레스의 대화를 지켜보면서 칼리클레스의 권력 지향적 정치가보다는 덕 있는 정치가 혹은 공동선을 도모하는 정치가의 삶을 선택할 만한 이들에게도 소크라테스는 수사학의 사용을 엄격하게 경계했다. 또 소크라테스의 일행 중에 있을 법한, 수사학의 사용을 통해서 선의의 정치를 펴려는 자들에게도 소크라테스는 여전히 수사학을 경계의 대상으로 삼았다. 그런데 자기 자신만이 진정한 정치가라는 주장마저도 현실성을 고려치 않은 것이라면, 칼리클레스의 집에 모인 사람들은 모두 원점으로 돌아가는 상황에 처한 것이다. 어렴풋한 희망과 기대로 남아 있던 철학과 수사학의 화해 가능성, 그리고 철학적 삶과 정치적 삶의 타협은 고집스러워 보이는 소크라테스의 엄격한 기준 탓에 결국 불발로 끝난 듯이 보인다. 『고르기아스』 대화편은 결국 정치적 삶과 철학적 삶의 타협 불가능성을 재확인 한 것인가? 여기서 필자는 자신만이 진정한 정치가라는 소크라테스의 주장에 실천성이 결여되어 있다는 논거를 재검토함으로써 영혼 돌봄의 정치의 실천가능성을 타진하고자 한다.

먼저 어린이들이 배심원으로 구성되어 있고, 의사와 요리사가 공방을 벌이는 법정의 비유를 통해서 소크라테스가 예견하고 있는 진정한 정치가의 운명에 대해서 생각해 보자. 소크라테스는 과연 모든 경우에 언제까지나 이런 상황이 재현될 것이라고 예언하고 있는 것일까? 진정한 정치가는 의사로 비유되고 있는데, 의사는 미성숙의 병을 앓고 있는 어린이들을 치료하는 것이다. 그러면 소크라테스는 과연 얼마나 많은 사람들을 효과적으로 치료했다고 할 수 있을까? 당장 칼리클레스 집에서의 상황을 살펴보자. 소크라테스는 칼리클레스를 완전히 설득시키는 데에 실패했다(513c). 그의 영혼을 완전히 개선하는 데도 실패했다. 그러나 우리가 앞 절에서 보았듯이 칼리클레스는 자신의 입장 속에 미처 알지 못했던 입장도 포함되어 있다는 사실을 깨달았다. 나중에 결국 포기하긴 했지만, 자신이 상정한 정치가의 범주 속에 덕 있는 정치가의 요소가 내재해 있다는 사실을 알게 된 것이다. 또한 쾌락의 중요성을 논하는 과정에서도, 칼리클레스는 결국 바람직한 쾌락과 그 반대의 쾌락이 있다는 것을 인정하게 되었다. 이런 경험들은 칼리클레스로 하여금 그가 선택한 삶의 방식을 재성찰할 수 있게 하는 계기를 마련해줬을 것이다. 칼리클레스 외에도 소크라테스가 치료했을 법한 상당수의 무리가 있다. 이 무리는 바로 처음부터 줄곧 칼리클레스와 소크라테스 간의 대화를 듣고 있던 청중들이다. 이들은 이제 권력 지향적 수사학을 경계해야 할 뿐 아니라 쾌락의 종류도 구분해야 할 필요성이 있다는 것을 목격한 사람들이다. 무엇보다 이들은 소크라테스가 주사한 "페리클레스 백신"을 맞은 상태라 공동선을 위한 정치에 대한 맹목적인 칭송도 경계할 정도로 성숙해졌다고 할 수 있다. 소크라테스는 칼리클레스와의 대화를 통해서 칼리클레스는 물론 이를 지켜 본 청중들의 영혼을 한층 개선했다고 할 수 있다. 이들은 소크라테스와의 직간접적인 대화를 통해서 어린이의 상태로부터 어느 정도 벗어난 것이다. 소크라테스와 같은 진정한 정치가가 존재한다면 어린 아이들로만 구성된 배심원의 비유는 더 이상 적절치 않다. 진정한 정치가가 늘어난다면 법정은 점차 성숙한 배심원들로 채워질 것이다.

소크라테스가 사용한 치료의 방법은 무엇이었나? 그 방법은 바로 세 명의 상대자들과 차례로 행한 문답식 대화이다. 이 대화는 수사학적 연설과는 명백한 대조를 이룬다. 수사학이 다른 사람과 국가 전체를 지배하려는 목적을 갖는다면, 문답식 대화는 상호 협조의 과정을 통해 궁극적으로 올바름에 도달하려는 목적을 갖는다. 수사학이 경쟁을 목적으로 한다면, 문답식 대화는 서로의 일깨움(mutual enlightenment)을 목적으로 한다.[33] 또한 칼리클레스와의 대화에서 나타나듯이, 대화법적인 형식은 일방이 한 때 불성실한 자세로 임해도 그들의 논리적 일관성을 유지시켜 주고, 결과적으로 수사학적 형식보다는 훨씬 더 그들이 올바름에 도달하도록 할 가능성이 높다고 할 수 있다. 문답식 대화를 이어가다보면 일방이 어린아이와 같은 상태에 있다고 하더라도 의사의 치료를 받을 수 있다는 것이다.

소크라테스가 보여준 정치적 삶의 새로운 방식이란, 그가 지금 칼리클레스의 집에서 행한 것처럼, 대화에 참여하고 있는 사람들이 올바름을 추구할 수 있도록 문답식 대화를 하는 것이다. 문제는 이런 대화법적 방식을 아테네 정치의 구체적인 활동 장에 어떻게 적용할 것인가 하는 것이다. 아테네 민주정치의 대표적인 기구인 의회, 위원회, 법정에서 소크라테스가 칼리클레스의 집에서 행한 문답식 대화를 그대로 적용시키는 것은 불가능하다. 그러나 적어도 이 대화법에 참여하는 당사자들의 태도를 정치적 토의 과정에 적용하는 것은 가능하다.[34] 소크라테스와 같은 진정한 정치가는 의회에서 정치적 사안을 논할 때 대화법적 태도를 갖고, 토의에 참여하는 사람들이 서로 올바름을 찾아갈 수 있도록 노력할 것이다. 의회에서 이런 토의를 바라보는 시민들은 대화에 직접 참여하지 않아도, 칼리클레스의 집에서 칼리클레스와 소크라테스의 대화를 조심스럽게 지켜보았던 청중들처럼 대화법적 방식의 토론에 간접적으로 참여하게 될 것이다.

구체적인 정치의 활동 장에 문답식 대화의 태도를 적용시키는 것은 결코 쉬운 일이 아니다. 그러나 칼리클레스 집에 모인 사람들이 경험한 영혼의 개선처럼 문답식 대화의 태도를 정치에 적용하는 사람들이 생기면, 이들은 조금씩 정치의 본질을 변화시키며 정치의 장은 어린이들이 모인 법정과 같은 미성숙 상태에서 점차 벗어나게 될 것이다. 즉, 문답식 대화의 적용을 시도하는 의사와 같은 정치가들이 점차 늘어나고, 의사와 요리사를 구별할 수 있는 성숙한 배심원들도 늘어날 것이다. 소크라테스가 자신만이 진정한 정치가였다고 선언한 것은 바로 이런 새로운 정치로의 전환을 위한 최초의 몸부림이었다고 볼 수 있다.

이러한 소크라테스의 선언이 실제로 벌어진 상황이 바로 소크라테스의 법정이다. 소크라테스는 자신의 생명이 걸려 있는 재판에서도 청중을 수사학적 상황으로 이끌기보다 문답식 대화법의 상황으로 이끌어 갔다. 앞 장에서 검토한 것처럼 소크라테스는 멜레토스와의 심문에서 전형적인 대화법적 방식을 적용했으며, 변론 과정 전체에서도 청중들을 지배하겠다는 의도보다는 서로 올바름을 찾아보자는 취지를 강하게 반영하고 있다. 그러면 소크라테스의 변론을 듣고 있던 500인의 배심원들은 요리사의 아첨에 맥을 못 추는 어린 아이들에 불과했다고 말할 수 있나? 그렇지 않았다. 배심원들의 판결이 비록 소크라테스를 사형에 이르게 한 것은 사실이지만, 이 판결이 비교적 근소한 표차에 의해 결정되었다는 사실은 주목할 만하다. 30표 정도만 반대쪽으로 이동했다면 소크라테스는 무죄로 방면될 수도 있었다. 소크라테스에 대한 기왕의 엄청난 편견과 혐오에 비추어 보면, 이런 근소한 표 차이는 소크라테스가 보여준 대화법적 태도가 아테네 법정에서도 어느 정도 효과를 거둘 가능성을 예시한 것이라고 할 수 있다. 소크라테스가 진정한 정치가라는 주장의 실효성을 의심하는 가장 큰 근거 중 하나는 소크라테스가 앞으로 처하게 될 법정에서의 운명이었다. 그런데 소크라테스에 대한 사형 판결이 사실 근소한 표 차이에 의해 결정되었음을 고려하면, 진정한 정치가의 실천적 가능성은 어느 정도 열려 있다고 할 수 있다.

앞서 살펴 본 바와 같이 소크라테스와 칼리클레스의 근원적인 화해는 불가능하다. 그러나 소크라테스와 함께 문답식 대화에 참여한 이후의 칼리클레스는 그 이전의 칼리클레스와 다르다. 여전히 칼리클레스는 기왕의 자신의 입장을 고수하는 듯이 보이지만, 소크라테스와의 문답 과정에서 그는 변화의 가능성을 보였다. 자신의 입장을 스스로 재성찰할 기회를 갖게 되면 칼리클레스는 언젠가는 수사학적 방식이 아닌 대화법적인 태도로 서로의 깨달음을 위해 대화에 참여하게 될지도 모른다. 소크라테스는 이런 "칼리클레스"와의 화해를 마다할 이유가 없다. 칼리클레스와 비슷한 입장을 갖고 있었던 잠재적인 "칼리클레스들"도 그들이 오늘 경험한 것을 바탕으로 차후의 대화에 임하고자 한다면, 이들과도 소크라테스는 적극적으로 화해할 것이다.

『고르기아스』 대화편은 칼리클레스를 포함한 세 사람의 대화 상대자들이 직접 경험하고, 또 이들의 대화를 지켜 본 청중들이 간접적으로 경험한 대화법적 방식(dialectic conversation)의 정치적 적용 가능성을 조심스럽게 타진하고 있다. 칼리클레스의 집에서 어느 정도 성공한 소크라테스의 "의료 행위"는 소크라테스적 정치적 삶이 의회나 위원회와 같은 구체적인 아테네의 정치 공간에서도 실효성을 발휘할 가능성이 있음을 암시한다.[35] 수사학의 사용에 대한 소크라테스의 엄격한 경계가 곧바로 정치적 삶 자체에 대한 전면적인 부정으로 이어지는 것은 아니라는 것이다.

『고르기아스』 대화편은 소크라테스의 죽음을 정점으로 과거지향적임과 동시에 미래지향적이다. 역사적으로는 과거에 있었던 소크라테스 재판의 평가를 통해 시민들과 정치인들의 자성을 촉구하고 있으며, 드라마적으로는 앞으로 있을 소크라테스 재판에 대한 희망적인 예견을 담고 있다. 이는 영혼 돌봄을 중심으로 하는 새로운 의미의 정치적 삶을 적용하는 시민들이 늘어나면 미래의 "소크라테스 재판"은 반드시 비극적인 결말로 이어지지 않을 것이라는 기대를 의미한다. 그러나 이러한 미래는 결코 철학과 수사학의 적절한 타협으로 이룰 수 없다. 바람직한 미래는 오히려 적당한 화해와 타협에 대한 기대에서 벗어나 진정으로 새로운 의미의 정치를 시작할 때 다가올 수 있다. 소크라테스와 칼리클레스의 만남 속에서 기대되었던 철학과 수사학의 타협은 소크라테스의 엄격한 기준에 의해서 완강히 거부되었다. 그러나 소크라테스는 영혼 돌봄을 중심으로 하는 독특한 의미의 정치적 삶을 제안함으로써 새로운 정치에 대한 희망을 안겨 주었다. 미래의 정치에 대한 희망적인 기대는 소크라테스가 선언한 바와 같이, 어떤 정치가 진정한 정치인가에 대한 엄격하고도 단호한 선언으로부터 출발해야 한다. 이런 새로운 정치로의 전환을 최초로 선언해야 할 장소로서, 정치와 수사학, 철학에 대한 관심이 혼재되어 있던 칼리클레스의 집은 더 없이 적절한 장소였을 것이다.

4장
플라톤의 『국가』와 영혼 돌봄의 정치 1 : 플라톤 정치철학의 기원

1절 플라톤 정치철학에의 접근과 대화편 해석을 둘러싼 제 문제

플라톤의 『국가』는 그의 정치철학에 대한 상반된 평가를 내리는 근거가 되어 왔다. 20세기 중반 플라톤이 전체주의를 정당화하는 "열린사회의 적"으로 평가받을 때, 『국가』는 플라톤이 지식의 절대성과 계급 간의 위계질서를 바탕으로 하는 반민주적 이상 국가를 추구했다는 평가의 근거가 되었다.[1] 반면에 20세기 말부터 플라톤 정치철학의 민주적 교훈이 주목받을 때에도, 『국가』는 이러한 새로운 해석의 근거가 되었다. 학자들은 『국가』가 현대 민주주의의 결함을 치유하거나 새로운 민주적 가치를 발견하는 데 통찰력을 제공한다고 평가하기 시작했다.[2] 어째서 플라톤 정치철학에 대해 이렇게 상반된 해석이 존재하며, 그 상반된 해석의 근거가 『국가』라는 동일한 텍스트에서 발견되는가? 이에 대한 답을 구하기 위해 『국가』에 대한 면밀한 텍스트 분석이 필요하다. 본격적인 텍스트 분석에 앞서 이 절에서는 우선 플라톤 정치철학에 대한 상반된 평가가 존재하는 이유와 이런 상황에서 플라톤 정치철학에 바르게 접근하는 방법에 대해 잠시 생각해 보고자 한다.

특정 사상가에 대한 상반된 평가가 나오는 일차적인 이유는 평가를 내리는 후대인들의 시대적 상황에 기인하는 경우가 많다. 전체주의가 막 종말을 고한 20세기 중반, 플라톤을 전체주의의 주창자로 몰아붙이고, 그 전거(典據)를 플라톤의 『국가』에서 찾으려 했던 것은 인류가 범한 반인륜적 행위의 사상적 근원을 찾아야 했던 시대적 요청과 무관하지 않다. 또 플라톤 정치철학으로부터 민주적 교훈을 발견하려는 비교적 최근의 학문적 노력은 민주주의의 우위를 확신하면서도 민주주의의 한계를 인정하고 그 결함을 개선하고자 하는 서구의 정치사회적 환경과 관련 있다. 자신이 속한 시대적 환경에 따라 과거의 사상가를 '의미 있게' 재해석하고 정치철학의 현대적 교훈을 발견하는 것은 사회적으로 유용한 일일 것이다. 그러나 시대적 상황에 따른 사회적 요구가 특정 사상가가 애초가 갖고 있었던 정치철학적 의도를 왜곡하거나 무시하는 것까지 허용하는 것은 아니다.[3] 플라톤 정치철학을 해석하는 경우에도 특정 시대의 관점이 어느 정도 반영되는 것은 불가피하다. 그러나 후세의 관점으로 파생된 플라톤 해석을 플라톤의 정치철학적 의도와 혼동해서는 안 된다.[4] 물론 누구나 '진공 상태'에서 플라톤을 읽을 수는 없다. 그렇지만 "플라톤에게 일관된 정치철학적 의도는 아예 없었다"고 주장하거나, "있었다 하더라도 그의 의도를 이해하는 것은 불가능하거나 무의미하다"고 주장할 요량이 아니라면, 가능하면 그의 의도에 접근하려는 노력을 기울이는 것이 타당하다.

우리가 플라톤의 정치철학적 주제에 접근하고자 하는 것은 단순히 우리가 처한 시대적 상황(좁게는 정권 혹은 국가의 차원이든, 혹은 이보다 광범위하게 역사적 국면의 시대정신의 차원이든 상관없이)이 요구하는 시의적절한 교훈을 얻기 위함이 아니다. 우리가 2500년 전, 그것도 우리와 전혀 다른 문명적 배경을 갖고 있는 고대 그리스에서 태어난 플라톤이라는 정치 철학자에 관심을 쏟는 까닭은, 우리가 아무리 발전된 문명과 축적된 지식을 갖고 있다고 하더라도 현재의 시대적 경험만으로는 도저히 파악될 수 없는 "근본적이며 중요한 주제"가 플라톤의 정치철학 안에 담겨져 있다고 믿기 때문이다. 플라톤 정치철학이 다루고 있는 초역사적 주제는 외견상으로는 오늘날 현대인의 삶과 직접적인 연관성이 없어 보이는 것들이다. 그럼에도 불구하고 그의 정치철학이 우리가 잊고 있었던 진정 "근본적이며 중요한 주제"를 다루고 있다면, 그의 정치철학적 의도를 이해하고 검증하는 것은 정치 철학자의 의무이다. 플라톤이 의도하고 있는 초역사적인 정치철학적 의도가 무엇인지는 이 책 전체에서 다루는 주제이다.[5] 다만 이 절에서 강조하고자 하는 것은 플라톤 정치철학을 각자의 시대 상황에 따라 채색하는 것이 그것이 전체주의적으로 묘사되든, 혹은 민주적으로 묘사되든 우리가 플라톤 정치철학에 접근해야 하는 근본 목적과 거리가 멀다는 것이다.

물론 『국가』 안에는 다양한 방식으로 해석될 수 있는 정치이념이 포함되어 있다. 그래서 이념적으로 상이한 가치를 갖고 있는 사람들이 『국가』를 자신들이 지지하는 가치의 사상적·이론적 전거(典據)로 삼는 것은 어쩌면 당연한 일이다. 그러나 플라톤 정치철학을 연구하는 목적이 단지 자신의 생각을 뒷받침하는 고전적 권위를 찾기 위함이 아닌 한, 우리는 플라톤의 저작에 부분적으로 나타나는 단편적인 이념보다 플라톤의 저작 전체와 적어도 하나의 대화편에 통일적으로 나타나는 그의 일관된 의도를 파악하는 데 주력해야 한다. 『국가』에서 플라톤의 정치철학적 의도가 무엇인가를 정확히 파악하는 일은 매우 어려운 일임에 틀림없다. 그럼에도 불구하고 이 장과 다음 5장은 『국가』에 나타나는 이런저런 정치이념이나 정치 이데올로기에 주목하기보다 이 대화편 전체에 흐르는 플라톤의 정치철학적 의도가 무엇인가를 파악하는 데 주력할 것이다.

『국가』에 내재된 플라톤의 일관된 의도를 파악하고자 할 때, 가장 먼저 고려해야 할 것은 플라톤의 저작이 '대화편'이라는 독특한 저술 방식을 채택하고 있다는 점이다. 주로 소크라테스를 주인공 삼아 대화의 내용을 기록하는 방식의 저술 형식은 플라톤의 독창적인 발명품이다. 당시엔 물론 비극이나 희극 상연을 전제로 한 희곡이 존재했다. 그러나 플라톤의 대화편은 공연을 목적으로 한 것이 아니라 자신의 철학적 메시지를 전달하기 위한 것이었다는 점에서 희곡과는 구분된다. 그런데 철학적 메시지가 효과적으로 전달되려면 명증성과 간결성이 요구된다. 일반적으로 이러한 요구를 충족시키려면 대화편이라는 형식보다 논문의 형식을 택하는 것이 바람직하다. 하지만 플라톤은 자신의 철학적 메시지를 전달할 수단으로 다양한 해석이 가능한 대화편이라는 형식을 택했다. 플라톤은 왜 이런 형식을 택했을까? 그것도 『변명』과 『서신들』을 제외하면 자신의 모든 저작을 대화편의 형식에 묶어 놓는 이유가 무엇인가? 이런 질문에 답하는 것은 그의 정치철학적 의도를 밝히는 데 매우 필수적이라고 할 수 있다.[6] 따라서 본격적으로 『국가』의 내용을 검토하기에 앞서 플라톤이 대화편이라는 저술 형식을 선택한 의도를 추정해 볼 필요가 있다.

가장 단순한 추측은 플라톤이 그의 스승 소크라테스의 죽음으로 인해 철학에 대한 정치적 핍박을 우려하게 되었고, 그 고민의 결과로 자신의 철학적 입장을 은닉할 수 있는 대화편의 형식을 택했다는 것이다. 논문과 달리 대화편이라는 형식은 혹시 정치적으로 문제가 될 만한 철학적 입장이 발견될 경우, 그것이 플라톤 자신의 입장이 아니라 등장인물이나 소크라테스의 입장이라고 변명할 여지가 있기 때문이다. 이런 맥락에서 플라톤은 자신이 대화 참가자로 등장하는 대화편을 하나도 저술하지 않았는지 모른다. 그러나 플라톤이 대화편이란 저술 형식을 채택한 원인이 단지 정치적 핍박을 모면하기 위한 것이라고 본다면, 사람들이 플라톤의 작품을 완전히 허구적인 문학 작품으로만 이해할 것이라고 가정해야 한다. 그러나 플라톤의 대화편은 이미 정치적 핍박을 받은 바 있는 자신의 스승 소크라테스를 주요 인물로 등장시킬 뿐 아니라 상당 정도 역사적 개연성이 높은 극적 상황을 연출하고 있다. 플라톤이 소크라테스로부터 연유한 정치적 핍박을 회피하기 위해서 대화편이란 형식을 채택했다면 보다 확실하게 소크라테스와 거리를 뒀어야 했다. 물론 정치적 핍박에 대한 고려가 플라톤에게 전혀 없었다고 단정하기는 어렵다. 그러나 우리는 플라톤이 대화편이라는 형식을 선택하게 된 철학적 근거를 찾을 필요가 있다.

플라톤은 자신의 스승인 소크라테스의 문답법(혹은 변증술 dialectics)을 철학적 탐구의 모델로 삼았다. 철학적 메시지가 효율적으로 전달되기 위해서는 그 내용이 명료하게 진술되는 것에 그치는 것이 아니라 그 메시지를 전달받는 사람의 영혼이 온전하게 그 내용을 받아들여야 한다. 소크라테스의 철학적 탐구는 궁극적으로 삶의 방식을 변화시키는 것에 목적을 두고 있기 때문이다. 이런 맥락에서 소크라테스의 철학적 활동은 동시에 많은 사람들을 대상으로 한 것이 아니라 특정 상황에서 특정인을 대상으로 진행됐으며, 일대일의 변증법적 대화를 통해 대화 상대자의 영혼을 개선시키는 것에 초점을 두고 있다. 소크라테스는 자신의 철학적 활동을 대표할 만한 어떤 저작도 남기지 않았다. 소크라테스에게 철학적 탐구는 영혼의 개선에 목적이 있기 때문에, 대화 상대자를 전제로 한 살아있는 말이 아닌 글은 어떤 경우에도 그 목적을 제대로 수행할 수 없기 때문이다.[7]

따라서 플라톤이 대화편이라는 독특한 글쓰기 형식을 채택한 것은 정치적 핍박을 모면하기 위한 수단일 뿐 아니라 글쓰기의 철학적 효능을 부정한 소크라테스 철학을 계승하기 위한 타협책이라고도 볼 수 있다. 대화편은 실제로 소크라테스가 행했던 일대일 문답과 동일하진 않지만, 대화편을 읽는 독자가 자신의 영혼의 상태를 등장인물에게 대입해 마치 소크라테스와 대화를 나누는 것과 같은 효과를 볼 수 있기 때문이다. 이렇게 보면 대화편이라는 형식의 글쓰기는 소크라테스의 문답법적 탐구 방식에 가장 근접하는 수단이라고 할 수 있다. 결론적으로 플라톤이 이처럼 독특한 글쓰기 방식을 선택한 것은 정치적 핍박과 같은 철학 외적인 요소에 대한 고려와 소크라테스의 문답법을 계승하여 그가 상정한 철학적 목적을 효율적으로 수행하겠다는 철학 내적인 고려가 반영된 것이라고 할 수 있다.

그런데 플라톤의 저작이 모두 대화편이라는 형식을 공유하지만, 엄밀하게는 조금씩 다른 형식을 갖고 있다는 것에 주목할 필요가 있다.[8] 이제 각 대화편의 형식적 차이가 플라톤이 전달하려는 정치철학적 의도와 어떤 연관성을 갖는가를 간략히 검토하고자 한다. 일차적으로는 대화의 내용을 전달하는 서술자를 따로 두느냐에 따라 대화편의 형식이 나뉜다. 예컨대 『크리톤』 처럼 대화의 내용을 전달하는 서술자가 따로 없는 경우가 있다.[9] 반면에 『국가』는 소크라테스라는 서술자를 따로 두고 있다.[10] 『국가』는 특히 소크라테스를 1인칭 관찰자 시점의 서술자로 두고 소크라테스와 그의 대화 상대자와의 대화 내용을 전달하고 있다. 이 경우 모든 대화의 내용은 사실 소크라테스라는 서술자에 의해 전달된다. 서술자를 따로 두는 경우에는 일일이 대화편 안의 화자를 따로 언급해야 하는 번거로움이 있지만, 대화편의 드라마적 배경을 대화편 안에 포함시킬 수 있고 서술자가 대화의 내용과 독자를 매개할 수 있다는 이점이 있다. 특히 소크라테스가 서술자라면 종종 소크라테스 자신이 파악한 분위기와 상대방의 반응을 드러낼 수가 있어서, 소크라테스와의 문답이 상대에게 어느 정도 설득력이 있었는가를 간접적으로 확인할 수 있게 한다.[11]

서술자의 존재 여부와 더불어 플라톤의 대화편을 분류할 수 있는 두 번째 기준은 대화에서 누가 주도적인 역할을 담당하고 있는가이다. 주지하다시피 플라톤의 대화편은 대부분 소크라테스가 주인공으로 등장하여 철학적 논의를 주도하는 형태를 띠고 있다. 그래서 많은 학자들은 플라톤 대화편에 등장하는 소크라테스의 입장을 플라톤의 생각으로 간주하는 경향이 있다. 하지만 등장인물로서의 소크라테스를 곧바로 플라톤의 생각으로 간주하기에는 몇 가지 어려움이 따른다. 무엇보다 우리는 역사적 인물로서의 소크라테스와 플라톤 대화편의 등장인물로서의 소크라테스가 정확히 일치하지 않는다는 사실을 알고 있다. 플라톤에게 역사적 소크라테스와 등장인물로서의 소크라테스는 각각 어떤 의미가 있을까? 플라톤과 역사적 소크라테스 그리고 등장인물로서 소크라테스와의 관계는 플라톤의 사상 전체를 어떤 방식으로 이해하느냐와 깊이 연관되어 있다.[12]

전통적으로 학자들은 플라톤의 대화편을 초기, 중기, 후기로 나눈다.[13] 이 구분에 따르면 초기의 대화편들은 주로 역사적 소크라테스의 철학적 활동을 확인하고 그의 탐구 방식을 계승한 저작들이다. 중기의 대화편들은 플라톤이 독립적으로 자신의 형이상학적, 정치철학적 주제를 발전시킨 작품들이고, 후기의 대화편들은 플라톤이 자신의 이론에 대한 내적 비판과 수정을 시도한 작품들이다.[14] 이런 전통적 해석에 따르면, 초기의 대화편에 등장하는 소크라테스는 비교적 역사적 소크라테스와 동일하며, 중기의 대화편에 등장하는 소크라테스야말로 플라톤의 사상을 가장 핵심적으로 대변하는 등장인물이라고 할 수 있다. 아울러 소크라테스의 주도적인 역할이 약화된 『티마이오스』, 『파르메니데스』, 『정치가』와 같은 저작들은 플라톤의 후기 저작으로 여기에서 플라톤은 자신의 이전 사상을 스스로 수정하는 단계에 이르렀다는 것이다.

대화편에서 등장인물로서의 소크라테스의 역할과 비중의 변화에 주목해 플라톤 정치철학의 변화를 평가하면, 플라톤 정치철학은 세 단계에 걸쳐 "발전"했다고 정리할 수 있다. 우선 전기의 플라톤 정치철학은 주로 그의 스승인 소크라테스가 보여준 정치적 삶의 의의를 주목한 것이다. 다음으로 중기의 정치철학은 소크라테스의 정치적 삶이 노정시킨 문제들을 해결하기 위한 플라톤의 문제의식이 투영된 것으로서 이상적이고 유토피아적인 기획이 모색된 것이다. 마지막으로 후기의 플라톤 정치철학은 플라톤의 정치적 이상을 일부 포기하면서 실천가능성을 제고한 것이다.

『국가』는 전통적으로 플라톤 정치철학의 정점에 있는 플라톤의 중기 사상으로 간주된다. 이런 의미에서도 『국가』에 등장하는 소크라테스가 플라톤 정치사상의 핵심적인 내용을 대변한다고 할 수 있다. 같은 맥락에서 아예 소크라테스의 이름이 사라진 『법률』은 『국가』에서 정점을 이뤘던 플라톤 정치철학의 전면적인 수정으로 평가된다. 아직까지 플라톤 정치철학을 전기, 중기, 후기로 구분하고, 플라톤이 수십 년간의 저술활동을 통해서 자신의 정치철학에 "변화" 혹은 "발전"을 경험했다고 보는 것이 지배적인 것은 사실이다.[15] 이 책도 어느 정도 플라톤 정치철학의 "발전론적 시각"에 의존하는 측면이 있다(적어도 『변론』, 『고르기아스』, 『국가』 세 대화편이 플라톤 정치철학의 문제의식을 일관성 있게 연결시키는 진행적 성격을 띠고 있다고 믿기 때문이다). 그러나 플라톤 정치철학에 일방적으로 발전론적 시각을 적용하기에는 몇 가지 곤란한 문제가 뒤따른다는 것을 지적하지 않을 수 없다.

우선 발전론적 시각은 플라톤 사상의 발전 단계에 맞춰 전기, 중기, 후기의 대화편들을 분류하고 있음에 주목할 필요가 있다. 문제는 학자들에 따라서 각기 다른 이유를 들어, 전기, 중기, 후기에 속하는 대화편을 다르게 분류하고 있다는 것이다. 플라톤의 글쓰기 스타일(예를 들어 고전희랍어에서 불변화사(particle)의 사용 빈도 등)에 따라 대화편들을 분류하는 경우에 이런 문제가 특히 부각되는데, 글쓰기 스타일에 따른 분류와 사상의 '발전'을 전제로 한 전통적인 분류가 일치하지 않는 경우가 종종 발생한다.[16] 전통적으로 후기의 저작으로 여겨졌던 것이 스타일로는 중기에 집필된 것으로 나타나거나 반대의 경우가 발견된다는 것이다. 지금까지 질서 정연하게 이해됐던 플라톤 대화편의 저작 순서가 사실은 아무 의미 없는 뒤죽박죽이었을 가능성이 있다는 것이다.[17] 저작 순서에 대한 가정이 깨지면 플라톤 정치철학의 발전론적 해석도 타격을 받게 된다. 기왕에 플라톤의 중기 사상으로 이해되어 왔던 『국가』에 대한 해석 역시 여러 도전을 받을 수밖에 없다.

필자는 아직 플라톤 정치철학의 저작연대와 발전 단계의 내용(혹은 발전 단계의 존재여부) 등과 관련해 확실한 입장을 정하지 못했다. 다만 발전론적 해석의 타당성과 의의에 대해 차츰 회의적인 입장으로 선회하고 있음을 밝힌다. 한 가지 확실한 것은 플라톤의 정치철학 해석에서 드라마적 요소가 좀 더 심각하게 고려되어야 한다는 사실이다.[18] 플라톤의 대화편은 단순히 소크라테스와 대화 상대자 사이의 대화의 기록물이 아니라 플라톤이 설정한 독특한 극적 요소를 반영한 문학적 요소를 갖고 있기 때문이다. 그러나 플라톤 대화편의 문학적 요소가 일반적인 문학 작품과 결정적으로 다른 점은 플라톤의 대화편은 보편적 진리를 추구하는 철학적 주제를 다룬다는 점이다. 여기에 플라톤 대화편 해석의 어려움이 있다. 드라마적 요소를 갖는 대화의 기록물이라는 독특한 문학적 형식이 어떻게 보편적 진리를 추구하는 철학적 탐구를 내용으로 담을 수 있는가? 아직까지 플라톤의 대화편 안에서 문학적 형식과 철학적 내용이 어떤 방식으로 조응하고 있는가에 대한 명쾌한 공식을 찾진 못했다. 다만 4장과 5장에 나오는 『국가』 해석에서 대화편의 철학적 요소뿐 아니라 형식적 요소들을 고려할 것임을 밝히는 바이다. 이제 다음 절부터 대화편의 형식적 요소를 특히 예의 주시하면서 플라톤 정치철학의 핵심 주제들이 어떤 기원을 갖고 있는가에 초점을 맞춰 『국가』 해석을 시작할 것이다.

2절 훌륭한 삶과 정의 : 『국가』 1권을 중심으로

『국가』는 소크라테스 일행이 피라이우스에서 종교 행사와 축제에 참여한 후 아테네로 돌아가려 할 때, 폴레마르코스가 이들에게 그의 아버지 케팔로스의 집에서 베풀어지는 향연에 올 것을 강권하는 것으로 시작한다(327a–328b). 소크라테스 일행은 이 권유에 못 이겨 결국 케팔로스의 집에 이르게 된다. 케팔로스 집에는 이미 향연에 참여하고 있던 상당수의 무리가 있었을 것이다. 이 무리에 소크라테스와 일단(一團)의 젊은이들이 합류한 셈이다. 소크라테스는 인생의 황혼기에 접어든 케팔로스에게 노년에 이르러 경험하게 되는 어려움이 무엇인지 묻는다. 노년기의 어려움에 대해 묻는 것은 인생을 회고할 때 "어떻게 사는 것이 바람직한가?"를 묻는 것이다. 이 질문을 통해 소크라테스는 젊은이들이 모델로 삼을 만한 "훌륭한 삶이 무엇인가?"라는 화두를 던진 셈이다.

훌륭한 삶과 관련된 지혜는 머지않아 죽음을 앞둔 케팔로스와 같은 연로한 노인에게 구하는 것이 합당할지 모른다. 노년층이야말로 젊은 시절 많은 경험을 쌓았고, 인생에서 가장 중요한 것이 무엇인지 결산할 단계에 이르렀다고 할 수 있기 때문이다. 노인들은 종종 고령으로 젊은 날의 활기가 사라진 것을 아쉬워하고 젊은이들의 불손함에 탄식하지만, 소포클레스와 같이 젊음의 광포한 욕망으로부터 벗어나 절제의 자유로움을 즐길 수 있다며 노령을 칭송하기도 한다(329b–c). 그러나 모든 사람들이 노년에 평온함을 누릴 수 있는 것은 아니다. 어느 정도의 부(富)가 뒷받침되지 않는다면 노인들은 업신여김의 대상이 되기 십상이다. 케팔로스가 누리는 평온함은 누구나 누릴 수 있는 노년의 특권이 아니라 그의 부유함이 가져다 준 선물일 수 있다(329e). 그러나 케팔로스는 자신의 평온함은 재물 때문이 아니라 자신의 삶의 방식(*tropos*)에 기인한다고 주장한다(330a). 그의 재물이 그로 하여금 거짓말을 하지 않게 하거나 신이나 남에게 빚진 채로 생을 마감하지 않도록 하는데 도움을 준 것은 사실이지만, 재물이 있다고 해서 모든 사람들이 자신처럼 평온함을 느끼는 것은 아니라는 것이다(331b). 자신이 얻은 평온함은 궁극적으로 정의로운 삶의 방식을 선택한 자신의 성품에 기인한다는 것이 케팔로스의 주장이다.

소크라테스는 노년에 이른 케팔로스의 훌륭한 삶에 대한 증언을 존중하는 듯하다. 그러나 소크라테스는 케팔로스가 제시한 훌륭한 삶, 즉 정의로운 삶의 의미를 재검토하고자 한다. 젊은이들에게 훌륭한 삶을 보다 명확하게 규정해야 할 필요가 있기 때문이다. 케팔로스의 증언 중에 나타난 그의 정의관은 "정의(正義)는 정직하게 말하고 꾼 것을 갚는 것"이다. 사실 이 정의관은 플라톤의 『국가』에서 정의에 관해 제시된 첫 번째 규정이다. 소크라테스는 정의로운 삶이 훌륭한 삶이라는 케팔로스의 입장에는 동의하지만, 케팔로스의 정의관이 과연 온전한 것인가에 대해서는 문제를 제기한다.

『고르기아스』에서 소크라테스와 칼리클레스는 정의로운 삶이 훌륭한 삶인가를 놓고 논쟁을 벌인 바 있다. 이제 노년에 이른 케팔로스가 정직한 삶을 곧 정의로운 삶이자 훌륭한 삶으로 제시한 것이다. 케팔로스의 집에 모인 젊은이들 중 일부는 성공한 부자이면서 노년의 경륜을 갖춘 케팔로스의 권위에 승복하여 정직한 삶을 훌륭한 삶으로 간주할 수 있다. 그러나 모든 정직한 삶은 정의롭고 훌륭한 삶인가? 소크라테스는 케팔로스의 정의관에 의문을 제기한다. 이는 케팔로스의 정의관을 완전히 부정하겠다는 의도보다(누가 "정직하게 말하고, 꾼 것을 갚는 것"이 정의의 요소라는 것을 부정하겠는가?), 케팔로스의 정의관이 실제로 모든 젊은이들이 적용할 만한 보편적인 정의관인가에 대해 의문을 제기하는 것이다. 소크라테스는 만약 이전에 무기를 빌려 준 친구가 미친 상태로 와서 무기를 돌려달라고 할 때에도 단순히 "꾼 것을 돌려주는 것"이 정의라고 할 수 있느냐고 반문한다(331c). 케팔로스의 정의관을 온전히 받아들일 수만은 없다는 것이다. 이와 같은 소크라테스의 문제 제기에 케팔로스는 신전 제사를 핑계로 자리를 뜨고, 정의에 대한 논의는 그의 아들인 폴레마르코스가 계승한다.[19]

폴레마르코스는 아버지의 정의관이 단순히 꾼 것을 그대로 갚는다는 뜻이 아니라, 시인 시모니데스의 말을 빌어 각자에게 "마땅히 갚을 것(*to opheilomenon*)"을 갚는다는 것을 의미한다고 주장한다(331e). 소크라테스는 이 주장을 받아들여 각자에게 "마땅히 갚을 것"이란 결국 각자에게 "합당한 것"(*to prosēkon*)을 의미한다고 보고, 결국 정의란 무엇이 합당한 것인지를 알아내는 일종의 기술이라는 결론을 내린다(332d). 소크라테스는 여기서 처음으로 정의가 기술(*technē*)과 관련 있음을 지적한 것이다. 정의가 의술이나 항해술과 같은 일종의 기술이라는 것은 케팔로스나 폴레마르코스가 생각지 못했던 정의의 요소이다. 이어서 소크라테스는 정의가 기술이 갖는 속성을 공유한다면, 정의는 여느 기술과 마찬가지로 "누구에게 무엇을 주는가"로 규정되어야 한다고 지적한다. 이런 소크라테스의 시각에 편승해 폴레마르코스는 정의란 결국 "친구에게 유익을 주고, 적에게 해를 주는 것"이라는 새로운 정의관을 내놓는다(332d). 이는 『국가』의 주요 등장인물이 내놓은 두 번째 정의관에 해당한다.

이 정의관은 당시 펠로폰네소스 전쟁 중에 있던 아테네 시민들이 가져야 하는 가장 적절한 정의관이라고 할 수 있다. 폴레마르코스의 정의관은 당시의 아테네인들뿐 아니라 주권 국가 체제에 놓인 우리의 상식에도 여전히 부합한다. 그러나 소크라테스는 폴레마르코스의 정의관이 아직 불완전함을 지적한다. 우선 이 정의관이 전시 상태에만 유효한 정의관으로 보인다는 것이다. 정의는 전시뿐 아니라 평시에도 유용해야 한다. 폴레마르코스에게 평시의 정의란 주로 금전 관계에서 "맡겨 놓은 것을 안전하게 보전하는 것"을 의미한다(333c). 이 정의관에 따르면 정의는 금전을 사용하지 않을 때에만 유효하다. 결국 정의는 어떤 것을 사용하지 않을 때만 유용하다는 그리 탐탁지 않은 결론에 이르게 된다.

소크라테스는 폴레마르코스의 정의관에서 이보다 더 심각한 문제를 발견한다. 즉 폴레마르코스의 정의관에 따른다고 해도 누가 친구이고 누가 적인지, 무엇이 친구에게 베풀어야 할 "좋음"이고 적에게 줘야 할 "나쁨"인지 명확하지 않다는 것이다(334c). 정의가 다시 기술(*technē*)의 문제, 나아가 앎(*epistēmē*)의 문제와 관련 있음을 지적하는 대목이다.

이제 마지막으로 소크라테스는 폴레마르코스의 정의관의 결정적인 하자를 지적한다. 설령 앞에서 제기된 적과 친구, 좋음과 나쁨의 구분이 올바르게 이뤄진다고 해도 정의는 적어도 남에게 해를 주는 것을 포함할 수 없다는 것이다(335c-d). 즉 폴레마르코스의 정의관 중에서 적에게 해를 주는 것이 정의라는 부분은 삭제되어야 한다는 것이다. 상대방을 나쁘게, 혹은 이전보다 못하게 하는 것은 절대 올바름이나 훌륭함에 의해서가 아니라 그 반대의 기능에 의한 것이기 때문이다. 예컨대 사람을 덜 음악적으로 만드는 것은 음악적인 시가 기법에 의해서가 아니라 그 반대의 기능을 통해 가능하며, 승마 기사를 서투르게 만드는 것은 결코 승마술이 아니라 그 반대의 것이라는 가정이다(335c-d). 마찬가지로 남에게 해를 입히는 것은 상대가 친구든 적이든 정의의 기능에 의해서가 아니라 그 반대인 부정의를 사용함으로써 가능하다는 것이다. 결론적으로 정의로운 사람이 되기 위해서는 어떤 경우에도 남에게 해를 입혀서는 안 된다. 남에게 해를 주는 순간 자신은 곧바로 부정의를 얻는 것과 마찬가지이기 때문이다.

적에게 해를, 친구에게 이득을 줘야 한다는 폴레마르코스의 정의관은 일반적으로 정치 공동체의 유지를 위해 필수적으로 요구되는 정의관이다. 어느 정치 공동체든 외적에 대한 방위와 시민적 결속을 필요로 한다는 것을 고려할 때, 이 정의관은 특히나 전쟁을 수행하고 있는 아테네의 정치적 가치를 대변하는 것이라고 할 수 있다. 이런 아테네의 정치적 가치를 소크라테스가 여지없이 비판하고 있는 셈이다. 만약 아테네의 젊은이가 소크라테스와 이런 대화를 나누었다고 가정해 보자. 이를 지켜 본 아테네인들은 지금까지 자신들이 믿어 왔던 정의관을 신뢰하지 못하고, 친구와 적의 구분을 회의(懷疑)하며, 유익과 손해의 구분을 모호하게 만드는 소크라테스를 경계할 것이다. 이런 맥락에서 폴레마르코스와 소크라테스의 대화는 앞 장에서 다룬 소크라테스의 삶과 아테네 정치의 갈등과 마찰이 재현되는 지점이기도 하다.

이런 상황을 참지 못하고 소크라테스를 반박하고 나온 이는 예상과 달리 아테네 시민이 아닌 소피스트 트라시마코스이다. 아테네의 정치적 결속을 걱정할리 없는 소피스트가 이 논의에 개입한 이유는 무엇일까? 소피스트는 무엇이 진리인가와 무관하게 대중의 설득을 목적으로 한다. 대중을 설득하기 위해서는 누가 진정으로 아테네의 친구이고, 누가 적인지, 그리고 무엇이 진정한 좋음이고 나쁨인가를 캐묻는 태도를 가져서는 곤란하다. 트라시마코스의 입장에서는 폴레마르코스의 맹목적인 국가주의가 팽배한 곳이 소피스트 활동을 하는데 오히려 유리한 환경이다. 이런 환경이 소크라테스에 의해서 저해된 것이다.[20]

소피스트인 트라시마코스는 아테네인들의 공동체적 결속을 위해서가 아니라 소피스트의 입지를 위해서 정의란 다름 아닌 "강자의 이익에 봉사하는 것"이라고 주장한다(338c). 일반적으로 법을 준수하는 것을 정의로 일컫는데, 법이란 다름 아닌 주어진 정체에서 가장 강한 자가 자신의 이익을 추구하기 위해 만들어 놓은 규칙에 불과하다는 것이다. 결국 법을 준수하면서 정의롭게 사는 것은 강자의 이익에 봉사하는 결과를 낳는다는 것이다(339a).

트라시마코스의 주장은 어떤 법이든 실효성을 갖는 법이면, 이에 복종하는 것이 곧 정의라는 법실증주의와, 강자는 자신의 권력을 유지하기 위해 법을 수단으로 사용할 수 있다는 정치적 현실주의를 반영한 것이다. 어떤 종류의 정체에 속해 있는가와 상관없이, 즉 어떤 법체계에 속해 있느냐와 무관하게 누구든 자신이 원하는 것을 얻을 수 있도록 해 준다는 소피스트의 주장이 유효하기 위해서는 법실증주의와 정치적 현실주의가 전제되어야 할지 모른다. 이러한 소피스트적 시각은 결국 도덕적 상대주의를 유발한다. 현재 유효한 법은 자연법적으로나 보편적으로 정당한 것이 아니라 누가 강자가 되느냐에 따라 상대적으로 바뀔 수 있기 때문이다. 이와 같은 도덕적 상대주의로는 친구와 적을 구분하여 공동선을 제공하는 폴레마르코스의 정의관도 유지되기 어렵다. 트라시마코스는 폴레마르코스와 소크라테스와의 대화에 불만을 터뜨리며 자신의 정의관을 제시하고 있지만, 정작 그의 정의관은 소피스트의 입장을 변호하기 위한 것이지 아테네의 연대성과 공동선을 제고하려는 폴레마르코스의 정의관과는 배치되는 결과를 초래한다. 아테네 시민의 한사람으로서 소크라테스는 외국인이자 소피스트인 트라시마코스의 정의관을 논박해야 할 절실한 필요성을 갖게 됐다. 그렇지 않으면 그나마 아테네의 시민적 가치와 공동선을 수호할 수 있는 폴레마르코스의 정의관마저 위태로운 처지에 놓이게 될 것이다.

트라시마코스에 대한 소크라테스의 대응은 폴레마르코스를 대할 때와 유사하다. 즉 통치자가 과연 자신에게 무엇이 득이 되는가를 정확히 알 수 있는가에 대한 문제를 제기한 것이다. 앞서 폴레마르코스는 소크라테스가 이와 비슷한 문제 제기(즉, 폴레마르코스의 정의관이 충족되기 위해서는 친구와 적의 구분, 그리고 좋음과 나쁨에 대한 "앎(*epistēmē*)"이 선행되어야 한다는 것)를 했을 때, 곧바로 난관(*aporia*)에 직면했음을 토로한 바 있다. 폴레마르코스와 달리 트라시마코스는 소크라테스의 문제 제기에도 불구하고 자신의 정의관을 충분히 견지할 수 있다고 믿은 듯하다.

트라시마코스는 현실적으로 강자 혹은 통치자가 자신의 이득을 오판할 가능성이 있다는 것을 인정한다. 그러나 트라시마코스는 자신이 의미하는 통치자는 실수할 가능성이 열려 있는 경험적 의미의 통치자가 아니라 "엄밀한 의미의" 통치자라고 반박한다. 즉 의사가 의사로 불릴 수 있는 것은 그가 실수하는 순간을 지칭하는 것이 아니라 의사로서의 기능을 발휘할 때를 지칭하듯이, 통치자의 경우도 자신의 이득과 관련하여 실수하는 순간이 있어도 "자신을 위해 최선의 것을 제정할" 때를 지칭하여 통치자라고 일컫는다는 것이다(341a-b). 트라시마코스의 반박은 일견 일리가 있어 보이지만 트라시마코스는 자신도 모르는 사이 통치에 있어서 "앎"이 전제되어야 한다는 소크라테스의 기존 입장을 인정하는 꼴이 되었다. 트라시마코스가 제시한 "엄밀한 의미의" 통치자는 자신에게 무엇이 이득인가를 정확히 알고, 이를 입법에 반영할 수 있는 기술(*technē*)을 갖고 있어야 하기 때문이다.

이제 소크라테스는 통치자가 통치의 기술을 발휘하고 있다는 가정 하에서 트라시마코스의 정의관을 재검토한다. 소크라테스는 우선 트라시마코스가 기술의 속성을 잘못 이해하고 있음을 지적한다. 소크라테스에 따르면 기술은 그것을 발휘하는 사람이나 기술 자체의 이익을 위해서가 아니라 그것의 대상의 이익을 위한 것이다. 예컨대 의술은 그 대상인 몸을 위한 것이라고 볼 수 있다. 따라서 "엄밀한 의미의" 의사인 한 의사의 지시는 의사의 이익이 아니라 환자의 이익을 위한 것이다(342d). 선장의 지시나 통치자의 지배 역시 그 기술의 대상이 되는 선원이나 피지배자의 이익을 위한 것이지 통치자나 선장을 위한 것이 아니라는 것이다. 이로써 정의가 지배자의 이익을 위한 것이라는 트라시마코스의 주장은 완전히 뒤집힌 셈이다.[21] 그런데 이런 결과는 사실 트라시마코스 자신이 자초한 일이다. 통치자를 엄밀하게 정의하자고 제안한 것은 트라시마코스였고, 소크라테스는 기술의 공통적인 속성을 통치자에게 적용한 것이다. 어쨌든 이제 트라시마코스는 다른 방식으로 소크라테스를 반박해야 한다.

소크라테스에 대한 트라시마코스의 첫 번째 반박은, 양치는 기술이 일견 양을 이롭게 하는 기술로 보이지만 실상은 양의 가죽이나 고기를 취하기 위한 것으로 궁극적으로는 양치기를 하는 주체에게 이득이 되고 그 대상이 되는 양에게 해가 된다는 것이다. 통치술 역시 궁극적으로는 통치자의 이득을 위해 피통치자를 희생시키는 결과를 낳는다는 것이다.

이 논지는 소크라테스에 의해 비교적 쉽게 논박 당한다. 소크라테스는 기술을 가진 자가 그 대상을 이롭게 하는 것 이외에 자신의 이익을 추구한다면 그것은 순수하게 그 기술을 사용한 것이 아니라 별도의 기술을 사용한 것임을 지적한다. 예컨대, 양치는 기술로 양을 길러 잔치에 사용했다면, 정작 잔치를 위해서는 양치는 기술이 아니라 요리법이나 잔치 준비 기술이 사용된 것으로 봐야 한다는 것이다. 마찬가지로 의사가 의술을 통해 돈을 벌었다면 돈을 번 것 자체는 의술과는 별도로 돈 버는 기술을 사용했다는 것이다. 같은 맥락에서 통치자가 피치자를 이롭게 하는 것이 아니라 자신의 이득을 취했다면, 그것도 통치술과는 별도의 기술을 발휘한 것에 해당한다는 것이다. 트라시마코스의 첫 번째 논지는 기술이 그 대상을 이롭게 한다는 것을 확인하는 것만으로 비교적 쉽게 논박된다.

트라시마코스의 두 번째 반박은 대개 부정의한 자가 이득을 본다는 경험적인 논지로부터 출발한다. 즉 세금을 낼 때나 계약을 할 때 정의로운 사람보다 부정한 자가 더 이득을 챙기게 된다는 것이다. 트라시마코스는 이 경험적 관찰을 일반화하기 위해, 사람들이 부정의를 행하면 이득이 된다는 것을 알고 있으면서도 부정의를 행하지 않는 이유를 설명한다. 일반적으로 사람들은 부정의를 "큰 규모로", "완벽하게" 저지를 능력이 없기 때문이라는 것이다. 다시 말해 만약 부정의를 완벽하게 저지를 수만 있다면 누구나 자신의 이득을 위해 부정의를 행한다는 것이다(344c). 트라시마코스는 결국 통치자의 관점에서나 일반인의 관점에서, 늘 부정의를 행하는 것이 자신에게 이득이 되고, 정의를 행하는 것은 남에게 이득이 된다는 일반 원칙을 제시한 것이다. 일반인도 발각되지 않을 정도의 부정의를 행하는 것이 그들에게 이득이 되며, 통치자는 통치자대로 권력과 법을 수단으로 보다 완벽하게 부정의를 행함으로써 자신의 이득을 취할 수 있다는 것이다. 다만 통치자의 경우는 자신이 행한 부정의를 정의로 포장할 능력이 있을 뿐이다(344b–d).

부정의가 항상 이득이라는 논지를 기반으로 트라시마코스는 보다 '대범한' 세 번째 논지를 제시하기에 이른다. 즉 이렇게 완벽하게 부정의를 행할 수 있는 사람이 바로 인간으로서 훌륭함(*aretē*)을 갖춘 사람이라는 것이다(348c–e). 부정의를 행하는 것이 이득이 되지만 여전히 "나쁜 것이고, 부끄러운 것"이라고 여기는 일반적인 생각과 달리 트라시마코스는 오히려 완벽하게 부정의를 행하는 것이 이득이 될 뿐만 아니라 인간의 탁월함(*aretē*)인 덕(virtue)이라고 주장하는 것이다(348e–349a). 부정의를 완벽하게 저지를 수만 있다면 그것이 사실 인간의 탁월함인 덕이라는 주장은 전통적인 도덕관을 완전히 뒤집는 매우 강력한 도전이다.

트라시마코스의 논지를 종합해 보자. 그에 따르면, 정의란 절대적으로 존재하는 것이 아니라 강자가 정해 놓은 것에 불과하다. 따라서 전통적인 의미에서 부정의를 행해도 강자의 지위만 가질 수 있다면 오히려 정의로운 자로 간주될 수 있다. 같은 맥락에서 누구나 강자만 될 수 있다면 부정의를 행하며 행복하다고 할 것이며, 이렇게 부정의를 완벽하게 행할 수 있는 인간이라면 인간으로서의 탁월함(*aretē*)을 갖췄다고 말할 수 있다. 소크라테스는 이런 트라시마코스의 강력한 논지를 논박하기 위해 우선 그의 입장을 세 가지로 정리 요약한다. 첫째, 부정의가 곧 인간의 탁월성, 덕이라는 가장 노골적인 주장이다. 둘째, 부정의가 곧 강함을 의미한다는 것이다. 셋째, 부정의가 결국 행복을 가져다준다(343c–344a)는 것이다. 트라시마코스의 논지는 매우 일관성이 있어 보인다. 소크라테스가 이 논지를 적절히 논박하지 않는다면 부정의는 인간이 추구해야 할 최고의 가치가 된다. 그러나 소크라테스는 트라시마코스의 세 가지 논지를 차례로 논박한다.

첫째, 부정의가 곧 인간의 탁월성이라는 논지에 대한 소크라테스의 반박이다. 일반적으로 사람들은 부정의보다 정의가 인간의 탁월성이라고 간주한다. 따라서 부정의가 곧 인간의 탁월성이라는 트라시마코스의 주장은 상식적으로도 지나친 주장이다. 그런데 이에 대한 소크라테스의 반박은 다소 사변적으로 보인다. 우선 정의로운 자와 부정한 자가 '능가함'(혹은 더 많이 가짐, *pleonektein*)[22]의 관점에서 전혀 다른 태도를 보이고 있음을 주목한다. 즉 정의로운 자는 부정한 자만을 능가하려 드나, 부정한 자는 정의로운 자나 부정한 자를 막론하고 누구나 능가하려 든다는 것이다. 그런데 시가나 의술에 능한 자는 이 능가함의 관점에서 정의로운 사람과 비슷하다. 즉 자신들과 비슷하게 지식을 가진 사람을 대상으로는 능가하려 들지 않지만 지식이 없는 사람들에 대해서는 능가하려 든다는 것이다. 시가와 의술은 전문 지식이라 이 지식을 가진 자를 지혜롭다고 할 수 있으며, 이 지혜는 분명 인간적 탁월성의 일부라고 할 수 있다(350b). 결론적으로 지혜롭고 탁월한 자가 정의로운 사람을 닮는다. 따라서 적어도 능가함(*pleonexia*)과 관련해서 정의로운 사람, 지혜로운 사람, 탁월성이 있는 사람이 서로 공통점을 갖고 있으며, 부정한 사람과 무지한 사람, 탁월성이 없는 사람이 공통점을 갖고 있다는 것이다(350c). 소크라테스는 이런 방식으로, 정의가 인간적 탁월성(*aretē*)이며, 지혜이고, 부정의가 나쁨(*kakia*)이며 무지라고 증명한다.[23] 트라시마코스의 첫 번째 논지가 반박된 셈이다.

소크라테스는 부정의가 곧 강함을 의미한다는 트라시마코스의 두 번째 논지 역시 반박한다. 여기서 소크라테스는 정의와 부정의를 집단과 그 구성원의 차원에서 논의한다. 즉 부정한 국가는 다른 나라를 부당한 방법으로 굴복시키고 예속시킬 수 있지만, 아무리 부정한 나라나 군대, 강도단, 혹은 도둑의 무리라 할지라도 이 집단이 그 부정한 일을 성공적으로 도모하려면 집단 내부의 구성원들 간에는 최소한의 정의가 존재해야 한다는 것을 지적한다. 부정의가 만연한 상태에서는 어떤 집단도 그 목적을 달성할 수 없다는 것이다. 소크라테스는 비록 대외적으로 부정을 행하는 집단이라도 그 구성원들마저 완벽하게 부정하다면, 이 집단은 결코 강함을 유지할 수 없을뿐더러 아무 일도 해낼 수가 없다고 지적한다(351c-352c).

이 두 번째 논박은 간단하지만 매우 중요한 의미를 갖는다. 우선 집단과 그 내부 구성원들 간의 관계를 고려하는 것은 앞으로 2권부터 『국가』 대화편 전체를 이끌게 되는 국가-영혼 유추의 전조(前兆)를 보여주는 대목이다. 최초로 개인 차원의 정의뿐 아니라 집단, 나아가 국가 차원에서의 정의가 언급되기 시작했으며, 국가의 정의와 개인의 정의 사이에 긴밀한 연결고리가 있음이 암시된 것이다. 아울러 이 두 번째 논박은 정의가 통용되는 영역, 즉 국내 정치와 국제 정치 사이에 단절과 연속이 있음을 암시하는 대목이기도 하다.[24]

셋째, 소크라테스는 부정한 자가 더 행복하고 이득을 얻는다는 트라시마코스의 주장을 논박한다. 소크라테스는 우선, 모든 것에 기능이 있으며 그 기능을 가장 탁월하게 수행할 때, 탁월성(*aretē*)이 있는 상태라는 점을 확인한다. 이어 혼의 기능은 다름 아닌 '사는 것'이고 혼의 훌륭한 상태란 '잘 사는 것'이라는 점을 확인한다. 그런데 소크라테스는 앞의 첫 번째 논박에서 정의가 곧 탁월성이라는 것을 이미 밝힌 바 있다. 정의가 탁월성이면 정의로운 삶은 그 기능을 잘 발휘하는 것, 곧 "잘 사는 것"을 의미한다. 결론적으로 잘 사는 것이 행복한 삶이고, 이것이 곧 이득이라고 할 수 있다. 이런 맥락에서 소크라테스는 트라시마코스의 세 번째 논지도 논박한 셈이다.

이와 같이 소크라테스는 『국가』 1권 후반부에서 트라시마코스의 세 가지 논지를 차례로 반박하면서 논리적 우위를 점하고 있다. 그럼에도 불구하고 정의가 이득이 되고, 행복을 준다는 소크라테스의 주장에 완벽하게 설득된 것 같지는 않다. 트라시마코스의 주장에 일관성이 결여되어 있고, 결함이 있다는 것은 충분히 드러났지만, 그의 주장은 적어도 경험적으로 여전히 매력적인 요소를 포함하고 있기 때문이다. 항상 그런 것은 아니라도 부정의를 행하는 것이 이득이 되고, 그것이 행복을 가져다줄지 모른다는 가정은 여전히 유효하다. 이제 정의에 관한 논의는 다시 원점으로 돌아 온 셈이다. 소크라테스와 트라시마코스는 각각 정의와 부정의를 극단적으로 변호해 봤지만, 아직은 어느 쪽이 일방적으로 옳다고 판정하기 어려운 난관(*aporia*, 難關)에 봉착한 것이다. 소크라테스도 이 점을 인정하고, 그 원인이 지금까지의 논의가 정의에 대한 엄격한 정의(定義)를 결여했기 때문이라고 지적한다(354b–c). 1권은 이렇게 정의에 관한 논의를 다시 시작할 필요성을 공유하면서 끝을 맺는다.

3절 글라우콘·아데이만토스의 도전과 국가-영혼 유추의 발단

소크라테스는 "부정의가 탁월함, 강함, 행복"이라는 트라시마코스의 주장을 완전히 논박했다. 그러나 이 논의 과정을 지켜본 사람들 중 일부는, 트라시마코스가 자신의 주장을 조금 양보했더라면, 즉 부정의가 탁월성이라는 주장을 철회하고 부정의는 악덕이지만 발각되지만 않으면 이득이고, 행복하다고 주장했더라면, 트라시마코스의 정의관은 여전히 유효할 수 있다고 믿을지도 모른다. 아울러 트라시마코스의 정의관 속에 포함되어 있는, 강자 주도의 정의관 혹은 정치적 현실주의는 예나 지금이나 사람들의 인식 속에 깊이 자리 잡은 요소이기도 하다. 부정의가 발각되지 않기 위해서는 강자가 되어야 한다. 수사학이라는 설득의 기술로 강자가 될 수 있다고 주장하는 소피스트의 입장에서, 사람들이 강자 주도의 정의관을 갖는 것은 소피스트가 영향력을 발휘할 수 있는 조건이 된다. 소피스트인 트라시마코스가 강자 주도의 정치를 주장하는 것은 어쩌면 당연한 일이다.

그러나 정치 공동체의 건강성이라는 관점에서 볼 때 강자 주도의 정의관, 혹은 정치적 현실주의는 폴레마르코스의 우적(友敵) 구분의 정의관보다 더욱 심각한 문제를 야기한다. 국제정치의 장(場)이라면 몰라도 국내정치에서 강자 주도의 정의관은 정치 공동체를 온전히 유지하기 위한 도덕적 가치들을 저해할 수 있기 때문이다. 이런 연유에서 아테네 시민 중 하나인 글라우콘은 여전히 유효한 대안으로 남아 있는 트라시마코스의 강자 주도의 정의관을 소크라테스가 확실하게 논박해 주기를 바라고 있는 것이다. 그것도 1권에서 보여줬던 논리적인 반박이 아니라 일반인이 실질적으로 공감할 수 있는 수준으로 설득해 주기를 바라는 것이다. 소크라테스의 논박을 기대하면서 글라우콘과 아데이만토스는 우선 트라시마코스의 정의관의 온전한 복원을 시도한다.

이들은 우선 부정의가 인간적 탁월성, 혹은 덕이라는 트라시마코스의 지나친 주장을 철회하고, 정의와 부정의에 대한 일반인의 시각을 되살린다. 이를테면 정의는 좋음이고 부정의는 나쁨이지만, 정의는 대부분 손해를 수반하므로 일반인은 정의를 선택하기 어렵고, 정의를 선택하더라도 그것은 처벌을 면하기 위해서나 주위의 평판을 두려워하여 마지못해 하는 선택이라는 것이다(358a–367e). 따라서 만약 완벽하게 부정의를 행할 수만 있다면, 즉 처벌이나 나쁜 평판에서 자유로울 수만 있다면, 누구나 정의보다는 부정의를 행한다는 것이다.

이런 주장은 직접적으로 부정의가 곧 탁월함이라고 주장하는 것은 아니지만, 사실 트라시마코스의 입장과 크게 다르지 않다. 사람들은 일반적으로 완벽하게 부정의를 행하지 못하지만, 그런 능력을 갖춘 참주가 나타나면 그를 못마땅해 하면서도 부러워할 것이기 때문이다. 참주의 능력을 부러워하는 일반인이나 이런 부정의를 행할 수 있는 능력을 인간적 탁월성이라고 선언하는 트라시마코스 사이에는 그리 큰 간극이 존재하지 않는다. 그러나 소크라테스에게는 이방인이자 소피스트인 트라시마코스를 논박하는 것보다 동료 시민이면서 일반인인 글라우콘과 그의 형 아데이만토스의 정의관을 논박하는 것이 더 중요하다. 이들이 올바른 정의관을 갖도록 하는 것이 그만큼 절실한 일이기 때문이다.

글라우콘의 도전부터 살펴보자. 글라우콘은 우선 좋음의 종류를 세 가지로 나눈다. 1) 쾌락 혹은 '고통이 따르지 않는 즐거움'처럼 그 자체로 좋은 것, 2) 아는 것, 보는 것, 건강한 상태처럼 그 자체로서도 좋고 결과로도 좋은 것, 3) 운동이나 치료와 같이 그 자체로는 좋지 않지만 결과로 좋은 것이 좋음의 세 가지 부류이다. 글라우콘은 통상적으로 좋음의 정의는 세 번째 부류, 즉 그 자체로는 좋지 않지만 결과로 좋은 것에 속한다고 이해한다. 그 자체로 좋은 것이라면 우리가 마지못해 정의를 행할 이유가 없기 때문이라는 것이다(357b–358a). 정의를 행하는 것은 이득보다 손해를 줄 가능성이 높다. 그럼에도 불구하고 대개의 경우 사람들이 정의를 행하는 이유는, 정의 그 자체 때문이 아니라 부정의를 행했을 때 뒤따르는 처벌이나 나쁜 평판을 면할 수 있는 결과로서의 좋음 때문이라는 것이다(357c, 358c, 359b, 360c).

결과로서의 좋음 때문에 정의를 행한다고 보는 것은, 만약 이 결과로서의 좋음이 없거나 필요치 않으면 누구도 정의를 행하지 않을 것이라는 결론에 이르게 한다. 결과로서의 좋음 때문에 정의를 행하는 것은 이렇게 불안정한 요소가 있다. 따라서 글라우콘은 정의가 그것을 행한 결과로서가 아니라 그 자체로서 좋음이라는 것을 증명해 달라고 요청한다(358b–d). 글라우콘은 우선 사람들이 정의를 세 번째 부류에 속하는 것으로 여기고 있음을 입증하기 위해 두 가지 '이야기'를 예로 든다. 첫 번째는 기게스의 반지 이야기다. 신화에 나오는 투명인간이 될 수 있는 기게스의 반지가 있다면, 이로써 완벽하게 부정의를 행할 수 있으므로 누구든 자기가 원하는 이성(異姓)을 탐하고, 국가마저 유린하는 부정의를 자행할 것이라는 예시다(359d–360d). 기게스의 반지를 가졌다는 것은 통상적으로 정의를 행함으로써 얻게 될 결과로서의 좋음(즉 처벌을 면하고 나쁜 평판을 듣지 않는 것)이 필요 없는 상태를 의미한다. 완벽하게 부정의를 행할 수 있을 때, 굳이 정의를 행할 사람은 없다는 것은 정의는 오직 결과로서 좋음을 줄 때에만 행하게 된다는 것을 입증하는 것이다.

이렇게 완벽하게 부정의를 행할 수 있는 능력을 갖추지 못한 대부분의 사람들의 경우는 어떠한가? 기게스 반지 이야기에 이어 글라우콘이 들려주는 두 번째 이야기는 이런 보통 사람들에 관한 것이다. 대다수의 보통 사람들은 그들보다 능력이 월등한 이들로부터 부정의를 당할 것이 두려워 다같이 서로 부정의를 행하지 말자는 계약을 맺는다는 것이다. 개개인으로 보면 각자 완벽하게 부정의를 행하고 싶은 생각은 간절하지만, 그럴만한 능력이 없으므로 사회계약을 통해 집단을 형성하고 차선책으로서 그들 상호 간의 정의를 약속한다는 것이다(358e–359b). 결국 이들이 정의를 행하는 이유는 강자로부터 부정의를 당하지 않는다는 이점 때문이다. 기게스의 반지 이야기나 사회계약설 양쪽 모두 사람들이 정의를 행하더라도 그것은 정의 자체의 좋음 때문이 아니라, 그것이 가져다주는 결과 때문에 마지못해 행한다는 것을 입증한 것이다.

이제 글라우콘의 도전은 소크라테스가 입증해야 할 구체적인 내용을 제시함으로써 두 번째 단계로 들어간다. 글라우콘은 앞에서 정의는 통상 그 결과 때문에 행한다는 사실을 지적한 바 있다. 따라서 정의가 '그 자체로서 좋음'이라고 주장하려면, 정의로운 사람은 정의를 행함으로써 얻는 '결과로서의 좋음'이 모두 제거된 상태에서도 정의를 선택한다는 것을 입증해야 한다는 것이다. 정의를 행함으로써 얻는 결과로서의 좋음은 처벌과 나쁜 평판을 면하는 것인데, 이것을 제거하자는 것이다. 글라우콘은 좀 더 극단적인 상황을 가정한다. 즉 정의를 행함으로써 얻게 될 결과로서의 좋음을 거꾸로 뒤집어 정의를 행했음에도 나쁜 결과가 나오는 것을 가정해 보자는 것이다. 예컨대 정의를 행했음에도 처벌이나 나쁜 평판을 면하기는 커녕, 정반대로 가장 고통스런 처벌을 받고 가장 험한 평판을 얻게 된다고 가정하자는 것이다(360e-362c). 이런 상황에서도 정의로운 자가 정의를 선택해야만 정의가 '그 자체로서 좋음'이라는 것이 증명될 수 있다는 것이다(361c-d).

아데이만토스 역시 글라우콘의 도전의 연장선상에 있다. 그에게 특이한 것이 있다면 사람들이 평판에 대해 더 강한 집착을 보인다는 것에 착목한다는 점이다. 아데이만토스가 보기에 사람들이 정의를 선택하는 가장 큰 이유는 처벌에 대한 두려움보다 나쁜 평판에 대한 두려움 때문이다. 아데이만토스는, 사람들이 정의를 행하고도 육체적인 고통을 받게 된다면 물론 억울해 하겠지만, 이 과정에서 좋은 평판을 얻는다면 육체적인 고통은 어느 정도 감내할 수 있다고 상기시킨다. 반면에 만약 정의를 행하고도 좋은 평판은커녕 나쁜 평판을 얻는다면 사람들은 어떤 육체적인 고통보다도 이를 감내하기 어렵다는 것이다(364a). 따라서 정의가 진정 그 자체로서 좋다는 것을 증명하려면 정의를 행함으로써 얻는 좋은 평판마저 제거해야 한다는 것이다. 아데이만토스가 고려하는 평판은 사람들 사이의 평판에만 그치지 않는다. 어떤 이들은 사람들 사이의 평판보다 신으로부터 받는 평판을 더 중시하기 때문이다. 따라서 진정 정의가 그 자체로서 좋음을 증명하려면, 정의를 행하는 자로부터 사람들 사이의 평판뿐 아니라 신으로부터의 평판을 모두 거둬들여야 한다는 것이다(365d-366b).

글라우콘과 아데이만토스의 도전은 대단히 강력하지만 소크라테스에게 이들의 도전은 반길만한 것이다. 이들은 적어도 부정의가 좋음이 될 수 없으며, 나아가 정의가 결과로서의 좋음이 아니라 그 자체로서의 좋음이라는 것을 증명받기를 원하고 있는데, 이것이야말로 소크라테스가 아테네 시민들에게 전달하고 싶은·설득의 내용이다.

소크라테스는 이제 글라우콘과 아데이만토스 그리고 이들의 대화를 지켜보는 동료 아테네 시민들에게 정의가 어떤 종류의 좋음인가를 입증해야 한다. 소크라테스는 곧바로 정의가 두 번째 부류의 좋음, 즉 그 자체로도 좋고 결과로도 좋은 것임을 증명할 수 있다고 대답하지만, 그러기 위해서는 우선 정의가 무엇인지 규정해야 한다. 1권에서 소크라테스는 케팔로스, 폴레마르코스, 트라시마코스가 제시한 정의의 문제점을 지적한 바 있다. 그러나 이제 소크라테스 자신이 정의를 정확하게 규정해야 할 필요를 갖게 된 것이다. 이런 맥락에서 정의를 규정하기 위한 하나의 돌파구로서 국가–영혼 유추가 제안된 것이다(368e). 소크라테스는 "정의에는 한 사람의 것도 있지만, 나라 전체의 것도 있으므로" 크기가 큰 국가의 정의(正義)를 먼저 관찰하고, 이를 바탕으로 인간 영혼의 정의를 규정할 것을 제안한다. 국가–영혼 유추는 국가와 인간에게 공통적으로 적용될 수 있는 정의(正義)가 존재하고, 국가의 정의가 개인의 정의보다 커서 발견하기 더 수월하다는 비교적 '느슨한 가정'에서 출발한다.

소크라테스의 국가–영혼 유추 제안은 다소 갑작스런 면이 있으나, 글라우콘과 아데이만토스는 큰 반감 없이 이를 받아들인다.[25] 사실 정의가 개인뿐 아니라 국가의 영역에도 적용될 수 있다는 생각은 앞서 지적한 바와 같이 '부정의가 강함'이라는 트라시마코스의 논지를 반박할 때 이미 등장한 바 있다. 이렇게 시작된 국가–영혼 유추는 사실 『국가』 전체의 구조를 지배한다. 이 유추의 형식을 토대로 가장 이상적인 국가와 가장 정의로운 인간을 처음 발견하게 되는 『국가』 4권까지의 논의는 물론, 이후 열등한 정체를 비교하고 있는 『국가』 8권, 9권의 논의에서도 국가–영혼 유추의 패러다임은 그대로 유지된다.

어쨌든 국가와 영혼의 유사성에 동의한 소크라테스와 글라우콘, 아데이만토스 형제는 국가에서 정의를 찾아내기 위해 우선 정의로운 나라를 수립할 것에 합의한다. 여기서 주목할 것은 이들이 지금 현실에서 실현 가능한 국가를 만드는 것이 아니라 국가에서 정의를 발견할 목적으로 말로 최선의 국가를 만들고 있다는 점이다. 이들이 수립하는 정의로운 국가는 단지 "말로 만든 국가(polis en logô, 이후 로고폴리스라 칭한다)"에 불과하다는 점을 기억할 필요가 있다.[26]

소크라테스와 두 형제는 우선 인간들은 각자 완벽하게 자족할 수 없고 서로의 필요에 따라 공동생활(*sunoikia*)을 할 수밖에 없다는 점을 지적한다. 최초의 국가는 인간이 각자의 필요를 충족시키기 위해 자신에게 주어진 다른 성향에 따라 서로에게 음식, 의복, 주거지를 제공하는 것에서부터 출발한다. 이 최초의 국가는 인간이 각기 다른 성향을 갖고 태어났다는 것과 그에 따른 분업의 효율성을 전제로 만들어진 최소한의 국가를 의미한다. 이 최소한의 국가가 갖고 있는 원칙이 있다면, "성향에 따라 한 사람이 한 가지의 일을 하는 것"이라고 할 수 있다. 나중에 『국가』 4권에서 소크라테스와 두 형제는 우여곡절 끝에 결국 정의는 "각자가 자기 일을 하는 것"이라고 정의하지만, 이 정의가 이미 최소한의 국가에서부터 일찌감치 내재했던 원칙이라는 사실은 상당히 긴 논의가 전개된 후에 깨닫게 된다(370c).

이어서 소크라테스는 최소한의 국가가 최선의 국가가 되기 위해서 무엇이 필요한가를 탐구한다. 최소한의 국가에서 보다 효율적인 분업이 이뤄지기 위해서는 직종이 늘어야 하고, 그것이 적정한 수준에 이를 때까지 인구도 늘고 국가의 규모도 커져야 한다. 이 국가는 구성원들의 최소한의 필요를 충족시키며 자족한 상태로 존족될 것이다. 그런데 글라우콘은 이런 국가를 "돼지들의 나라"라고 칭하며 불만을 토로한다(372d). 글라우콘이 생각하는 나라는 보다 고급스런 요리와 가구, 향료 등을 갖춘 "사치스런 나라"이다.[27]

글라우콘이 요구하는 수준의 사치를 충족시키려면, 우선 국가의 크기가 훨씬 커야 하고 보다 다양한 직업이 있어야 한다. 사치는 생존을 위해 반드시 필요한 욕구를 충족시키는 것과 달리 "불필요한 욕구"의 충족을 요구한다. 이런 사치가 가능하기 위해서 국가는 상당한 정도의 부를 확보해야 한다.[28] 그런데 국가의 부가 유지되기 위해서는 적정한 정도의 대외적인 팽창과 외부 침략으로부터의 방위가 필요하며, 이 역할을 담당할 전문적인 수호자 집단인 군인계급은 시민들에 대해서는 우호적이어야 한다. 전문적인 전투 기술이 국내에서 남용되어서는 안 된다는 것이다. 수호자 집단이 그 임무를 온전하게 수행하기 위해서는 이 집단의 구성 단계부터 그 성향을 고려해 선출해야 하고, 그 목적에 맞춰 이들을 교육시켜야 한다.

이런 배경에서 소크라테스는 상당한 지면을 할애하여 수호자들의 교육 프로그램을 제시하고 있다. 이런 교육 프로그램이 성공하여 수호자 집단이 그들의 역할을 온전히 수행할 때, 이 나라는 글라우콘이 요구하는 사치를 누리면서도 내부적인 분쟁을 겪지 않을 것이다. 이런 나라는 이제 "돼지의 나라"가 아니며, "염증의 나라"가 정화된 "최선의 나라"라고 할 수 있다. 이 교육 프로그램의 내용이 일부 부조리한 점을 포함하고 있는 것은 별로 중요하지 않다. 앞서 언급한 바와 같이 소크라테스는 국가에서 정의를 발견할 의도에서 말로 최선의 국가를 만들고자 했을 뿐이지 이 국가가 현실에서 어떻게 기능할지에는 관심이 없기 때문이다.[29]

최선의 국가가 완성됐으므로 이제 국가-영혼 유추의 본래 취지를 살려 우선 국가 차원에서 정의가 무엇인가를 규정해야 한다. 소크라테스와 글라우콘은 자신들이 수립한 국가가 당연히 지혜와 용기, 절제가 있을 것이라고 전제하고 각각의 덕목을 규정한다. 그러나 정작 이 국가에서 정의를 찾는 데는 애를 먹는다. 이들은 결국 이미 최소한의 나라의 원칙으로 적용된 바 있었던 "각자 자기 일을 하는 것"을 마찬가지로 최선의 나라의 정의로 규정하기에 이른다.

이 나라에서 각자 자기 일을 한다는 것이 무엇을 의미하는가? 글라우콘의 사치스런 나라가 교육을 통해 정화되는 과정에서 이 나라에는 세 계급이 존재한다는 것이 드러났다. 최소한의 나라에서부터 존재했던 생산자 계급, 국방을 맡은 수호자 계급, 그리고 이들의 교육 프로그램을 책임지고 국가 전체를 운영하는 통치자 계급이 그것이다.[30] 각자가 자기 일을 한다는 것은 이 세 계급이 각자 맡은 역할을 다하는 것을 의미한다. 다시 말해 통치자는 수호자의 도움을 받아 생산자를 지배하고, 수호자는 지배자를 보조하고 국방을 맡으며, 생산자는 다른 계급의 역할을 넘보지 않고 생산 활동에 전념하는 것이다.

이렇게 발견된 국가의 정의(正義)로부터 개인 영혼의 정의를 유추하려면, 우선 국가의 세 계급과 동일한 개인 영혼 안에서의 세 부분이 무엇인지 확인해야 한다. 소크라테스와 두 형제는 몇 차례의 우여곡절 끝에 영혼의 세 가지 부분이 "이성적인 부분 혹은 이성(*logistikon*)", "격정적인 부분 혹은 기개(*thumoeides*)", 그리고 "욕구적인 부분 혹은 욕구(*epithumetikon*)"로 구성된다는 것에 합의한다.

이제 국가의 정의를 개인 영혼의 정의에 적용하는 것만 남았다. 국가에서 통치자, 수호자, 생산자 간의 관계를 개인 영혼의 세 부분에 병렬적으로 적용해 보면, 개인 영혼의 정의(正義)는 "이성이 기개의 도움을 받아 욕구를 지배하는 것"이라는 결론을 내릴 수 있다. 『국가』 4권에 이르러 소크라테스는 국가의 정의와 개인의 정의를 모두 밝혀낸 셈이다. 이 과정에서 소크라테스는 국가-영혼 유추 구조에 전적으로 의존하고 있다. 문제는 이 유추 구조가 엄밀히 따져보면 사실 많은 문제들을 야기한다는 사실이다. 왜 소크라테스는 이 문제적 성격의 유추를 정의를 추적하는 과정에 삽입했을까? 개인 영혼의 정의를 규명하기 위해서 국가-영혼 유추는 불가피한 것이었나? 다음 절에서는 국가-영혼 유추 구조를 둘러싼 문제들을 구체적으로 확인하고, 이를 통해 문제적 성격을 사용한 플라톤의 의도를 추적하고자 한다.

4절 국가-영혼 유추의 제 문제들

국가-영혼 유추가 어떤 가정에서 출발하였는지 다시 점검해 보자. 2권 전반부에서 소크라테스는 다음과 같이 제안한다.

> "올바름엔 한 사람의 것도 있지만, 나라 전체의 것도 있다고 할 수 있지 않은가? … 나라는 개인보다 크므로 올바름에 대해 알

아내기도 쉬울 것이므로, 먼저 나라들에 있어서 올바름이 어떤 것인지 알아내고, 그런 다음 한결 작은 형태의 것에 있어서 한결 큰 것과의 유사성을 검토해 보면서, 개개인에 있어서의 올바름을 마찬가지로 검토해 보기로 하세(368e-369a)."[31]

이에 따르면, 국가-영혼 유추는 구성원리의 관점에서 국가와 개인이 서로 유사하다는 가정에서 출발한다. 국가와 개인은 동일 특성 혹은 동일 구조(isomorphism)를 가지므로 개인의 확대판인 국가의 정의를 먼저 알고나서 그 구성원리를 개인 영혼의 정의에 적용하겠다는 것이다. 여기서 주목할 것은, 유추의 가정 자체는 정의로운 국가가 정의로운 영혼의 원인이 된다거나, 정의로운 영혼이 정의로운 국가의 원인이 된다는 논지를 포함하지 않는다는 점이다. 상식적으로 국가의 전반적인 특성이 개인의 삶의 방식에 영향을 미칠 수 있고, 반대로 개개인의 성향이 국가 전체의 분위기에 영향을 미칠 수 있다고 생각할 수 있다. 그러나 적어도 국가-영혼 유추의 가정 안에는 국가와 영혼 양자 간의 직접적 인과관계가 포함되지 않는다는 것이다.

그러나 소크라테스는 유추의 논의를 진행하는 과정에서 이와 상반된 논지를 제시함으로써 유추를 둘러싼 여러 문제를 야기한다. 즉 소크라테스는 유추를 일단락 짓는 4권의 435e에서 국가의 특성이 그 구성원들의 특성에 의해 결정된다는 견해를 피력하는데, 이는 개인과 국가 간의 인과관계를 설정한 것이라고 볼 수 있기 때문이다. 구체적으로 소크라테스는 다음과 같이 언급한다.

> "우리 각자 안에는 나라에 있는 것들과 똑같은 종류들과 성격들이 있다는 데에 우리가 동의하는 것은 지극히 필연적이겠지? 그곳 이외의 다른 데서 나라에 있는 것들이 유래되지는 않았을 것이 분명하니까 말일세. 만약에 어떤 사람이 생각하기를, 격정적인 부류가 여러 나라 안에 생기게 되는 것이 이런 평판을 듣고 있는 개개인들, 이를테면, 트라케 지방과 스키티케 지방 그리고 대개의 북방 지역에 사는 사람들에게서 유래되지 않았다고 한다면, 우스울 일이겠기 때문일세. 또는 그 어떤 곳보다도 우리 고장을 제일 내세움직한 배움을 좋아하는 부류나, 페니키아인들과 이집트 지역 사람들에게 적잖이 있다고 말할 수 있겠는 돈을 좋아하는 부류의 경우도 이는 마찬가지일 걸세."(435e)

이 원칙에 따르면, 국가의 성격은 그 국가를 구성하고 있는 개개인들의 특성에 의해서 결정되는 것으로 간주된다. 윌리엄스는 구성원들과 집단 간의 이런 관계를, 부분들의 특성에 따라 전체의 특성이 결정된다는 의미에서 "전체-부분 법칙(whole-part rule)"이라고 칭한다.[32] 사실 유추를 둘러싼 가장 큰 난제 중 하나는 윌리엄스에 의해 정초된 "전체-부분 법칙"과 애초에 인과관계를 전제로 하지 않는 유추의 기본 가정과의 부조화 문제라고 할 수 있다.

유추의 원리로만 보면, 개인의 정의는 순수하게 영혼의 부분들(이성, 기개, 욕구) 간의 관계로만 규정된다. 이에 따르면 정의로운 개인이란 이성이 기개의 도움을 받아 욕구를 지배하는 영혼의 소유자라고 할 수 있다. 그런데 이렇게 이성 지배적인 영혼을 가질 수 있는 사람은 매우 제한적이다. 7권에 가서야 밝혀지지만, 이성 지배적인 영혼은 사실 장기간의 교육 프로그램을 마친 철학자만이 가질 수 있다. 철학자의 자질을 갖고 태어나서 장기간의 교육 프로그램을 마칠 수 있는 사람은 극소수에 불과하다. 문제는 이렇게 이성 지배적인 영혼을 가진 사람이 극소수라는 것은 정의의 요건을 갖춘 자들 역시 극소수임을 의미한다는 점이다. 유추를 위해 소크라테스와 두 형제가 말로 수립한 최선의 국가는 두말할 나위 없이 정의로운 국가이다. 그러나 이 국가 안에서 정작 정의로운 영혼을 가진 사람은 매우 극소수에 불과하고 나머지 사람들은 사실상 부정의한 영혼을 가졌다는 결론에 이른 것이다. 대부분 부정의한 사람들로 구성된 국가를 여전히 정의로운 국가라고 칭하기는 어렵다. 정의로운 국가의 구성원들 대부분이 부정하다는 결론도 만족스럽지 못한 것이지만, 이 결론은 전체의 특성이 그 구성원들의 특성에 의해 결정된다는 435e에서의 소크라테스의 선언과도 정면으로 배치된다는 문제를 안고 있다.[33]

이 문제를 해결하기 위해 윌리엄스는 435e를 소위 "지배적인 부분 법칙(predominant section rule)"으로 재해석한다.[34] 즉 집단의 특성을 규정하는 것은 모든 구성원들 혹은 다수의 구성원들의 성격에 의해서가 아니라 가장 지배적인 구성원의 특성에 의해 결정된다는 것이다. 따라서 최선의 국가인 로고폴리스에 설령 다수의 부정의한 사람들이 있어도, 이 국가의 지배적인 부분에 해당하는 통치자가 정의롭다면 이 국가를 정의롭다고 규정할 수 있다는 것이다. 435e를

"지배적인 부분 법칙"으로 재해석함으로써 "전체-부분 법칙"에 따른 모순으로부터는 벗어날 수 있을지 모른다. 그러나 여전히 최선의 국가가 다수의 부정의한 사람들로 구성되어 있다는 "불편한" 결론으로부터 해방된 것은 아니다.[35]

그런데, 435e의 구절을 윌리엄스가 해석하듯이 반드시 "전체-부분 법칙"혹은 "지배적인 부분 법칙"으로 이해해야 하는가는 재고할 필요가 있다. 두 가지 모두 정도의 차이는 있지만 집단과 구성원 간의 관계를 인과적으로 파악한 것이다. 만약 435e를 인과관계로 보지 않고 구성원의 특성과 집단의 특성 간의 느슨한 연관성 정도로만 이해한다면 국가의 특성이 개인이 가진 특성으로 어디서든 나타나기만 하면 된다. 국가의 특성이 반드시 그 구성원들의 특성과 일치해야 할 필요성은 사라진다.

435e의 의미를 어떻게 해석하는 것이 타당한가를 살펴보기 위해서 윌리엄스의 논의가 다시 도움이 된다. 그는 집단의 특성과 그 구성원의 특성 간의 관계를 규정하면서 두 가지 방식을 예로 든다. 하나는 "화난 군중"의 경우와 마찬가지로 구성원의 특성이 곧 집단의 특성이 되는 경우이고, 다른 하나는 "큰 군중"의 경우와 같이 집단의 특성과 구성원의 특성이 별개인 경우이다. "큰 군중"이라고 말할 때, 이것을 몸집이 큰 개인들이 모인 집단이라고 이해하는 사람은 없을 것이다. "큰"은 집단으로서 군중의 특성에 해당되지 그 구성원의 특성과는 무관하다. 이 경우에 "전체-부분 법칙"은 적용되지 않는다. 그러나 "화난 군중"은 어떠한가? 이는 화가 난 개인들의 집단이라는 뜻 이외의 다른 의미를 갖기 어렵다.[36] 윌리엄스의 지적

처럼 정의로운 국가와 그 구성원들의 관계를 "큰 군중"과 그 구성원들 간의 관계로 볼 수는 없다. 그렇다고 정의로운 국가가 "화난 군중"의 경우와 일치하는가? 정의로운 국가는 정의로운 개인들로 구성된 국가 이외에 달리 해석될 여지가 없는가? "화난 군중"이나 "큰 군중" 이외에 다른 모델은 없는가?

사실 정의로운 국가에서 정의는 국가라는 집단에 부여된 것이지 개개인의 특성에 의해서 결정된 것은 아니다. 그렇다고 개개인의 특성과 완전히 무관하지도 않다. 정의로운 국가의 모델은 이를테면 "절약하는 시민 단체"에서 구성원과 단체의 관계와 비슷하다고 할 수 있다. "절약하는 시민단체"란 그 구성원들이 개인적으로 절약하는 삶을 살고 있다는 것이 아니라 구성원들이 그 단체의 씀씀이와 관련하여 절약하고 있다는 것을 의미한다. 따라서 "화난 군중"의 경우와 확실히 구별된다. 그러나 이 절약하는 단체의 특성은 "큰 군중"의 경우와도 구별된다. "큰 군중"의 큼은 개개인과는 무관한 오로지 집단의 특성만을 드러내지만, "절약하는 시민단체"에서는 실제로 구성원들이 절약하는 태도를 보여야 하기 때문이다. 다만 그것이 자신의 삶과 관련해서가 아니라 단체의 운영과 관련해서 절약하는 태도를 보인다는 점에서 "화난 군중"과 다르다.

정의로운 국가에서 집단과 구성원의 관계도 이와 비슷하다. 절약과 마찬가지로 정의도 집단과 개개인의 삶에 동시에 적용될 수 있는 덕목이다. 그러나 정의로운 국가라고 할 때는 개개인이 각자의 삶에서 정의를 추구하기보다 국가와 관련해서 개인이 정의를 행한다고 해석하는 것이 더 타당하다. 절약하는 시민단체의 회원들이 개인의 삶에서 절약하는 삶을 살지 않더라도 여전히 단체의 씀씀이와 관련해서는 절약하는 태도를 가질 수 있다. 마찬가지로 정의로운 국가에서도 모든 개개인이 개인적인 삶의 관점에서 정의롭지 못해도 국가와 관련된 행위나 공적인 영역에서는 정의로울 수 있다. 이런 방식으로 435e를 해석하면, 집단과 그 구성원의 관계를 굳이 "전체-부분 법칙"이나 "지배적인 부분 법칙"과 같이 인과적으로 해석하지 않으면서 양자 간의 느슨한 연관성을 인정할 수 있다.[37]

435e의 해석 다음으로 유추 구조가 안고 있는 또 다른 문제는 블뢰스너의 지적처럼 유추가 처음에 고안된 의도와 달리 그 의미가 점차 변질 내지 확장되고 있다는 사실이다. 앞서 살펴본 바와 같이 유추는 2권의 368c-369a에서 처음 제기되고, 최선의 국가를 수립한 후 4권의 434d-435a에서 다시 논의가 재개된다. 그런데 이 과정에서 유추의 기본 가정이 미묘하게 바뀌고 있는 것을 관찰할 수 있다.

애초에 유추는 편의상 국가와 영혼이 각각 동일한 구조를 갖는 큰 것과 작은 것이라는 검증되지 않은 가정에 근거해 시작된 것이다. 따라서 기본적으로 두 구조의 유사성은 검증받아야 할 대상이다.[38] 그럼에도 불구하고 4권에 이르러 소크라테스와 두 형제는 국가와 영혼 간의 구조적 유사성을 기정사실화하고, 유비관계를 확증된 사실로 받아들이고 있다(441c *anagkaion*; 441d *anagkē*, *pasa anagkē*). 처음엔 작은 문자를 해독하기 위해 큰 문자를 살펴보겠다는 것이었는데, 이제 작은 문자에 적용시킬만한 원칙을 발견하지 못하면 큰 문자에 수정을 가하겠다는 것이다(434e-435a). 수단이었던 유추 프

르젝트가 그 자체로 목적이 된 것은 2권에서 시작된 유추 프로젝트의 성격이 4권에서 변질되었음을 의미한다.[39]

유추 의미의 변질은 유추의 방향성이 확대된 것에서도 발견된다. 애초에 유추의 방향은 국가로부터 개인으로 진행되지(국가 → 개인), 개인으로부터 국가로 진행되는(개인→국가) 역방향까지 허용하진 않았다. 국가와 개인은 일정한 비율을 가진 완벽한 대칭이 아니라, 정의와 관련하여 편의상 규모가 큰 국가를 먼저 관찰하고 그 구성 원리를 개인에 적용하려는 것이었다. 그럼에도 불구하고 4권에서 소크라테스가 최선의 국가를 수립한 후 이 국가의 원칙을 개인에게 유추하려고 할 때, 유추의 제한적 성격은 망각되고, 국가와 개인 양자 사이에 마치 대칭적 유사성이 존재하는 것처럼 간주되고 있다. 유추의 성공을 위해서 소크라테스가 국가에서 영혼으로의 방향뿐 아니라 그 역방향도 허용한다는 것은 국가와 영혼 간의 완벽한 대칭성이 전제되고 있음을 의미한다. 이런 맥락에서 소크라테스는 다음과 같이 말한다.

> "그러므로 거기에 있어서 우리에게 드러난 것을 개인에게 적용시켜 보도록 하세. 그래서 만일에 그것이 일치한다면, 그건 잘된 일일 걸세. 그렇지만 만일에 개인에게 있어서는 다른 어떤 것이 나타난다면 다시 나라로 되돌아가서 시금석으로 시험하듯 시험해 보세나. 그래서 이 둘을 서로 비교 관찰하며, 마치 점화용 나무토막을 마찰시키듯 하다 보면, 아마도 우리는 올바름이 그 빛을 발하게끔 하게 될 걸세(434e−435a)."

만일 유추를 통해서 개인의 정의가 쉽게 발견되지 않는다면 유추 프로젝트는 그 효용을 상실하는 것이다. 그럼에도 불구하고 소크라테스는 마치 국가-영혼의 유추가 반드시 그들이 수행해야 할 과제처럼, 어떤 장애가 생기더라도 온전한 유사성을 발견하려고 애쓰고 있다. 이는 유추를 수단으로 삼았던 애초의 의도에 비추어 볼 때 본말이 전도된 것이다.

사실 영혼도 국가와 마찬가지로 부분이 있으며, 그것도 국가의 부분과 동일한 숫자와 동일한 특성을 가진 부분으로 구성되어 있다고 가정하는 것은 영혼과 국가 간에 비례적 대칭성이 존재한다는 가정과 다름 없다.[40] 애초에 435b-c에서 소크라테스가 제안했던 것은, 국가와 영혼에 동시에 정의가 존재할 수 있다는 것과 국가의 정의는 그 구성원들이 서로 어떻게 행위하느냐에 따라 결정된다는 것뿐이었다는 것을 고려하면, 국가와 영혼을 구성하고 있는 각 부분의 숫자와 성격, 구성 원리가 모두 동일하다고 보는 것은 애초에 설정된 유추에 비해 상당히 확장된 것이라고 할 수 있다. 개인의 삶에서 정의가 무엇인지 발견하고 궁극적으로는 훌륭한 삶이 무엇인가를 확인하려는 의도를 갖고 출발한 유추에 왜 이처럼 많은 문제적 성격이 결부되는가? 유추를 통해서 불거지는 여러 난제들을 예견하지 못한 플라톤의 불찰 때문인가? 이에 대답하기 전에 유추의 패러다임이 여전히 유지되고 있는 열등한 정체들에서의 유추의 의미를 고찰할 필요가 있다.

기본적으로 8권과 9권에서 논의되는 열등한 정체들의 경우에도 최선의 국가에서 드러났던 유추의 여러 난제들이 나타난다. 최선의 국가가 분명 정의로운 국가임에도 그를 구성하는 대부분의 사람들은 정의롭지 못하다는 "불편한" 진실을 갖고 있었다. 열등한 정체들에서도 각 정체의 특성이 그 구성원의 특성으로부터 기인하는 가가 논란이 된다.

열등한 정체들의 표면적인 특성은 그 지배자들의 특성에서 나오는 것처럼 보인다. 예컨대 명예와 승리를 최우선의 가치로 여기는 명예 지상 정체의 특성은 이 정체의 지배자들에게서 발견된다. 이 지배자들은 전쟁에서의 승리를 최고의 가치로 추구하고, 이에 걸맞게 자신들의 영혼에서 기개를 가장 우선시할 것이기 때문이다. 과두 정체 역시 정체의 특성과 그 지배자의 특성 사이에 유사성이 발견된다. 이렇게 보면 열등한 정체들에서의 유추 구조는 윌리엄스의 용어로 말하자면, "전체-부분 법칙"에는 부합하지 않지만 적어도 "지배적인 부분 법칙"에는 부합하는 것으로 보인다.

그러나 8-9권의 논의를 좀 더 자세히 살펴보면, 열등한 정체의 지배자조차 그 정체의 특성과 정확히 일치하지 않는다는 사실을 발견하게 된다. 열등한 정체에서도 유추의 문제적 성격이 그대로 유지된다는 것이다.

명예 지상 정체부터 살펴보자. 이 정체로부터 유추되는 인간형은 명예 지상적인 인간이다. 이 인간은 정체의 특성과 마찬가지로 기개적인 부분이 우세한 사람이며(550b), 체육을 사랑하고, 전쟁술에 높은 가치를 두는 사람이다(549a). 표면적으로 이런 특징은 명예 지상 정체의 지배자의 특징과 비슷하다. 이들은 기개가 충만해 있으며, 전쟁을 좋아하고 기본적으로 체육을 선호하는 사람들이기 때문이다(547e, 548c). 그러나 정체 유형과 인간 유형에 관한 기술을 더 자세히 살펴보면, 둘 사이에는 간과할 수 없는 차이가 존재함을 알 수 있다. 먼저 재물을 대하는 태도와 관련해서 뚜렷한 차이가 발견된다. 명예 지상적인 인간은 젊은 시절 공개적으로 재물을 무시하는 태도를 보이다가 나이가 들면 공개적으로 재물을 즐긴다. 재물의 가치를 무시하고, 재물의 사용에도 거리낌이 없는 명예 지상적 인간의 태도는 재물의 가치만을 최우선으로 생각하는 과두정적인 인간과 뚜렷이 구별된다.[41]

반면에 명예 지상 정체의 지배자는 흥미롭게도 일정 부분 과두정적인 인간의 특성을 공유한다. 명예 지상 정체의 지배자는 처음에는 최선의 정체와 마찬가지로 모든 재산을 공동관리에 맡긴다. 그러나 시간이 지나면서 차츰 사유재산을 허용하는 쪽으로 전환한다(547c). 사유재산이 생겨나면서 이들의 삶은 공적인 삶과 사적인 삶으로 구분된다. 공적으로 이들은 명예 지상 정체의 지배자답게 상업과 돈벌이를 무시하는 태도를 보인다(547d). 그러나 이들은 사적으로 탐욕스럽게 돈을 모으고, 방탕하게 소비하기도 한다. 이들은 또한 돈의 사용에 인색하며, 돈의 축적에 매우 열성적이다(548a-b). 이는 명예 지상 정체로부터 유추되는 명예 지상적인 인간에게서는 발견되지 않는 특성이다.

명예 지상적인 인간과 명예 지상 정체의 지배자는 법에 대한 태도에서도 구별된다. 우선 명예 지상 정체의 지배자들은 종종 은닉적이고 도피적 행태를 보이는 경향이 있다. 이들은 가능하다면 "아버지로부터 도망치는 자식처럼" 법을 위반하려는 성향을 갖고 있다

(548b). 그러나 명예 지상적인 인간은 다르다. 물론 전적으로 이성에 의해서만 지배되는 최선의 인간과는 다르지만, 적어도 재물과 법에 대해서 어떤 경우에도 은닉적이거나 도피적 행태를 보이지는 않는다.

열등한 정체들의 지배자와 그 정체를 닮은 인간형과의 차이는 과두정체에서도 여실히 드러난다. 과두정적인 인간은 기본적으로 부지런한 구두쇠의 특성을 지니고 있다(554a). 그러나 과두정체의 지배자들은 어떠한가? 이들이 부자인 것은 확실하다(552b). 그러나 이들 중에는 분명 게으르고 낭비하는 사람들도 포함되어 있다. 이런 낭비벽이 있는 사람들은 지배자의 지위로부터 멀어지며 나중에 결국 수벌(거지, 도적)이 된다(552b–c). 단지 부자라는 특성만을 공유하는 과두정체의 지배자들은 부지런한 구두쇠의 특성을 지닌 과두정적인 인간과 차이가 있다는 것이다.

과두정체나 과두정적인 인간은 공히 물질적 부에 가장 큰 가치를 둔다(554a–b). 영혼의 관점에서, 부를 중시하는 과두정적인 인간은 불필요한 욕구를 최대한 억제하고 필수적인 욕구만 충족하면서 부를 축적한다. 국가의 관점에서, 과두정체는 부의 집중을 초래한다. 부를 중시하는 이러한 태도는 국가나 개인 모두에게 내적 갈등과 분쟁을 유발한다. 국가는 부자와 빈자로 나뉘고, 이는 사실상 두 개의 국가나 마찬가지여서 소수의 부유한 지배자들은 늘 다수를 차지하는 빈자의 반란 가능성을 두려워한다(551d–e; 552e). 마찬가지로 과두정적인 인간 역시 내적으로 갈등 상태에 놓여 있다. 이 인간은 수많은 범죄적 욕망이나 거지같은 욕망을 포함한 다채로운 욕구를 갖고 있지만(554c), 금전적 손실에 대한 두려움으로 인해 이런 욕망들을 억제하고 있는 내면적 분쟁 상태에 놓여 있다(554d).

과두정체의 지배자와 과두정적인 인간 간의 가장 큰 차이는 전자는 적어도 지배자가 되기 위한 개인적인 비용 지출에 인색하지 않다는 것이다. 반면 과두정적인 인간은 과두정체의 지배자가 될 만큼의 비용 지출을 허용하지 않는다. 과두정체의 지배자가 돈 씀씀이와 관련해서 과두정적인 인간과 비슷한 태도를 보이는 것은 국가의 재정을 관리할 때로 한정된다. 이들은 지배자로서 국가에 충분한 재정을 지원하지 않고, 전쟁을 수행할 때에도 충분한 자금을 지원하지 않는다. 자신들의 재원을 국가 재정에 기부하는 것이 아깝고 전쟁 지원이 궁극적으로 빈자들의 반란을 도울 수 있다는 우려 때문이다(551e).

민주정체 역시 유추 구조의 문제가 잘 드러난다. 민주정체는 그 구성원 각자가 원하는 대로 다양한 종류의 삶의 방식을 허용하는 것을 그 특징으로 한다(557b-c). 그러나 민주정체는 삶의 방식을 자유롭게 선택하는 것 이상의 지나친 자유를 허용함으로써 국내의 위계질서를 위태롭게 할 위험을 안고 있다. 정도의 차이는 있지만 부부 간, 부모와 자식 간, 주인과 노예, 심지어 주인과 개의 관계까지도 허물 수 있는 극단적인 자유가 허용될 여지가 있기 때문이다(562e-563d). 민주정체는 바로 이 극단적인 자유(*exousia*)에 의해서 참주정체로 전환되는 계기를 맞게 된다.

이런 정체의 특성을 닮은 민주정적인 인간이란 한 생애에서 다양한 종류의 삶의 방식을 실현하는 삶이다. 그래서 이런 인간형은 모든 가치를 동등하게 여겨, 한 때 몸을 단련하기도 하고, 재물을 추구하기도 하며, 때로는 철학을 추구하기도 한다(561a-d). 요컨대 민주정적인 인간들은 일관성 있는 삶을 유지하지 못한다는 일관된 특성을 갖고 있다. 문제는 이 민주정적인 인간형이 민주정체의 지배자인 다수 민중의 특성과 결코 일치하지 않는다는 것이다. 민주정체하의 구성원들은 저마다 다양한 종류의 삶을 자유롭게 추구하지만, 결코 민주정적인 인간처럼 삶의 방식을 이리 저리 옮겨 다니지는 않을 것이기 때문이다.

소크라테스는 민주정체가 참주정체로 전환되는 과정을 설명하면서, 민주정체가 부자, 수벌의 성품을 닮은 계급, 그리고 민중이라는 세 계급으로 구성되어 있다고 지적한 바 있다(550c-565a). 그런데 이 세 계급 중 어떤 부류도 민주정적인 인간의 특성과 일치하지 않는다는 사실을 발견할 수 있다. 부자들은 불필요한 욕구를 자제하며 오로지 부의 가치만을 추구할 것이다. 반면에 수벌의 성품을 닮은 계급은, 불법적인 정도까지는 아니지만 음식, 재물, 섹스 등에서 필요한 수준의 욕망을 넘는 '불필요한 욕망'을 일관성 있게 추구할 것이다(559c-d). 양쪽 계급 모두 다양한 가치를 추구하며 자유롭게 삶의 방식을 옮겨 다니는 민주정적인 인간형과는 거리가 있다. 마지막으로 대다수의 민중 역시 정치에 참여할 수 있는 여가조차 가질 수 없을 정도로 궁색하다는 측면에서 민주정적인 인간의 모습과는 구별된다.[42] 결론적으로 민주정체를 구성하는 어떤 계급도 사실상 민주정적인 인간과 일치하지 않는다는 것이다.

지금까지 비교적 상세하게 열등한 정체들의 특성으로부터 유추된 인간형이 그 정체의 실제 지배자의 특성과 일치하지 않는다는 점을 밝혔다. 이로써 최선의 정체뿐 아니라 열등한 정체들에서도 기본적으로 국가-영혼 유추가 여러 측면에서 불완전한 문제적 성격을 갖고 있음을 확인하였다. 유추의 불완전성은 많은 플라톤 연구자들, 특히 분석철학의 방식으로 플라톤의 저작에 접근하려는 학자들에게는 플라톤의 철학적 미성숙 내지 논리적 허점을 드러내는 증거로 제시된다.[43] 그러나 플라톤이 과연 유추를 둘러싼 여러 난제들을 인지하지 못했을까? 이제 유추의 문제적 성격을 지적하는 것에 그치는 것이 아니라 이렇게 문제적 성격을 갖는 유추를 『국가』의 전체 논의 위에 덧씌운 플라톤의 의도를 추정해야 한다.

5절 국가-영혼 유추의 의도 : 영혼의 정치를 향한 길 닦기

유추가 내포하는 문제적 성격에도 불구하고, 2권부터 9권, 즉 최선의 국가 수립부터 열등한 정체들의 분류까지 『국가』 저작 전체에 걸쳐 유추가 등장한다. 그 이유는 무엇인가? 혹자의 주장처럼, 철인 통치의 정당성을 보다 수월하게 설득하기 위해 권력 관계를 영혼 간의 관계로 치환한 것인가? 학자들은 이와 같은 유추의 난제들을 해결하기 위해 다양한 노력들을 기울여 왔다.[44] 그러나 유추의 의미를 바로 파악하기 위해서는 단지 유추의 허점과 난제들을 지적하는 분석적 태도에 그쳐서는 안 된다. 오히려 이 문제적 성격의 유추를

『국가』의 논의 구조 전체에 투영시킨 플라톤의 의도가 무엇인가를 따져야 한다.

우선 『국가』 1권에서 제기된 개인 차원의 정의 문제를 해결하기 위해 플라톤은 왜 굳이 국가-영혼 유추라는 복잡하고 거북한 구조를 고집했는가에 대해 이해할 필요가 있다. 플라톤이 국가-영혼 유추를 동원한 근본 동기는, 트라시마코스의 "강자의 정치"를 영혼의 정치로 전환시키고, 이를 통해 정치와 철학의 갈등을 새롭게 조명하기 위함이라고 할 수 있었다. 『국가』 1권에서 트라시마코스에 의해 개진된 "강자의 정치"는 2권 전반부에서 글라우콘과 아데이만토스에 의해 더욱 정교하게 보강된 바 있다. 플라톤은 이런 강자의 정치를 대체할 수 있는 방법으로, 정치의 중심을 부, 명예, 물질의 추구에 두는 것이 아니라 영혼의 조화로운 상태에 초점을 두는 "영혼의 정치"로 전환해야 한다고 판단한 것이다. 그러나 우리 삶의 목적을 일반적으로 추구해 온 가시적인 대상에서 비가시적인 영혼의 상태로 전환하는 것은 쉽지 않은 일이다. 이런 이유에서 플라톤은 비가시적인 영혼과 가시적인 국가를 오가며 국가-영혼 유추의 방법을 동원한 것이다.

국가-영혼 유추 구조를 통해서 찾아낸 최선의 국가, 로고폴리스에서의 정의는 각 계급이 자기 일을 하는 것이었다. 결국 공동체의 공동선을 위해 각자 주어진 역할을 다해야 한다는 공화주의적 덕이 강조된 것이다. 그러나 앞서 살펴 본 바와 같이 구성원들이 사회적으로 주어진 역할을 다한다고 이들의 영혼이 정의롭다고 단정할 수 없다. 즉 '공화주의적 정의'와 다른 엄밀한 의미로 규정되는

'영혼적 정의'가 존재한다는 것이다. 로고폴리스에서조차 절대 다수의 구성원들은 영혼적 정의에 도달하지 못하는 사람들이다. 극히 일부에 해당하는 통치자들만이 공화주의적 정의와 함께 영혼적 정의를 성취한 이들이다. 이 통치자들은 다름 아닌 철학자들에 해당한다. 이런 의미에서 로고폴리스에서도 여전히 일반인들과 철학자의 괴리, 정치와 철학의 갈등은 지속되고 있다.

그럼에도 불구하고 이 로고폴리스는 공화주의적 정의라는 지점에서 정치와 철학의 교차점을 찾고 있다. 대다수의 시민들은 영혼적 정의의 측면에서는 미흡하지만, 적어도 각자 자기 일을 하며 공동체의 유지와 번영을 위해 노력한다는 측면에서 공화주의적 정의를 충족시키는 사람들이다. 바로 이 맥락에서 플라톤은 국가-영혼 유추 구조를 통해 "영혼의 정치"를 제안하고 있다. 영혼적 정의의 관점에서는 한계가 있지만, 적어도 공화주의적 정의를 실현할 수 있는 사람들을 만들기 위해서는 정치의 궁극적인 목적이 개인 영혼의 조화와 이를 통한 좋은 삶의 추구에 있음을 지적하고 있다. 지극히 가시적이며 현실적인 요소를 담고 있는 정치 영역을 지극히 비가시적인 영혼과 접목시킴으로서 정치 공동체의 모든 구성원들에게 공화주의적 정의를 실현시킬 수 있었던 것이다. 영혼을 경유하지 않았다면, 트라시마코스의 "강자의 정치", "강자 주도의 정의관"에 익숙한 사람들은 좀처럼 공화주의적 정의를 실현하기 어려웠을 것이다.

플라톤은 국가-영혼 유추 구조 안에서 "영혼을 정치적으로" 다루고,[45] 동시에 "국가를 영혼적으로" 다룸으로써[46] 정치와 영혼에

다리를 놓았고, 이를 통해 "영혼의 정치"를 주창한 것이다. "영혼의 정치"에 대한 주창은 최선의 정체나 열등한 정체들에 관한 논의에서 공히 드러난다. 특히 열등한 정체를 분류할 때 플라톤은 대단히 영혼의 관점에 서 있음을 알 수 있다. 전통적으로 정체의 분류는 아리스토텔레스적 방식을 따르는 것이 통례이다. 이에 따르면 정체는 지배자의 숫자와 지배자가 어떤 권력이나 관직을 갖느냐, 어떻게 관직을 임명하거나 선출하느냐, 어떻게 법을 제정하느냐 등으로 구별된다.[47] 그러나 소크라테스가 논의하고 있는 열등한 정체들은 이런 기준에 의해서 구분되지 않는다. 법은 거의 언급되지 않으며,[48] 각 정체에서 사용되고 있는 제도에 대한 논의도 전무하다.[49] 반면에 열등한 정체들의 특성을 논하는 과정에서 플라톤은 영혼의 관점만 집중적으로 부각시키고 있다.[50]

열등한 정체를 논의하는 과정에서 각 정체들이 갖고 있는 제도적, 헌정적(憲政的) 결함이 지적되고 있지만, 비판의 초점은 특정 지배 계급의 "영혼적" 결함과 부적절한 삶의 방식에 맞춰져 있다. 따라서 소크라테스의 초점은 군인이나 부자, 가난한 자들 중 누가 지배하느냐가 아니라, 명예에 대한 과도한 추구, 만족할 줄 모르는 탐욕, 자유에 대한 지나친 충동 중 무엇이 정체 타락을 주도했느냐는 것이다. 소크라테스는 정체의 결함과 그 구성원들이 잘못 설정한 삶의 가치와 목표(명예, 부, 자유, 권력)를 연결시킨다. 따라서 일종의 사고실험을 통해 얻은 네 가지 정체에 대한 기술은 정체 자체에 대한 비판이라기보다 네 가지 삶의 방식에 대한 비판이며, 잘못 설정된 삶의 가치에 대한 비판이다(557d에는 이런 전환에 대해 비교적 명시적으로 기술되어 있다). 이기적인 방법을 동원하면, 적어도 단기적으로는 정의로운 사람들보다 더 많은 명예와 부, 권력을 얻을 수 있다고 믿는 것은 틀린 것이 아니다. 틀린 것은 명예나 부, 권력의 추구가 자신이 진정으로 원하는 삶의 가치라고 믿는 것이다.

영혼의 정치는 어느 한두 사람의 결단만으로 가능한 것이 아니다. 공동체에 속해 있는 모든 구성원들이 적어도 이론적으로 그 취지에 동조하고, 자신의 수준에 맞게 적절하게 역할을 담당해야 한다. 문제는 영혼의 정치의 필요성을 모든 사람들이 같은 방식으로 받아들이지 않는다는 것이다. 이는 "영혼의 정치"가 온전히 실현되기 위해서 사람들의 수준에 따라 각기 다른 방식의 설득이 필요함을 시사한다. 일반적으로 가치 있는 삶의 방식과 좋은 삶의 추구의 측면에서 철학자와 일반인은 대립한다. 따라서 두 계급이 같은 공동체 안에서 동시에 좋은 삶을 추구하도록 하기 위해서는 상당히 복잡한 공식이 필요하다. 다음 장은 플라톤이 이 문제를 어떻게 해결하고 있는가를 검토할 것이다. 관건은 철인왕의 패러독스 문제를 해석하는 것이다.

5장
플라톤의 『국가』와 영혼 돌봄의 정치 2 : 플라톤 정치철학의 발전[1]

1절 철인왕의 기획을 둘러싼 난제들

철인왕의 기획은 『국가』 해석에 있어서 유추 문제 다음으로 가장 큰 논란이 되어 왔다. 플라톤 정치철학에 대한 오해와 편견은 상당 부분 이 철인왕의 기획을 둘러싼 해석에 기인한다고 해도 과언이 아니다. 철인왕의 기획이란 철학자로 하여금 정치권력을 갖게끔 하는 조치를 의미한다. 이것이 현실적으로 가능한 일인가? 무엇보다 정치권력이 철학과 결합하는 것이 바람직한 일인가? 플라톤 정치철학에 대한 평가는 철인왕 기획의 가능성과 타당성에 대한 이해와 분리될 수 없다. 이 장에서는 철인왕을 둘러싼 쟁점들을 검토하고, 이를 통해 플라톤 정치철학이 궁극적으로 영혼 돌봄의 정치를 지향하고 있음을 재확인하려고 한다.

『국가』에서 철인왕 기획이 등장하는 텍스트적 맥락부터 간단히 살펴보자. 『국가』 2권부터 4권에 이르기까지 소크라테스와 글라우콘 그리고 아데이만토스는 영혼과 국가의 유추를 통해 정의(*dikaiosunē*)를 규정하는 데 일단 성공했다. 그래서 소크라테스는 5권 초두에 이제 정체와 영혼이 각각 어떤 퇴화 과정을 겪는가라는 주제로 전환할 것을 제안한다. 그런데 아데이만토스와 폴레마르코스는 4권까지의 논의 과정에서 중요한 이슈가 충분히 검토되지 않았다는 것을 지적하며, 열등한 정체에 관한 논의로의 전환을 거부한다(449d). 이들은 소크라테스가 나중에 세 차례의 파도(472a)라고 칭한 문제를 제기한다. 그 중 첫 번째가 수호자들의 교육에 있어서 양성의 평등한 대우에 관한 것이고(451d–457b), 두 번째는 수호자들에게 사유재산을 인정하지 않고 처자를 공유하게 하는 비정상적인 가족제도에 관한 것이며(457c–473c), 세 번째가 4권까지의 논의를 통해 만들어 낸 로고폴리스(*polis en logō*)의 실현 가능성에 관한 문제(473d–541b)이다. 이 세 번째 쟁점에 대한 논의가 바로 철인왕의 기획이 등장하는 계기가 된다. 로고폴리스의 실현 가능성을 증명하는 과정에서 철인왕의 개념이 처음으로 등장한 것이다.

수호자 계급의 남녀를 동일하게 취급하는 첫 번째 문제와 관련해서, 소크라테스는 수호자 기능의 효과적 수행 여부와 성별 구분은 직접적 연관성이 없다는 것을 상기시킨다. 수호자 계급에게 가족 및 사유재산을 포함한 일체의 사적인 영역을 불허한 두 번째 문제와 관련해서, 소크라테스는 그러한 조치가 부자연스런 것임에도 불구하고(이에 대해서 그는 사실상 침묵하고 있다) 적어도 그것이 수호자로 하여금 그 역할을 제대로 수행할 수 있도록 하므로 국가에는 유익한 조치라고 변호한다. 사유재산과 가족을 제도적으로 부인하는 조치는 매우 비정상적인 것임에 틀림없다. 그렇지만 아데이만토스와 폴레마르코스가 별다른 이의를 제기하지 않고 그것의 기능적 성격에만 초점을 맞출 수 있었던 것은, 이들의 논의가 현실에서의 실현 가능성을 고려하지 않는 로고폴리스, 즉 말로 만든 국가에 초점을 두었기 때문이라고 할 수 있다.[2]

반면에 로고폴리스의 실현 가능성을 직접적으로 제기하는 세 번째 쟁점은 앞의 두 쟁점과는 다르다. 앞의 두 가지 문제 제기는 로고폴리스의 '바람직함'의 관점에서 어느 정도 변호될 수 있었다. 이 경우 로고폴리스의 실현 가능성 문제는 잠정적으로 유보될 수 있었다. 세 번째 문제 제기는 이 유보된 문제에 관한 검토이다. 사실 로고폴리스의 실현 가능성 문제는 앞의 두 문제보다 심각한 도전이다. 만약 로고폴리스의 실현이 전적으로 불가능하다면 지금까지의 논의 전체의 타당성을 위태롭게 할 수 있기 때문이다. 로고폴리스가 세상 어딘가에 이미 존재하거나 일정한 매뉴얼만 따라하면 쉽게 실현할 수 있다고 주장할 필요까지는 없다. 그러나 그 실현 가능성이 전적으로 배제된다면 로고폴리스의 타당성은 심각하게 위협받는다. 이 때문에 소크라테스는 '세 번째 파도'를 가장 강력한 도전으로 간주한 바 있다(472a, 473c).

이 세 번째 문제 제기와 관련하여 소크라테스는 로고폴리스를 어떻게 실현할 수 있는가에 대해 직접적으로 답하지 않았다. 소크라테스는 어떤 사회적, 정치적 조건 하에서 로고폴리스의 조치들이 실현될 수 있는가에 대한 대답 대신 철인왕이라는 개념을 내놓으며 실현 가능성 문제를 해결하려 한다. 철인왕이 로고폴리스의 제도적 장치들을 그대로 수행할지, 아니면 최선의 국가로서의 취지에 부합하는 다른 형태의 제도를 가진 로고폴리스를 수립할지 명시적으로 드러나 있지 않다. 그러나 소크라테스는 철학자가 왕이 되거나 왕이 철학을 하는 정치권력과 철학의 결합으로 로고폴리스의 실현이 가능하다는 기본 원칙을 제시한다. 문제는 이 철인왕의 출현이 현실적으로 대단히 어려운 일이라는 것이다. 이제 논의의 초점은 철인왕이 어떻게 로고폴리스를 실현할 것인가가 아닌, 그것의 전제가 되는 철인왕이 어떻게 나타날 수 있는가에 맞춰진다.

철인왕에 의한 로고폴리스의 실현 가능성을 주장하는 소크라테스의 제안은 글라우콘과 아데이만토스에게는 사실 예상 밖의 일이다. 그럼에도 불구하고 이들은 별다른 이견을 제시하지 않고, 대신 어떤 사람들이 철학자인지를 확인하는 작업을 시작으로 이런 철학자의 태생적 조건과 이들을 위한 교육 프로그램을 구상하는 데에 논의를 집중한다(474b–540c). 우선 소크라테스는 철학자가 일반인들과 어떻게 구별되는가에 대해서 논의한다. 철학자는 말 그대로 "지혜를 사랑하는 사람"이다. 그런데 이 지혜의 대상이 되는 것은 어느 일부분이 아닌 온전한 것에 대한 지혜이다(475b). 모름지기 철학자는 오로지 '참으로 있는 것'(*to on ontos*)에만 관심을 갖고, 그것과 함께 지성(*nous*)과 진리를 낳으며, 앎(*epistemē*)에 이르는 것을 삶의 목적으로 하고, 이런 삶이 아무리 힘든 진통을 수반하더라도 이를 그치지 않을 것이라고 소크라테스는 지적한다(490b).[3]

소크라테스는 철학자와 일반인을 구별하는 과정에서 철학에 대한 대중의 편견과 혐오를 확인한다. 철학자에 대한 대중적 편견의 존재는 사실 심각한 문제이다. 철학에 대한 편견이나 오해는 철인왕의 기획을 성사시키는데 매우 큰 장애가 될 수 있기 때문이다. 소수의 철학자가 정치권력을 획득하기 위해서는 다수의 일반인의 협조가 불가피하다. 이러한 우려가 자연스러움에도 소크라테스는 여기서 철학자들이 어떤 방식으로 정치권력을 획득할 수 있는가와 같은 현실적인 문제를 고려하지 않는다.[4] 뜻밖에도 철인왕의 기획은 철학자가 아직 대중을 만나기도 전에 철학자 자신의 내적 상태에서 문제를 만난다. 즉 철학자가 되는 교육 프로그램을 마친 이들이 정치권력 자체를 거부할 것이라는 예상이다. 이들은 의당 정치적 삶보다 철학적 삶을 선호할 것이므로 이들로 하여금 정치에 참여토록 하는데 어려움을 겪을 것이라는 얘기다. 더구나 전적으로 정치를 담당하는 철인왕이 되도록 이들을 설득하는 것은 거의 불가능하다는 것이다. 철학자를 교육시켰던 것은 철인왕을 만들기 위함이었는데, 이렇게 양육된 이들이 정치권력을 거부한다는 것은 소크라테스가 제안한 철인왕의 기획에 심각한 타격을 준다. 철학자가 과연 정치권력을 획득하는 데 성공할 수 있겠는가라는 현실적인 문제에 이르기도 전에, 철인왕의 기획 자체에 내부적인 모순이 발견된 것이다.

소크라테스가 제시한 철인왕의 기획은 자연스럽게 두 가지 의

문을 야기한다. 첫째, 소크라테스는 왜 철학자가 정치권력을 담당하려 하지 않는다고 강조함으로써 철인왕의 기획에 일종의 내적 모순을 심어 놓았는가? 둘째, 철인왕이 탄생하려면 정치권력을 획득하기 위한 현실적인 문제가 고려되어야 하는데 소크라테스는 왜 이에 대한 논의를 완전히 생략했는가? 나중에 밝히겠지만, 소크라테스가 철인왕의 기획에 내적 모순을 심어놓은 것은 철인왕을 실현시키기 위한 현실적인 고려와 연관이 있다. 따라서 철인왕 기획의 내적 모순에 대한 이해는 철인왕 기획이 제시된 전반적인 논의 구조 안에서 이뤄져야 한다.

우선 철인왕 기획이 포함하고 있는 내적 모순의 내용을 더 상세히 파악해 보자. 교육 프로그램을 마친 철학자가 철인왕의 역할을 수행하려 들지 않을 것이라는 역설은 로고폴리스의 실현 가능성에 큰 타격을 주는 심각한 문제다. 그러나 문제의 심각성에 비해 소크라테스가 내놓는 해결책은 상대적으로 간결하다. 모든 교육과정을 마친 철학자들에게 그들이 달가워하지 않더라도 철학적 삶을 중단시키고 정치활동에 종사하도록 "강요(*anagkaion*)"하면 된다는 것이다.[5] 일견 간결하고 명쾌한 해결책이지만, 이후에 이어지는 글라우콘의 문제 제기는 철인왕의 기획이 또 다른 심각한 모순에 빠져있음을 드러낸다. 글라우콘에 따르면, 철학자들에게 국가를 통치하도록 강요하는 것은 이들이 더 나은 삶을 누릴 수 있음에도 불구하고 열등한 삶을 살도록 강요하는 것이므로, 이들에게 부정의(*adikia*)를 저지르는 결과가 된다는 것이다(519d). 철학자들을 동굴로 강제 귀환시키는 것이 부정의를 저지르는 일이 된다는 것은 매우 심각한 문제이다. 철인왕을 통해서 이룩되는 최선의 국가(이후 칼리폴리스로 부른다. 527c 참고)[6]의 본래 목적이 궁극적으로는 그 구성원의 영혼의 조화를 최대한 추구하고자 하는 것이고, 그것이 그들로 하여금 가장 행복한 삶을 누릴 수 있도록 하는 것이었는데, 바로 이 칼리폴리스가 더 나은 삶을 살고자 하는 철학자들을 방해한다면 칼리폴리스는 스스로 부정의를 조장하는 꼴이 되기 때문이다. 철인왕의 기획은 이와 같이 심각한 내적 모순을 포함하고 있다는 것이 글라우콘의 문제제기다.

이런 글라우콘의 도전에 대해서 소크라테스는 마치 단순한 공리주의자나 순진한 공화주의자처럼 대답한다. 소크라테스는 국가 전체의 이익을 위해서 철학자들 역시 어느 정도의 희생을 감수해야 한다는 취지로 다음과 같이 대답한다.

> 여보게, 자넨 또 잊었네. 법은 이런 것에, 즉 나라에 있어서 어느 한 부류가 각별하게 잘 지내도록(살도록) 하는 것에 관심을 갖는 게 아니라 온 나라 안에 이것이 실현되도록 강구하는 데 관심을 갖는다는 걸 말일세. 법은 시민들을 설득과 강제에 의해서(*peithoi te kai anagkēi*) 화합하게 하고, 각자가 공동체에 이롭도록 해 줄 수 있는 이익을 서로 나누어 줄 수 있도록 만듦으로써 그런다네. 또한 법은 나라에 그런 사람들이 생기도록 하는데, 이는 각자가 내키는 대로 향하도록 내버려두기 위해서가 아니라 법 자체가 나라의 단합을 위해 이 사람들을 십분 이용하기 위해서 일세(519e–520a).

이에 대해 글라우콘은 시민 전체가 더 큰 이득을 얻을 수 있다면 일부의 희생은 감수할 수 있다고 동의한다. 공리주의적이고 공화주의적인 소크라테스의 견해를 수용한 것이다. 소크라테스와 글라우콘이 어떤 의미에서 이러한 합의를 도출했는가의 문제는 잠시 유보한다.[7] 대신 여기서는 텍스트에 드러난 두 가지 사실에 주목하고자 한다.

첫째, 소크라테스는 여기서 진정한 철학자들이 칼리폴리스의 통치에 참여함으로써 그들이 누릴 수 있는 행복을 감소시킨다는 것을 사실상 인정한 것이다. 그런데 이러한 소크라테스의 태도는 수호자들의 행복에 대해 비슷한 문제가 제기됐던 4권 초두에서의 소크라테스의 입장과 대조적이다(419a–420a). 4권 초두에 아데이만토스는 사유재산도 허용되지 않고 사적인 영역을 완전히 박탈당한 수호자들의 삶이 결코 행복할 수 없다고 항변한 바 있다. 이에 대해 소크라테스는 "한 집단이 특별히 행복하게 되도록 하는 게 아니라 시민 전체가 최대한으로 행복해지게 하는 것"이 목적이라고 말함으로써 7권에서와 마찬가지로 공화주의적이고 공리주의적 입장을 피력한다. 하지만 소크라테스는 여기서 수호자들이 공화주의적 의무를 이행하는 것은 국가 전체뿐 아니라 수호자 자신들에게도 가장 큰 행복(*houtoi houtōs eudaimonestatoi eisin*)을 가져다준다는 사실을 강조한다(420b). 사유재산이 부정되고 대부분의 사적 영역도 부정되는 수호자의 삶은, 로고폴리스를 설립하고 유지해야 할 필요성의 차원에서뿐 아니라 수호자들로 하여금 육체적이고 물질적인 삶으로부터 벗어나 자신의 영혼을 정의롭고 조화로운 상태로 만들 수 있게 한다는 차원에서 수호자 개인에게도 바람직하다는 것이다.

로고폴리스의 수호자들에게는 시민적 의무를 강조하는 공화주의적 관점의 정의와 영혼의 조화를 강조하는 영혼적 관점의 정의가 충돌하지 않는다. 오히려 양자는 상호보완적인 관계로 파악된다. 이와는 대조적으로, 7권에서 글라우콘의 도전(519d-e)을 받은 소크라테스는 철학자가 따라야 할 공화주의적 정의만을 강조하고 이 철학자의 희생이 그 영혼의 조화에 어떤 기여를 하는가를 밝히지 않았다. 이로써 소크라테스는 철학자들의 경우, 공화주의적 정의와 영혼적 정의 사이에 간극이 존재한다는 것을 인정한 것이다. 철학자들이 공화주의적 정의를 충족시키기 위해서는 통치에 참여해야 하지만 이러한 행위는 이들이 영혼의 정의를 도모하는 것과는 부합하지 않는다는 것이다.

위에 인용한 소크라테스의 대답(519e-520a)에서 두 번째로 주목할 것은 철학자에게 가할 통치의 강요가 어떤 식으로 이뤄질 지가 분명하지 않다는 것이다. 환한 세상에서 어두운 동굴로 철학자들을 귀환시키기 위한 가장 간단한 방법은 물리적 강제력을 동원하는 것이다. 그러나 물리적인 강제만으로 그들이 동굴 안에서 계속 철인왕의 역할을 수행하도록 만들 수는 없는 일이다. 이런 사정을 고려하면, 철인왕의 기획이 성공하기 위해서는 철학자들을 적극적으로 설득해야 하는 작업이 남아 있음을 알 수 있다.[8] 플라톤 역시 자신이 철학자들을 설득해야 하는 부담을 안고 있음을 잘 인지한 듯하다. 이런 맥락에서 소크라테스는 철학자들을 설득할 수 있는 내용을 소개한다.

다른 나라들에 있어서는 그런 사람들이 생기더라도 그 나라들에 있어서의 노고는 함께 나누지 않는 게 합당하오. 그들은 각각의 나라에 있어서의 정체가 원하지도 않았는데 자연 발생적으로 생기게 되었으니, 더구나 스스로 자란 것은 어떤 것에도 양육의 신세를 지지 않았을진대, 어떤 것에도 양육의 빚을 갚으려 열의를 보이지 않는 게 정당하기 때문이오. 하지만 우리는 여러분 자신들과 함께 여느 시민들을 위해, 마치 벌떼 사이에 있어서 지도자들 및 왕들처럼 여러분을 탄생시켜서, 여느 시민들보다도 더 훌륭하고 완벽하게 교육을 받도록 했으며, 또한 양쪽 생활 다에 더 잘 관여할 수 있도록 했소. 그러므로 여러분은 여느 시민들과의 동거를 위해 각자가 번갈아 내려가서는(*katabateon en merei hekastōi*) 어두운 것들을 보는 데 익숙해져야만 하오(520a).

……

이럴진대 우리가 기른 자들이 이 말을 듣고서도 우리에게 불복하여, 저마다 번갈아 가며 이 나라에서 노고를 함께 하려고 하지 않고, 자기들끼리 대부분의 시간을 순수한 것 속에서 살려고 할 것으로 자네는 생각하는가?

있을 수 없는 일입니다. 우리는 올바른 사람들에게(*dikaiois*) 올바른 것들을(*dikaia*) 지시하고 있기 때문입니다. 그렇지만 이들은 통치하는 것에 대해 무엇보다도 불가피한 것에 임하듯(*hōs ep' anagkaion*) 저마다 임합니다(520b–e).

이 대목에서 글라우콘은 소크라테스가 제시한 설득의 내용을 대체로 수용하는 듯하다. 그러나 이러한 설득이 다른 철학자들에게도 일반적으로 적용될 수 있는지는 의심스럽다. 애초에 글라우콘 본인이 제기했던 문제가 여전히 풀리지 않은 채로 남아 있기 때문이다. 즉 철학자가 정치에 참여해야 하는 이유가 자신의 영혼을 위해서가 아닌 기왕에 받은 교육적인 혜택에 대한 보답 때문이라고 한다면, 이러한 정치 참여는 본질적으로 비자발적인 것이다. 비자발성은 온전한 설득의 결과라고 할 수 없다. 이 때문에 글라우콘은 여전히 철학자들이 "불가피한 것에 임하듯" 통치에 참여한다고 지적하고 있다. 더구나 국가로부터 교육적 혜택을 받지 못한 철학자들에게 이 설득은 완전히 힘을 잃는다. 따라서 글라우콘이 대답한 "있을 수 없는 일입니다"가 의미하는 바는 철학자들이 모두 이 논리에 설득되어 정치 참여 요구에 순순히 따를 것이라고 주장하는 것이 아니라, 그들이 받은 교육적 혜택을 고려하면 정치 참여 요구를 그들이 거부해서는 안 된다는 도덕적 의무를 강조하는 것이라고 해석할 수 있다.

이상과 같은 해석에 따를 때, 철인왕의 기획과 관련하여 두 가지 문제를 제기하지 않을 수 없다. 첫째, 소크라테스는 과연 철학자들을 효과적으로 설득하고 있는가의 문제이다. 철학자들을 강제해야 한다고 하지만, 실질적으로는 철학자들을 설득하는 수밖에 없다. 소크라테스는 철학자가 결국 통치에 임하게 될 것이라고 기대한다.

그러나 소크라테스가 제시한 설득의 내용이 철학자들에게 효과적인가는 여전히 의문이 남는다. 더구나 소크라테스는 철학자에 대한 통치의 의무를 지적하기 이전에는 줄곧 정치적 삶보다 철학적 삶이 훌륭하다는 견해를 피력한 바 있다. 특히 잠재적 철학자들이 정치를 통해서 타락할 수 있는 가능성에 대해서 강하게 경계했고(492a-c), 철학을 받아들일 준비가 되어 있지 않은 상황에 처한 철학자들은 조용한 삶을 유지하는 것이 정치적 삶을 갖는 것보다 훨씬 낫다는 점을 강조하기도 했다(496d). 이런 소크라테스가 철학자의 통치와 정치 참여를 설득하려면 지금까지 부정적으로만 묘사되어 온 정치적 삶을 새롭게 해석할 근거를 제공해야 한다.

둘째, 소크라테스의 설득에 과연 진정성이 있는가의 문제이다. 소크라테스가 글라우콘과의 대화를 통해 전달하고 있는 설득의 내용이 진지하게 철학자들을 설득하는 것이 아닐 수 있다는 것이다. 다음 절에 자세히 논의하겠지만, 철학자에 대한 설득의 진정성 문제는 특히 이 설득이 철학에 대한 편견과 오해가 가득한 환경에서 진행되어야 한다는 조건과 관련이 있다. 소크라테스의 설득은 기본적으로 철학자들을 향한 것이다. 그러나 철학에 대한 편견과 오해는 불가피하게 일반인에 대한 설득을 수반해야 한다. 이제 이러한 사실을 염두에 두고 철학자에 대한 소크라테스의 설득을 효과성과 진정성의 관점에서 차례로 검토할 것이다.

2절 철학자에 대한 강요의 필요성 : 효과성과 진정성

먼저 설득의 효과성부터 따져보자. 이 문제와 관련해서는 블라스토스와 그 제자들을 중심으로 주로 분석철학적 방법론을 사용하는 영미 플라톤 연구자들의 논의가 유용하다. 이들의 연구는 플라톤의 진정성에 의심을 품지 않으며 텍스트의 내용을 액면 그대로 받아들인다. 다만 소크라테스의 설득이 얼마나 효과적인가에 대해서만 검토한다. 이들은 소크라테스의 논리적 단점을 보완하기도 하고, 또 잠재적인 비판으로부터 소크라테스를 변호해주기도 하면서, 소크라테스가 철학자들을 설득할 수 있는 근거를 찾는데 주력한다.[9]

이들은 방금 앞에서 언급한 바 있는, 520에서의 소크라테스의 설득에 주목한다. 즉 철학자들은 국가로부터 매우 양질의 무상교육을 받은 수혜자라는 것이다. 6권과 7권의 내용에 따르면 이들은 음악 교육과 체육 교육을 중심으로 한 20년간의 예비 교육(536d–537a), 산술학, 수학, 기하학을 중심으로 한 10년간의 교육(기본적으로 변증술 수련을 위한 예비교육 537b–c), 5년간의 변증술(*dialektikē* 537d–539d), 그리고 15년간의 공직수행(주로 전쟁과 젊은이에 맞는 공직) 훈련(539e–540a)을 받았다. 이렇게 훌륭하게 마련된 교육을 받고 의무를 저버리는 것은 도덕적으로 용납되지 않는다는 것이다. 더구나 통치는 순번을 정해 번갈아 가면서 하기로 되어 있으므로 철학자의 희생은 비교적 크지 않다. 철학자들이 이를 회피한다면 이들은 무임승차자라는 비난을 면치 못할 것이다. 따라서 철학자들은 이런 도덕적 비난에서

벗어나기 위해서라도 통치에 참여해야 한다는 것이다.[10]

둘째, 분석적 플라톤 연구자들은 철학자의 이득을 보다 광범위하게 정의하며, 이에 따라 철학자는 자신의 영혼의 조화로운 발전을 목표로 할 뿐 아니라 공동체 속에 포함된 타인들의 영혼에 대해서도 신경쓸 것이라고 주장한다. 더구나 철학자는 자신이 추구하고 있는 형상을 자기자신 안에서뿐 아니라 보다 큰 규모의 사회나 국가에 투영시키는 것을 자신의 이득으로 여길 것이므로 통치에 참여하여 이상 국가를 만드는 것을 철학적 활동의 연장으로 간주한다는 것이다.[11] 이런 주장은 또한 철학자들이 국가를 지배함으로써 자신보다 못한 이들에 의해 지배당하는 것을 막을 수 있다는 1권에서의 소크라테스의 주장(347c)과도 부합한다.

이들의 분석은 텍스트를 보다 면밀하게 검토하는 데 도움을 준다. 그럼에도 불구하고 이들은 소크라테스가 "강요"라는 단어를 지속적으로 사용하고 있는 이유에 대해 만족할 만한 설명을 내놓지 못한다.[12] 영미의 분석 철학자들이 주장하는 바와 같이 철학자의 정치 참여가 광범위한 의미의 철학자의 이익과 부합하는 것이라면, 소크라테스는 왜 반복적으로 철학자들이 정치 참여를 꺼려한다는 것을 강조하고 있으며, 왜 이들에게 여전히 강요를 수반한 설득이 필요하다고 역설하는지 이해하기 어렵다. 설득이 성공적이면 강요는 불필요하고, 철학자들이 충분히 그 당위성을 인정했다면 설득조차 불필요하기 때문이다. 혹자는 "강요"라는 단어에 너무 큰 의미를 두지 말자는 제안을 하기도 한다. 텍스트에 등장하는 "강요"가 반드시 부정적인 의미로만 쓰인 것은 아니라는 점에 주목하면서, 강제나 강요란 용어를 보다 느슨하게 해석해야 한다는 것이다.[13] 그러나 이러한 주장 역시 수용하기 곤란하다. 왜냐하면 어떤 경우에도 강요가 필요하다는 것은 미성숙을 의미하는 것이고, 엄격한 교육 프로그램을 모두 마친 철학자들이 여전히 강요를 필요로 하는 미성숙 상태에 있다고 보기 어렵기 때문이다.[14]

철학자들에 대한 설득을 둘러싼 해석의 어려움은 다음과 같은 소크라테스의 부가적인 논지에 의해 더욱 가중된다. 소크라테스는 520d에서 철인왕이 될 자격 요건으로서, 교육 프로그램 이수뿐 아니라 통치에 대한 거부감을 보이는 것을 중요한 요소로 거론하면서 다음과 같이 말한다.

> 아마도 진실은 이런 것이오. 한 나라에 있어서 장차 통치하게 될 사람들이 통치하기를 가장 덜 열망하는 그런 나라가(*en polei hēi hēkista prothumoi archein hoi mellontes arxein*) 가장 잘 그리고 제일 반목하는 일이 없이 경영되는 게 필연적일 테지만, 이와 반대되는 자들을 지배자들로 갖는 나라는 역시 반대로 다스려질 게 필연적이오.[15]

이 논지에 의하면 통치하기를 가장 꺼리는 사람들이 통치를 담당해야 한다. 따라서 어떤 이유에서든 진심으로 통치하기를 원하는 철학자가 생긴다면, 이들은 이때부터 이상적인 통치자로서의 자격을 상실하게 되는 것이다. 요컨대 소크라테스가 철학자들에 대한 설득에 실패해야 그들이 진정한 통치자가 될 자격이 있고, 따라서 그들이 통치하기 위해서는 언제나 강요가 수반되어야 한다는 역설적인 결론에 이르게 된다. 강요의 필요성과 관련된 또 다른 문제는, 만약 소크라테스의 설득 내용이 타당한 것이라면 철학자들이 왜 이를 일찌감치 인지하지 못하느냐는 것이다. 형상(*eidos*)에 대한 탐구를 업으로 삼고 있는 철학자가 정작 형상의 확대가 자신의 이익에 가장 잘 부합한다는 것은 깨닫지 못하며, 그 때문에 강요당할 필요가 있다고 주장하는 것은 설득력이 약하다.

영미의 분석 철학자들은 소크라테스의 설득에 효과적 측면만을 검토하고 있다. 그러나 이들의 변호에도 불구하고 소크라테스의 설득은 그다지 효과적으로 보이지 않는다. 레오 스트라우스는 이 문제와 관련해서 우리에게 새로운 시각을 제공한다. 그는 소크라테스가 제시한 설득 내용의 진정성을 심각하게 의심해 봐야 한다고 주장한다. 나아가 스트라우스는 철학자들을 설득하는 것이 사실상 불가능하다는 것을 보여주는 것이 플라톤의 의도라고 주장한다. 요컨대 철인왕의 기획은 불가능한 시도이며, 따라서 칼리폴리스의 실현도 불가능하다는 것을 보여주는 것이 플라톤의 의도였다는 것이다.[16]

『국가』 곳곳에서 칼리폴리스가 현실적으로 존재하기 어렵다는 지적이 보이는 것은 사실이다. 그러나 칼리폴리스가 완전히 불가능한 것만은 아니라는 지적도 텍스트에 동일하게 나타난다(499c–e, 502a–c, 520e–521a, 540d). 플라톤이 진정으로 칼리폴리스의 실현을 의도했는가에 대한 추정은 잠시 미루기로 하자. 여기서 지적하려는 것은 스트라우스가 철인왕의 기획을 해석하면서 철학자와 대중의 관계에 주목했다는 것이다.

필자는 플라톤의 철인왕 기획이 사실상 이상 국가의 실현불가능을 드러내기 위한 아이러니에 불과하다는 스트라우스의 해석과는 견해를 달리한다. 그러나 앞서 보았듯이 소크라테스의 설득이 효과적이지 않은 측면이 있다는 것도 사실이다. 필자의 입장을 먼저 밝히자면, 철학자에 대한 소크라테스의 설득은 일반인의 관점에서는 효과적이지 않지만 오히려 철학자들에게는 효과적일 수 있다는 것이다. 다만 철학자들이 받아들일 만한 철학과 정치의 결합은 통상적인 의미의 통치가 아닌 완화된 형태의 통치, 혹은 넓은 의미의 정치 참여라는 것이다.

플라톤이 이처럼 복잡한 방식으로 철학자를 설득해야 하는 이유는 철인왕의 기획이 철학자와 일반인의 갈등, 보다 넓게는 철학과 정치의 갈등이라는 조건 하에서 성사되어야 하기 때문이다. 플라톤은 철인왕의 기획을 역설적으로 구성함으로써 한편으로는 철학에 대한 편견과 혐오를 완화하고, 다른 한편으로는 철학자들을 대상으로 독특한 의미의 정치 참여의 메시지를 전달하고 있다. 이제 다음 절에서는 철학자에게 완화된 형태의 통치, 혹은 넓은 의미의 정치 참여가 무엇을 의미하는가를 구체적으로 살펴볼 것이다.

3절 철인왕의 기획과 데모스의 영혼 돌봄

일반인과 철학자의 갈등, 보다 넓게는 정치와 철학의 갈등을 고려한다면, 이제 우리는 플라톤이 철인왕의 기획을 성사시키기 위해 누구를 대상으로 어떤 내용을 설득하고 있는가를 구분할 필요가 있다. 일반인들 사이에 철학에 대한 편견과 혐오가 가득한 상황이란 점을 감안하면 단순히 철학자들을 설득시키는 것만으로 문제가 해결되지 않는다. 사실 로고폴리스(2-4권)는 백지 상태에서 세워지는 비현실적인 국가이다. 그러나 실현 가능성을 전제로 하는 칼리폴리스는 부정의와 함께 철학에 대한 편견과 혐오 등이 만연한 현실로부터 전환되어야 하는 국가이다. 플라톤의 어려움은 철학자들이 그의 설득에 순순히 응하지 않기 때문만이 아니라 철학이 사회적으로 무가치하고 사악하다는 일반인들의 평판에 휩싸여 있기 때문이기도 하다.

따라서 플라톤은 철인왕의 기획을 성사시키는 데 이중의 부담을 안고 있다. 즉 한편으로는 철학자들을 대상으로 철학적 삶을 잠시 멈추고 정치에 참여하도록 유도해야 하고, 다른 한편으로는 철학에 대한 대중의 편견과 혐오를 완화시켜 철학자의 정치 참여를 현실적으로 용이하게 해야 한다. 문제는 이 두 방향의 설득이 동일한 텍스트 안에서 이루어져야 한다는 것이다. 게다가 이 두 설득의 대상이 서로 갈등관계에 놓여있기 때문에, 설득의 내용을 노골적으로 드러낸다면 설득이 성공적으로 이루어지기 어렵다는 것이다. 이 때문에 플라톤은 철인왕 기획의 여러 역설적 요소들을 활용하여 한편으로 철학에 대한 대중적 편견을 완화하고, 다른 한편으로 철학자의 정치 참여를 유도했다고 볼 수 있다.

이런 해석은 플라톤이 철인왕과 이상 국가의 실현 가능성을 전적으로 부정했다고 보는 스트라우스의 해석과 구별된다. 동시에 이 해석은 플라톤이 철학자에게만 통치를 맡김으로써 이상 국가를 실현하고자 했다는 전통적인 해석과도 구별된다. 플라톤에 의해 고안된 철인왕의 기획은 철학자들에게는 정치 참여를 가미한 새로운 의미의 철학적 삶을 제안한 것이고, 대중에게는 철학적 삶을 가장 훌륭한 삶으로 간주할 수 있는 새로운 의미의 정치 개념을 제시하기 위해서라고 할 수 있다. 이제 플라톤이 어떻게 이러한 복합적인 작업을 수행하고 있는가를 설명하고자 한다.

먼저 플라톤이 철인왕의 기획을 성사시키기 위해서 대중을 향해 어떤 설득을 시도하고 있는지 살펴보자. 6권에서 소크라테스는 아데이만토스로부터 일반인들이 철학에 대해 심각한 반감을 갖고 있음을 전해 듣는다. 철학은 사회적으로 무용하다는 견해와 철학은 사회악이라는 견해가 일반인들에게 지배적이라는 것이다(487d).[17] 따라서 잠재적인 철학자들은 철학 교육을 받는 동안 대중의 경멸의 시선을 견뎌내야 한다. 철학자들은 대중의 평가를 대수롭지 않게 여길 수 있다. 그러나 철학자가 정치와 결합하여 칼리폴리스를 성취하는 것이 궁극적인 목적이라면, 철학에 대한 대중의 부정적 인식은 이러한 목적을 달성하는 데 심각한 장애가 된다.

기본적으로 철학자에 대한 대중의 평가는 오해에 기초하고 있다. 플라톤의 '배의 비유'는 특히 민주정 하에서 철학자에 대한 대중의 오해와 이에 대한 플라톤의 힐책을 나타낸 것으로 잘 알려져 있다(488a-e). 그러나 소크라테스는 여기서 철학에 대한 부정적 인식을 예시하는 것에 그치지 않는다. 자세히 보면 소크라테스는 대중의 부정적 인식의 기원을 지적하고, 나아가 이러한 인식에 대하여 철학자가 어떤 대응을 해야 하는가를 보여주고 있다.

이 비유에서 선주는 아테네의 주인 즉 데모스를 의미한다. 이 선주는 청력과 시력이 약해서 항해술에 능하다고 자처하는 아첨꾼들, 즉 선동가들이나 세속적 정치인들에 의해 쉽게 둘러싸이게 된다. 이들에게 진정한 항해자인 철학자들은 별을 보는 사람으로서, 항해술, 즉 정치에 능하지 못한 쓸모없는 인간으로 비춰진다. 이 비유는 민주정에 대한 플라톤의 강한 반감을 나타내는 예로 익히 거론되어 왔다. 예컨대 이 배의 비유에 등장하는 선주인 데모스는 너무나 무지한 나머지 진정한 항해자와 아첨꾼을 구별하지 못하는 미숙한 사람들로 묘사된다. 이런 묘사는 항해사와 아첨꾼을 구분하지 못하는 대중을 비난하는 플라톤의 입장을 잘 표현한 것으로 해석된다.

그러나 조금 다른 각도에서 보면, 소크라테스가 궁극적으로 비판의 대상으로 삼는 것은 데모스가 아니라 아테네의 아첨꾼들인 선동가들이나 사이비 정치인들이라는 것을 알 수 있다. 철학이 사회적으로 해악이 된다는 대중적 인식에 대한 오류를 지적하면서도, 플라톤은 그러한 인식을 야기한 궁극적인 원인을 철학자나 대중에게서 찾는 것이 아니라 철학의 자리에 꿰차고 들어온 사이비 정치인이나 소피스트들에게서 찾는다(492b–c). 즉 철학이 사회적으로 해악이 된다는 편견은 철학자의 잘못도 대중의 잘못도 아닌 사이비 정치인이나 소피스트들로부터 시작된 악순환의 고리 때문이라는 것이다. 데모스들의 편견의 원인을 아첨꾼들에게 돌리는 것은 데모스를 지나치게 폄하하지 않으려는 조심스런 태도라고 볼 수 있다.[18] 플라톤은 여기서 일반인들 사이에 만연한 철학의 무용론을 경계하면서도, 되도록이면 그들의 심기를 건드리지 않으려는 수사적 방편을 쓰고 있다.[19]

대중을 향한 플라톤의 설득 전략은 그들이 갖고 있던 철학에 대한 편견을 누그러뜨리는 것이다. 철학에 대한 대중적 편견의 완화는 잠재적 자질을 갖추고 있는 미성숙한 철학자들이 너무 일찍 정치적 참여의 유혹을 받지 않도록 하고, 그들이 비교적 덜 열악한 상황에서 철학적 훈련을 지속할 수 있도록 하며, 궁극적으로는 철학자의 정치 참여가 가능해지도록 하기 위한 필수적인 조건이다. 플라톤은 또한 대중이 실제로 철학에 대한 편견을 완화할 가능성이 있음을 지적한다. 6권에서 소크라테스는 다음과 같이 말한다.

> 여보게, 다중을 아주 그런 식으로 비난하지는 말게나. 만약에 자네가 그들과 다투어 이기려 하지 않고, 그들을 달래며, 배움을 좋아함에 대한 그들의 비방을 제거하기 위해, 자네가 말하는 철학자들이 어떤 사람들인지를 보여 준다면, 그리고 또 방금 우리가 했듯이, 철학자들의 성향과 활동을 규정해서, 자네가 말하고 있는 철학자들을 그들이 생각하고 있는 그런 이들로 믿는

일이 없도록 한다면, 그들은 틀림없이 다른 의견을 갖게 될 걸세(499e–500a).

이 단락은 데모스의 개선 가능성에 대한 플라톤의 긍정적인 견해를 보여줄 뿐만 아니라 철학에 대한 데모스의 편견을 개선하기 위해서 누가 솔선해야 하는가를 보여주는 대목이기도 하다. 바로 철학자들이 앞에서 살펴보았던 악순환의 고리를 끊는 역할을 담당해야 한다는 것이다. 철학에 대한 편견이 만연하고, 그로 인해 잠재적으로 철학적 기질을 타고난 이들이 제대로 된 교육을 받지 못해 타락하게 되고, 대신 철학의 자리는 불순한 이들이 차지하게 되어 철학에 대한 인식이 점차 악화되는 악순환의 고리를 끊을 수 있는 사람은 진정한 철학자 밖에 없다는 것이다. 사이비 철학자가 아닌 진정한 철학자들이 대중에게 본을 보이는 것 말고는 어떤 방법으로도 철학에 대한 편견을 제거할 길이 없다는 것이며, 진정한 철학자가 대중과 소통하지 않는 한 통치의 영역은 사이비 정치인들로, 철학의 영역은 사이비 철학자들로 채워진다고 경고하는 것이다(489d–e).

철학자가 철학의 위상을 정립하기 위해 대중에게 철학의 본을 보이고, 대중에게 설득과 소통을 시도하는 것은 순수한 의미의 철학적 활동과는 구분된다. 대중적 설득과 소통은 그것 자체로서 통치를 의미하진 않지만 넓은 의미의 정치 참여를 의미한다. 따라서 대중과의 소통을 시도하는 것은 철학자의 동굴의 귀환과 다르지 않다. 철학에 대한 편견을 완화시키고 철학자와 데모스 간의 악순환의 고리를 끊는데 철학자가 솔선해야 한다면, 철학자의 대중적 설득과 소통, 넓은 의미의 정치 참여는 필수적인 요소가 된다.

철학자의 통치를 상징하는 철학자의 동굴 귀환은 7권에 등장하지만, '배의 비유'가 등장하는 6권에서부터 소크라테스는 이미 철학자의 정치 참여를 암시하고 있었다. 그럼 왜 소크라테스는 철학자의 정치 참여를 더 분명하게 주장하지 않았을까? 그것은 철학자의 정치 참여의 중요성을 강조하면 할수록 오히려 철학자에 대한 편견과 오해가 지속될 가능성이 높기 때문이다. 데모스들은 여전히 철학자에 대해 편견을 갖고 있고, 일부 철학자에 대해서는 독재의 야심을 품고 있다고 의심할 수도 있다. 이런 상황에서 철학자의 정치 참여를 공공연하게 주장하는 것은 철학에 대한 데모스의 반감을 불러일으킬 가능성이 있다. 이런 맥락에서 플라톤이 고안한 발명품이 바로 철학자들에 대한 강제의 필요성이라는 언어이다. 이는 일반인을 상대로 고안한 플라톤의 수사(修辭)적 장치라고 할 수 있다. 정치를 가장 싫어하는 사람들에게 정치 참여를 강요할 수밖에 없다는 소크라테스의 주장은, 철학자들이 자발적으로 정치에 참여하거나 독재를 행할 가능성은 없다는, 일반인들을 향한 플라톤의 수사적 장치이다.

플라톤이 해결해야 할 또 다른 문제는 정치 참여를 거부하는 철학자들을 대상으로 정치 참여의 당위성을 설득하는 것이다. 철학자들이 갖고 있는 정치 참여에 대한 거부감은 진실된 것이다. 따라서 조용히 철학적 삶을 사는 것을 최상이라고 생각하는 철학자들에게, 정치 참여가 그들의 철학적 삶과 부합할 수 있다는 점을 설득하기란 결코 쉬운 일이 아니다.

앞에서 살펴보았듯이 철학자들에 대한 표면적인 설득은 철학자가 국가로부터 받은 교육에 대한 보은의 부담을 지고 일정 정도 희생을 감수해야 한다는 것이다. 그러나 이 설득은 철학자들이 실제로 상당한 기간의 교육을 국가로부터 제공받지 않았다면 곧바로 의미를 잃는다(519d–520b). 소크라테스는 이미 그런 국가가 존재하는 것처럼 간주하고 있지만, 사실 그렇지 않은 경우에 철학자들은 어떻게 해야 하는가? 소크라테스는 이 부분에서 모호한 입장을 취한다. 우연한 기회에 철학자가 통치를 하거나 통치자가 진정한 철학자이어야 한다는 매우 애매하고 현실성이 없는 주장을 되풀이할 뿐이다. 플라톤은 여기서도 일반인들이 철학자에 대한 설득을 현실성이 없는 것으로 이해해 주기를 기대한 듯하다. 앞서 살펴보았듯이 철학자에 대한 효과성 없는 설득은 철학자보다는 철학에 대한 일반인의 편견을 완화하기 위한 조치라고 할 수 있다.

소크라테스가 철학자들의 정치 참여를 설득하기 위해 선택한 것은 이보다 암묵적인 방식이다. 소크라테스는 우선 철학과 정치의 조우 가능성을 배제하지 않는다(예컨대, 499c–d, 502c). 소크라테스는 여기서 표면적으로는 애매한 논지를 펴고 있지만, 철학자들이 잠재적으로 그의 의도를 이해해 줄 것이라고 기대하는 듯하다. 철학자들에게 전달하고자 한 암묵적 메시지는 무엇인가?

이를 밝히기에 앞서, 철인왕의 기획, 보다 넓게는 철학자의 정치 참여라는 문제가 로고폴리스의 실현 가능성이라는 글라우콘의 도전으로부터 유래했다는 점을 상기할 필요가 있다. 여기에서 우리가 충분히 주목하지 못한 것이 있는데, 그것은 철인왕의 필요성이 소크라테스와 글라우콘이 나눈 일종의 서언(472c–473a) 뒤에 나왔다는 것이다. 비교적 긴 인용문이지만 그 내용 전체에 주목할 필요가 있다고 본다.

그러니까 그건 본을 위해서였네(*paradeigmatos heneka*). 우리가 올바름 그 자체(*auto dikaiosunēn*)가 어떤 것인지, 그리고 완벽하게 올바른 사람이 생길 수 있을지, 또한 그런 사람이 생긴다면 그가 어떤 사람일지, 그리고 다시 올바르지 못함과 가장 올바르지 못한 사람에 대해 탐구했던 것은 말일세. 이는 이들이 행복(*eudaimonias*) 및 그 반대의 것과 관련해서 어떤 사람들로 보이는지, 이들을 보고서 우리 자신들과 관련해서도 우리 가운데서 이들을 가장 닮은 사람이 그 행·불행에 가장 닮은 운명의 몫을 차지하게 될 것이라는 데 우리가 의견의 일치를 보지 않을 수 없도록 하기 위함이었지. 그것들을 생길 수 있는 것들로서 입증하기 위해서는 아니었다네.

– 그 말씀은 진실입니다.

한데, 가장 아름다운 인간이 어떤 것인지 그 본(*paradeigma*)을 그리고서, 그 그림에 모든 걸 다 충분히 표현해 넣은 화가가 그와 같은 인물이 생길 수 있음을 실증해 보여 줄 수 없다고 해서, 자네는 그를 덜 훌륭한 화가로 생각하는가?

– 저로서는 단연코 그러지 않습니다.

그럼 어떤가? 우리 또한 훌륭한 나라의 본을 논의를 통해서 만들고 있었다고 말하지 않는가?

– 물론입니다.

그렇다면 자넨, 만일에 앞서 언급된 그대로 나라를 수립할 수 있음을 우리가 입증할 수 없다면, 이 때문에 우리가 덜 훌륭한 말을 한 것으로 생각하는가?(*ou kai hēmeis, phamen, paradeigma epoioumen logōi agathēs poleōs;*)

– 분명히 그렇지 않습니다.

그러니까 사실은 그러하다네. 그렇지만 자네를 위해서 굳이 그러한 나라가 어떻게 하면 그리고 어떤 조건 하에서 가장 실현성이 많은지를 입증해 보이도록 해야만 된다면, 그 입증을 위해서 다시금 같은 것들에 대해서 합의해 주게나.

– 어떤 것들인데요?

어떤 것이 말대로 실천될 수 있는가, 아니면 실천은 말보다도, 비록 어떤 이에겐 그렇게 생각되지 않을지라도, 언제나 진실에

> 덜 미치는 본성을 지니고 있는가(*phusin echei praxin lexeōs hētton alētheias ephaptesthai*)? 자네로선 그렇다고 동의하는가, 아니면 동의하지 않는가?
>
> – 동의합니다.
>
> 그러니까 자넨 우리가 논의를 통해서 자세히 말한 그러한 것들이 완전히 실제로 실현되는 걸 보여 주어야만 된다고 내게 강요하지는 말게나(*mē anagkaze me*). 오히려 자네로선 한 나라가 어떻게 하면 앞서 언급된 바에 가장 가깝게 다스려질 것인지(*hōs an eggutata tōn eirēmenōn polis oikēseien*) 우리가 발견할 수만 있다면, 이로써 자네가 보여 주기를 요구하고 있는 것들이 생길 수 있는 것들로 우리가 확인한 것으로 말하게나.

이 내용에 따르면, 소크라테스와 글라우콘은 자신들이 앞으로 진행하게 될 논의는 하나의 본(*paradeigma*)에 해당된다는 것에 합의를 본 상태다. 다시 말해 그것의 실재(實在) 여부가 그 본의 타당성을 증명하는 관건이 되지 못한다는 것이다. 실재할 가능성이 완전히 배제되지 않는 한, 그것은 본으로서 유효하다고 할 수 있다. 이런 관점에서 철인왕에 의한 칼리폴리스가 필연적으로 실현 가능하다는 것이 증명되지 않더라도, 큰 틀에서 철학자의 정치 참여 자체가 부정될 필요는 없다. 만약 철학자들이 자신들의 정치 참여의 필요성을 인정하고, 더구나 철학적 삶에 배치되지 않는 정치 참여의 방식이 가능하다면, 이들은 철인왕의 본을 변용한 정치 참여를 모색하게 될 것이다. 즉 철학자들은 철인왕이라는 완벽한 본에 근접하기 위한 노력의 일환으로 다양한 형태의 정치 참여를 시도할 수 있다는 것이다.

이러한 이해를 바탕으로, 우리는 6권의 중간 즈음에서(496c-497a) 철학자들에 대한 소크라테스의 암묵적 설득을 발견할 수 있다. 이 대목에서 철학자들은, 철인왕은 아니더라도 철인왕의 본에 근접하기 위한 노력으로서 정치에 참여해야 하는 근거를 발견할 것이다. 소크라테스는 일단 철학자들은 조건이 성숙되어 있지 않은 한 조용히 자신의 일만 충실하게 하면서 철학적 삶을 살 수밖에 없다는 논지를 펼친다. 여기까지는 철학자의 정치 참여를 배제하는 전통적인 해석과 일치한다. 아데이만토스도 정치에 전혀 관여하지 않는 철학적 삶이야말로 "정말 대단한 것을 성취하고 떠나는 것"이라고 말한다(497a). 아데이만토스는 여기서 소크라테스의 긍정적 반응을 기대했을 것이다. 그러나 소크라테스는 의외의 반응을 보인다. 소크라테스는 조용히 철학적 삶만을 사는 사람들에 대해서 "그가 최대의 것을 성취한 것은 아니라"고 말한다. 그 근거로 그가 자신에게 어울리는 정체를 만나지 못했다는 것을 든다. 만약 자신에게 맞는 정체를 만났다면 개인적인 것들과 동시에 공동의 것들도 구할 수 있어서 더욱 성장하겠지만, 조용한 삶을 살았다는 것은 자신과 어울리는 정체를 만나지 못했다는 것을 의미한다는 것이다(497a). 아데이만토스는 이에 대해 대꾸하지 않고 다음 논의를 이어간다. 이 대목을 주의 깊게 보지 않으면 그저 조용하게 철학적 삶을 사는 것을 최고의 삶으로 인정하는 것처럼 읽힐 수 있다.

그러나 여기서 주목할 것은, 만약 철학자가 자신과 어울리는 정체를 만났다면, 그들은 자신의 성장뿐 아니라 공동의 것을 성장시키는 것이 최대의 것을 성취한 것이라고 소크라테스가 지적하는 부분이다. 철학자에게 어울리는 정체는 칼리폴리스 뿐이다. 그런데 이 칼리폴리스가 본(*paradeigma*)으로서 제시되었다는 사실을 상기하면, 자신과 어울리는 정체를 만나지 못한 경우에 철학자가 최대의 것을 성취하기 위해서는 그가 처한 현실에서 최대한 칼리폴리스에 근접하기 위한 노력을 기울여야 한다는 결론에 이른다. 철인왕이 되는 것이 사실상 불가능해도, 철학자는 자기 성장을 위해서 어떤 방식이든 공공의 것을 위해 기여해야 한다는 것이 철학자들을 대상으로 한 플라톤의 암묵적인 설득인 것이다.

요약하면 플라톤이 철인왕의 기획을 통해 잠재적 철학자들에게 전달하고자 하는 메시지는, 공적인 일에 완전히 등을 돌린 조용한 철학적 삶을 살거나 정치권력을 잡아 철인왕의 삶을 사는 것이 아니라, 철인왕의 국가를 본으로 삼아 공동체를 위해 기여할 수 있는 삶을 살아야 한다는 것이다. 이것이 잠재적 철학자들에 대한 암묵적 메시지이다. 이러한 메시지가 암묵적이어야 하는 이유는 철학에 대한 대중의 혐오와 오해를 피하기 위해서였다. 그런데 이 암묵적 메시지에 담겨 있는 철학자들을 향한 진정한 설득은, 공동체를 위한 기여가 철학자들 자신의 영혼의 성장을 위해서도 필수적이라는 것이다.

2권에서 4권까지에서 소크라테스는 로고폴리스를 수립하면서 비철학자들을 향한 메시지를 전달한 바 있다. 수호자들이나 보조자들, 그리고 생산자들(아직 철학자들의 조건과 교육이 확립되지 못했으므로 이들은 모두 비철학자들이라고 볼 수 있다)의 영혼이 최대한 조화롭기 위해서는, 개인은 국가의 공동선을 달성하기 위해 각자에게 정해진 자신의 일을 해야 한다는 것(*ta hautou prattein*)이었다. 비철학자들을 대상으로 한 이 메시지는 국가 전체를 조화롭게 하는 공화주의적 정의와 개인의 영혼을 조화롭게 만드는 영혼의 정의 사이에 어떤 간극도 없다는 것을 의미한다. 적어도 비철학자들에게는 공화주의적 정의를 실현하는 것이 그들로 하여금 영혼의 정의를 최대한으로 성취할 수 있게 한다는 것이다.[20]

그러나 동굴 밖으로 나와 태양의 광채를 경험한 철학자들이 등장하면서 이야기가 달라진다. 플라톤은 철학자들의 영혼의 정의는 비철학자들의 경우처럼 단순히 공화주의적 정의를 추구한다고 얻어질 수 있는 것이 아님을 인정한다. 칼리폴리스의 출현은 철학자들이 공화주의적 정의를 온전히 실현할 때 가능한 일이지만, 플라톤은 철학자들이 그들의 본성으로 인해 결코 철인왕의 역할을 감당하지 않을 것이라는 것도 알고 있었다. 그럼에도 불구하고 플라톤은 철학자들에게도 영혼적 정의와 공화주의적 정의가 완전히 별개의 것은 아님을 설득하려고 애쓴다. 바로 철학자들 자신의 영혼적 정의와 철학자의 자기 성장을 위해서라도, 공동선에의 기여, 혹은 넓은 의미의 정치 참여가 필요하다는 것이다. 철인왕이 되는 것이 최선이지만, 이보다 완화된 형태의 정치 참여가 철학자에게 요구된다는 것이다.

철인왕보다 완화된 형태의 정치 참여란 구체적으로 무엇을 의미하는 것일까? 플라톤은 『국가』에서 칼리폴리스가 아닌 다른 정체에서 철학자들이 어떤 형태의 정치 참여를 해야 하는가를 구체적으로 적고 있지 않다. 그러나 적어도 철학자들이 비철학자들을 대상으로 공공의 장과 사적 영역에서 어떤 태도를 보여야 하는지는 로고폴리스와 칼리폴리스의 관계를 살펴봄으로써 짐작해 볼 수 있다. 로고폴리스든 칼리폴리스든 궁극적으로 개인 영혼의 조화를 최고의 목적으로 한다. 방금 언급한 바와 같이 로고폴리스에서는 비철학자들을 대상으로 끊임없이 공화주의적 정의를 강조하는 것이 최우선의 과제였다. 그것만이 비철학자들의 영혼을 보다 조화롭게 만들 수 있는 길이기 때문이다. 철학자들이 이러한 로고폴리스의 취지를 잘 이해한다면, 이들은 자신들의 궁극적인 목표가 그들의 영혼의 조화에 있다는 점을 인지함과 동시에 비철학자들에게는 공화주의적 정의를 장려해야 할 것이다. 비철학자에게 공화주의적 정의를 추구하게끔 하는 것이 철학자들이 부담해야 할 공공의 것에 대한 기여이며, 넓은 의미의 정치 참여라고 할 수 있다.[21]

이런 넓은 의미의 정치 참여를 위해 철학자들이 어떤 활동을 할 것인가는 철학자 자신의 판단에 달려 있다. 공적 영역에서 철학적 삶의 본을 보여주는 것, 시민들이 공동선에 공헌할 수 있도록 영혼을 교화하는 것 등 다양한 방식이 있을 것이다. 7권까지 철인왕의 기획을 마무리한 다음 8권부터 9권 사이에서 전개되는 정체의 쇠퇴에 관한 논의에서, 플라톤은 철학자들로 하여금 구체적이고 현실적인 정체들을 살펴보게 함으로써 그들이 행할 수 있는 공적 활동을 검토하도록 한다.[22] 이런 방식으로 플라톤은 철학자와 비철학자

간에 근본적인 격차가 있음을 인정하면서도 동시에 그들 간의 타협과 공존 가능성을 모색했다고 볼 수 있다. 서로 다른 방식이지만 플라톤의 설득을 받아들인다면, 철학과 정치의 갈등, 철학적 삶과 정치적 삶의 간극, 철학자와 비철학자 간의 마찰이라는 조건 하에서도 서로의 영혼을 보다 조화로운 상태로 개선하는 방향으로 나아갈 수 있다고 플라톤은 본 것이다.

4절 플라톤 정치철학의 해석학적 난제와 레오 스트라우스

전통적 해석에 따르면, 플라톤은 완벽한 이상정체가 아닌 경우 철학자의 정치 참여 가능성을 부인한다. 이런 해석과 대조적으로 앞에서 우리는 플라톤이 철인왕의 기획을 통해 철학자로 하여금 독특한 의미의 정치 참여를 독려하고 있다고 해석한 바 있다. 그런데 이러한 해석은 플라톤의 논지가 표면적으로 드러나기보다 암묵적인 방식으로 전달되고 있다는 가정에 의존한 것이었다. 플라톤은 왜 자신의 메시지를 전달하기 위해 역설적 요소와 암묵적 방식을 채택하고 있는가? 앞서 우리는 철학에 대한 대중적 편견에서 그 원인 중 하나를 찾았다. 여기서는 암묵적, 역설적 요소를 활용하고 있는 플라톤의 글쓰기 방식이 철인왕의 기획뿐 아니라 훨씬 일반적으로 적용되고 있다는 레오 스트라우스의 주장을 검토하고자 한다. 아울러 플라톤의 글쓰기를 '비전주의'(esotericism)라는 독특한 맥락에서 이해할 때, 『국가』는 어떻게 해석될 수 있는가를 검토하고자 한다.

플라톤의 메시지가 비전(秘傳)적(esoteric) 방식으로 전달되고 있다고 가정하는 일차적인 이유는 아마도 그의 메시지가 아테네의 민주적 가치들과 배치된다고 보기 때문이다. 예컨대 플라톤이 강조하는 영혼의 정의는 자유나 평등과 같은 아테네의 민주적 가치들과 정확히 부합하지 않는다.[23] 또 앞에서 우리가 살펴본 영혼 돌봄의 정치도 영혼들 간의 자연적인 위계를 인정하고, 우월한 영혼이 열등한 영혼을 선도(善導)할 것을 전제하므로 아테네의 민주적 관행과 조화롭지 않다. 플라톤은 자신의 정치적 이상이 아테네의 민주적 관점에서 거부될 것임을 잘 이해했을 것이다. 특히 소크라테스의 죽음을 경험한 플라톤은 철학자들이 자신의 이상(理想)을 그대로 드러내는 순진한 태도를 가질 때, 결코 그 이상을 실현할 수 없다는 것도 절감했을 것이다. 이런 상황에서 플라톤이 자신의 철학적 메시지를 은밀하게 숨겨 놓았을 가능성이 있다. 다시 말해 플라톤은 철학자들의 불필요한 희생을 피함과 동시에 이상 정치를 현실에서 실현하기 위한 방편으로 비전적 글쓰기를 선택할 동기가 있었다는 것이다.

그런데 플라톤이 비전적 글쓰기를 시도했다고 가정할 경우, 우리는 플라톤이 전달하고자 하는 메시지를 파악하는 데 두 가지 심각한 문제를 제기할 수 있다. 첫 번째는 비전적 글쓰기를 시도한 작가로서의 플라톤에 대한 문제제기이다. 비전적 글쓰기는 하나의 텍스트를 통해 이질적인 두 집단(예컨대 철학자와 일반 시민들)에게 각기 다른 교훈을 전달하는 것을 목표로 한다. 플라톤은 어떻게 이러한 글쓰기 방식이 자신이 의도한대로 성공할 것이라고 확신할 수 있는가? 두 번째는 플라톤의 비전적 글쓰기를 해석하는 독자로서 우리들 자신에 대한 문제제기이다. 우리는 어떻게 플라톤이 은밀하게 숨겨놓은 비밀스런 메시지를 올바로 파악했다고 확신할 수 있는가? 두 문제 모두 단숨에 답변하긴 어렵다. 그러나 이와 관련하여 적절한 입장을 갖지 않는다면 플라톤의 정치철학에 대한 해석을 설득력 있게 주장하기 어렵다. 이런 맥락에서 모든 플라톤 해석자들은 '비전적 글쓰기'나 '비전적 읽기'와 관련된 해석학적 난제에 직면해 있다고 할 수 있다. 사실 정치철학에서 비전주의와 관련된 문제는 플라톤 정치철학의 범주를 넘어 정치철학사(史)에서 광범위한 주제와 결부되어 별도의 논의가 필요하다.[24] 다만 여기서는 플라톤 해석에 있어서 비전주의를 가장 핵심적인 요소 중 하나로 파악하는 레오 스트라우스의 『국가』 해석을 비판적으로 검토하고자 한다.

사실 레오 스트라우스의 『국가』 해석은 플라톤의 글쓰기와 관련된 해석학적 난제를 출발점으로 삼고 있다는 점에서 필자와 이해를 공유한다. 필자는 앞에서 반복적으로 플라톤 정치철학이 정치와 철학 간의 갈등에 기초해 있음을 지적해 왔다. 스트라우스는 보다 거시적인 안목으로 고전 정치철학과 근대 정치철학을 구분하며 정치와 철학 간의 뿌리 깊은 갈등을 부각시키고 있다. 물론 스트라우스가 이러한 갈등을 주목한 유일한 사상가는 아니다. 플라톤에 대한 평가는 다르지만 아렌트나 니체 역시 정치와 철학의 갈등을 배경으로 플라톤 정치철학을 접근한 바 있다.[25] 그럼에도 불구하고 스트라우스는 정치와 철학 간의 불가피한 긴장을 철학자의 저술 형식에 연결시킨 최초의 근대 사상가라는 점에서 특별히 주목할 만하

다.[26]

스트라우스는 정치와 철학 간의 지속적인 긴장에 대한 인식이 철학자로 하여금 비전적 글쓰기를 유도하고 있다고 주장한다. 그렇지 않으면 철학자는 아리스토파네스가 그의 희극 『구름』에서 묘사한 순진한 소크라테스처럼 박해를 받을 운명에 처한다는 것이다. 스트라우스의 관점에서 아리스토파네스의 소크라테스가 순진한 철학자라면 플라톤의 소크라테스는 정치와 철학의 갈등을 이해하고 이에 능숙하게 대처하는 철학자이다. 아리스토파네스의 희극에 등장하는 소크라테스는 마음대로 제우스를 폐위시키고 그 자리를 소용돌이(Vortex), 구름(Clouds), 그리고 공기(Air)로 대체시킬 만큼 '신학적으로 순진하며 솔직한' 회의주의자였다. 반면에 플라톤의 소크라테스는 과학과 철학에 대한 헌신을 솔직히 드러내는 것이 필연적으로 자신의 파멸은 물론 정체의 파탄까지 초래할 수 있다는 교훈을 터득한 사람이다. 이러한 전환을 계기로 이제 철학자는 안전을 추구한다. 앞서 살펴 본 바와 같이 플라톤은 여러 방식의 역설적 요소와 아이러니를 적용함으로써 각각 다른 부류의 사람들에게 각기 다른 내용을 안전하게 전달하는 방법을 고안했다는 것이다.[27]

철학자가 자신이 탐구한 진리의 내용을 숨겨야 하는 첫 번째 이유는 철학자 자신이 정치적 핍박을 면하기 위한 것이다. 이러한 염려로 인해 스트라우스는 철학자가 비전적 글쓰기를 시도하며, 이를 통해 신중한 철학자들에게만 진리가 전달되는 방식을 택한다는 것이다.[28] 이렇게 전달된 비전적 교훈은 시공간의 제약을 받지 않으며, 매우 적은 수의 신중한 철학자 혹은 주의 깊은 독자들에게만 전달된다는 것이다.

스트라우스는 철학자가 진리를 숨겨야 하는 또 다른 이유를 제시한다. 철학자는 진리의 폭로로 인한 사회적 연대가 저해될 가능성을 염려한다는 것이다.[29] 철학자의 진리는 보편적 가치를 지향한다. 보편적 진리는 때에 따라서는 특정 정치 공동체의 번영이나 안전과 배치될 수 있다. 기본적으로 초국가적인 성격을 보이는 철학자의 진리가 일반 시민들에게 그대로 전달될 때, 공동체의 연대를 해칠 수도 있다. 스트라우스는 철학자가 특정 공동체의 존속을 위해 필요한 "통속적(exoteric)" 교훈도 전달하고 있다고 주장한다. 같은 텍스트 안에서 비전적 교훈과 통속적 교훈을 동시에 전달할 수 있는 방법이 무엇인가? 스트라우스는 플라톤이 대화편의 형식과 드라마적 배경을 활용하여 "다른 사람들에게 각각 다른 내용"을 전달할 수 있었다고 해석한다.[30] 즉 플라톤 대화편의 "내용"을 온전히 이해하기 위해서는 반드시 "형식(예컨대 등장인물의 성격, 행동, 이름, 대화 장소, 시간, 상황 등)"이 고려되어야 한다는 것이다.[31] 스트라우스는 바로 이런 이해를 바탕으로 『국가』를 해석한다.[32]

스트라우스의 『국가』 해석은 다음 두 가지 논점에서 매우 특이하다. 첫째, 스트라우스는 『국가』에 나타나는 국가-개인 유추는 실패한 프로젝트이며, 이 유추의 실패는 논리적 결함 때문이 아니라 플라톤에 의해 의도된 결과라고 해석한다. 둘째, 칼리폴리스에 관한 플라톤의 제안은 그것의 실현을 목적으로 한 것이 아니라 전적으로 실현 불가능성을 암시하기 위한 것이고, 이것은 이상주의의 위험성을 경고하기 위한 플라톤의 의도를 반영한 것이라는 해석이다.[33] 이런 해석은 많은 부분 『국가』의 전통적인 해석과 구별된다.

첫째, 국가-개인 유추에 결정적인 오류가 있다는 스트라우스의 주장부터 살펴보자.[34] 유추를 둘러싼 다양한 쟁점에 대해서는 앞 장에서 이미 검토한 바 있다. 스트라우스는 국가-개인 유추의 전제가 되는 양자 간의 유사성 가정에 결함이 있다는 것부터 지적한다.

> 국가를 구성하는 각 계급이 각자의 일을 잘 수행하고 그에 따라 각기 덕성(들)을 갖추고 있다면, 국가는 현명하고 용감하고 절제 있으며, 이것으로 이 국가는 완벽하게 선하다. 여기에 정의가 추가될 필요가 없다. 그러나 개인의 경우는 이와 다르다. 현명하고 용감하고 절제 있다 하더라도, 그는 아직 완벽하게 선한 것이 아니다. 단지 해를 끼치지 않으려는 수준이 아니라 동료 시민들에게 친절하며 기꺼이 그들을 돕고, 보살피고, 기여하려 하는 태도들은 그가 갖추고 있는 세 가지 덕성들에서 나오는 것이 아니다. 지혜와 용기, 절제만으로 국가는 충분히 완전한 선을 구현할 수 있었다. 국가는 자족적이기 때문이다. 그러나 개인은 자족적이지 못하다. 개인이 단지 세 가지 덕성을 갖췄다는 것만으로 완전히 선할 수 없는 것은 바로 이 때문이다.[35]

스트라우스가 여기서 주장하는 바는, 좋은 국가와 좋은 사람이 되기 위한 필요조건 사이에 심각한 불일치가 존재하므로 유추의 전제가 되는 국가와 개인 간의 대칭적 유사성이 성립하지 않는다는 것이다. 스트라우스에 따르면, 좋은 사람(good man)(즉 플라톤의 『국가』에서 정의된 바에 따르면 조화로운 영혼을 가진 사람이다)이라고 해서 반드시 공동선에 기여한다는 보장이 없다는 것이다. 이러한 그의 주장은 이성, 기개 및 욕구 사이의 상호작용으로 규정되는 영혼의 정의가 반드시 공동체적 삶을 전제로 하지 않는다는 가정에 기초한다. 영혼의 조화와 질서의 관점에서 자신의 영혼을 돌보는 이들은 원칙적으로 자족적이기 때문에, 이들에게는 구태여 다른 이들에 대한 고려가 필요 없다는 것이다.

문제는 만약 개인이 다른 사람을 신경 쓰지 않는다면 공동체의 존립이 어렵고, 결과적으로 자신의 영혼 돌봄도 어려워진다는 것이다. 국가의 성립은 시민들이 일정한 수준의 연대에 기초해서 함께 모여 살 때 가능하다. 이 때문에 플라톤은 철학자들에게 자신의 영혼을 돌보는 개인의 이익과 시민적 책임을 조화시킬 필요성을 강조했다는 것이다. 그러나 그렇다고 자신의 영혼을 돌보는 철학자의 활동이 공동선의 추구로 간주될 필요는 없다는 것이 스트라우스의 주장이다. 즉 공동선을 위한 활동으로서의 공화주의적 정의는 철학자를 포함한 모든 시민들의 공동체적 의무와 책임을 강조하기 위해 부가적으로 덧붙여진 것이지 영혼을 위한 정의의 구성요소는 아니라는 것이다.

이런 해석은 국가-영혼 유추에 전제되어 있는 양자의 대칭적 유사성이 완전히 붕괴됐음을 의미하는 것이다. 개인에게 자기 영혼의 돌봄뿐 아니라 추가적인 정의가 필요한 것과 달리 국가는 이와 동일한 수준의 추가적인 정의를 필요로 하지 않기 때문이다. 국가에게는 전 세계의 공동선을 위해 다른 국가를 돌볼 필요가 없다.[36] 반면에 개인은 국가의 존재를 필요로 하는 한, 개별적인 영혼의 조화와는 구별되는 부가적인 덕, 즉 국가 존립을 위한 정의가 필요하다는 것이다. "개인에게 국가 존립을 위한 정의는 반드시 필요하다." 이것이 일반 시민에게 플라톤이 전달하고자 한 메시지라는 것이 스트라우스의 해석이다.

스트라우스는, 일반인들과 달리 철학자들에게는 추가적인 정의가 필요치 않다는 진리를 플라톤이 숨겨놨다고 해석한다. 철학자들은 "육체적 필요를 완전히 초월할 수 있다"는 점에서 국가와 마찬가지로 자족적이다. 육체를 완전히 잊을 수만 있다면 공동생활도 국가도 필요 없다. 이유는 다르지만 국가도 철학자도 다른 구성원으로부터의 협조에 의존하지 않는다는 차원에서 자족적이다. 이런 맥락에서 철학자의 경우에만 국가와 개인 간의 대칭적 유사성이 유지된다는 것이다. 같은 맥락에서 국가가 세계정부에 속하지 않는 것처럼 철학자는 국가의 한 부분이 아니며, 다른 이들의 후원자가 될 필요도 없다는 것이 플라톤이 구성한 국가-영혼 유추로부터 스트라우스가 추론한 것이다.[37]

요컨대 스트라우스의 해석에 따르면, 플라톤은 비철학자, 즉 일반 시민들로 하여금 공동선에 헌신하고 공화주의적 정의의 필요성에 주목할 수 있도록 하기 위해 유추의 문제적 성격을 부각시켰다는 것이다.[38] 나아가 스트라우스는 "국가와 개인 사이의 유추는 은밀하게 수립되었고, 그것은 은밀하게 의심을 불러일으킨다"는 도발적인 주장을 제기한다. 그가 여기서 의미하는 바는 『국가』에 나타난 두 가지 개념의 정의가 애당초 긴밀한 연관성이 없다는 것이며, 다만 플라톤이 두 부류의 사람들에게 다른 종류의 정의(철학자에게는 영혼적 정의, 비철학자들에게는 공화주의적 정의)를 권면하려는 숨겨진 의도가 있었다는 것이다.[39]

유추에 관한 스트라우스의 해석이 상당 부분 플라톤의 의도를 적시하고 있는 것은 사실이다. 그러나 플라톤의 유추는 스트라우스가 지적한 것보다는 훨씬 더 정교하게 플라톤이 의도한 바에 따라 작동한다고 해석할 수 있다.[40] 비록 암시적이기는 하지만, 플라톤은 영혼의 정의에 공화주의적 정의를 단순히 추가했다기보다 두 가지 개념의 정의를 긴밀하게 연결시키려고 시도했다고 보는 것이 타당하다. 텍스트 안에서 두 가지 개념의 정의를 융합하는 것은 영혼 돌봄의 정치를 준비하기 위해 플라톤이 취해야 할 필수적인 단계였다고 할 수 있다.

앞에서 우리는 플라톤이, 국가의 존속뿐 아니라 개인의 영혼의 향상을 위해서 공화주의적 정의가 필요하다는 것을 비철학자와 철학자에게 공히 보여주려고 했음을 지적한 바 있다. 스트라우스는 두 개의 다른 정의를 별개의 두 집단에게 동시에 전달해야 하는 플라톤의 어려움을 지나치게 강조한 것으로 보인다. 자신의 영혼을 개선할 수 있는 능력에 있어서 철학자와 비철학자 간 엄연한 차이가 존재한다는 것을 플라톤이 인지하고 있었고, 이 때문에 그가 비철학자들에게는 공화주의적 정의를, 철학자에게는 영혼의 정의를 강조한 것은 사실이다. 그러나 플라톤은 철학자와 비철학자 모두에게 각자의 수준에 맞는 영혼의 정의를 포기하지 않았다. 앞서 살펴본 바와 같이 넓은 의미에서 철학자의 정치 참여는 궁극적으로 비철학자의 공동선뿐 아니라 철학자의 영혼의 정의를 위해서도 필요한 것이었다.[41]

스트라우스가 해석한 바와 같이 플라톤이 두 부류의 집단에게 각기 다른 메시지를 전달하고자 했던 것은 사실이다. 그러나 이 다른 메시지란 스트라우스가 해석하는 바와 같이 철학자들은 오로지 자신의 영혼의 정의만을, 비철학자들은 공화주의적 정의만을 배타적으로 달성할 수 있다는 것이 아니다. 플라톤은 철학자와 비철학자 모두 영혼의 정의와 공화주의적 정의를 추구해야 한다고 암시한다. 다만 각각의 정의를 달성하는 방식에 있어서 차이가 있을 뿐이다. 플라톤의 궁극적인 목표는 철학자든 비철학자든 상관없이 영혼의 조화를 향상시키는 데에 있다고 할 수 있다. 스트라우스는 유추의 문제적 성격을 과도하게 해석하여 철학자와 비철학자 간의 차이를 지나치게 벌려 놓았고, 플라톤이 비철학자의 영혼에 대해서 가졌던 관심을 과소평가하는 결과를 낳았다. 스트라우스는 유추의 대칭적 유사성의 붕괴로 두 개념의 정의가 서로 부정합적으로 결합되어 있다는 것은 적절히 밝혔지만, 플라톤이 철학자와 비철학자에게 공통적으로 열어 놓은 영혼 돌봄의 정치를 간과한 것이다.

그런데 스트라우스가 철학자와 비철학자를 엄격하게 구분하며, 이들이 달성할 수 있는 정의의 종류 역시 엄격히 구분되어 있다고 보는 것은 플라톤이 『국가』에서 비전적(esoteric) 교훈과 통속적(exoteric) 교훈을 엄밀하게 구분하고 있다는 전제에 기초한 것이다. 스트라우스에 따르면, 플라톤은 영혼의 최고 상태에 도달하기 위해서 굳이 국가에 속할 필요가 없다는 교훈이 모든 사람들에게 전달되는 것은 공동체에 해가 될 수 있다는 것을 고려해서, 누구나 공동선에 기여할 의무가 있고 이 의무를 다하는 것이 그들에게도 이롭다는 통속적(exoteric) 교훈을 삽입했다는 것이다. 다시 말해 플라톤은 공화주의적 정의를 삽입함으로써 유추의 대칭적 유사성을 붕괴시켰지만 시민으로서의 의무와 책임을 다해야 할 필요성을 일반인들에게 설득하는 데에는 성공했다는 것이다. 이러한 설득이 바로 통속적 교훈에 해당된다. 한편 이 통속적 교훈이 전달되는 과정에서 드러나는 유추의 붕괴 문제는 철학자들에게는 또 다른 교훈, 즉 개인의 영혼을 위해서 굳이 정치적 삶이 필요한 것은 아니다라는 비의적 교훈을 깨닫게 하는 단서가 된다는 것이다.[42]

비의적, 통속적 교훈의 구분에 기초한 스트라우스의 『국가』 해석은 기본적으로 철학자와 비철학자 간의 위계적인 구분을 전제한다. 공동선에의 기여를 통해 비철학자인 일반 시민들이 정의에 도달할 수 있다. 철학자들은 공적이고 정치적인 일들과 무관하게 그들 개인의 영혼을 정점으로 끌어 올릴 수 있는 능력을 갖고 있다는 것이다. 스트라우스에 따르면, 열등한 계급의 시민 즉 노동자나 군인들은 훌륭한 인간(good man)이 되기는 어렵고, 다만 선량한 시민(good citizen)이 될 수 있다는 것이다.[43] 이는 두 차원의 정의가 구분되지만, 긴밀하게 연결되어 있다고 보는 필자의 입장과 배치된다. 논쟁의 여지가 있으나, 비대칭적 특성을 드러내는 국가-영혼 유추의 문제적 성격에 비추어 볼 때, 두 영역의 정의는 표면적으로는 구분되지만 긴밀한 연속성을 유지한다고 할 수 있다.[44]

스트라우스의 『국가』 해석에 있어서 두 번째 논점은 칼리폴리스의 실현 가능성에 관한 것이다. 기본적으로 철학자들은 "지혜에 대한 에로스"로 인해 철학이 가장 즐겁고 신성하다는 것을 깨달았기 때문에 결코 통치의 의무를 달가워하지 않는다.[45] 따라서 칼리폴리스의 전제가 되는 철학자의 통치는 오로지 강요를 수반할 수밖에 없다.[46] 여기까지는 『국가』에서 철인왕의 논지에 포함되어 있는 내용이다. 그러나 스트라우스는 더 나아가 과연 누가 철학자를 강요할 것인가라는 문제를 제기한다. 철학자에게 강요할 수 있는 주체는 비철학자들밖에 없다. 그런데 애초부터 철학자들에 대한 편견을 품고 있는 이 비철학자들이 철학자에게 통치를 맡길 리 없으며, 따라서 이들에게 철학자에 대한 강요를 기대할 수 없다는 것이다. 철학자들을 강제할 수 있는 유일한 방법은 "철학자들 스스로가 비철학자들에게 자신들을 강제할 것을 설득하는 것"이다. 이는 자명한 모순이다.[47] 결국 스트라우스는 칼리폴리스의 실현은 어떤 경우에도 불가능하다고 결론 내린다.[48]

칼리폴리스의 실현이 대단히 어렵다는 것은 이미 앞에서 확인한 바 있다. 그러나 이와 동시에 칼리폴리스의 실현이 전적으로 불가능한 것은 아니라는 것 또한 지적한 바 있다. 앞서 필자는 칼리폴리스가 일종의 본(*paradeigma*)으로 이해되어야 한다고 주장했다. 본으로서의 칼리폴리스를 고려하면, 철학자는 직접 통치하지 않고 완화된 형태의 정치 참여를 통해서 칼리폴리스의 취지에 근접할 수 있다(473a–b). 칼리폴리스의 취지에 근접하는 플라톤적 정치적 삶이 가능하다는 것이다. 칼리폴리스의 실현 가능성 여부만을 주목하고

있는 스트라우스는 플라톤적 정치적 삶의 가능성을 부인할 수밖에 없다.[49]

스트라우스의 해석과 달리, 철학자들은 비록 칼리폴리스의 실현에 도달하지 못하더라도 정치적 삶을 완전히 외면하지 말아야 할 이유가 있다. 철학자들에게 철학적 삶이 가장 우월적 지위를 갖는 것은 당연하다. 그러나 철학적 삶의 우월적 지위를 부정하지 않는 범위 내에서 정치적 삶을 인정할 수도 있다. 예컨대 철학자들은 자신의 삶을 통해서 무엇이 가장 훌륭한 삶인가에 대한 본을 비철학자들에게 선보일 수 있다. 철학적 삶의 우월성을 공적인 영역에서 드러내는 것이다. 이런 방식은, 진정한 "좋음"의 관점에서 비철학자들의 삶과 영혼을 보다 좋은 쪽으로 개선하는 것이기에 철학적 삶의 우월성을 부인하는 것이라고 볼 수 없다. 한편 이러한 활동은 철학자 집단 내에서 이뤄지는 것이 아니라 비철학자들인 일반 시민들과의 관계 속에서 이뤄지는 것이므로 넓은 의미의 정치적 삶의 모습을 띠고 있다고 할 수 있다. 반면에 스트라우스는 철학자들이 육체의 차원을 완전히 초월할 수 있다는 가정에 기초하여 그들이 진정한 좋음과 자신의 영혼의 조화에만 집중해야 한다고 믿는다. 스트라우스에게 철학적 삶은 어떤 공적인 활동도 포함하지 않는 관조적 삶에 국한된다. 이 관조적 삶은 정치 공동체의 필요를 초월하므로 도덕 영역 밖에 존재한다. 스트라우스의 관점에서 철학적 삶은 필연적으로 고립적이고, 어떤 형태의 정치적 삶과도 타협하지 않는다.[50]

스트라우스의 해석과 달리, 앞에서 우리는 플라톤이 보다 직접적으로 철학적 삶과 정치적 삶의 조화 가능성을 열어 놨다고 지적한 바 있다. 플라톤은 철학자가 철학적 삶을 추구하면서도 일반 시민들의 영혼 돌봄에 관여해야 한다고 믿었다는 것이다. 철학자의 역할에 대한 스트라우스의 결론과 이와 구분되는 필자의 입장 간의 차이는 누가 옳고 그름의 차원에서가 아니라 플라톤적 정치적 삶의 가능성이라는 관점에서 고려될 필요가 있다.[51] 현 시점에서 지적할 수 있는 것은 필자와 스트라우스는 플라톤적 가르침의 다른 측면에 초점을 맞추고 있다는 것이다.

스트라우스는, 철학자들은 통치는 물론 모든 형태의 정치에 관여하는 것을 거부해야 하고, 따라서 정치가 철학의 가치를 훼손해서는 안 된다는 것을 입증하는 방식으로 『국가』를 해석한다. 게다가 그는 개인 영혼의 완성과 공동선의 추구가 필연적으로 대립한다고 보고 있다. 이런 해석은 『국가』가 철학에 대한 정치적 박해를 제거하려는 의도에 의해 쓰여졌다는 이해에 기초한다. 플라톤이 철학자의 안전에 기여할 수 있는 방안을 염두에 두었다는 것을 부인할 수 없다. 따라서 스트라우스의 해석이 『국가』의 의도를 완전히 벗어나는 것이라고는 볼 수 없다. 그러나 철학자의 안전에 대한 스트라우스의 지나친 강조는 플라톤의 『국가』 저술 의도의 또 다른 측면을 간과하는 결과를 낳았다. 사실 『국가』는 철학자들의 안전뿐 아니라 철학자들이 다른 시민들의 영혼의 조화에 기여할 수 있는 방안을 모색했다고 볼 수 있다. 다시 말해, 철학자들에게 넓은 의미의 정치에 참여할 수 있는 장을 마련해 주는 것이 『국가』 저술의 또 다른 목적이라는 것이다.

스트라우스는 철학자들에게 향한 편견을 완화할 해결책을 찾기 위해 고심하는 플라톤을 부각시켰다. 그러나 플라톤은 철학자가 자신은 물론 보통 시민들의 영혼 돌봄에 관해서도 관심을 가져야 하는 이유를 설득하기 위해서도 고심했다. 이 두 입장의 차이는 근본적으로 정치와 철학 간의 갈등에 대한 전망을 달리하기 때문이라고 볼 수 있다. 스트라우스는 정치에 근본적인 한계(limit of politics)가 있음을 주목하고 있다.[52] 그러나 필자는 정치와 철학 사이의 긴장이 완화될 여지가 있으며, 철학적 삶과 정치 참여를 조화시킨 소위 플라톤적 정치적 삶의 가능성을 『국가』에서 찾고자 하였다.

정치와 철학 사이의 긴장은 어느 정도까지 완화될 수 있는가? 스트라우스는 이 질문에 대해 대단히 부정적으로 답하고 있다.[53] 스트라우스의 관점에서 정치와 철학의 긴장은 정치가 갖고 있는 근본적인 한계로 인해 결코 완화될 수 없다. 유추의 붕괴, 칼리폴리스의 부자연스러움 등과 같은 스트라우스의 『국가』 해석에서 드러나는 독특한 요소들은 모두 "정치의 한계"라는 하나의 주제로 수렴된다. 『국가』에 대한 필자의 해석이 정치와 철학 간의 긴장을 완전히 해소할 수 있다고 주장하는 것은 아니다. 다만, 영혼 돌봄 정치의 수행을 통해 이 긴장을 적당히 완화하는 플라톤적 방식이 존재한다는 것이다.

그런데 스트라우스는 왜 정치에 근본적인 한계가 있다는 것과 철학자와 비철학자, 영혼의 정의와 공화주의적 정의 사이의 화해할 수 없는 불균형이 존재한다는 것을 이처럼 노골적으로 주장하는 것일까? 비의적 전수를 이해하고 있는 스트라우스라면 이런 주장이 대중적 지지를 얻지 못할 뿐 아니라 학계에서도 비판의 대상이 되리라는 것을 잘 알았을 것이다. "자연 동굴로의 귀환(return to the natural cave)"이라는 스트라우스의 주장이 부분적으로 이 문제에 답을 준다. 스트라우스는 우리가 인간 존재의 근원적 문제인 정치와 철학, 국가와 철학, 그리고 시민과 철학자 사이의 긴장 관계를 보지 못하게 된 것은 하이데거에 의해 대표되는 '급진적 역사주의'의 영향을 받았기 때문이라고 진단한다. 스트라우스는 역사주의의 출현으로 인해 인류의 사고가 과도하게 역사적 상황에 의존하는 결과를 낳았다고 지적한다.[54]

스트라우스에게 역사주의는 자연적인 동굴 아래 존재하는 "인위적 구덩이(artificial pit)"이다.[55] 스트라우스의 자연적 동굴은 『국가』 7권의 '동굴의 우화'에 나오는 동굴을 의미한다. 이 동굴 안의 사람들은 사슬에 묶인 채 시각이 고정되어 있으므로 실물을 보지 못하고, 이미지와 허상을 갖고 서로 다툼을 벌인다. 이 동굴에서 쇠사슬을 끊고 어렵게 바깥세상으로 나가는 과정은 철학자가 일반적인 통념에서 벗어나 좋음의 형상에 이르는 과정을 상징적으로 묘사한 것이다. 곧 동굴은 일상적인 정치 공동체를 의미한다. 동굴 안의 활동, 즉 정치 공동체의 운영은 실재하는 실물보다 이미지와 허상에 의해 결정된다. 따라서 동굴의 바깥세상을 경험한 사람이 동굴 안에 들어가 동굴 안에 거주하는 사람들과 소통하기란 대단히 어렵다. 이들이 동굴 안에 들어가 자신이 본 것을 설득하려 든다면 이들은 곧 위험에 처할 수 있다. 플라톤은 이와 같이 예견된 동굴 내부의 상황이 정치 공동체 안에서 정치와 철학의 갈등을 상징한다고 본다. 모든 사람, 적어도 다수가 동굴에서 빠져나와 동굴 바깥세상을 구경하지 않는 한, 동굴에서 철학자와 비철학자 간의 갈등은 자연스럽고 불가피한 것이다. 그런데 역사주의는 또 하나의 인위적인 구덩이를 만들어 이런 자연스런 갈등까지도 이르지 못하게 막았다는 것이다.

역사주의로 인해 철학과 정치 간의 갈등이 가시화되지 않았다고 해서 문제 자체가 없어지는 것은 아니다. 앞서 살펴보았듯이, 공동체 안에서 철학자와 비철학자가 서로 영혼의 개선을 위해 협력하기 위해서는 우선 이들 간에 위계질서와 갈등이 존재한다는 사실부터 인정해야 한다. 스트라우스는 정치와 철학의 관계를 정상적으로 회복하기 위해서는 우선 역사주의라는 '인위적 구덩이'로부터 빠져 나오는 것이 급선무라고 주장한다. 이를 위해 그는 역사주의에 의해 가려져 있는 자연적 동굴로의 복귀를 주장한다. 스트라우스가 정치와 철학 간의 갈등 그리고 철학자와 비철학자의 위계적 구분을 노골적으로 강조하고 있는 것은, 이 갈등을 심화하려는 것이 아니라 이 갈등을 완화하려는 노력에 앞서 자연적 동굴로의 복귀, 즉 정치와 철학 사이의 근원적인 갈등의 회복이 필요하다는 인식에 따른 것이다. 그러나 이러한 스트라우스의 의도는 마치 철학자를 변명하기 위한 완고하고 권위적인 시도로 비춰졌고, 그를 비타협적이고 고집스런 사상가로 인식하게 하는 계기가 됐다.[56]

역사주의에 대한 스트라우스의 비판이 있은 지 60여 년이 지났지만 오늘날 우리 시대에는 여전히 급진적 역사주의가 팽배해 있다. 급진적 역사주의는 가치의 지나친 상대주의를 낳고, 결국 정치 공동체 안에서 어떤 "좋음"과 "나쁨"의 구분도 불가능하게 하는 결과를 초래할 수 있다. 따라서 급진적 역사주의를 극복하고, 정치와 철학 사이의 본래적 긴장 관계를 직시해야 한다는 스트라우스의 주장은 우리에게 소중한 자산이 될 수 있다. 이러한 주장은 또한 진정으로 좋은 삶을 추구하기 위해서는 오늘날 철학이 정치 공동체 안에서 어떤 역할을 해야 하는가에 대해서도 시사하는 바가 크다. 다만 '자연적 동굴'을 회복하기 위해, 정치와 철학 간의 긴장 완화를 모색하는 플라톤의 시도까지 배제할 필요는 없다는 것이 필자의 입장이다. 스트라우스 역시 만약 정치와 철학 간 갈등의 근원적 성격이 규명된 후라면 양자의 갈등을 완화시키려는 플라톤의 노력을 외면하지 않을 것이다.

6장
맺음말 - 영혼 돌봄의 정치와 현대 정치

현대정치이론가들은 자유주의자나 공화주의자를 막론하고 개인의 영혼 돌봄 문제에 관여하길 꺼려한다. 특히 자유주의 이론가들은 특정한 형태의 영혼을 우월한 것으로 간주하는 것을 정치적으로 위험한 시도로 보고 정치 영역에서 영혼에 대해 언급하는 것 자체를 회피한다. 자유주의자들과 달리 공화주의 이론가들은 공동체의 건강성을 위해 시민들의 덕성을 강조하지만 이들 역시 영혼의 형성에까지 관여하기를 거부한다. 공화주의적 덕성을 고취하기 위해서 영혼의 형성에까지 개입할 필요는 없다는 것이다. 현대 정치이론이 일반적으로 자유주의와 공화주의라는 이분법적 구도로 자리매김하는 상황에서 영혼 돌봄의 정치가 제 자리를 찾기란 대단히 어려워 보인다. 현대 정치에서 영혼 돌봄의 정치란 한낱 실현 불가능한 이상에 불과한가? 우선 자유주의와 공화주의가 정치의 영역에서 영혼 돌봄을 배제해 온 근거를 개관해 볼 필요가 있다.

현대 자유주의는 로크로부터 칸트, 밀에 이르는 광범위하고 복합적인 근대 서구정치사상의 전통에 의존하고 있다. 이 복합적인 전통은 개인 권리의 최우선성, 정부 구성에 있어서 국민적 동의의 필요, 종교적 가치에 대한 관용, 사상과 언론의 자유, 개인의 자기결정권과 같은 자유주의적 가치들을 포함하고 있다. 이러한 자유주의적 가치들은 개인과 국가의 관계를 기준으로 하나의 핵심적인 가치로 수렴되는데, 그것은 개인이 외부의 간섭 없이 자신의 삶의 방식을 선택할 수 있는 권리를 가져야 한다는 것이다. 이사야 벌린의 개념을 빌리면 소극적 자유 즉 불간섭의 자유가 모든 자유주의적 가치의 출발점이 된다는 것이다. 이러한 자유는 대체로 개인의 정치적, 경제적, 종교적 권리의 향유를 전제로 하며, 외부로부터의 간섭, 특히 국가의 간섭 없이 자기 자신의 가치나 삶의 목표를 정할 수 있는 자유를 의미한다.

이런 관점에서 자유주의의 핵심적인 요소 중 하나는 국가가 개인이 선택한 좋은 삶의 비전에 대해서 중립성을 가져야 한다는 것이다. 즉 국가는 개인이 문화적, 종교적, 도덕적 경험으로부터 습득하게 된 다양한 가치들에 대해 중립을 유지해야 한다는 것이다.[1] 따라서 개인에게 특정한 도덕적 가치를 부과하려는 어떤 시도도 자유민주주의 원칙에 반하는 것으로 간주된다. 특히 서구는 일찍이 종교전쟁을 경험함으로써 정부의 가장 핵심적인 임무가 개인의 권리와 재산을 보호하고 사회적 안정과 평화를 유지하는 것이라는 인식을 갖게 됐다. 이런 자유주의적 전통에서 국가가 개인의 영혼 형성에 관여하는 것은 처음부터 배제될 수밖에 없었다.

공화주의적 전통 역시 정치 영역에서 영혼 돌봄을 배제해 온 것은 마찬가지이다.[2] 공화주의는 사회를 하나의 체계적인 유기체로 보는 것에서 출발한다. 이런 맥락에서 사적인 선(善)보다 공적인 선(善)을 우선시 하는 것은 당연한 일이다. 공화주의의 또 다른 핵심적인 요소는 자기지배의 원칙이다. 정치 공동체 안에서 자기지배(self-rule)란 정치 결정 과정에 개인이 적극적이고 독자적인 방식으로 참여하는 것을 의미한다. 그러나 공화주의적 전통은 공공선의 우선성이나 정치 참여를 통한 자기지배의 실현보다 광범위하고 포괄적인 정치 이상을 포함하고 있다. 이런 맥락에서 공화주의가 자유주의보다 영혼 돌봄의 정치에 보다 호의적일지 모른다. 이를 검토하기에 앞서 다양한 전통의 공화주의를 잠시 언급할 필요가 있다.

역사적으로 다양한 종류의 공화주의적 전통이 발견될 수 있지만 필자는 여기서 적어도 세 가지 다른 형태의 공화주의를 주목하고자 한다. 첫째는 "아리스토텔레스적인 공화주의"이다. 이 공화주의는 시민적 덕성에 목적론적 의의까지 부여한다는 측면에서 가장 견고하면서도 강력한 공화주의라고 할 수 있다. 이런 형태의 공화주의는 시민적 덕성을 단지 공동체의 유지를 위한 수단으로서 강조하는 것이 아니라 시민적 덕성의 소유 자체가 인간으로서 최고의 선에 도달할 수 있는 수단이라는 측면에서 강조한다. 아리스토텔레스에 따르면 인간은 폴리스 안에 존재할 때 비로소 인간으로서 최고의 목적을 달성할 수 있다. 즉 인간으로서의 최고의 목적은 정치 공동체의 운영에 적극적으로 참여하여 시민적 덕성을 발휘할 때 성취된다는 것이다.

둘째는 소위 "아렌트적인 공화주의"를 들 수 있다. 이 공화주의는 아리스토텔레스적 공화주의와 마찬가지로 시민적 덕성을 강조하지만, 시민적 덕성의 의의를 목적론의 완성에 두는 것이 아니라 구성원들의 정체성이나 집단적 인정에 두고 있다는데 점에서 차이가 있다. 아렌트에 의해 집중적으로 부각되기 시작한 아테네의 직접 민주정체의 관행은 종종 "아렌트적인 공화주의"가 성취될 수 있는 장(場)으로 간주된다.

마지막으로 가장 제한적 의미의 공화주의라고 할 수 있는 "(신)로마 공화주의"를 들 수 있다. 이 공화주의는 자기지배 원칙의 실현을 목적으로 한다는 측면에서 공화주의의 기본 속성을 공유하지만, 자기지배의 실현을 적극적인 정치 참여보다는 주로 법의 지배로 환원시키고 있다는 점에서 다른 공화주의와 차별성을 갖는다.[3] 사실 현대 공화주의는 이 세 가지 형태를 띈 공화주의의 변형과 복합의 결과라고 할 수 있다.[4]

이들 공화주의는 모두 인간이 공동체의 구성원으로서 인정받기를 원하는 한, 개인의 행복은 궁극적으로 공동선에의 기여 여부에 달려 있음을 가정하고 있다. 그러나 가장 높은 수준의 공화주의조차 정치 영역에서 개인의 영혼 돌봄은 허용되지 않는다. 공화주의적 전통은 인간의 행복이 공동체의 번영과 밀접하게 연결되어 있기에 공동선에 기여할 수 있는 시민적 덕성을 강조할지 몰라도, 이 덕성의 발휘에 전제가 되는 영혼의 형성과 영혼 돌봄에는 주의를 기울이지 않는다는 것이다. 다시 말해서 공화주의는 개인의 외적 행위에 대해서는 공동선에의 도모라는 기준을 갖고 있지만 개인의 내적 상태, 즉 영혼의 형성에 대해서는 여전히 중립적이다. 이런 맥락에서 공화주의 역시 자유주의와 마찬가지로 영혼 돌봄의 정치를 달갑게 여기지 않는 것이다.

자유주의적·공화주의적 정치 원리에 부합하려면 개인의 영혼 형성에 대해 국가나 정치가 중립성을 유지해야 한다. 그러나 국가가 엄정하게 중립성을 유지하는 한, 공동체 안에서 정체성을 잃었거나 다중에 의해 무고하게 상처받은 영혼들이 치유 받을 길이 없다. 이러한 상처받은 영혼의 치유를 종교 집단에 떠넘기거나 개인이 감내해야 할 문제로 간단하게 치부할 일은 아니다. 공동체 안에서 이러한 존재들이 늘어나면 궁극적으로는 공화주의적 덕성이나 자유주의적 가치도 위협받을 수 있기 때문이다. 그러나 현재의 자유주의나 공화주의의 스펙트럼 안에서 영혼 돌봄을 수용할 수 있는 여지를 찾긴 어렵다. 이런 상황에서 가장 큰 문제는, 개인이 좋은 삶을 추구하는 것과 정치 결정 과정에 참여하는 것 사이에 어떤 상관관계도 발견할 수 없다는 데 있다.

영혼 돌봄에 관한 논의가 정치나 공적 영역에서 전면적으로 배제된 계기는 서구의 독특한 역사적 경험에 기인하는 바 크다. 그러나 이 책에서 필자가 시사하려 했던 것은 영혼 돌봄의 정치는 반드시 서구 근대의 역사적 경로를 반복할 필요가 없다는 것이었다. 다시 말해 영혼 돌봄의 정치는 서구 근대의 역사가 우려하는 바와 같이 종교와 정치, 혹은 철학과 정치의 권위주의적 결합을 전제할 필요가 없다는 것이다. 이런 맥락에서 필자는 소크라테스적·플라톤적 영혼 돌봄의 정치가 자유민주주의의 틀 안에서도 시도될 수 있음을 시사한 바 있다.

국가가 좋은 삶에 대해 견해를 갖는 것을 경계해 온 자유주의의 우려는 소크라테스적·플라톤적 영혼 돌봄의 정치에 의해 상당 정도 완화될 수 있다. 무엇보다 플라톤적 영혼 돌봄의 정치는 흔히 오해하는 바와 같이 좋은 삶에 대한 절대적인 기준을 정해 놓고 그것을 개인에게 권위적으로 강요하는 것이 아니라, 공동체 안에서 시민들이 스스로 좋은 삶을 탐구하고 추구할 수 있도록 하는 새로운 의미의 정치이다. 소크라테스와 플라톤이 제안하는 영혼 돌봄은 넓은 의미의 정치 영역에서 이뤄지지만, 외적인 강제나 전체주의적 권위 없이 이뤄질 수 있다는 것이다. 이런 관점에서 소크라테스적·플라톤적 영혼 돌봄의 정치는 현대 자유주의적 정치이념과 배치되지 않는다. 뿐만 아니라 영혼 돌봄의 정치는 공화주의의 정치적 이상에도 적절히 부응한다. 앞서 검토한 바와 같이 공적인 영역에서 영혼 돌봄이 수행될 수 있는 좋은 수단을 바로 정치 참여에서 찾을 수 있기 때문이다. 물론 영혼 돌봄을 목적으로 하는 정치는 정치 참여를 통해 시민적 덕성을 함양하고자 하는 공화주의적 이상과는 구별된다. 그러나 영혼 돌봄의 정치가 이러한 공화주의적 이상을 배제할 이유는 없다.

요컨대 자유주의와 공화주의에 대한 선입견을 배제한다면 영혼 돌봄의 정치는 현대정치의 틀 안에서 긍정적으로 수용될 여지가 있다는 것이다. 문제는 정치 영역에 대한 근대적 선입견을 어떻게 극복할 것인가에 있다. 그러나 우리가 경험한 바 없는 서구 근대의 역사적 경험 때문에 현대 정치의 가장 심각한 문제를 극복할 수 있는 대안을 처음부터 배제하는 것은 어리석은 일이다. 영혼 돌봄의 정치에 대한 현대적 유용성이 의심될 때마다 다시 영혼 돌봄의 정치의 원형이라고 할 수 있는 소크라테스와 플라톤의 정치철학으로 돌아가 그 의의를 되새겨 볼 수밖에 없다. 이 책은 이런 시도의 첫 출발점이다.

주(註)

1장 영혼 돌봄의 정치를 찾아서

1 근대 이후 "정치적인 것"의 의미의 협소화에 대한 고전적인 비판으로 Carl Schmitt, *The Concept of the Political*. George Schwab trans. Tracy B. Strong foreword(Chicago : University of Chicago Press, 1996), 도구화에 대한 비판으로 Hannah Arendt, *The Human Condition*. (Chicago : University of Chicago Press, 1958), 그리고 빈곤화에 대해서는 Leo Strauss, *Natural Right and History*(Chicago : University of Chicago Press, 1971)가 대표적이다. 이런 맥락에서 현대정치이론을 새롭게 조명한 시도로서 Peter Digeser, *Our Politics, Our Selves? Liberalism, Identity, and Harm*(Princetion : Princeton University Press, 1995)를 참조.

2 아테네인들에게 "어떻게 살 것인가"(*pōs bioteōn*)의 문제가 얼마나 일상적인 것이었는가에 대해서는 L. B. Carter, *The Quiet Athenian* (Oxford : Clarendon Press, 1986)를 참조.

3 좋은 삶에 관한 논의를 중심으로 한 아리스토텔레스의 정치사상에 관해서는 졸고, "행복(eudaimonia)의 정치 : 아리스토텔레스의 『니코마

코스윤리학』과 『정치학』에 나타난 철학적 삶과 정치적 삶의 의미" 『한국정치학회보』 39집 5호(2005)를 참고.

4 이런 맥락에서 20세기의 고대정치사상 분야에서 플라톤이나 소크라테스에 비해 아리스토텔레스 연구가 단연 우위를 점하고 있음을 이해할 수 있다. Melissa Lane, *Plato's Progeny : How Socrates and Plato Still Captivate the Modern Mind*(London : Duckworth, 2001), p. 8 참조.

5 이에 대해서는 2장 1절 참조.

6 이에 대해서는 4장 특히 4절, 5절에서 본격적으로 다룬다.

7 물론 소크라테스 이전에도 정치와 철학의 갈등에 관한 기록은 있다. 예컨대 아낙사고라스는 태양에 대한 증언 때문에 불경죄로 시민들에게 고소를 당한 바 있다. 하지만 이 경우에 외국인에 대해서는 도시에서 추방을 명령하고, 내국인에게는 벌금을 부과하는 선에서 문제를 마무리했다. 아낙사고라스의 재판에 대해서는 여러 설이 있다. Diogenes Laertius, *Lives of Eminent Philosopher, Loeb Classical Library. 2 Vols.*(Cambridge : Harvard University Press, 2000), II. 12–14 참조. 프로타고라스의 추방에 대해서는 Ibid, IX, 52 참조.

8 아테네의 개방성과 관용에 대해서는 Kenneth James Dover, *Greek Popular Morality in the Time of Plato and Aristotle*(Oxford : Blackwell, 1974), pp. 24–54; Arlene Saxonhouse, *Athenian Democracy : Modern Mythmakers and Ancient Theorists*(Notre Dame : University of Nortre Dame Press, 1996), Ch.4 를 참조.

9 물론 소크라테스의 형식적인 죄목은 젊은이를 타락시켰고 다른 신을 유입한다는 것이었다. 그러나 소크라테스 본인은 물론 대부분의 아테네인들도 그의 실질적인 죄목은 그의 독특한 방식의 철학적 활동이라는 것을 잘 인지하고 있었다. 이에 대해서는 이 책의 2장 1절을 참조.

10 Ex. Ernst Barker, *Greek Political Theory : Plato and His Predeces-*

sors, 4th ed.(NY : Routledge, 1951), pp. 99–104 ; A. E. Taylor, *Socrates*(NY : Doubleday Anchor Books, 1953), pp. 150–2 ; W. K. C. Guthrie, *A History of Greek Philosophy, Vol. 3. The Fifth Century Enlightenment*(Cambridge : Cambridge University Press, 1969), pp. 451–6.

11 예컨대 『라케스』(184de), 『크리톤』(48a), 『프로타고라스』(319a–328d), 『메논』(92d–94e), 『변명』(24d–25a ; 31e) 등에서 소크라테스의 반민주적인 발언들을 일관되게 발견할 수 있다. 이 발언들의 공통적 취지는 다중은 그 속성상, 무지하고, 현명한 판단을 내리지 못하며, 잘못된 편견으로 가득차 있다는 것이다.

12 Vlastos는 『크리톤』에서 소크라테스가 보여준 준법 태도를 근거로 소크라테스가 당시 아테네의 민주정에 호의적이었다고 해석한다. Gregory Vlastos, "The Socratic Elenchus," in *Oxford Studies in Ancient Philosophy*(1983). 그러나 『크리톤』에서 보인 소크라테스의 태도만으로 소크라테스가 전적으로 민주주의적이었다고 단정하기는 어렵다. 『변명』에서 소크라테스는 전혀 다른 태도를 보이기 때문이다. 『크리톤』과 『변명』에 나타난 소크라테스의 대조적인 태도를 어떻게 일관성 있게 해석할 것인가에 대해서는 이 책의 2장 2절 및 Richard Kraut, "Socrates and Democracy" In Gail Fine ed., *Plato 2 : Ethics Politics Religion and the Soul*(Oxford : Oxford University Press, 1999), pp. 34–52 ; Richard Kraut, *Socrates and the State*(Princeton : Princeton University Press, 1984), pp. 194–244 ; Roslyn Weiss, *Socrates Dissatisfied*(New York : Oxford University Press, 1998)을 참조.

13 사실 소크라테스의 민주성 여부에 관한 논란은, 소크라테스 자신의 문제라기보다 근대 이후 민주주의에 대한 평가가 우여곡절을 겪은 사실과 깊은 관련이 있다. 근대 민주주의에 대한 평가의 우여곡절과 소

크라테스에 대한 평가의 상관관계에 대해서는 Melissa Lane, *Plato's Progeny : How Plato and Socrates Still Captivate the Modern Mind*. (London : Gerald Duckworth, 2001)을 참조.

14 그런데 이들이 주목하고 있는 소크라테스는 역사적 실제 인물로서의 소크라테스라기보다 각자 자신들이 전달하고자 하는 철학적 내용을 대변하는 "이미지의 소크라테스"에 가깝다. "이미지의 소크라테스"가 서양사상사에서 어떤 변화를 겪어 왔는가에 대해서는 Sarah Kofman, *Socrates : Fictions of a Philosopher*. Trans. Catherine Porter(Ithaca : Cornell University Press, 1998)을 참조.

15 "소크라테스 문제"에 관한 역사적 접근으로 Thomas C. Brickhouse & Nicholas D. Smith. *The Philosophy of Socrates*(Boulder : Westview Press, 2000)를, 이에 대한 철학적인 접근으로 Leo Strauss and Thomas L. Pangle. *The Rebirth of Classical Political Rationalism : An Introduction to the Thought of Leo Strauss : Essays and Lectures*(Chicago : University of Chicago Press, 1989), Ch.7; Leo Strauss, "The Problem of Socrates." *Interpretation* Vol. 22, No. 3(Spring 1995), pp. 321-38을 참조. 반면에 Vlastos는 아테네 민주주의의 맥락에서 "역사적 소크라테스"를 그려내고자 한다. Gregory Vlastos, "The Historical Socrates and Athenian Democracy." *Political Theory* Vol. 2(1983), pp. 495-516.

16 Karl Raimund Popper, *The Open Society and Its Enemies*. 5th(Princeton : Princeton University Press, 1966).

17 Myles F. Burnyeat, "Utopia and Fantasy : the Practicability of Plato's Ideally Just City," in G. Find ed. *Plato 2 : Ethics, Politics, Religion and the Soul*(Oxford : Oxford University Press, 1999).

18 Leo Strauss, *City and Man*(Chicago : University of Chicago Press,

1978).

19 Ex. Peter Euben, *Platonic Noise*(Princetion : Princeton University Press, 2003); Josiah Ober, *Political Dissent in Democratic Athens : Intellectual Critics of Popular Rule*(Princeton : Princeton University Press, 1998); Sara Monoson, *Plato's Democratic Entanglements : Athenian Politics and the Practice of Philosophy*(Princeton : Princeton University Press, 2000)

2장 소크라테스와 영혼 돌봄의 정치-철학, 시민윤리, 교육, 국제정치

1 이 절은 『한국정치학회보』 38집 2호(2004)에 게재된 졸고, "플라톤의 『변명』과 소크라테스적 정치적 삶"의 일부 내용을 수정해 실은 것이다.

2 이 희극은 노인 스트렙시아다스가 자신의 빚을 탕감할 목적으로 아들인 페이디피데스를 소크라테스의 학원에 보냈다가, 소크라테스에 의해 자신의 아들이 부모를 몰라볼 정도로 타락한 것을 알게 된 후 결국 학원에 불을 지른다는 내용을 담고 있다. 이 희극이 최초로 상연된 것은 기원전 423년으로 알려져 있다. 따라서 소크라테스의 재판이 있었던 기원전 399년까지 적어도 24년간 아테네인들은 이런 소크라테스에 대한 비난에 익숙해 있던 상태라고 할 수 있다.

3 표면적으로 아리스토파네스는 소크라테스의 활동을 비방하는 당시의 지식인들 중 한 명인 듯하다. 그러나 소크라테스의 암울한 운명에 대한 아리스토파네스의 희극적인 터치는 소크라테스에 대한 적대적인 저주라기보다는 "우호적인" 경고라는 해석도 있다. 아리스토파네가 일찍부터 소크라테스에 대한 대중의 강한 적대감을 감지하고, 이를 소

크라테스에게 경고했다는 것이다. Leo Strauss and Thomas L. Pangle. *The Rebirth of Classical Political Rationalism : An Introduction to the Thought of Leo Strauss : Essays and Lectures*(Chicago : University of Chicago Press, 1989), pp. 125-6.

4 소크라테스는 이런 즉흥적인 질문을 통해 자신이 아낙사고라스와 구별된다는 점을 충분히 밝혔다고 생각한 듯하다. 그러나 소크라테스가 이즈음에 자연철학과 완전히 결별한 상태였는지에 대해서는 확실치 않다. 어쨌든 대화편 『파이돈』에서는 소크라테스가 한때 자연철학에 깊은 관심이 있었음을 전한다(『파이돈』 96a-97b). 디오게네스 라에르티우스는 소크라테스가 한때 5세기의 자연철학자로 잘 알려진 아르켈라우스의 제자였으며 아낙사고라스의 제자였다고도 전하고 있다(Diogenes Laertius Ⅱ : 16, 19, 23(Diogenes Laertius, *Lives of Eminent Philosopher, Loeb Classical Library. 2 Vols.*(Cambridge : Harvard University Press, 2000)).

5 소크라테스는 아테네 배심원 법정의 수사학적 역동성을 잘 이해하고 있었다. 그럼에도 불구하고 소크라테스가 사형 판결을 받은 것은 그의 변론의 목적이 무죄 선고가 아니라 아테네인들에게 자신의 삶의 의미를 효과적으로 전달하는 데 있었기 때문이라고 보는 것이 타당하다. 소크라테스의 수사학의 목적은 일반적인 수사학의 목적과 달랐다는 이야기다. 소크라테스적 수사학의 독특한 의미에 대해서는 3장에서 본격적으로 논의할 것이다. 이런 해석과 다르게 소크라테스가 법정에서 냉소와 아이러니를 이용하여 의도적으로 사형 판결을 유도했다는 주장도 있다. Eva Brann, "The Offense of Socrates : A Rereading of Plato's "Apology"." *Interpretation* Vol. 7(1978), pp. 1-21 ; Thomas C. Brickhouse & Nicholas D. Smith, *Plato's Socrates*(New York : Oxford University Press, 1994)을 참조.

6 푸티아는 예/아니오만 대답할 수 있다. 따라서 카이레폰의 질문은 "누가 가장 현명한 사람인가?"가 아니라 "소크라테스보다 현명한 사람이 있는가?"라는 질문이었을 것이다. 이렇게 보면 소크라테스는 델피신탁 이전에도 이미 다른 철학자들과는 구별되는 삶을 산 듯하다. 그러나 델피신탁 이전의 그의 활동에 대한 구체적인 기록은 없다. 이에 대한 초보적인 논의로서 다음을 참조. C. D. C Reeve, *Socrates in the Apology : An Essay on Plato's Apology of Socrates*(Indianapolis : Hackett, 1989), pp. 28-32; Thomas C. Brickhouse & Nicholas D. Smith, *Socrates on Trial*(Princeton : Princeton University Press, 1989), pp. 94-5.

7 소크라테스에게 있어서, 멜레토스와의 즉흥적인 법정 대면은 그가 지금까지 어떤 방식으로 사람들과 대화를 나눴는가를 배심원들에게 보여줄 수 있는 기회였다. 소크라테스의 대화법적 질문방식과 아테네 법정의 생리를 고려한 멜레토스의 수사학적 대응은 좋은 대조를 보인다. 아테네 민주주의에서 수사학(rhetoric)이 어떤 역할을 하였는지는 다음을 참조. Josiah Ober, *Mass and Elite in Democratic Athens : Rhetoric, Ideology, and the Power of the People*(Princeton : Princeton University Press, 1989); Josiah. Ober, *The Athenian Revolution : Essays on Ancient Greek Democracy and Political Theory*(Princeton : Princeton University Press, 1996)

8 이런 지적과 함께 소크라테스는 멜레토스에게 "민주적인" 반격을 가한다. 멜레토스가 자신이 기소한 문제에 대해 무지하다는 것은, 그가 아테네의 배심원들인 아테네의 데모스를 자신의 현란한 수사(rhetoric)로 속일 수 있다고 믿는 뻔뻔한(hubris) 사람이라는 것을 의미한다는 것이다. 이런 소크라테스의 주장은 그가 보기보다 아테네 법정의 수사학적 상황을 잘 이해하고 있음을 암시한다. 아테네 법정

에서 상대방의 뻔뻔함(hubris)을 드러내는 것이 어떻게 사용되었는지에 대해서는 다음을 참조. Josiah Ober, "Civic Ideology and Counterhegemonic Discourse : Thucydides on the Sicilian Debate." in Alan and A. C. Scafuro Eoegehold eds. *Athenian Identity and Civic Ideology*(Baltimore : The Johns Hopkins University Press, 1994) ; J. Ober, *The Athenian Revolution : Essays on Ancient Greek Democracy and Political Theory*(Princeton : Princeton University Press, 1996), 특히 7장.

9 멜레토스는 왜 이미 기소된 내용과는 달리 소크라테스가 무신론자라는 무리한 주장을 하는 것일까? 스트라우스는 소크라테스가 쳐놓은 덫에 멜레토스가 걸린 것으로 본다. Leo Strauss, "On Plato's Apology of Socrates and Crito," in Samuel S. Kutler ed. *Essays in Honor of Jacob Klein*(Annapolis, Maryland : St. John's College Press, 1976), p. 158. 그러나 필자는 이 해석에 동의하지 않는다. 멜레토스도 나름대로 이유가 있다. 멜레토스는 소크라테스가 도시의 신을 섬기고 있지 않다는 사실에 대해서는 이미 인정된 사실이라고 보고, 소크라테스에게 좀 더 큰 죄목을 씌우고 싶었는지 모른다. 그리고 무신론자임이 입증되지 않는다고 해서 기소의 내용이 반박되는 것은 아니므로 멜레토스의 대답은 오히려 안전한 것이었을 수도 있다.

10 어떤 의미에서 소크라테스는 '사려 깊은, 드러나지 않는' 민주주의자라고 할 수 있다. 민주주의를 다수 대중에 "의한" 지배로 정의할 때 소크라테스는 민주주의자도 반민주주의자도 아니다. 그러나 다수 대중을 "위한" 정치를 지향한다는 점에서 소크라테스는 민주주의자라고 할 수 있다. 소크라테스의 독특함은, 다수 대중에 "의한" 지배가 곧 다수 대중을 "위한" 정치라는 등식에 대해 매우 신중한 접근을 한다는 점이다.

11 혹자는 소크라테스의 삶과 정치 간의 갈등은 아테네 민주주의라는 독특한 정치적 상황에 기인한다고 주장한다. 이런 주장의 연장선에서 소크라테스의 사형을 우연한 역사적 사건으로 파악하는 아렌트의 해석도 존재한다. 아렌트 역시 정치사상사에 있어서 정치와 철학의 갈등을 주목한다. 그러나 그녀는 소크라테스의 죽음을 역사적으로 우연히 일어난 사건의 하나로 간주함으로써 정치와 철학의 갈등의 근원을 소크라테스의 삶이 아닌 플라톤의 정치철학에서 찾는 오류를 범하고 있다. 아렌트에 따르면, 플라톤의 철인 정치는 철학자에게 안전한 삶을 보장하고, 소크라테스의 죽음과 같은 우연적인 비극을 배제하겠다는 목적으로 구상되었지만, 결국 정치에 대한 철학의 독재를 낳았고, 이때부터 사실상 정치와 철학의 갈등이 시작되었다는 것이다. 정치와 철학 간의 갈등의 기원이 소크라테스냐 플라톤이냐를 가리는 것은 단지 역사 해석의 문제가 아니다. 아렌트의 예에서 보이는 것처럼 소크라테스의 죽음을 우연으로 돌리는 것은 플라톤 정치철학의 본질을 왜곡하고, 결과적으로 서양정치사상사 전체를 오해하는 결과를 초래할 수도 있다. 이런 관점에서 정치와 철학 간의 갈등이 소크라테스에게 있음을 밝히는 것은 정치사상사에서 매우 중요한 의미를 갖는다. Hannah Arendt, "Philosophy and Politics." *Social Research* Vol. 57(1990), pp. 73-103.

12 무지에 대한 지(知)가 어떻게 "영혼 돌봄"이라는 일종의 구체적인 지식에 대한 주장(knowledge-claim)으로 전환되었는지에 대해서는 명쾌한 설명이 없다. 그러나 "영혼 돌봄"도 그 구체적인 방안이 제시되지 않았다는 점에서 여전히 무지에의 지(知)의 연장선상에 있다고 볼 수 있다. 이에 대해서는 Thomas C. Brickhouse & Nicholas D. Smith, *Socrates on Trial*(Princeton : Princeton University Press, 1989), pp. 128-36를 참조.

13 부가적으로 소크라테스는 사실 기소자들이 자기를 사형시킴으로써 자신에게 해를 가할 수 없다는 주장을 펼치는데(30c-d), 이런 주장은 도덕적으로 열등한 사람은 도덕적으로 우월한 사람에게 해를 가할 수 없는가라는 윤리적으로 매우 중요한 논쟁을 불러일으킨다. 본문 내용의 전개상 이에 대한 논의는 생략한다. 이 윤리적 논쟁과 관련한 연구의 소개는 Thomas C. Brickhouse & Nicholas D. Smith, *Socrates on Trial*(Princeton : Princeton University Press, 1989), pp. 161-167을 참조.

14 사실 피고인들이 아테네 법정에서 과거에 도시에 유익을 준 적이 있다는 주장을 하는 것은 흔한 일이다. 아테네 재판의 관습에 대해서는 다음을 참조. K. J. Dover, Greek *Popular Morality in the Time of Plato and Aristotle*(Oxford : Blackwell, 1974).

15 페리클레스적 정치적 삶에 대해서는 그의 유명한 국장연설을 참조(Thuc. II. 40).

16 그래서 소크라테스는 이렇게 말한다. "내가 사적으로 여기저기 다니며 사람들을 만나면서, 공적이고 정치적인 장소에서 도시의 문제에 대해 조언하지 않은 것은 이상하게 보일 것이다"(『변론』, 31c).

17 아테네인들에게 소크라테스의 신적인 힘(*daimonion*)에 대한 이야기는 그렇게 새삼스럽지 않다. 플라톤의 대화편과 크세노폰의 소크라테스에 대한 저작에서 이 신적 힘에 대한 이야기는 자주 등장한다. 플라톤(『변론』 31c-d, 40a, 41d, 『에우튀프론』 3b, 『에우튀데모스』 272e, 『국가』 496c), 크세노폰(『회상』 1.1.2-4, 4.8.1, 『변론』 4-5, 8, 12-13, 『향연』 8.5).

18 더구나 소크라테스는 500인 위원회의 일일 의장직을 수락함으로써 아테네 민주주의의 핵심적인 요소인 추첨 제도를 공식적으로 인정한 바 있다. 이런 사실은 소크라테스가 정치는 정치 전문가에게만 맡겨져야

한다는 고집스런 반(反)민주주의자가 아니라는 사실을 입증한다. 소크라테스는 결코 열광적 민주주의자라고 할 수 없다. 그러나 고질적 반민주주의자로 보는 것도 온당치 않다.

19 30인 과두정이 레온의 체포 명령을 내리는 정치적인 배경에 대해서는 Thomas C. Brickhouse & Nicholas D. Smith, *Socrates on Trial* (Princeton : Princeton University Press, 1989), pp. 179–84을 참조.

20 500인 위원회에의 참여는 아테네 민주정 하에서, 그리고 레온에 대한 체포 명령은 아테네 과두정 하에서의 정치 경험이다. 이 두 사례는 소크라테스가 정체의 종류와 무관하게 자신의 원칙을 적용했으며, 앞서 주장한 바와 같이 그의 삶이 정체의 종류와 관계없이 정치와 근본적인 갈등 관계에 놓여 있다는 것을 보여준다.

21 소크라테스가 이따금 장시간의 사색에 들어갔던 것은 사실이지만(『향연』 220c–d), 그의 삶 전체는 관조적 삶이었다기보다 많은 사람들을 만나는 분주한 삶이었다고 할 수 있다.

22 31c 본문에는 *ego idiai men tauta ksumbouleuo periion kai polupragmono*로 되어 있다. *polupragmosune*의 용례와 문화적인 맥락에 대해서는 A. Adkins. "Polupragmosune and Minding One's Own Business : A Study in Greek Social and Political Values," *Classical Philology* Vol. 71(1967), pp. 301–27 ; A. Adkins, *Merit and Responsibility*(Chicago : University of Chicago Press, 1960) ; K. J. Dover, *Greek Popular Morality in the Time of Plato and Aristotle*(Oxford : Blackwell, 1974)을 참조.

23 소크라테스의 삶을 정치적 삶으로 정의할 수 있다는 주장은 언뜻 보면 앞에서 소크라테스의 삶이 정치와 근원적으로 갈등하고 있다는 주장과 상반되는 것처럼 보일지 모른다. 그러나 소크라테스적 정치적 삶은 새롭게 정의된 "정치"를 바탕으로 가능한 것이며, 정치와 철학의

갈등을 전제로 한 것이라는 사실을 상기하면, 소크라테스가 결국 정치적 삶을 지향하고 있다는 것과 그의 철학이 정치와 근본적으로 갈등하고 있다는 주장은 상반된 것이 아님을 알 수 있다. 페리클레스적 정치의 관점에서 보면 여전히 소크라테스의 삶은 비정치적이고 반정치적으로 보일 것이기 때문이다.

24 이 절은『아세아연구』53권 2호(2010)에 게재된 졸고, "『변론』과『크리톤』에 나타난 소크라테스적 시민성의 재해석"의 일부 내용을 수정해 실은 것이다.

25 이런 맥락에서 아렌트, 마라, 빌라도 비교적 유연한 시민성의 관점에서 소크라테스적 시민성의 의의를 재발견하고 있다. Hannah Arendt, "Philosophy and Politics." *Social Research* Vol. 57(1990), pp. 73-103; Gerald Mara, *Socrates' Discursive Democracy : Logos and Ergon in Platonic Political Philosophy*(Albany: State University of New York Press, 1997); Dana Villa, *Socratic Citizenship*(Princeton: Princeton University Press, 2001)을 참조.

26 소크라테스의 독특한 대화법과 델피신탁과의 연관성에 대해서는 Mark McPherran, "Elenctic Interpretation and Delphic Oracle," Gary Alan Scott ed. *Does Socrates Have a Method?*(University Park: Penn State University Press. 2002)을 참조.

27 이에 덧붙여서 소크라테스는 반복적으로 자신의 활동이 신이 내린 사역과 관계있음을 강조한다. 1. "만일 여러분께서 저를 사형에 처하신다면, 여러분께서는 또 다른 한 사람의 이런 사람을 쉽게 찾아내지는 못할 것이기 때문입니다. 마치 덩치가 크고 혈통이 좋긴 하나, 덩치 때문에 굼뜬 편이어서 일종의 등에 의한 자극을 받을 필요가 있는 말처럼, 영락없이 이 나라에 신에 의해서 붙어 있게 된 이런 사람을 말입니다. 바로 그런 것으로서 신이 저를 이 나라에 붙여 놓게 된 것으로 제겐

생각됩니다"(30d－31a). 2. "그렇지만 제가 신에 의해서 이 나라에 선사된 그런 사람이라는 점을, 여러분께서는 다음으로 미루어 아실 수 있습니다. 제가 자식의 모든 것에 대해서 관심을 두지 않았다는 것은 그리고 집안일들이 실제로는 그처럼 여러 해 동안 방치된 상태로 있는데도 견뎌 왔다는 것은, 그러면서도 여러분을 개별적으로 찾아가서는, 마치 아버지나 형처럼 사람으로서의 훌륭함에 마음을 쓰도록 설득하면서 언제나 여러분의 일을 해왔다는 것은 예사 인간사(人間事) 같지가 않기 때문입니다"(31a－b). 『변론』의 번역은 따로 표기하지 않는 한 박종현의 번역본을 따랐다. 박종현, 『플라톤의 네 대화편』(서광사).

28 언제부터 소크라테스가 다른 이들의 삶에 대해 캐묻고 심문하는 철학적 활동을 시작했는지는 분명치 않지만 적어도 『변론』은 이 활동이 델피신탁으로부터 시작했음을 시사하고 있다. 혹자는 소크라테스가 델피신탁 이전에 이미 이 활동을 시작했을 가능성이 있다고 믿기도 한다. 카이레폰의 신탁을 청하는 물음이 "소크라테스보다 더 현명한 사람이 있습니까?"였다는 것에 주목한 해석이다. 그러나 카이레폰의 성격이 소크라테스에 대해 지나치게 열광적이었음을 감안하면, 이런 물음은 가능하고 델피신탁 이후에 소크라테스의 지식 내용이 바뀌었다고 보는 것이 타당하다. Michael Stoke, "Socrates' Mission," in B. Gower and M. Stoke eds. *Socratic Question*(New York: Routledge, 1993), pp. 68－9을 참조.

29 이와 관련해서 소크라테스는 『변론』에서 다음과 같이 밝히고 있다. "만약에 제가, 여러분께서 저를 지휘하도록 선출하셨던 그 지휘관들이 포테이다이아에서 그리고 암피폴리스에서, 또한 델리온에서 제게 위치를 정해 주었을 때, 그때는 그들이 정해 준 그곳에 다른 누구와도 똑같이 머물러 있으면서 죽을 각오로 모험을 했으면서도, 제가 그렇게 생각하고 이해했다시피 신이 저로 하여금 지혜를 사랑하며(철학하며)

또한 저 자신과 남들을 캐물어 들어가면서 살아야만 한다고 신이 지시하였는데, 이 마당에 제가 죽음이나 또는 그 밖의 어떤 것이든 이를 두려워하여 제 자리를 뜬다면 저는 무서운 짓들을 한 셈이 될 것입니다. 그것은 무서운 일일 것이니, 그 때는 제가 신탁에 불복하고 죽음을 두려워하며 현명하지도 않으면서 현명한 것으로 생각하기에 신들이 있다는 걸 믿지 않기 때문이라 하여 누군가가 저를 법정으로 이끌고 온다면, 그건 참으로 옳게 하는 일일 것입니다"(28d–e).

30 같은 맥락에서 앞으로 철학을 하지 않는다는 조건으로 방면하는 제안이 있다 하더라도 이를 거부할 것이라고 선언하는 소크라테스는, 국가의 명령을 일방적으로 무시하겠다는 것이 아니라 신의 명령이 국가의 명령보다 우위에 있음을 강조하기 위함이라고 해석하는 것이 타당하다(29c–d).

31 『크리톤』 해석과 관련하여 학자들은 오랫동안 소위 "『크리톤』/『변론』 문제"에 매달려 왔다. 이 논쟁을 간단히 말하면, 『크리톤』의 소크라테스는 시민으로서 법에의 복종 의무를 강조하는 반면, 『변론』의 소크라테스는 법보다 철학적 탐구를 통해 밝혀진 정의를 우선시하고 있으므로 양쪽의 소크라테스가 일치하지 않는다는 것이다. 문제의 기본적인 성격에 대해서는 Richard Kraut, *Socrates and the State*(Princeton : Princeton University Press, 1984), pp. 11–2; Brickhouse & Smith, *Plato's Socrates*(New York : Oxford University Press, 1994), pp. 143–9을 참조. 1970년대 초까지 『크리톤』 연구는 『변론』과의 기본적인 모순이 있음을 인지하면서도 대체로 『크리톤』이 법에의 복종 의무를 강조하기 위한 대화편이라는 점을 부인하지 않았다. Ex. R. Martin, "Socrates on Disobedience to the Law," *Review of Metaphysics* Vol. 24, No. 1(1970). Allen은 『변론』과 『크리톤』의 모순에 대해 보다 직접적으로 대응한다. 그는 "부정의를 행하는 것"과 "부

정의를 감당하는 것"을 구분하고, 『변론』에서 소크라테스가 조건부 방면을 거부(불복종)한 것은 "부정의를 행하는 것"-신의 명령에 따르지 않는 것이므로-이기 때문이고, 『크리톤』에서 탈옥(불복종)을 거부한 것도 부정의를 부정의로 되갚지 않는다는 "부정의를 행하는 것"을 거부한 것으로 이해하면서 『크리톤』/『변론』문제를 해결하려 한다. Allen, R. E.. "Law and Justice in Plato's Crito." *Journal of Philosophy* Vol. 69, No. 18(1972). 그러나 Allen의 공헌은 그의 논점이 그의 결론과는 달리 시민 불복종의 근거를 찾을 수 있게 해 준다는 데 있다. 예컨대 "시민권이 자발적인 동의의 결과라면 어떤 경우에도 혁명할 권리는 생기지 않는다"라는 그의 주장은 오히려 이와 다른 경우에는 불복종이 가능하다고 해석될 여지를 열어 두기 때문이다. 그 영향으로 이전의 경향과는 반대로 『크리톤』과 『변론』에서 불복종을 일관성 있게 해석하는 저작들이 나왔다. Ex. Frederick Rosen, "Obligation and Friendship in Plato's Crito," *Political Theory* Vol. 1, No. 3(1973); Ann Congleton, "Two Kinds of Lawlessness: Plato's Crito," *Political Theory* Vol. 2, No. 4(1974). 불복종 문제로 초점이 옮겨간 『크리톤』 연구의 전환은 Kraut의 단행본 크기의 저서에서 절정을 이룬다. Kraut는 『변론』과 『크리톤』간에 불일치가 있음을 인정하고, 소크라테스의 기존 원칙과 일치하는 방향으로 『크리톤』을 읽어 내는 것이 단순히 불일치를 선언하는 것보다 중요하다고 지적한다. Richard Kraut, *Socrates and the State*(Princeton: Princeton University Press, 1984), p. 59. Kraut의 저서는 이후 『크리톤』에 대한 가장 상세한 저서로 꼽히고 있지만, 이 연구는 의인 법률을 소크라테스의 입장과 거의 일치시키는 결정적인 약점을 갖고 있다. 이에 대해 Weiss나 Rosano는 소크라테스와 의인 법률을 구분하며, 『변론』에서는 철학자와 철학적 삶이 논의의 중심이었다면 『크리톤』에서는 시민이 논의의 중심이 되었다고 주장한다. Roslyn Weiss, *Socrates Dissatisfied*(New York: Oxford University Press, 1998); Michael Rosano, "Citizenship and Socrates in Plato's Crito," *Review of Politics* Vol. 62, No. 3(2000).

32 『크리톤』이 플라톤의 저작이긴 하지만, 이는 그의 초기 작품으로서 여기 등장하는 소크라테스가 광의의 역사적 소크라테스와 동일하다고 보는 것이 필자의 입장이다.

33 소크라테스와 크리톤은 모두 탈옥의 성공을 의심하지 않는다. 따라서 탈옥의 정당성을 따질 때, 실패 가능성이라는 위험 요소까지 넣어 저울질 하지는 않는다.

34 53b에서 의인 법률은 만약 소크라테스가 탈출한다면 "배심원들은 그들의 판결이 정당했다고 확신할 것"이라고 주장한다. 이 말은 소크라테스가 그들이 정당하게 판결을 내렸다고 믿지 않는다는 것을 의미한다. 54c에서 의인 법률은 "만약 그대가 떠난다면 그대는 해를 입고서 떠나게 되는 것이나, 이는 법률인 우리로 해서가 아니라 인간들로 해서인 것이다"라고 선언한다. 이는 배심원들의 판결이 부당하게 이뤄졌음을 의인 법률 역시 인정하고 있음을 의미한다.

35 권창은 교수는 그의 첫 번째 논문에서 "악법도 법이다"라는 문맥적 의미에 주목해서 소크라테스가 "악법"의 존재를 인정한 것도 아니고, 그에게 적용된 "불경건처벌법"이 악법이었다고 주장한 것도 아니므로 이 표현에 대한 시중의 이해가 잘못된 것임을 지적한다(권창은, "소크라테스와 악법." 권창은·강정인 공저『소크라테스는 악법도 법이라고 말하지 않았다』. 서울: 고려대학교 출판부, 2005a). 그러나 그의 두 번째 논문에서는 "악법도 법이다"라는 시중 인식이 『크리톤』의 취지에서 완전히 벗어나는 것은 아니라는 입장을 밝히고 있다(권창은, "소크라테스에 있어서 정의와 준법." 권창은·강정인 공저『소크라테스는 악법도 법이라고 말하지 않았다』. 서울: 고려대학교 출판부, 2005b, p.

143). 『크리톤』에 대한 권 교수의 결론은 시중인식과 큰 차이가 없다. 이 때문에 권 교수는 국가 공권력으로부터 시민이 불의를 당했을 때에도 소크라테스의 정의관에 따르면 현실적으로 정당방위적 시민저항권을 행사할 수 없다고 본다. 권 교수는 이런 고민 때문에 "다중적 정의관"이라는 대화편 밖의 개념을 성급히 끌어들여 공권력에 저항할 근거를 마련하며 글을 맺는다. 권창은 교수의 두 논문은 한편으로 철학자적인 진솔함을 담고 있으면서도, 그 진솔함을 그대로 견지하기 어려운 철학자로서의 고뇌를 엿보게 한다.

36 소크라테스는 의인 법률의 말을 마치면서 의인 법률의 설득이 마치 "코리바스 같은 열광 상태에 빠진 사람들에게 아울로스들의 소리가 들리는 것처럼" 들린다고 표현하고 있다(54d). 들리는 듯 하다는 것은 소크라테스가 완전히 설득당했다는 것과는 구분된다. 또한 코리바스는 광란한 춤과 소란한 피리와 함께하는 관습으로 이성적 활동과는 거리가 있다. 코리바스를 자신에 비유한 것은 의인 법률의 설득이 그다지 이성적인 주장으로 들리지 않음을 의미하고, 의인 법률의 "설득 아니면 복종"이라는 준칙은 크리톤에게만 적용될 필요가 있음을 암시한다. 코리바스에 대한 언급이 의인 법률과 소크라테스를 구분하는 결정적인 증거가 될 수는 없다. 그러나 의인 법률의 주장이 소크라테스의 입장과 완전히 일치하는 것은 아닐 가능성이 있음은 언급할 가치가 있다.

37 자기 자신에게 의도적으로 가하는 위해가 아닌 어쩔 수 없이 당하는 해(害)는 그것을 모면하겠다고 적극적으로 부정을 행하는 것보다 낫기 때문에 탈옥을 거부한 것일 수는 있다. 부정을 행하는 것과 부정을 감당하는 것을 구분하고 부정을 당하는 것을 피하기 위해 부정을 행해야 한다면, 부정을 그대로 감수하는 것이 낫다는 입장이다. 그럼에도 불구하고 파괴가 일방적으로 부정되는 것이라고 보기는 어렵다. 소크

라테스는 앞에서 "(영혼이) 망가진 상태로 있다면 살 가치가 있을까?" 라고 반문하면서 파괴의 긍정적 측면을 인정하고 있다(47e).

38 이 문제는 『고르기아스』 대화편에서 다시 다루어진다.

39 이 개념은 Congleton으로부터 빌려 온 것인데, 그녀의 주장에 완전히 동의하는 것은 아니지만, 상위의 불법성(higher lawlessness)과 저급한 불법성(lower lawlessness)의 구분은 『크리톤』에서 소크라테스의 입장을 이해하는 데 유용하다. Ann Congleton, "Two Kinds of Lawlessness : Plato's Crito," *Political Theory* Vol. 2, No. 4(1974).

40 알키비아데스는 스파르타로 건너가 아테네를 해하는 군사적 조언을 아끼지 않았다. 그러나 스파르타의 왕 아기스 2세의 왕비 티마이아와 간통하여 레오튀키다스를 낳게 했다는 의심을 받고, 아기스 2세의 위협을 피해 페르시아의 귀족 출신인 사르디아의 태수, 티사페르네스에게 망명한다(기원전 412년). 여기서 알키비아데스는 티사페르네스로 하여금 스파르타와 아테네와 등거리를 유지하도록 한다. 그 사이 사모스를 중심으로 하는 아테네의 전세가 바뀌면서, 알키비아데스는 소아시아 지역에서 크고 작은 전투에 명성을 회복하고, 결국 아테네로 금의환향한다(기원전 407년). 그러나 전쟁이 스파르타의 승리로 끝나자 위험을 깨달은 그는 페르시아 왕의 아르토크세르크세스를 직접 찾아가기로 하고 헬레스폰토스 근처 프뤼기아의 태수 파르나바조스에게 몸을 의탁한다. 그러나 파르나바조스는 아테네의 30인 과두정의 우두머리였던 크리티아스와 스파르타 왕 뤼산도로스의 의뢰에 따라 결국 알키비아데스를 살해한다(기원전 404년). 소크라테스의 재판이 있기 5년 전의 일이다.

41 당시 아테네는 나이 든 성인(eratēs, lover)과 사춘기를 전후한 미소년(eromenos, beloved) 간의 동성애가 일상화되어 있었다. 이들 간에 육체적 관계가 없었다고는 할 수 없지만 그것만이 전부라고도 할 수 없

다. 미소년이 나이가 차면 전자는 후자의 사회적인 후견인 역할을 하는 경우가 많았다. 이런 맥락에서 사회적으로 명망 있는 유력자들은 많은 미소년들을 거느리고 있었다. 통상적인 관점에서 알키비아데스와 같이 촉망받는 젊은이가 소크라테스와 같이 재력이나 명망이 없는 인물을 따른다는 것은 매우 드문 일이다. 이 대화편에서 알키비아데스가 소크라테스를 만난 것은 그의 나이 18세 전후로 보이며, 플라톤의 『향연』에는 그가 소크라테스와 함께 포테이다이아 전투에 참가했다는 기록이 나온다. 『향연』은 또한 늘 잘난 척하며 다른 사람에게 무례하기만 했던 알키비아데스가 소크라테스를 만나면서 그가 권하는 철학과 삶의 방식에 한때 열중했다고 전한다(『향연』 215a-222b).

42 『알키비아데스』는 플라톤의 다른 대화편과 비교해 볼 때 대단히 사적인 대화록이라고 할 수 있다. 이 대화편에는 알키비아데스와 소크라테스 이외의 다른 어떤 인물도 등장하지 않는다. 이 대화편의 극적 시간을 약 기원적 433년으로 본다면, 알키비아데스는 이제 막 스무 살이 된 상태이고 소크라테스는 사십대라고 할 수 있다. 반면에 크세노폰은 소크라테스가 알키비아데스의 타락에 책임이 있다는 세간의 주장을 무마하기 위해 두 사람의 친밀성을 전반적으로 부인한다(Xenophon, *Memorabilia I* : ii. 12-28, 39-47).

43 Alfarabi, *The Philosophy of Plato I*, 102.

44 이러한 알키비아데스의 주장은 『변론』에서 소크라테스가 누가 젊은이들을 교육할 자격이 있느냐고 멜레토스에게 질문했을 때, 그가 아테네 시민 전체 그리고 다수의 데모스라고 대답하는 대목을 연상시킨다. 멜레토스나 알키비아데스는 자신의 속셈이 무엇이든 간에 민주정 하의 아테네에서의 정치적으로 옳은 대답에 익숙해 있다. 알키비아데스는 이와 같은 민주적 이데올로기에 너무나 익숙한 나머지 현재 소크라테스와 대단히 사적인 대화를 나누고 있음도 망각했는지 모른다.

45 소크라테스는 호메로스를 언급하면서 정의와 관련해서 알키비아데스와 다수의 견해에 차이가 있음을 넌지시 알리고자 했다. 즉 정의에 대한 일상적인 관심은 어떤 실질적인 재화를 둘러싼 것인데, 알키비아데스는 앞서 언급한 바와 같이 재화보다는 승리 자체에 더 큰 관심을 갖는다. 다수가 승리에 관심을 갖는 것은 승리 자체보다 이를 수단으로 어떤 재화를 소유하기 위함이다. 반면에 알키비아데스는 순수한 의미에서 승리를 사랑한다.

46 이 배의 비유는 『국가』에 나오는 배의 비유와 대조를 이룬다(488a-489a). 이에 대해서는 4장을 참고. 『국가』에 등장하는 배의 비유와 달리 소크라테스가 여기서 강조하는 것은, 알키비아데스가 만약 도시를 지배할 만한 자격을 갖추게 되면 도시의 시민들은 자발적으로 그에게 복종하게 되고, 이것이야말로 알키비아데스에게 진정으로 고귀한 업적이 된다는 것이다(119e).

47 소크라테스는 여행자의 말을 인용하면서 페르시아의 부(富)는 스파르타와는 비교도 할 수 없을 정도라고 증언한다. 사실 스파르타의 부는 은닉되어 있고 사적인 형태로 존재한다. 스파르타는 법적으로 대단히 검소한 수준의 재산만 소유할 수 있었지만, 이 법은 실제로 스파르타인들로 하여금 은밀히 재산을 축적하게 만드는 결과를 낳았다. 스파르타인들을 절제하게 만든 법은 사실상 실패한 것이다. 반면에 페르시아의 부는 공개적이고, 아울러 정치적이었다. 페르시아에서 부와 토지와 장식의 과시는 페르시아 정체의 덕과 왕의 덕을 연결하는 매개체가 된다. 예컨대 소크라테스는 스파르타에 상당수의 노예가 있었음을 언급하지만(122d), 페르시아의 노예제에 대해서는 언급하지 않는다. 페르시아에서는 여왕 이하 모든 사람들이 왕의 권위에 자발적으로 복종한다는 것을 확인했다. 반면에 스파르타의 여왕은 관리들에 의해서 공개적으로 호위되어야 하고, 그것도 완벽한 것은 아니라는 것이 묘사되

고 있다. 121b에서 여왕의 호위에는 "가능한 한"이라는 수식어가 붙어 있는데, 우리는 알키비아데스가 나중에 스파르타에 망명한 후에 결국 아기스 왕의 왕비를 유혹했음을 알고 있기에 스파르타의 왕비가 잘 호위되고 있다는 소크라테스의 말은 사실 농담에 가깝다. Plutarch. *Plutarch's Lives, The Dryden Translation*. 2 vols.(New York : The Modern Library, 2001), Alcibiades 23.

48 이 절은 『한국정치학회보』 41권 4호(2007)에 게재된 졸고, "플라톤의 『메네크세노스』와 아테네 제국의 정체성 그리고 플라톤적 정치적 삶"의 일부 내용을 수정하여 실은 것이다.

49 따라서 Laraux가 지적하듯이 『메네크세노스』를 경시하는 것은 에피타피오스가 아테네 정치의 일상에서 얼마나 중요한 역할을 차지하고 있는가에 대한 무지의 결과라고 볼 수 있다. Nicole Loraux, *The Invention of Athens : The Funeral Oration in the Classical City*(Cambridge : Harvard University Press, 1986), p. 312.

50 플라톤 정치사상에서 로고폴리스의 실현 가능성과 철인왕으로 대표되는 철학자의 정치 참여에 관한 논쟁에 대해서는 졸고, "플라톤의 『국가』와 철인왕의 패러독스." 『정치사상연구』 10권 2호(2004b)를 참고.

51 이렇게 아테네 현실정치에 구체적이고 적극적으로 개입하고 있는 소크라테스의 모습은 우리로 하여금 『고르기아스』의 소크라테스를 연상시키기에 충분하다. 『고르기아스』에서 소크라테스는 자신과 친구의 목숨도 구하지 못할 것이라고 소크라테스를 조롱하는 칼리클레스에게(522c) 자신만이 진정한 정치가라고 선언한 바 있다(521d). 과거의 정치가들이 아테네인들의 욕구를 충족시켜 줌으로써 시민들을 "즐겁게"만 했을 뿐 그들을 더 "훌륭하게" 만들지 못했음에 비해 소크라테스 자신은 시민들의 영혼을 보살필 수 있는 진정한 정치가라는 것이었다. 소크라테스의 이런 주장은 적어도 구체적인 현실정치의 영향력을 기

대하는 사람들에게 공염불처럼 들릴 수 있다. 영혼을 보살피는 정치가란 현실정치에 무관심한 소크라테스와 같은 "무기력한" 철학자의 또 다른 이름에 불과한 것으로 들리기 때문이다. 『고르기아스』의 소크라테스는 이러한 암묵적인 불만에 대해 직접적으로 답하고 있지 않다. 반면 『메네크세노스』의 소크라테스는 아테네 정체성 문제에 직접적으로 관여함으로써 『고르기아스』에서 선언된 "진정한 정치가"의 현실적인 예를 보여주고 있다. 이런 측면에서 『메네크세노스』의 소크라테스는 『고르기아스』에서 제기되었던 문제의 일부를 해결하고자 하는 플라톤의 의도를 드러낸다고 할 수 있다. 물론 『고르기아스』에서 제시된 진정한 정치가의 모습이 에피타피오스를 짓는 연설가로 국한될 수는 없다. 진정한 정치가는 거리에서 젊은이들과 대화하며 서서히 점진적으로 도시의 "철학적" 정체성을 만들어가는 소크라테스적인 정치인일 수도 있고, 이상적인 플랜을 정치에 개입시키는(혹은 절대 실현 불가능하다고 믿는) 플라톤적인 정치인일 수도 있다. 메네크세노스가 대답하고 있는 정치인의 유형은 일반인들이 기대하고 있는 진정한 정치인의 모습으로 분류될 수 있다.

52 다음 장에서 본격적으로 다루겠지만 『고르기아스』에 나타난 소크라테스의 태도를 간단히 소개하면 다음과 같다. 『고르기아스』에서 소크라테스는 많은 사람들이 페리클레스 시대를 동경하는 경향에 대해서 강하게 비판한다. 소크라테스의 관점에서 페리클레스도 다른 타락한 정치인들과 크게 다르지 않다. 페리클레스는 "갑문과 선착장, 방어벽"을 건설했지만, 이를 통해 그는 아테네인들의 욕망만을 충족시켰을 뿐 그들의 영혼을 개선하는 데는 실패했기 때문이다(516d). 페리클레스는 데모스에게 아첨하고 또 교활하게 자신의 인기에 편승해서 정치를 했을 뿐 실질적으로는 아테네인들을 조금도 올바르게 만들지 못했으며 오히려 "난폭하게" 만들었다는 것이다(516c). 이와 같은 페리클레스에

대한 비판은 우리에게 익숙한 플라톤의 아테네 민주주의에 대한 비판이자 이런 민주주의 병폐의 주요한 요인으로 지적되는 수사학에 대한 플라톤의 전면적인 비판이기도 하다. 그러나 소크라테스의 노골적인 페리클레스 비판에는 소크라테스의 이중적인(철학적, 실천적) 의도가 내포되었음을 주목할 필요가 있다. 이에 대해서는 이 책의 3장을 참조.

53 이에 대해서는 이 책의 3장 2절에서 상세히 다룬다.

54 투키디데스보다 두 세대 뒤에 아리스토텔레스는 투키디데스의 페리클레스에 대한 평가를 당연한 것으로 받아들이고 있다(Thuc. II. 65). 아리스토텔레스 역시 "페리클레스가 지도자로 있는 동안 정체는 여전히 양호한 상태로 있었지만 그가 죽은 후 모든 상황이 악화되었다"고 기술하고 있다. Aristotle, *The Politics and the Constitution of Athens,* ed. Stephen Everson(Cambridge : Cambridge University Press), 28. 1.

55 현재 이 땅에서 살고 있는 거주자들은 그 조상으로 거슬러 올라가면 결국 모두 같은 땅으로부터 나온 한 형제라는 토착인 전설은 플라톤의 『국가』에 잘 소개되어 있다. 플라톤이 사용하고 있는 토착인 전설(*autochthôn*)의 사용에 대해서는 다음을 참조. J. Derrida, *Politics of Friendship*. Trans. George Collins(London : Verso, 1997), pp. 94–5 ; Nicole Loraux, *The Children of Athena : Athenian Ideas about Citizenship and the Division between the Sexes*. Trans. Caroline Levine(Princeton : Princeton University Press, 1993.) ; Arlene Saxonhouse, "Myths and the Origin of Cities : Reflections on the Autochthony Theme in Euripides'Ion," in Peter Euben ed. *Greek Tragedy and Political Theory*(Berkeley : University of California Press, 1986), pp. 252–73.

56 투키디데스는 이 지역이 불모지이고 다른 지역에 비해 황폐했기 때문

에 타 종족의 침략의 대상이 되지 않았고, 그 덕분에 아테네인들은 오랫동안 동일한 지역에 터전을 삼을 수 있었으며, 상대적으로 내전(*stasis*)에 시달리지도 않았다고 기술한다(Thuc. I. 3).

57 Saxonhouse는 출생의 평등을 기초로 한 아테네의 민주정체가 아테네의 시민적 유대와 어떤 관련이 있는가를 상세히 밝히고 있다Arlene Saxonhouse, *Fear of Diversity : Political Science in Ancient Greek Thought*(Chicago : University of Chicago Press, 1992).

58 이런 주장은 사실 10명의 장군을 제외하면 대부분 선출이 아니라 추첨에 의해 관직을 정했던 아테네 민주정의 현실과 부합하지 않는다. 뿐만 아니라 관직의 선출과 관련해서도, 소크라테스의 견해는 다수의 의견을 바탕으로 공직자를 선출하는 아테네의 방식과 구별된다. 기본적으로 소크라테스는 다수에게 "현명하고 훌륭하게 보이는" 사람과 진정으로 현명하고 훌륭한 사람들은 엄연히 구별된다고 보았다.『메네크세노스』에서도 소크라테스는 다수가 실제로 훌륭한 자들을 선출해 아테네를 통치하게 할 가능성에 대해서 회의적이다. 민주정에서 공직을 맡은 사람들을 '훌륭한 사람'이 아니라 '훌륭하게 보이는 사람'이란 단어로 표현하면서, 민주정이 반드시 *Aristokratia*(가장 최선의 정체)가 될 수 없음을 간접적으로 시인하기 때문이다. 그렇다고 이들이 반드시 가장 타락한 사람들로 간주될 필요는 없다. 훌륭하게 보이는 이들이 실제로 훌륭할 가능성은 여전히 열려 있기 때문이다. 소크라테스의 증언대로 관직이 부나 부모의 혈통에 의해 결정되는 것이 아니라 본인의 지혜와 능력에 의해서 결정된다면 말이다. 따라서 소크라테스가 제시하는 최상의 정체란 사실상 민주정체의 "탐욕적"이고 "열광적"인 요소가 제거된 상태이다. 이러한 태도는 일견 민주정의 필연적 타락 가능성을 염두에 두고 민주정을 비판해 온 기왕의 소크라테스의 입장과는 대립되는 것으로 보인다. 그러나 우리는 지금 어떤 맥락에서 민주

정에 대한 논의가 전개되고 있는가를 상기할 필요가 있다. 소크라테스는 지금 어떤 정체가 보편적으로 바람직한 정체인가를 따지는 것이 아니라 아테네 민주정이라는 구체적으로 주어진 현실에서 새로운 정체성의 확립을 모색하는 중이다. 소크라테스와 플라톤의 사상과 민주주의 관계에 대해서는 특히 제2차 세계대전을 전후로 논란의 대상이 되어 왔다. 지면의 제약 상 그동안 축적된 학계의 업적을 열거하긴 힘들지만 그 입문으로 Thomas Landon Thorson, ed. *Plato : Totalitarian or Democrat?*(Englewood : Prentice-Hall, 1963)을 참고.

59 소크라테스가 왜곡한 전쟁사의 내용에 대해서는 다음 논문에 자세히 소개되어 있다. M. M. Henderson, "Plato's Menexenus and the Distortions of History," *Acta Classica* Vol. 18(1975) ; C. Kahn, "Plato's Funeral Oration : The Motive of the Menexenus," *Classical Philology* Vol. 58(1963).

60 John V. A. Fine, *The Ancient Greeks : A Critical History*(Cambridge : Belknap Press of Harvard Univesity Press, 1983), pp. 354-5(Thuc. I. 108 참조). 델로스 동맹은 원래 페르시아의 위협에 대비해 아테네에 해군을 제공해 주는 것을 목적으로 만들어졌다. 처음에는 에게 해의 제해권을 그리스가 장악하기 위해 동맹국들로부터 직접 군함을 징발했으나 아테네는 점차 현금 징수를 확대해 나갔다. 기원전 440년경에는 레스보스, 키오스, 사모스를 제외한 곳에서는 모두 현금을 징발 당했다. 에우리메돈, 사이프러스, 이집트 전투에 대해서는 Thuc. I. 94; 100; 104; 110, 112을 참조.

61 이러한 해석에 대해서는 다음을 참조. Leo Strauss, *City and Man*(Chicago : Univesity of Chicago Press, 1978) ; Clifford Orwin, *The Humannity of Thucydides*(Princeton : Princeton University Press, 1997).

62 여기서도 역시 소크라테스의 역사 왜곡은 계속된다. 기원전 413년 스파르타와 페르시아는 이오니아지방에 대한 아테네의 제해권을 놓고 협력했다. 페르시아는 이오니아 지방의 도시들에 대한 지배권을 다시 얻기 위해 이 지역에서 스파르타의 군사비를 대주기로 하였으며, 그 대가로 스파르타는 키오스의 반란을 돕기로 하였다. 스파르타와 페르시아는 모두 이오니아로부터 아테네의 세력을 약화시키는 것을 목적으로 삼았다. 기원전 412년 밀레토스 조약으로 일컫는 이 동맹은 이전에 페르시아의 지배권에 있었던 모든 그리스 식민지는 페르시아 제국에 반환된다는 것을 약정한 것이다(Thuc. VIII. 18). 그러나 소크라테스의 주장과는 달리 스파르타가 페르시아를 그리스로 끌어들인 것은 아니다. 더구나 이 조약은 곧 파기되었다. 스파르타의 입장에서도 페르시아가 그리스의 지배권을 갖는 것을 두려워했기 때문이다(Thuc. VIII. 37; 43). John V. A. Fine, *The Ancient Greeks : A Critical History*(Cambridge : Belknap Press of Harvard University Press. 1983), p. 500 참조.

63 소크라테스의 기술과 달리 사건의 전말은 이렇다. 기원전 400년경부터 스파르타와 페르시아는 이오니아 지방의 제해권을 놓고 다투었는데, 사실 기원전 395년부터는 상당수의 아테네의 용병들이 페르시아로 들어갔으며 아테네는 비공식적으로 군대까지 보냈다. 또 스파르타는 테베를 대신해서 페르시아가 보이오티아로 침입하는 것을 막았다. 이것이 코린토스 전쟁의 발단이며, 대부분의 전투는 펠로폰네소스 반도와 그리스의 중앙 해협에서 치러졌다. John V. A. Fine, *The Ancient Greeks : A Critical History*(Cambridge : Belknap Press of Harvard University Press, 1983), pp. 542–548.

64 정체성을 구축하는 문제는 과거에 어떻게 했는가를 밝히는 것이 아니라 "과거에 어떻게 했어야 했고", "미래에 어떻게 해야 할 것인가"를

밝히는데 더 큰 목적이 있다. 더구나 에피타피오스는 정직한 역사인식을 통해 자기반성이 실현되는 공간이라기보다는 내부적으로 새로운 정체성을 확립해 가는 공간이라는 점을 이해할 필요가 있다. 그럼에도 불구하고 거짓에 기초한 정체성도 결과적으로 바람직하다고 할 수 있는지는 여전히 의문이 남는 부분이다.

65 따라서 아테네의 내란을 소개하는 대목에서도 소크라테스는 아테네인들이 서로 증오했거나 악덕을 행했기 때문이 아니라 단지 불운했기 때문이라고 설명한다(244b). 소크라테스는 여기서 과두혁명과 민주정체의 회복 이후의 사면법을 암시하며, 토착인으로서 동일한 종족 간의 진정한 유대와 우정을 강조한다. 아테네의 내란과 관련한 사건의 전말은 이렇다. 기원전 404년 7월 아테네의 과두파들은 스파르타의 라이산더 장군의 지원을 받으면서 30인의 과두가 조상의 법에 따라 새로운 헌법을 세우기 위해 통치한다고 선언했다. 이 30인은 아테네 시민을 3,000명으로 줄이고 1,500명 정도를 죽이는 공포정치를 시작했다. 트라시불라스에 의해 인도된 일부 민주 망명자들이 기원전 403년 여름 곧바로 다시 민주정체를 회복했고, 이전의 과두들에 대한 보복을 금지하는 사면법을 제정했다. 이와 관련된 역사적 사실에 대해서는 다음을 참조. Thomas C. Brickhouse & Nicholas D. Smith, *Socrates on Trial*(Princeton NJ : Princeton University Press, 1989).

66 스파르타 의회에서 무명의 아테네 사절단은, 아테네는 처음에는 페르시아로부터 자유를 뺏길지 모른다는 두려움 때문에 힘을 키웠고, 그 힘은 주변으로부터 명예를 얻게 했으며, 결과적으로 이득도 가져 주었는데 어느 국가가 이 상황에서 이를 마다하겠느냐는 소위 "아테네 테제"를 역설한 바 있다(Thuc. I. 73-78). 이는 자유를 추구하는 제국과 팽창적 제국에 연속성이 있음을 강하게 시사하고 있다.

67 아테네 제국의 쇠퇴 원인에 대해서는 다양한 해석이 존재하지만, 최근

의 학계는 팽창적 제국주의가 데모스의 영혼을 타락시켰고, 이로 인해 제국의 대외정책이 공동선의 모색이 아니라 데모스의 욕망을 충족시키는 방향으로 진행되었기 때문이라고 보는 견해가 지배적이다.

68 투키디데스는 페리클레스와 같은 정치적 리더십으로 이 문제를 해결할 수 있다고 보았다. 그러나 소크라테스는 페르시아 전쟁 시기의 아테네 정체성의 회복을 강조함으로써 페리클레스를 암묵적으로 거부하고 있다. 이러한 투키디데스의 제안이 아테네 민주주의에 대한 그의 평가와 어떻게 맞물려 있는지를 밝히는 것은 보다 깊은 논고와 상세한 설명이 필요하며 이는 본고의 주제와도 무관하지 않으나 지면의 제약으로 생략할 수밖에 없다. 자유를 추구하는 민주제국으로서 아테네 제국이 어떻게 변모하였고, 또 어떻게 최후를 맞았는지에 대한 투키디데스의 교훈에 대해서는 Sungwoo Park, "Thucydides on the Fate of Democratic Empire," *Journal of International and Area Studies* Vol. 15, No. 1(2008)을 참고.

69 Stephen G. Salkever, "Socrates' Aspasian Oration : The Play of Philosophy and Politics in Plato's Menexenus," *America Political Science Review* Vol. 87, No. 1(1993) 참조.

70 제국주의 외교정책에 의해 시민들의 국내적 정치활동도 역시 제국주의적 성향으로 전환될 수 있음을 지적한 연구로 다음을 참조. Arlene Saxonhouse, "Comedy in Callipolis : Animal Imagery in the Republic," *American Political Science Review* Vol. 72(1978) ; Sungwoo Park, "Thucydides on the Fate of Democratic Empire," *Journal of International and Area Studies* Vol. 15, No. 1(2008).

71 소크라테스가 사용하는 "지나침이 없음"은 "자신에 대한 보살핌"(*epimeleia heautou*)의 의미를 내포하고 있다는 점에서 중간 지점을 찾는 아리스토텔레스의 중용과 구별된다. 이런 측면에서 소크라테스

의 두 개의 격언(*mêden agan, gnothi seauton*)을 자아의 보살핌이라는 관점에서 해석하고 있는 푸코의 연구를 참조할 만하다. Michel Foucault, *The Hermeneutics of the Subject : Lectures at th College de France 1981–1982*(New York : Picador, 2005). 특히 Chapter 1.

72 Collins와 Stauffer는 "부모들에 대한 조언"이 다분히 철학적이고 소크라테스적 어조를 갖추고 있다는 점을 지적하고 있다. Susan D. Collins & Devin Stauffer. "The Challenge of Plato's Menexenus," *The Review of Politics* Vol. 61, No. 1(1999), p.111.

3장 플라톤의 『고르기아스』와 영혼 돌봄의 정치에 대한 수사학적 타진

1 Josiah Ober, *Mass and Elite in Democratic Athens : Rhetoric, Ideology, and the Power of the People*(Princeton : Princeton University Press, 1989)에서 특히 3장.

2 학자들은 역사적 인물로서의 소크라테스가 실제로 칼리클레스의 집에 방문한 적이 있는가에 대해 회의적이다. 무엇보다 학자들은 칼리클레스라는 인물이 플라톤의 다른 저작이나 그 밖의 어떤 저서에도 등장하지 않는 플라톤에 의해 만들어진 허구적인 인물이라는 점을 지적한다. 칼리클레스라는 인물의 허구성에 관한 지적에 대해서는 E. R. Dodd, ed. *Plato's Gorgias, a Revised Text with Introduction and Commentary*(Oxford : Clarendon Paperbacks, 1992), pp. 12–3을 참조. Yunis를 포함한 일부의 학자들은 칼리클레스를 알키비아데스를 대신하는 가공의 인물이라고 해석한다. Harvey Yunis, *Taming Democracy : Models of Political Rhetoric in Classical Athens*(Ithaca : Cornell University Press, 1996), pp. 118–9. 역사적으로 고르기아스가 처음

아테네를 방문한 것은 기원전 427년 그의 모국인 시실리 레온티니의 대사 자격으로 방문을 했을 때로 알려져 있다. George A. Kennedy, *A New History of Classical Rhetoric*(Princeton : Princeton University Press, 1994), pp. 17-8. 이 기록과 함께 이 대화편에서 페리클레스가 비교적 최근에 죽었다는 언급(페리클레스는 기원전 429년 경 죽은 것으로 알려짐) 등으로 이 대화편이 행해졌던 시기를 추정해 볼 수 있지만, 그 연도를 정확히 산정하기에는 어려움이 따른다. Josiah Ober, *Political Dissent in Democratic Athens : Intellectual Critics of Popular Rule*(Princeton : Princeton University Press, 1998), pp. 191-2.

3 학자들은『고르기아스』의 저술 시기를 기원전 4세기 초반으로 추정한다. 저술 시기와 대화편의 극적 시기(dramatic date)에 대해서 학자들은 전통적으로 Dodd를 신뢰하고 있다. E. R. Dodd, ed. *Plato's Gorgias, a Revised Text with Introduction and Commentary*(Oxford : Clarendon Paperbacks, 1992), pp. 17-30. 이 시기는 아테네가 펠로폰네소스 전쟁으로 약화된 민주적 제도들을 다시 강화하려는 시기이기도 하다. 이 시기 아테네는 민회에 참석하는 시민들에게는 일당을 지급함으로써 생계 때문에 정치에 참여하지 못하는 시민들의 정치 참여를 독려했다. 재판정에 배심원으로 참여하는 시민들에게도 역시 급료를 지급했다. Mogens Herman Hansen, *The Athenian Democracy in the Age of Demosthenes : Structure, Principles, and Ideology, The Ancient World*(Oxford : Blackwell, 1991), pp. 150, 188-9. 아테네 사회가 이처럼 민주적 제도를 강화하는 맥락에서 아테네인들의 관심을 모은 것은 다수를 설득시키는 기술로 알려져 있는 수사학(*rhetorikē*)이다. 수사학에 능한 사람들은 다수의 시민들에 의해 운영되는 민주정체 하에서 사실상의 정치 지도자 역할을 맡게 될 것이며, 자연스럽게 이들에게 정치권력도 뒤따를 것이라는 인식에서이다. 소크라테스는 수사학에 대

한 아테네인들의 높은 관심을 잘 인지하고 있었을 것이다. 『고르기아스』에서도 소크라테스는 수사학의 대가이자 소피스트로 알려져 있는 고르기아스를 오래 전부터 만나고 싶었음을 피력하고 있다.

4 "소크라테스적 삶"의 다양한 차원에 대해서는 이 책의 2장을 참조.

5 수사학의 학생격인 폴로스, 수사학의 대가인 고르기아스 본인, 그리고 당일 수사학의 대향연을 베푼 집주인이며 정치적 삶과 수사학의 관계를 가장 대중적으로 이해하고 있는 칼리클레스가 이들이다. 칼리클레스는 가상의 인물이라는 것이 학자들의 지배적인 해석이다(위 미주 2 참조). 이처럼 가공의 인물과의 대화라는 극히 예외적인 상황을 만들면서까지 칼리클레스를 등장시킨 것은 그만큼 칼리클레스의 존재가 플라톤에게 중요한 의미를 갖는다는 것을 시사한다.

6 사실 최근의 『고르기아스』 연구는 소크라테스가 대화 상대자들에게 수치심을 갖게 함으로써 수사학을 뛰어넘는 문답법적 능력을 발휘했다는 주장이 한 축을 이루고 있다. 이런 연구의 시발점은 McKim의 연구에서 찾을 수 있으며, Tarnopolsky의 연구가 최근 연구 동향을 잘 반영한다. Richard Mckim, "Shame and Truth in Plato's Gorgias." In Charles L. Griswold ed. *Platonic Writings Platonic Readings*(New York : Routledge, 1988). Christina Tarnopolsky, *Prudes, Perverts, and Tyrants : Plato's Gorgias and the Politics of Shame*.(Princeton : Princeton University Press, 2010).

7 개인의 영혼 형성이 정치, 넓게는 문화와 직결된다는 것은 소크라테스, 플라톤의 인식 전반에 자리하고 있다. 『크리톤』에서 의인 법률의 이야기, 『국가』의 영혼-국가 유추, 『국가』 2권의 아데이만토스의 도전 등이 이를 대변한다.

8 이러한 가정은 진정으로 유익한 것은 필수적으로 지식을 수반해야 한다는 플라톤의 인식론과 궤를 같이 한다. 플라톤의 인식론은 감각할

수 있는 것과 실재하는 것의 구분, 그리고 전자가 억견에 기초한 반면 후자가 지식에 기초해 있다는 것이다. 『고르기아스』에는 이런 인식론이 전면에 드러나지는 않지만, 감각-실재를 구분하는 플라톤의 인식론은 기본적으로 이 대화편에도 전제되어 있다고 할 수 있다. 플라톤 인식론의 기본 배경에 대해서는 Nicholas White, *Plato on Knowledge and Reality*(Indianapolis: Hackette, 1976)를 참조.

9 유익하다고 믿는 것과 실제로 유익한 것의 차이는 두 가지가 있을 수 있다. 첫째는 자신이 원하는 대상에 대한 오인(誤認)이다. 예컨대 사탕을 원하는 아이가 사탕인 줄 알고 입에 댄 것이 사실은 사탕 모양으로 만든 약이었다면, 아이는 자신이 진정으로 원한 것을 얻은 것이 아니다. 둘째는 이보다 더 성찰적인 차원의 오인이다. 예컨대 자신이 인생에서 원하는 것이 어떤 희생을 감수하더라도 돈을 버는 것이라고 여겨 그것에 성공한 사람이 말년에 돈보다 친구와 가족이 더 소중하다는 사실을 깨닫고 후회하는 경우이다. 이 사람은 돈을 버는 과정에서 친구와 가족을 잃고 있다는 사실을 알고 있었다. 그럼에도 불구하고 자신이 원하는 것은 돈을 버는 것이라고 여겨 그런 희생을 감내한 사람이다. 따라서 말년의 후회는 대상에 대한 오인이 아니라 자기 자신이 무엇을 원했는가에 대한 오인이다. 과거는 돌이킬 수 없으므로 이는 자신이 무엇을 원했어야 하는가의 문제로 귀결된다. 결국 진정으로 자신이 원하는 것을 찾는 것은 철학적 탐구로 귀결된다. 이런 관점에서 말년에 후회를 했는가의 여부가 진정으로 자신이 원하는 것을 추구했는가를 결정하는 요소는 아니다. 다시 말해서 아르켈라우스가 만약 죽을 때까지 자신의 삶을 만족스럽게 여기고 살았어도 자신의 원하는 것에 대해 철학적으로 성찰하고 결정한 것이 아니라면, 그는 진정으로 원한 것을 얻었다고 할 수 없다는 것이다.

10 소크라테스의 논지를 좀 더 부연하자면 다음과 같다. 소크라테스는

먼저 *kalon*(보기에 아름다운 것, 훌륭한 것)과 *agathon*(좋은 것)이 구분되고, *aischron*(부끄러운 것)과 *kakon*(나쁜 것)이 구분된다는 것을 적시한다. 다음으로 만약 어떤 것이 kalon(훌륭한 것)이라면 그것은 어떤 유익을 주기 때문이거나 보는 이에게 즐거움을 주기 때문이라고 말한다(이는 사실 그리스어의 *kalon*이란 단어가 함축하고 있는 내용을 구분한 것에 불과하다). 이어서 소크라테스는 만일 어떤 것이 *aischron*(부끄러운 일)이라면, 그것은 어떤 나쁨을 주기 때문이거나 고통을 주기 때문이라고 규정한다. 소크라테스는 여기서 부정의를 행하는 것이 부끄러운 일이면서, 그것이 고통을 주는 것은 아니기 때문에 부정의를 행하는 것이 나쁨을 준다고 주장하는데, Vlastos는 이러한 소크라테스의 논증이 틀렸다고 주장한다. 그에 따르면 부정의를 행하는 것은 그것을 보는(다른) 이들에게는 고통을 주는 일이기 때문에, 폴로스의 주장처럼 여전히 행위자에게는 나쁨을 주는 것이 아닐 수 있다는 것이다. Vlastos가 *kalon*과 *aischron*이 가져오는 즐거움과 고통이 "보는 이들"에게 해당된다는 점을 밝힌 것은 그리스어의 두 단어가 갖는 속성을 잘 이해한 것이다. 그렇다고 하더라도 반드시 보는 이와 행위자를 구분할 필요는 없다. *kalon*이 보는 이들에게 즐거움을 준다고 할 때, 보는 이는 행위자와 구분되는 타자일 수도 있지만 행위자 자신일 수도 있기 때문이다. 마찬가지로 *aischron*이 행위자이자 보는 이에게 반드시 고통을 준다고 할 수 없다. 이런 맥락에서 Vlastos의 반박은 전적으로 옳다고 할 수 없다. Gregory Vlastos, "Was Polus Refuted?" *American Journal of Philology* Vol. 88, No. 4(1967).

11 이 절은 『서양고전학연구』 제20집(2003)에 게재된 졸고, "소크라테스는 칼리클레스와 화해할 수 있을까?"의 일부 내용을 수정하여 실은 것이다.

12 폴로스, 고르기아스와의 대화 부분이 이런 성격을 갖는다고 해서 그

중요성이 덜함을 의미하지는 않는다. 무엇보다도 고르기아스와의 대화에서는 수사학과 심의 민주주의(deliberative democracy)의 친화성이, 폴로스와의 대화에서는 서로 극단적으로 대조적인 세계관(Weltanschauung)(예컨대 부정의를 당하는 것이 나은가 행하는 것이 나은가, 또는 부정의를 행한 경우에 처벌을 받는 것이 나은가 회피하는 것이 나은가에 대한 대조적인 입장)이 잘 부각되어 있고, 이 양자를 바탕으로 칼리클레스와 소크라테스의 대조가 발전되고 정교화 되었다고 볼 수 있기 때문이다. 역사적 고르기아스를 염두에 두고 소크라테스와 고르기아스의 대화의 중요성을 부각하는 연구로 Brian Vickers, *In Defence of Rhetoric*(Oxford : Clarendon–Oxford UP, 1988) ; Robert Wardy, *The Birth of Rhetoric : Gorgias, Plato and Their Successors*(NY : Routledge, 1996)를 참조. 폴로스와 소크라테스 대화에 대한 독자적인 연구로는 Gregory Vlastos, "Was Polus Refuted?," *The American Journal of Philology* Vol. 88, No. 4(1967)을 참조.

13 전쟁과 향연을 혼용해서 소크라테스의 지각을 힐책하는 듯한 칼리클레스의 농담은 애매한 측면이 있다. 그러나 칼리클레스의 첫 번째 발언에 착안해 『고르기아스』 대화편 전반에 흐르는 펠로폰네소스 전쟁과의 관계를 훌륭하게 밝힌 연구도 있다. Arlene W. Saxonhouse, "An Unspoken Theme in Plato's Gorgias : War," *Interpretation. A Journal of Political Philosophy* Vol. 11, No. 2(1983), pp.1 39–69. Seth Benardete, *The Rhetoric of Morality and Philosophy : Plato's Gorgias and Phaedrus*(Chicago : University of Chicago Press, 1991), pp. 8–9 참조.

14 수사학(*rhetorikē*)과 삶의 선택(*pos bioteōn*) 중 어느 것이 『고르기아스』 대화편의 진정한 주제인가 하는 것은 논쟁의 여지가 있다. Diogenes Laertius와 뒤이은 중세의 전통에 의해서 『고르기아스』에 *e peri rhetorikē*(*or on rhetoric*)라는 부제가 붙었음에도 불구하고, 근대적 해

석의 전통은『고르기아스』의 중심 주제를 가치 있는 삶의 선택으로 보는 데에 초점을 두고 있다. 전통적인 근대적 해석에 관해서는 본고의 아래 미주 15를 참조. 비교적 최근에는 수사학 자체에 대한 관심이 증대되면서,『고르기아스』 대화편은 애초의 제목대로 수사학에 초점이 맞추어져 있는 것으로 평가되는 경향이 있다. 이에 대해서는 Brian Vickers, *In Defence of Rhetoric*(Oxford : Clarendon Oxford UP, 1988) ; James L. Kastely, "In Defense of Plato's Gorgias," *Publication of the Modern Language Association of America* Vol. 106, No. 1(Jan 1991), pp. 96-109를 참조. 필자의 입장은 전통적인 근대적 해석에 가깝지만, 그럼에도 불구하고 왜 소크라테스가 수사학에 주목하였는가를 확인할 필요가 있다고 본다. 그 답은 정치적 삶이란 곧바로 수사학적 삶과 일치하는 아테네 민주주의의 정치적·문화적 맥락에서 찾을 수 있다고 본다. 따라서 수사학의 주제와 가치 있는 삶의 선택이라는 주제는 사실 불가분의 관계에 있다고 할 수 있다. 이와 비슷한 입장에서 비교적 최근에 나온 연구로 Charles Kahn, "Drama and Dialectic in Plato's Gorgias," in Julia Annas ed. *Oxford Studies in Ancient Philosophy* Vol. 1(Oxford : Clarendon Press, 1983), pp. 75-121 ; Richard McKim, "Shame and Truth in Plato's Gorgias," in Charles Griswold ed. *Platonic Writings, Platonic Readings*(NY : Routledge, 1988), pp. 34-48 ; Chris Rocco, "Liberating Discourse : The Politics of Truth in Plato's Gorgias" *Interpretation* Vol. 23, No. 3(1996), pp. 363-85 ; Christina Tarnopolsky, *Prudes, Perverts, and Tyrants : Plato's Gorgias and the Politics of Shame*(Princeton : Princeton University Press, 2010) 등을 참조.

15 대표적인 전통적 해석으로는 Friedrich Schleiermacher, *Introductions to the Dialogues of Plato,* trans. by William Dobson(New York : Arno

Press, 1973), pp. 169–88; George Grote, *Plato and the Other Companions of Sokrates, Vol. II*(Bristol : Thoemmes Press, 1992), pp. 90–151 ; Ernest Barker, *Greek Political Theory : Plato and His Predecessors*, 4th ed.(New York : Routledge, 1951), pp. 127–44; Werner Jaeger, *Paideia Vol. II*(New York : Oxford University Press, 1965) ; A. E. Taylor, *Plato : The Man and His Work*(New York : The Humanities Press, 1966), pp. 103–22; Paul Friedländer, *Plato Vol. II*(New York : Pantheon Books, 1964), pp. 244–72; Paul Shorey, *What Plato Said*(Chicago : University of Chicago Press, 1933), pp. 133–4 등이 있다.

16 사실 비도덕주의, 반도덕주의의 복잡성은 이미 폴로스와의 대화를 통해서 드러난 바 있다. 폴로스는 애초부터 불의(不義)를 행하는 것은 불의를 당하는 것보다 낫지만 더욱 수치스러운 일(aischros) 이라고 믿고 있었다(474c–475a). 이런 폴로스의 입장에 대해 소크라테스의 반박이 뒤따르는데, 이 소크라테스의 반박이 논리적으로 빈약하다는 주장이 상당히 있다. 이에 대해서는 Charles Kahn, "Drama and Dialectic in Plato's Gorgias," in *Oxford Studies in Ancient Philosophy I*, pp. 75–121 ; Gregory Vlastos, "Was Polus Refuted?," *The American Journal of Philology* Vol. 88, No. 4(1967) : 454–60 참조. 반면 McKim은 폴로스에게 이미 정의에 대한 애착이 있다는 사실을 지적한다. Richard McKim, "Shame and Truth in Plato's Gorgias," in Charles L. Griswold Jr. ed., *Platonic Writings Platonic Readings*(NY : Routledge, 1988), pp. 32–48, 특히 pp. 44–48.

17 아테네인들에게는 경멸의 대상이 되는 페르시아 왕들에 대해서 칼리클레스가 어떻게 감히 자연주의의 원칙을 들먹이며 이들을 칭송할 수 있었는지는 일견 이해 안 가는 측면이 있다. 그러나 Saxonhouse는 아

테네 시민들의 제국적 팽창주의의 욕구라는 측면에서 어떻게 이들이 과거의 침략자들까지도 자연주의라는 관점에서 칭송할 수 있었는지를 해명한다. Arlene W. Saxonhouse, "An Unspoken Theme in Plato's Gorgias : War," *Interpretation : A Journal of Political Philosophy* Vol. 11, No. 2(1983), pp. 156–7.

18 갑작스런 주제의 전환을 시도하는 소크라테스의 의도에 관한 보다 상세한 논의로는 James Nichols Jr., "The Rhetoric of Justice in Plato's Gorgias," in James Nichols Jr., trans. & ed. *Plato's Gorgias*(Ithaca : Cornell University Press, 1998), p. 144.

19 칼리클레스는 이때부터 소크라테스가 이전에 지적했던 칼리클레스의 자질 중에서 적어도 솔직함(*parrhesia*)을 상실하는 것이다. 소크라테스는 진정으로 영혼을 테스트하기 위한 조건으로서 대화상대자의 지식(*epistemé*), 좋은 의도(*eunoia*), 솔직함(*parrhesia*)을 지적한 바 있다(487a).

20 이 절은 『서양고전학연구』 제20집(2003)에 게재된 졸고, "소크라테스는 칼리클레스와 화해할 수 있을까?"의 내용을 일부 수정하여 실은 것이다.

21 소크라테스가 제시한 기술(*technē*)이 될 수 있는 세 가지 기준은 다음과 같다. 첫째, 쾌락 대신에 본질을 그 대상으로 하는가?, 둘째, 그 기술(*technē*)의 대상이 되는 것의 작동을 인과관계로 설명할 수 있는가?, 셋째, 이런 설명이 합리적으로 이루어 졌는가?(501a).

22 이는 고르기아스와 소크라테스, 그리고 폴로스와 소크라테스의 대화에서 확인된 바 있다. 이에 대해서는 상술하지 않았으나, 특히 폴로스와의 대화에서 소크라테스는 진정한 수사학의 가능성은 개개인의 영혼의 개선에서만 그 의의를 찾을 수 있다는 점을 분명히 한 바 있다(480a–d). 칼리클레스와의 대화중에도 소크라테스는 명시적으로 영

혼이라는 단어를 포함시키며 수사학의 목적이 영혼의 개선에 있음을 확인하고 있다(... *hopos hos beltistai esontai ton politon hai psychai....*)(503a).

23 밀티아데스는 490년 마라톤 전투를 승리로 이끈 아테네의 사령관이었다. 테미스토클레스는 투키디데스도 칭찬을 아끼지 않는 인물로(Thucydides, I. 183) 기원전 480년 살라미스 해전에서 아테네를 이끈 장군이다. 시몬은 아테네 제국의 장군으로 페르시아 침입 이후 기원전 460년대 초반에 에우리메돈 강가에서의 전투를 승리로 이끌었다. 페리클레스는 아테네 제국의 강화와 확장에 공헌한 사람으로, 그가 승리로 이끈 여러 전투 중에서 기원전 440년-438년에 벌어진 사모스 전투가 유명하다. 이런 역사적 맥락에 대한 비교적 친절한 개설서로 Victor Ehrenberg, *From Solon to Socrates : Greek History and Civilization During the Sixth and Fifth Centuries B. C*, 2nd ed.(London : Methuen, 1973) ; Nancy H. Demand, *A History of Ancient Greece*(NY : McGraw-Hill Companies, 1996)을 참조.

24 『고르기아스』 대화편의 소크라테스가 플라톤의 소크라테스(Plato's Socrates)인 점을 고려하면, 이 소크라테스가 도시의 안보와 같은 공동선을 중요시했다는 점은 의심할 여지가 없다. 플라톤의 『국가』에서 보조자들(군인 계급)의 역할에 대한 긴 논의는 바로 폴리스의 방어에 관한 플라톤의 관심을 잘 반영하는 것이다. 『국가』 제2권(특히 373d-374a)을 참조.

25 칼리클레스가 데모스의 사랑을 구하고, 그 안에서 영향력을 발휘한다는 측면에서 그는 민주적 영혼에 가깝다고 할 수 있을 것이다. 민주적인 영혼이 무엇인지 가장 잘 보여주는 텍스트는 『국가』 제8권(특히 560a-562a)이고, 이에 대해서는 이 책의 5장에서 다룰 것이다. 『국가』 8권에서 그려진 정체의 타락 과정에 비추어 볼 때, 칼리클레스의 현재

상태는 민주적 영혼에서 독재적 영혼으로의 타락 혹은 그 경계선에 와 있는 듯하다.

26 각 정체와 이에 상응하는 영혼의 특성에 대해서는 플라톤의 『국가』 8권과 9권에 상세히 논의되고 있는데, 이에 대해서는 이 책의 4장을 참조.

27 Plutarch. *Plutarch's Lives, The Dryden Translation*. 2 vols.(New York : The Modern Library, 2001), Pericles 35. 4–5; 37. 2–5. Vickers는 플라톤이 여기서 페리클레스에 대해서 뿐만 아니라, 테미스토클레스에 대해서도 중요한 사실을 숨기고 있다고 주장한다. Brian Vickers, *In Defence of Rhetoric*(Oxford : Clarendon Press, 1988), p.90.

28 적어도 투키디데스는 페리클레스를 아테네인들에게 절제의 덕을 심어준 정치가로 평가한다. 투키디데스는 아테네 제국의 쇠퇴는 결정적으로 페리클레스처럼 시민들의 덕을 유지시켜주는 정치가의 부재에서 비롯됐다고 파악한다.

29 이 절은 『서양고전학연구』 제20집(2003)에 게재된 졸고, "소크라테스는 칼리클레스와 화해할 수 있을까?"의 일부 내용을 수정하여 실은 것이다.

30 소크라테스는 앞선 폴로스와의 대화에서 정치를 입법과 사법으로 나누고, 양자를 포괄하는 정치의 목적이 영혼의 보살핌에 있다고 주장한 바 있는데, 이 대목에서 그 의미가 다시 명백해진다. 이 분류에 대해서는 464b–466a를 참조.

31 기본적으로는 『국가』 제7권(특히 519b–521b)에 나오는 철학자의 동굴 귀환에 관한 논의를 참조. 이에 대한 보다 상세한 논의로는 이 책의 4장을 참조.

32 자신만이 진정한 정치가라는 소크라테스의 선언은 객관적인 역사적 사실과 다소 거리가 있다. 소크라테스가 방금 전에 페리클레스에게 적

용했던 훌륭한 정치인으로서의 조건을 그 자신에게 적용하면 소크라테스 역시 훌륭한 정치인으로서의 조건에 미달되기 때문이다. 소크라테스가 페리클레스를 평가할 때의 기준은 시민들이 그의 통치기간 중에 얼마나 더 유순해졌느냐는 것이었다. 소크라테스와 아테네 시민들의 경우는 어떠한가? 주지하다시피 아테네 시민들은 소크라테스에 대해서 관대해지기는커녕 결국 그를 법정으로 끌고 가 사형 판결을 내렸다.

33 우리는 『고르기아스』 대화편 첫머리에서 이미 수사학과 문답식 대화를 엄격하게 구분하고 있는 소크라테스를 발견할 수 있다. 칼리클레스는 이미 고르기아스의 연설이 끝난 이후에 도착한 소크라테스 일행에 대해서 "이런 걸 전장에 나갈 때의 방식이라고들 하던데, 소크라테스"라고 속담을 인용하며 비아냥거린다. 소크라테스 일행이 늦게 도착하는 바람에 아쉽게도 마치 향연과 같았던 고르기아스의 연설을 들을 기회를 놓쳤다는 것이다. 이에 대해서 소크라테스는 "내가 잔치에 늦었다는 말을 하는 건가?"라고 되묻는데, 소크라테스는 자신이 오기 전에 행해졌을 고르기아스의 연설이 진정한 향연이라는 것을 의심하는 것이다. 소크라테스는 고르기아스의 연설이 향연이 아니라 전쟁이라고 본 것이다. 소크라테스는 자신이 전쟁에는 늦었을지 모르지만 이제부터 있을 문답식 대화의 향연에는 결코 늦지 않았음을 암시한다.

34 대화법적 태도를 민주적 토의의 원칙으로 적용할 가능성에 대해서는 Euben의 논문에 그 초보적인 생각이 담겨져 있다. Peter Euben, "Democracy and Political Theory : A Reading of Plato's Gorgias," in Peter Euben & John R. Wallach & Josiah Ober eds. *Athenian Political Thought and the Reconstruction of American Democracy*(Ithaca : Cornell University Press, 1994), 특히 pp. 222-3.

35 소크라테스가 의회에 참석했다는 기록은 없고, 위원회 활동도 매우

제한적이었던 것으로 보인다. 소크라테스적 정치적 삶은 기본적으로 거리와 시장에서 시민들과 대화를 나누는 활동이 주를 이룬다. 그러나『고르기아스』의 소크라테스를 통해서 추론할 수 있는 정치적 삶은 실제 역사적 인물로서 소크라테스의 정치적 삶보다 그 범위가 확대될 수 있다. 소크라테스적 정치적 삶의 의미의 확대는 결국 플라톤에 의해 만들어진 것이다. 이런 맥락에서,『고르기아스』의 소크라테스로부터 추론할 수 있는 소크라테스적 정치적 삶은 사실상 플라톤적 정치적 삶이라고 할 수 있다.

4장 플라톤의『국가』와 영혼 돌봄의 정치 1 : 플라톤 정치철학의 기원

1 플라톤 정치철학이 독재 권력을 정당화하는 데 봉사했다고 보는 대표적인 해석자로는 Arendt와 Popper를 들 수 있다. 이들은 플라톤 정치철학이 독재 권력의 이데올로기라는 인상을 심는 데 크게 기여했다. Hannah Arendt, *The Human Condition*(1958 reprint, Chicago : University of Chicago Press, 1989) ; Karl Raimund Popper, *The Open Society and Its Enemies*, 5th, rev. ed.(Princeton : Princeton University Press, 1966). 더불어 플라톤 정치철학을 기본적으로 전체주의적으로 파악하는 고전적인 연구로는 Warner Fite, *The Platonic Legend*(New York : C. Scribner's Sons, 1934) ; R. H. S. Crossman, *Plato Today*(London : G. Allen and Unwin ltd., 1937) ; Alban Dewes Winspear, *The Genesis of Plato's Thought*(New York : The Dryden Press, 1940)를 들 수 있다. 이러한 전통은 20세기 전반(全般)에 걸쳐 지속되었지만, 20세기 중반에 들어서면서 플라톤 정치철학과 전체주의와의 연관성을 부인하는 연구들도 나타났다. 대표적으로 Ronald

Bartlett Levinson, *In Defense of Plato*(Cambridge: Harvard University Press, 1953); John Daniel Wild, *Plato's Modern Enemies and the Theory of Natural Law*(Chicago: University of Chicago Press, 1953); Laszlo Versenyi, "Plato and His Liberal Opponents," *Philosophy: The Journal of the Royal Institute of Philosophy* Vol. 46, No. 177(1971), pp. 222-237.

2 예컨대 Arlene W. Saxonhouse, "The Socratic Narrative: A Democratic Reading of Plato's Dialogues," *Political Theory* Vol. 37, No. 6,(2009), pp. 728-753. 사실 플라톤 정치철학에 대한 평가와 별도로 소크라테스의 삶과 그의 정치이념을 아테네 민주주의 발전의 맥락에서 이해하려는 시도는 비교적 일찍부터 있었다. 소크라테스를 플라톤과 구분하며, 소크라테스 철학의 민주-시민적 요소를 부각시킨 대표적인 연구는 Arendt로부터 시작됐다. Hannah Arendt, "Philosophy and Politics," *Social Research* Vol. 57(1990), pp. 73-103. 비슷한 맥락에서 Euben도 소크라테스의 민주성에 주목한다(Peter Euben, *Corrupting Youth: Political Education, Democratic Culture, and Political Theory*(Princeton: Princeton University Press, 1997). 그러나 최근에는 소크라테스뿐 아니라 플라톤 정치철학 전반이 민주주의 이론에 기여하는 바를 찾아내려는 노력들이 나타나고 있다. Ex. Sara Monoson, *Plato's Democratic Entanglements: Athenian Politics and the Practice of Philosophy*(Princeton: Princeton University Press, 2000); David Roochnik, *Beautiful City: The Dialectical Character of Plato's Republic*(Ithaca: Cornell University Press, 2003); Greg Recco, *Athens Victorious: Democracy in Plato's Republic*(Lanham: Lexington Books, 2007); John Wallach, *The Platonic Political Art: A Study of Critical Reason and Democracy*(University Park: Pennsylvania State University

Press, 2001). 플라톤과 민주주의 이론과의 관련성을 넘어 21세기를 전후로 전개된 플라톤 정치철학 해석의 다변화와 다양성에 대해서는 Danielle Allen, "Platonic Quandaries: Recent Scholarship on Plato," *Annual Review of Political Science* Vol. 9(2006), pp. 127-141을 참고.

3 이러한 본고의 주장이 플라톤 연구에 있어 고증학적 문헌연구의 중요성을 내세우려는 것은 아니다. 플라톤 고유의 정치철학적 의도를 천착하지 않고 우리의 관점에서 플라톤 정치철학을 재단한다면, 오히려 플라톤의 정치철학으로부터 얻을 수 있는 현대적 교훈도 제대로 파악하기 어렵다는 점을 지적하는 것이다.

4 처음부터 플라톤에게 일관된 정치철학적 의도가 존재하지 않았다고 가정하면 얘기는 또 달라진다. 만일 그러한 가정에 서 있다면 굳이 플라톤의 저작을 애써 읽을 이유가 없다. 다른 저명한 문학 작품이나 현대의 철학 저작 등을 통해 우리가 처한 상황에서 중요한 정치적 본질에 대한 조언과 교훈을 찾는 것이 낫지 않겠는가?

5 플라톤의 정치철학적 주제가 갖는 초역사적 의의에 대해서는 소크라테스의 죽음과 이를 계승한 플라톤 정치철학의 성격을 논하는 2장에서 설명한 바 있다. 앞에서 플라톤 정치철학의 초역사적 중요성이 "문제 제기" 차원에서 검토되었다면, 여기서는 이 "근본적이고 중요한 주제"를 『국가』에서 어떻게 해결하고 있는가를 주목할 것이다. 『국가』에 나타난 플라톤의 정치철학적 의도란 이렇게 초역사적으로 근본적이고 중요한 주제를 어떻게 해결할 수 있는가를 보여준다고 할 수 있다.

6 이런 사정에도 불구하고 플라톤 저작의 대화편적 형식에 본격적으로 주목하기 시작한 것은 20세기 후반부터이다. 물론 이전에도 플라톤의 글쓰기 형식을 주목해 온 연구가 있었다. 그러나 지배적인 경향은 대화편이라는 드라마적 배경이나 형식은 간과하고 대화편 안에 있는 소크라테스의 논증에만 주목해 플라톤 정치철학을 파악

하는 것이었다. 대화편이라는 형식을 간과하는 태도는 텍스트의 철학적 내용 분석에 치중하는 영국의 분석철학적 전통에서 두드러지게 나타난다. 이와는 대조적으로 대화편의 드라마적 배경을 주목하며 플라톤 정치철학을 해석하려는 학계의 업적과 그 평가에 대해서는 다음을 참조. Catherine Zuckert, *Plato's Philosophers : The Coherence of the Dialogues*(Chicago : University of Chicago Press, 2009), Introduction. 이에 앞서 Griswold도 같은 문제의식으로 플라톤 대화편에 접근한 바 있다. Charles Griswold, *Platonic Writings / Platonic Readings*(NY : Routledge, 1988).

7 이런 맥락에서 소크라테스의 철학은 글쓰기 자체를 부정한다고 볼 수 있다. 이런 소크라테스의 입장을 플라톤도 잘 이해하고 있었다. 『파이드로스』는 철학적 글쓰기의 한계에 대한 플라톤의 이해를 잘 반영하고 있다.

8 스트라우스는 그의 『국가』 주해서에서 플라톤 대화편의 형식에 대한 상세한 분류를 시도하고 있다. Leo Strauss, *City and Man*(Chicago : University of Chicago Press, 1978), pp. 55–62. 본 절에서 시도하고 있는 드라마적 관점에서의 플라톤 대화편의 분류도 스트라우스의 논의에 의존하는 바 크다.

9 플라톤이 저술한 35편의 대화 중 26편은 서술자가 따로 없이 '보여지는' 드라마의 형식을 띤다. 『크리톤』 외에도 앞서 살펴본 『변론』, 『알키비아데스』, 『메네크세노스』, 『고르기아스』는 모두 여기에 속한다.

10 스트라우스의 관찰에 따르면, 35편의 대화 중에서 특정 서술자가 '들려주는' 이야기의 형식을 띠는 것은 9편이다. 이 중 서술자가 소크라테스인 경우가 6편, 소크라테스가 아닌 다른 사람인 경우는 3편이다. 또한 서술자를 두는 이 9편의 대화는 청중에 따라서 특정인을 대상으로 서술되는 경우(3), 무명의 일행이 그 대상인 경우(2), 그리고 불특

정 청중을 대상으로 하는 경우(5)로 분류된다. Leo Strauss, *The City and Man*(Chicago; London: University of Chicago Press, 1978), p. 58. 이 중 소크라테스를 서술자로 두고 있는 대화편이 플라톤의 입장에서 가장 중요한 주제를 다루고 있다고 봐도 무방할 것이다. 다음으로 소크라테스 이외의 다른 서술자를 두는 경우인데, 이 서술자가 소크라테스와 같이 대화에 직접 참여하는 경우도 있고, 혹은 대화에 직접 참여하지는 않지만 대화가 진행되는 장소에 있었던 경우도 있고, 혹은 그 자리에는 없었지만 다른 사람에게 전해 들어 서술을 하는 경우도 있다. 서술자의 형식성이 플라톤의 정치철학적 의도와 어떤 관련이 있는가를 단정하기는 어렵다. 그러나 소크라테스와의 대화에 서술자가 얼마나 직접적으로 관여했는가라는 형식성이 대화의 내용을 플라톤이 얼마나 확신하고 있는가와 관련이 있다고 추정할 수 있다.

11 이런 상황은 『국가』에서도 여러 번 연출된다. 『국가』의 독자는 서술자 소크라테스를 통해서 대화의 상황과 배경에 대한 설명도 함께 듣게 된다. 예컨대 폴레마르코스에 이어 트라시마코스가 소크라테스의 새 대화 상대자로 등장하는 장면에서, 트라시마코스가 말꼬리를 가로채며 얼마나 사나운 얼굴로 소크라테스에게 돌진했는지(336b–e), 그리고 소크라테스에게 논박당하는 과정에서 어느 시점에 트라시마코스의 얼굴이 붉어졌는지(350c–d) 등에 대한 서술이 그것이다. 플라톤이 의도적으로 대화편이라는 저술 방식을 택했다고 가정한다면, 대화의 내용뿐 아니라 그 형식에도 주목하는 것은 당연한 일이다. 특히 대화의 형식을 결정하는 드라마적 배경에 대해서도 철학적 해석을 시도할 필요가 있다. 이에 대해서는 이번 장의 2절을 참고.

12 플라톤이 역사적 소크라테스와 대화편 안의 등장인물로서의 소크라테스를 어떤 방식으로 연결시키고 있는가에 대한 학자들의 이해는 크게 세 가지로 분류된다. 첫째, 등장인물인 소크라테스는 실제의 역사

적 소크라테스와 차이가 없다는 견해이다(ex. Burnet, Taylor). Burnet, *Platonism,* Sather Classical Lectures, Vol. 5,(Berkeley, Calif.,: University of California Press, 1928); A. E. Taylor, *Platonism and Its Influence, Our Debt to Greece and Rome*(New York: Cooper Square Publishers, 1963); A. E. Taylor, *Socrates*(Westport, Conn.: Greenwood Press, 1976). 둘째, 등장인물인 소크라테스는 역사적 소크라테스에 기초를 둔 철학적 변용이라는 견해이다(ex. Popper, Vlastos). John Karl Raimund Popper, *The Open Society and Its Enemies,* 5th, rev. ed.(Princeton: Princeton University Press, 1966); Gregory Vlastos, *Socrates: Ironist and Moral Philosopher,* Cornell Studies in Classical Philology, Vol. 50. The Townsend Lectures(Ithaca: Cornell University Press, 1991); George Vlastos, "The Historical Socrates and Athenian Democracy," *Political Theory* Vol. 11, No. 4(1983), pp. 495-516. 셋째, 등장인물인 소크라테스는 플라톤의 철학적 입장을 대변하기 위한 드라마적 인물이라는 견해이다(ex. Strauss). Leo Strauss, *The City and Man*(Chicago; London: University of Chicago Press, 1978). 스트라우스는 특히 이 문제를 "소크라테스 문제"로 칭하며 독특한 견해로 역사적 소크라테스와 플라톤의 등장인물인 소크라테스를 연결시킨다: Leo Strauss, "The Problem of Socrates: Five Lectures," in *The Rebirth of Classical Political Rationalism: An Introduction to the Thought of Leo Strauss,* ed. Thomas L. Pangle(Chicago: University of Chicago Press, 1989); Leo Strauss, "The Problem of Socrates," *Interpretation* Vol. 22, no. 3(Spring 1995). 역사적 소크라테스와 플라톤의 소크라테스에 대한 기존 학계의 접근 방식에 대한 위의 분류는 Wallach의 요약에 따랐다. John Wallach, "Plato's Socratic Problem, and Ours," *History of Political Thought* Vol. 18, No. 3(1997), pp. 377-398.

13 이런 방식과 대조적으로 스트라우스는 플라톤의 35편의 대화를 제목이 붙여진 방식에 따라 분류하고 있다. 그는 대부분의 저작이 소크라테스와 대화를 나눈 중심 등장인물, 특히 소피스트의 고유명사로 제목이 붙여진데 반해, 유독 정치적 저작들에만 『국가』, 『법률』, 『정치가』, 『소피스트』 등과 같이 대화편의 주제와 관련된 제목이 붙여졌다는 것에 특히 주목한다. Leo Strauss, *The City and Man*(Chicago ; London : University of Chicago Press, 1978), pp. 55–56. 아울러 스트라우스는 플라톤이라는 제목의 대화편은 존재하지 않으며, 소크라테스라는 이름이 등장하는 것은 『변론』이 유일하다는 것도 지적한다. 『히파르코스』와 『미노스』는 대화에 참여하는 사람의 이름이 아니라 대화편에서 다루고 있는 주제와 관련된 이름으로 제목이 붙여졌다. 이러한 대화편의 분류가 플라톤 정치철학을 규정하는 데 어떤 의미가 있는가에 대해서는 별도의 논의가 필요하다.

14 플라톤의 사상이 저작 시기에 따라 발전했다고 보는 "발전론적인 접근"의 전통적인 연구로는 19세기 초반의 Schleiermacher와 Grote, 20세기를 대표하는 연구로 Taylor, Guthrie, Friedländer가 있으며, 이들과 같은 급은 아니지만 발전론적 시각을 철저히 적용한 비교적 최근의 연구로 Klosko의 연구가 있다. Friedrich Daniel Ernst Schleiermacher, *Über die Philosophie Platons. : Geschichte der Philosophie. Vorlesungen über Socrates und Platon(zwischen 1819 und 1823) ; Die Einleitungen zur Übersetzung des Platon(1804–1828)*, Vol. 486. ed. Peter M. Steiner(Hamburg : Meiner Felix Verlag GmbH, 1996) ; George Grote, *Plato, and the Other Companions of Sockrates*, vol. 2(London : J. Murray, 1865) ; A. E. Taylor, *Plato : The Man and his Work*(Cleveland : World publishing, 1966) ; Paul Friedländer, *Plato*. Translated by Hans Meyerhoff(Princeton : Princeton Univer-

sity Press, 1969); George Klosko, *The Development of Plato's Political Theory*(NY:Methuen, 1986).

15 미주 14 참조.

16 Stylometrics를 포함해 저작 연대에 대한 문제를 제기한 대표적인 연구로 다음을 참조. Holger Thesleff, "Platonic Chronology," *Phronesis* Vol. 34, No. 1.(1989), pp. 1–26; Charles H. Kahn, "On Platonic Chronology," in Julia Annas & Christopher Rowe eds., *New Perspectives on Plato, Modern and Ancient*(Harvard University Press, 2002) pp. 93–127; Jacob Howland, "Re–Reading Plato: The Problem of Platonic Chronology," *Phoenix* Vol. 45, No. 3,(1991), pp. 189–214.

17 플라톤 대화편의 저작 순서와 관련된 학계의 축적된 논의에 대해서는 다음을 참조. Catherine Zuckert, *Plato's Philosophers: The Coherence of the Dialogues*(Chicago: University of Chicago Press, 2009), pp. 1–50.

18 Zuckert는 개별 대화편이 아니라 플라톤 저작 전체를 하나의 드라마로 보고 각 대화편을 저작 연대순이 아닌 드라마적 배경으로 나타나는 시간에 따라 분류한다. 저작 연대에 대한 추정이 믿을만한 것이 못된다면, 대화편이 갖는 드라마적 시간은 단순히 개별 대화편의 철학적 내용을 담는 형식으로서뿐 아니라 대화편들 간의 관계를 설정할 수 있는 좋은 지표가 된다는 것이다. Catherine Zuckert, *Plato's Philosophers: the Coherence of the Dialogues*(Chicago: University of Chicago Press, 2009).

19 케팔로스가 논의를 계속하지 않고, 제사를 핑계로 자리를 뜬 것이 의미하는 바를 둘러싼 해석은 분분하다. 케팔로스는 이제 자신의 종교적 신념을 기반으로 한 정의관을 수호하기 위해 일어난 것이고, 남아 있는 이들은 정의를 철학적으로 규정하고자 남아 있는 것이라고 본다면, 이 장면이 종교와 철학이 갈라지는 지점을 의미하는 것으로 볼 수

있다는 것이다. Leo Strauss, *The City and Man*(Chicago : University of Chicago Press, 1978), pp. 67-68, 72 참조. 이런 맥락에서 케팔로스의 정의관이 종교적 신념으로 보충되는 한, 그것은 완전히 논박되지 않았다고 할 수 있다.

20 이 때문에 트라시마코스는 마치 야수와 같이 소크라테스를 물어뜯을 것처럼 달려들었는지 모른다(336b). 트라시마코스 입장에서 소크라테스에게 패배하는 것은 자신의 정체성을 위태롭게 하는 일이 될 수 있다.

21 여기서 주목할 것은 이 논의 과정에서 소크라테스는 준법을 부정한 것으로 간주하지는 않았다는 것이다. 준법은 여전히 정의에 해당할 수 있다. 다만 통치자가 입법을 할 때, 법이 통치의 대상을 위한 것이어야 한다는 점이 핵심이다.

22 그리스어 *pleonektein*에는 '(자신의 몫보다 더) 많이 가짐'과 '능가함'이라는 두 가지 의미가 모두 포함되어 있다. 여기서는 능가함이라고 번역하는 것보다 많이 가짐으로 번역하는 것이 적합하다. 반면에 의술이나 시가에 대해서는 능가함으로 번역하는 것이 더 적합하다.

23 그러나 이 반박은 각자 저마다 자기와 닮은 그런 사람이라는 점에 동의(350c)해야 가능한 일이며, 이에 동의하더라도 정의와 훌륭함(덕성)의 닮음은 능가함/더 많이 가짐(*pleonektein*)의 관점에서만 닮아 있다는 한계가 있다. 그럼에도 불구하고 트라시마코스는 이에 동의했고, 소크라테스는 적어도 이 장면에서는 적절하게 트라시마코스를 반박한 것으로 보인다. 소크라테스는 트라시마코스가 바로 이 장면에서 땀을 뻘뻘 흘리며, 정의가 훌륭함으로 밝혀졌을 때 얼굴을 붉혔다고 지적한다(350d). 『국가』에서 소크라테스가 화자로서 대화 상대자의 상태를 지적하는 것은 매우 이례적인 일이다. 이는 트라시마코스가 자신의 주장이 완전히 논박되었음에 대한 창피함뿐 아니라 자신이 앞에서 상식

적인 수준에서의 부정의에 대한 변호에 더해, 부정의를 훌륭함이라고 선언한 것에 대한(아마도 트라시마코스는 이것이 사실이 아님을 알고 있었을 테니까) 자신의 지나친 자신감, 뻔뻔함(hubris)이 폭로된 것에 대한 부끄러움 때문이라고 볼 수 있다. 트라시마코스에 대한 소크라테스의 첫 번째 반박에 대해서는 다음을 참조. Devin Stauffer, *Plato's Introduction to the Question of Justice*(Albany: State University of New York, 2001), pp. 103-106.

24 플라톤은 대외적으로 부정의를 행하는 집단이 대내적으로는 구성원들 간의 정의를 도모할 수 있는 것처럼 전제하고 있지만, 대외적인 부정의와 대내적인 정의가 얼마나 오래 지속될 수 있을지는 의심스럽다. 정의의 대내외적 부조화의 문제는 플라톤을 포함하여 향후 고대 정치세계에 전반적으로 퍼져있는 근본적인 문제라고 할 수 있다. 이 대목에서 플라톤의 국제정치사상을 추론할 수 있다. 일반적으로 정치 공동체는 대외적으로는 부정의를 행하는 순간에도 대내적으로는 최소한의 정의를 유지해야 하는 딜레마를 갖고 있다. 더 구체적으로 말해 대외적으로는 명백하게 부정한 행위라도 적어도 대내적으로는 이를 정당화해야 할 필요가 있다. 굳이 그럴 필요가 있는가, 그것이 근본적으로 가능한 일인가, 가능하다면 어떻게 가능한가를 둘러싼 쟁점들이 플라톤 국제정치사상의 핵심적인 주제라고 할 수 있다. 필자는 이에 대한 별도의 연구를 계획하고 있다.

25 혹자는 이 유추 구조를 플라톤이 위계질서적인 지배관계를 정당화하기 위해 고안했다고 이해한다. 즉 유추 구조는 철학자 계급이 다른 계급인 군인과 생산자들을 지배해야 할 필요성을 정당화하기 위해서라는 것이다. 나중에 상세히 논의하겠지만, 유추의 대칭적 구조에 따르면 통치자가 지혜를 바탕으로 나머지 계급을 지배해야 하듯이 이성이 영혼의 나머지 부분을 지배해야 한다. 특정 계급이 다른 계급을 지배

해야 한다는 것에는 거부감이 들 수 있지만, 이성이 각자의 영혼을 지배해야 한다는 것에는 비교적 거부감이 적다. 만일 이성 지배의 필요성에 충분히 설득된다면 국가 안에서의 철인지배도 정당화된다는 것이다. 이런 해석에 따르면, 플라톤의 『국가』는 개인에게 정의가 무엇인가를 밝히려는 윤리적인 저작이라기보다 공동체에서 누가 지배자가 되어야 하는가를 밝히고, 이를 설득시키려는 순전히 정치적인 저작이다. 『국가』가 정치적 메시지를 포함하고 있다는 것을 부인할 수 없지만, 이 정치적인 메시지는 개인에게 좋은 삶을 제안하는 윤리적인 메시지와 긴밀히 연결되어 있다. 『국가』 저술의 목적이 단순히 철인정치의 정당화에만 있지 않다는 것이다. 『국가』에서의 플라톤의 윤리적, 정치적, 철학적 의도, 그리고 이 세 차원의 관계에 대해서는 다음 장에서 본격적으로 논의할 것이다.

26 그래서 학자들은 이 유추 과정을 통해 만들어진 『국가』 4권의 최선의 국가를 "로고폴리스"라고 부른다.

27 사실 소크라테스는 글라우콘에게는 불만스럽기 짝이 없는 "돼지들의 나라"를 "참된 나라", "건강한 나라"로 칭하고, 반면 글라우콘이 선호하는 사치스런 나라를 "염증의 나라"로 칭한다. 그렇다고 소크라테스가 최소한의 나라가 가장 바람직하다고 주장하는 것은 아니다. 염증의 나라는 문제지만, 이는 염증의 치료 내지 정화가 필요하다는 것을 의미하는 것이지 돼지의 나라로 돌아가는 것이 바람직하다는 것을 의미하진 않는다. 그럼에도 불구하고 소크라테스가 이 나라를 '참된' 나라라고 한 것은 이 나라는 적어도 인위적인 제도가 필요 없는 '자연스런' 나라라는 것을 주목한 듯하다. 사치스런 나라를 정화하기 위해서는 사유재산을 금하고 가족제도까지 왜곡하는 인위적인 장치들이 필요하다.

28 이 대목에서 소크라테스는 전쟁의 기원을 암시한다(373e).

29 교육의 내용은 크게 영혼을 위한 시가 교육과 몸을 위한 체육 교육으로 나뉘는데, 대부분의 지면은 시가 교육의 내용에 할애되고 있다. 이는 수호자 교육의 핵심이 몸보다 영혼의 상태에 있다는 것을 의미한다. 나중에 소크라테스는 체육 교육마저 그 궁극적인 목적은 영혼의 조화에 있음을 지적한다. 교육 프로그램이 전개되면서 나타나는 구체적인 교육 내용들(예컨대 신학적 교리들, 비극과 시인의 추방, 음악 교육 등)은 철학자와 시인의 갈등, 국가에서 신학/종교의 역할과 같이 별도의 주제로 이끈다. 교육 프로그램에 나타난 플라톤의 신학 혹은 종교학, 교육학, 음악 등은 다른 지면에서 논의하기로 하고 이 장에서는 생략한다.

30 이 통치자 계급은 애초에 수호자 계급으로부터 나왔으므로 소크라테스는 이들을 "진정한 수호자"라고 칭하고, 국방을 맡는 수호자들을 "보조자들"이라고 칭한다(414b).

31 따로 표시하지 않은 경우, 이 책의 4장과 5장에서 나오는 『국가』의 번역은 박종현 역, 『국가·정체』(서광사)를 이용하였다.

32 Bernard Williams, "The Analogy of City and Soul in Plato's *Republic*," in Richard Kraut ed., *Plato's Republic : Critical Essays* (Lanham : Rowman & Littlefield, 1997), pp. 50.

33 최선의 국가의 특성과 그 구성원의 특성이 일치하지 않는다는 것은 생산자 계급의 특성을 유추 구조를 통해 추정하는 것으로도 확인된다. 최선의 국가에서 다수를 차지하고 있는 생산자 계급은 영혼에서는 욕구적인 부분에 해당한다. 그런데 욕구적인 부분은 이성적인 부분에 지배받고 억제되어야 할 대상이다. 마찬가지로 생산자 계급은 통치자에 의해 그 행위를 구속받아야 한다. 크라우트는 이런 관점에서 생산자 계급의 영혼은 결코 정의롭게 볼 수 없다고 해석한다. Richard Kraut, "Reason and Justice in Plato's *Republic*," in Edward. N. Lee

ed., *Exegesis and Argument : studies in Greek philosophy presented to Gregory Vlastos. Vol. 1.*(Assen : Van Gorcum, 1973).

34 Bernard Williams, "The Analogy of City and Soul in Plato's *Republic*," in Richard Kraut ed., *Plato's Republic : Critical Essays*(Lanham : Rowman & Littlefield, 1997), pp. 53-55.

35 혹자는 이런 불편한 결론으로부터 벗어나기 위해, 정의로운 국가(로고폴리스)의 생산자 계급은 완전히 부정하다고 볼 수 없으며 어느 정도는 정의의 요소를 갖고 있다는 점을 지적하기도 한다. 즉 이들은 남의 일에 간섭하지 않으며 자기 일을 하고 지배자를 인정하고 지배자에 복종한다는 점에서 공화주의적 관점에서의 정의를 갖추고 있다는 것이다. 그러나 생산자 계급의 복종이 자발적이 아니라 수호자(보조자)들의 무력에 의해 강제로 이뤄졌다는 것을 상기한다면 공화주의적 정의를 갖췄다는 견해를 받아들이기 어렵다. 논리적으로도 생산자 계급이 어느 정도 정의의 요소를 갖추고 있다고 보는 것은 우스꽝스런 결론에 이르게 한다. 즉 생산자들에게 정의의 요소가 있다는 것은, 이들이(자발적이든 강제든) 통치자의 명령에 복종함으로써 적어도 어느 정도는 자기 절제를 발휘하고 있다고 보는 것이다. 그런데 이렇게 자기절제를 발휘하는 것은 욕구적인 부분을 대표하는 그들의 특성과 구별되는 이질적인 요소를 그들의 특성 안에 포함시키고 있음을 의미한다. 즉 남의 일을 넘보지 않고, 통치자의 지배를 따르려는 정도까지 이들 생산자 계급은 그들의 이성적인 부분을 발휘한 셈이 된다. 그런데 이렇게 욕구적인 부분을 대표하는 생산자 계급이 이성적인 부분을 발휘했다는 것은 욕구적인 부분 안에 하위의 이성적인 부분이 존재한다는 것을 의미한다. 다수의 부정의한 개인들로 구성된 정의로운 국가만큼이나 우스꽝스런 논리적 귀결이다. Bernard Williams, "The Analogy of City and Soul in Plato's *Republic*," in Richard Kraut ed., *Plato's*

Republic : Critical Essays(Lanham : Rowman & Littlefield, 1997), pp. 49-62 참조.

36 Bernard Williams, "The Analogy of City and Soul in Plato's *Republic*," in Richard Kraut ed., *Plato's Republic : Critical Essays*(Lanham : Rowman & Littlefield, 1997), p. 50.

37 유추의 난제는 결국 435e에 나타난 소위 "전체-부분 법칙"을 얼마나 엄격하게 해석하고, 이 법칙을 유추 구조 속에 어느 정도까지 포함시킬 것인가에 달려 있다. 435e를 느슨하게 해석하거나 유추와 별개의 것으로 간주할 경우 문제는 쉽게 풀릴 수 있다. 그러나 435e를 유추의 한 요소로 보는 학자들은 이것이 플라톤이 제안한 유추가 결함을 안고 있음을 드러낸다는 주장을 펴고 있다. Williams는 "전체-부분 법칙"을 유추의 핵심 요소로 간주하면서 유추 프로젝트 자체가 "무의미"하다고 주장한다. 이를 간단히 설명하면 다음과 같다. "전체-부분 법칙"을 정의의 경우에 대입하면 국가의 정의는 다름 아닌 개인들의 정의에 의해 결정된다고 할 수 있다. 이렇게 정의가 국가와 개인의 관계에서 어떻게 결정되는지 안다는 것은 이미 정의가 무엇인지를 알고 있고 설명할 수 있음을 의미한다. 유추 프로젝트를 통해 개인의 정의가 무엇인지 밝힌다는 애초의 의도는 단지 핑계에 지나지 않으며, 정의가 무엇인지 알지 않고서는 처음부터 이 프로젝트를 시작할 수 없다는 것이다. 두 번째로, 만약 "전체-부분 법칙"이 정의의 경우에 적용된다면, 국가의 정의는 개인의 정의에 의해 결정되므로 결국 환원적 오류에 빠지게 된다는 것이다. 이 논리에 따르면 국가의 정의를 알기 위해서는 먼저 개인의 정의를 알아내야 하기 때문이다. Bernard Williams, "The Analogy of City and Soul in Plato's *Republic*," in Richard Kraut ed., *Plato's Republic : Critical Essays*(Lanham : Rowman & Littlefield, 1997).

38 이와 관련해서 유추가 시작된 369a를 상기할 필요가 있다. "먼저 나라들에 있어서 올바름이 어떤 것인지를 탐구하도록 하세. 그런 다음에 한결 작은 형태의 것에서 한결 큰 것과의 유사성을 검토해 보면서, 역시 개개인에 있어서의 올바름을 마찬가지로 검토해 보도록 하세."

39 Nobert Blössner, "The City–Soul Analogy," in G.R.F. Ferrari, *The Cambridge Companion to Plato's Republic*(Cambridge : Cambridge University Press, 2007), pp. 347–350.

40 Nobert Blössner, "The City–Soul Analogy," in G.R.F. Ferrari, *The Cambridge Companion to Plato's Republic*(Cambridge : Cambridge University Press, 2007), p. 349.

41 재물에 대한 태도로 명예 지상 정체의 지배자(spirited rulers of timocracy)와 명예 지상적인 인간(timocratic man) 간의 차이를 주목한 것은 Ferrari의 연구가 선구적이다. G. R. F. Ferrari, *City and Soul in Plato's Republic*(Chicago : University of Chicago Press, 2005), chapter 3. 특히 pp. 70–71.

42 G. R. F. Ferrari, *City and Soul in Plato's Republic*(Chicago : University of Chicago Press, 2005), pp. 73–75.

43 대표적으로 David Sachs, "A Fallacy in Plato's *Republic*," in Richard Kraut ed., *Plato's Republic : Critical Essays*(Lanham : Rowman & Littlefield, 1997).

44 대표적으로 다음을 참조 : Jonathan Lear, "Inside and Outside the *Republic*," in Richard Kraut ed., *Plato's Republic : Critical Essays*(Lanham : Rowman & Littlefield, 1997) ; Bernard Williams, "The Analogy of City and Soul in Plato's *Republic*," in Richard Kraut ed., *Plato's Republic : Critical Essays*(Lanham : Row-

man & Littlefield, 1997) ; G. R. F. Ferrari, *City and Soul in Plato's Republic*(Chicago : University of Chicago Press, 2005) ; Norbert Blössner, "The City–Soul Analogy," in G. R. F. Ferrari ed., *The Cambridge Companion to Plato's Republic*(Cambridge : Cambridge University Press, 2007).

45 유추 구조 안에서 영혼의 각 부분 간의 관계는 "이성이 욕구를 지배한다"는 식의 정치적인 용어로 규정된다.

46 유추 구조 안에서 국가의 각 계급은 영혼의 세 부분 중 하나를 대변하는 것으로 규정한다. 예컨대 철학자는 지혜로운 부분, 군인은 기개적인 부분, 생산자는 욕구적인 부분과 짝지어짐으로써 사회적 계급이 영혼적 용어로 묘사된다.

47 전통적인 구분에 의하면 명예 지상 정체와 과두정체는 구분되지 않는다. 둘 다 소수에 의한 지배이므로 과두정에 속하는 것으로 분류될 수 있다.

48 과두정체의 경우 중요한 법이 언급되고 있다(551a–b). 열등한 정체들에서 간혹 법에 대한 언급이 이루어지지만(548b, 550d, 555c, 556a, 563d), 그 내용은 서술되지 않고 있다(한 군데 예외가 있다면 547b–c). Norbert Blössner, "The City–Soul Analogy," in G. R. F. Ferrari ed., *The Cambridge Companion to Plato's Republic*(Cambridge : Cambridge University Press, 2007), pp. 366, 미주 29.

49 정치제도는 플라톤의 『법률』에서 집중적으로 논의되고 있다.

50 예컨대 명예 지상 정체는 처음에는 "군인들에 의한 지배"로 묘사되다가(547e–548a) 나중에는 "기개적인 요소에 의한 지배"로 묘사된다(548c). 과두정체도 처음에는 "부자들에 의한 지배"로 묘사되다가(550c–d) 나중에는 부가 아니라 그들의 탐욕(greed)에 대한 것으로 비난의 초점이 옮겨진다(551a). 마찬가지로 민주정체도 "가난한 사람

들에 의한 지배"(557a)로부터 자유에 대한 과도한 욕구로 비난의 초점이 옮겨진다(562b–c). 참주정체의 경우에도 실제의 참주정과는 거리가 먼 영혼론적 관점에서의 서술이 주를 이룬다. Norbert Blössner, "The City–Soul Analogy," in G. R. F. Ferrari ed., *The Cambridge Companion to Plato's Republic*(Cambridge : Cambridge University Press, 2007), pp. 369–370 참조. 5장

5장 플라톤의 『국가』와 영혼 돌봄의 정치 2 : 플라톤 정치철학의 발전

1 5장의 1절~3절은 『정치사상연구』 제 10집 2호(2004)에 게재된 졸고, "플라톤의 『국가』와 철인왕의 패러독스"의 내용을 일부 수정하여 실은 것이다.

2 이 두 개의 쟁점에서 과연 소크라테스의 논지가 설득력이 있는가는 의견이 갈린다. 크게 '가능성'과 '바람직함'의 관점에서 논할 수 있는데, 소크라테스의 논지는 첫 번째 쟁점에 관해서는 두 관점 모두에서, 두 번째 쟁점에서는 오로지 바람직함의 관점에서만 설득력이 있는 것으로 보인다. 5권에서 소크라테스가 직면한 '세 차례의 파도'에 대한 상세한 분석에 대해서는 다음을 참조. Drew A. Hyland, "Plato's Three Waves and the Question of Utopia," *Interpretation : A Journal of Political Philosophy*, Vol. 18, No. 1(Fall 1990), pp. 91–109. 스트라우스와 블룸은 '가능성'의 관점에서 세 개의 파도에 대한 소크라테스의 대응이 적어도 표면적으로는 모두 설득력을 잃었다고 주장한다. Leo Strauss, *City and Man*(Chicago : University of Chicago Press, 1978) ; Allan Bloom, "Interpretive Essay," *The Republic of Plato*(NY : Basic Books, 1968).

3 소크라테스는 철학자들이 지향하는 지혜의 대상이 무엇인가를 밝히기 위해 '선분의 비유'나 '해의 비유'를 제시한다. 이 비유들은 플라톤의 형이상학을 해석하는 단초가 되기도 한다. 플라톤 형이상학의 발전단계를 설명하는 입문서로 Julia Annas, *An Introduction to Plato's Republic*(Oxford : Clarendon Press, 1981)을 참조. 나아가 플라톤의 형이상학이 『국가』를 해석하는 데 가장 중요한 열쇠가 된다고 보는 연구로 C. D. C. Reeve, *Philosopher–Kings : The Argument of Plato's Republic*(Princeton : Princeton University Press, 1988)이 있다.

4 소크라테스는 6권 중반, 철학에 대한 대중의 오해와 마찰을 예시하는 '배의 비유'를 소개한 이후, 방금 친구가 된 트라시마코스와 자신을 이간시키지 말라는 알쏭달쏭한 얘기를 꺼낸다(498d). 어떻게 소크라테스와 트라시마코스가 친구가 되었는지 그 이유에 관해서는 언급되지 않지만, 혹자는 소크라테스가 여기서 철학자가 수사학을 사용할 가능성을 시사하고 있다고 주장하기도 한다. Ex. Devin Stauffer, *The Unity of Plato's Gorgias : Rhetoric, Justice, and the Philosophic Life*(Cambridge : Cambridge University Press, 2006), pp. 178–82. 그러나 소크라테스는 『고르기아스』에서 진정한 정치가라면 어떤 경우에도 진정 수사학을 사용하지 않을 것이라고 단정적으로 말한 바 있다. 소크라테스의 수사학의 사용 가능성에 대해서는 3장을 참조. Zuckert는 최근 소크라테스와 트라시마코스의 관계를 재조명한 바 있다. Catherine Zuckert, "Why Socrates and Thrasymachus Become Friends," *Philosophy and Rhetoric,* Vol. 43, No. 2(2010).

5 519c–d에서 소크라테스는 글라우콘과 다음과 같은 대화를 주고받는다. "그러니까 나라의 수립자들인 우리가 할 일은 가장 훌륭한 성향(자질)을 지닌 자들로 하여금 앞서 우리가 가장 중요한(최고의) 것이라고 말한 배움에 이르도록, 그래서 '좋음'을 보게끔 그 오르막을 오르

지 않을 수 없도록 하되(*anagkasai aphikesthai pros to mathēma ho en tōi prosthen ephamen einai megiston*), 이들이 일단 이 길을 올라 그것을 충분히 보게 되면, 이제 이들이 허용 받고 있는 것을 이들에게 더 이상 허용하지 않은 것일세.", "그게 어떤 것인데요?", "바로 거기에 머물러 있으려 할 뿐, 저들 죄수들 곁으로 다시 내려가서 저들과 함께 노고와 명예를, 이게 다소 하찮은 것이건 대단한 것이건 나누어 가지려 하지 않는 것일세."

6 『국가』의 2권에서 4권까지의 논의에 의해 만들어진 국가를 로고폴리스(logopolis), 철인왕에 의해 성립되는 국가를 칼리폴리스(kallipolis)로 구분해 부를 필요가 있다. 표면적으로 로고폴리스는 말로 설립된 국가이며, 칼리폴리스는 이것의 실현 가능성을 토대로 해서 철인왕에 의해 만들어진 국가이다. 부연하면 로고폴리스는 진정한 철학자들이 존재하기 이전의 정의로운 국가요, 칼리폴리스는 진정한 철학자들의 존재를 전제로 한 국가라고 할 수 있다.

7 플라톤이 어떤 종류의 공리주의자였고, 공화주의자였는지를 단정하긴 어렵다. 다만 『국가』의 여러 부분에서 드러나는 플라톤의 공화주의는 법의 지배나 일반적인 공동체주의적인 특성뿐 아니라 궁극적으로 개인의 영혼의 조화에 목적을 두고 있다는 점에 주목할 필요가 있다. 따라서 플라톤의 공화주의를 해명하기 위해서는 소위 영혼의 정의(psychological justice)와 공화주의적 정의(republican justice)의 관계를 규명할 필요가 있다. 이와 비슷한 문제의식으로 Jonathan Lear. "Inside and Outside." In Richard Kraut ed. *Plato's Republic*(Lanham : Rowman & Littlefield, 1997), pp. 61-94.

8 상식적으로 강제와 자발적 의지는 엄격히 구분되지만 시간의 흐름에 따라 전자가 후자로 전환될 여지도 있다. 즉 강제로 시작된 일이라고 해도 이후에 자발적인 동의에 의해 강제의 요소가 사라질 수도 있다.

『국가』 1권에서 소크라테스 일행이 케팔로스의 집으로 향했던 것은 처음에는 위협과 강제가 내포된 설득에 의한 것이었지만, 케팔로스의 집에서 행해진 토론에서 소크라테스가 자발적으로 그것도 가장 정열적으로 향연에 참여했던 것을 상기하면, 강요에서 설득으로 그리고 자발성으로 이어지는 가능성을 생각해 볼 수 있다. 플라톤은 『법률』에서 이 문제와 관련해서 보다 본격적인 논의를 하고 있다(*Laws*, 719e–723c ; 857c–e ; 885c–890d). 『법률』에서의 설득과 강제에 관한 대표적인 연구로 Christopher Bobonich, "Persuasion, Compulsion, and Freedom in Plato's *Laws*," in Gail Fine ed., *Plato 2 : Ethics, Politics, Religion and the Soul*(Oxford : Oxford University Press, 1999)을 참조.

9 대부분 플라톤의 논지에서 일관성을 구해보려는 시도인데, 다음과 같은 연구들이 있다. Gregory Vlastos ed., *Platonic Studies*, (Princeton : Princeton University Press, 1981) ; C. D. C. Reeve, *Philosopher–Kings : The Argument of Plato's Republic*(Princeton : Princeton University Press, 1988) ; Joseph Beatty, "Plato's Happy Philosopher and Politics," *The Review of Politics* Vol. 38, No. 4(1976), pp. 545–575 ; Richard Kraut, "Return to the Cave : Republic 519–521," *Proceedings of the Boston Area Colloquium in Ancient Philosophy* Vol. 7(1991), pp. 43–62 ; Richard Kraut, "Egoism, Love and Political Office in Plato," *The Philosophical Review* Vol. 82, No. 3(1973), pp. 330–344 ; Richard Kraut, "Reason and Justice in Plato's *Republic*," in E. N. Lee ed., *Exegesis and Argument : Studies in Greek Philosophy Presented to Gregory Vlastos Vol. 1.*(Assen : Van Gorcum, 1973) ; Edward Andrew, "Descent to the Cave," *The Review of Politics* Vol. 45, No. 4(1983), pp. 510–535 ; John M. Cooper, "The Psychology of Justice in Plato," *American Philosophical Quarterly* Vol. 14, No.

2(1977); Peter Vernezze, "The Philosopher's Interest," *Ancient Philosophy* Vol. 12, No. 2(1992), pp. 331–349; Julia Annas, *An Introduction to Plato's Republic*(Oxford: Clarendon Press, 1981), pp. 268. 그러나 이들 중에 이례적으로 플라톤의 논리적 일관성을 구하는 시도를 포기한 이도 있다. Nicholas P. White, *A Companion to Plato's Republic*(Indianapolis: Hackett Publishing, 1979), pp. 23, 189–96.

10 Vlastos와 Kraut가 대체로 이런 입장에서 철학자의 설득이 가능하다고 믿는다. 위 미주 9를 참조.

11 Kraut, Annas, Vernezze가 대체로 이런 입장을 취한다. 위 미주 9를 참조.

12 『국가』에서 철인왕에 대한 강요가 언급되는 대표적인 단락들을 소개하면 다음과 같다. "우리의 이 나라에서 철학자들로 된 사람들로 하여금 다른 사람들을 보살피고 지켜주도록 우리가 강요한다고 해서, 우리가 이들에게 올바르지 못한 짓을 하게 되는 건 아니고, 오히려 올바른 것을 이들에게 말해 주게 된다는 걸 말일세(*alla dikaia pros autous eroumen, prosanagkasdontes tōn allōn epimeleisthai te kai phulattein* 520a)."; "그렇지만 이들은 통치하는 것에 대해 무엇보다도 불가피한 것에 임하듯 저마다 임합니다(*pantos mēn mallon hōs epi anagkaion autōn hekastos eisi to archein* 520e)."; "그러나 실은 통치하는 걸 좋아하지 않는 사람들이 통치에 임하도록 해야만 하네(*tinas oun allous anagkaseis ienai epi phulakēn tēs poleōs* 521b)."; "이들이 이 일을 하는 것은 이것이 훌륭한 것이어서가 아니라 불가피한 것이어서 일세(*ouch hōs kalon ti all' hōs anagkaion prattontas* 540b)."

13 긍정적인 의미로 '강요'가 사용된 텍스트적 근거로 다음을 들 수 있다. 동굴의 비유에서 죄수가 속박을 풀고 처음에는 횃불을 보고, 나중에는 강제로 끌려서 해를 보도록 하는 강요(515e); 잠재적인 철학자들

이 산술을 공부하도록 하는 강요(526b1–3) ; 기하학과 천문학을 공부함으로써 그들의 영혼을 본질로 향하도록 하는 강요(526e, 529a) ; 교육을 이수하는 이들이 50세에 이르렀을 때 좋음(*to agathon*)을 보도록 하는 강요(540a). 이런 논지로는 Jacob Howland, "The *Republic*'s Third Wave and the Paradox of Political Philosophy," *The Review of Metaphysics* Vol. 51(March 1998), pp. 655 ; Richard Kraut, "Egoism, Love and Political Office in Plato," *The Philosophical Review* Vol. 82, No. 3(1973), pp. 342 ; Thomas Brickhouse, "The Paradox of the Philosophers' Rule," *Apeiron* Vol. 15, No. 1(1981), pp. 1–9 ; Edward Andrew, "Descent to the Cave," *The Review of Politics* Vol. 45, No. 4(1983), pp. 528–30 등을 참조.

14 이에 덧붙여서 소크라테스는 536e에서 "강요된 공부는 결코 영혼에 머무를 수 없다(*psuchē biaion ouden emmonon mathēma*)"는 말을 하는데, 이는 강요가 영혼의 조화에 진정으로 도움을 주지 못함을 의미한다.

15 이와 비슷한 논지는 521b에도 나타난다. "실은 통치하는 걸 좋아하지 않는 사람들이 통치에 임하도록 해야만 하네. 만약에 그러지 않을 경우에는 경쟁자들이 싸우게 될 것이기 때문일세."

16 이에 대해서는 Leo Strauss, *City and Man*(Chicago : University of Chicago Press, 1978), pp. 123–4를 참조. 스트라우스는 이 문제뿐 아니라 첫 번째, 두 번째 파도와 관련해서도 플라톤이 실질적인 설득을 행하는 것이 아니라 사실상 이것들이 모두 불가능하다는 것을 암시하기 위함이라고 주장한다. 플라톤이 칼리폴리스의 성립뿐 아니라 로고폴리스(2권에서 4권까지의 논의로부터 도출되는 최상의 국가)의 가능성도 부인한다는 것이다. 스트라우스에 따르면 과격한 의미의 남녀평등이나 사유재산이나 가족을 비롯한 모든 사적 활동의 폐지 등

은 로고폴리스가 불가능하다는 것을 보여주기 위해 플라톤이 고안한 아이러니라는 것이다. 블룸도 비슷한 논지를 개진하고 있다. 그러나 이런 스트라우스의 주장이 『국가』에 대한 지배적인 해석이라고 볼 수 없다. 스트라우스적인 『국가』 해석에 대한 직접적인 비판으로 Dale Hall, "The *Republic* and the 'Limit of Politics'," *Political Theory* Vol. 5, No. 3(1977), pp. 293–313; George Klosko, "The 'Straussian' Interpretation of Plato's *Republic*," *History of Political Thought* Vol. 7, No. 2(1986), pp. 275–293 등이 있다.

17 이와 관련된 단락을 소개하면 다음과 같다. "누군가가 이렇게 말함 직하기 때문입니다. 지금으로서는 하나하나의 질문과 관련해서 선생님께 말로써 반박할 수는 없지만, 실제로는 이런 걸 보고 있다고 말씀입니다. 즉 철학을 하기 시작한 많은 사람이 충분한 교육을 받기 위해서 젊을 때 이를 건드려 본 다음에, 이를 그만두지 못하고서 더 오래 계속해서 하게 되는 모든 사람 가운데서 대다수가 아주 못된 이들이라고 우리가 말할 지경으로까지는 되지 않더라도, 아주 이상하게 되는가 하면(*allokotous gignomenous*) 가장 훌륭하다고 여겨지는 사람들일지라도, 그런 이들인데도 선생님께서 칭찬하시는 이 일로 인하여 나라들에 쓸모없는 이들이 되는(*achrēstous tais polesi gignomenous*) 이런 일을 어쨌든 겪게 된다고 말씀입니다(487c–d)."

18 예컨대 소크라테스는 데모스를 "점잖은 선주"로 표현하고 있다. "그리고 때로 자신들은 설득에 실패하고 오히려 다른 사람들이 설득에 성공하게라도 되면, 그들을 죽여 버리거나 배 밖으로 던져 버리거나 하네. 그러고선 점잖은 선주(*gennaion nauklēron*)를 최면제나 술 취함 또는 그 밖의 다른 것으로써 옴짝달싹 못하게 한 다음, 배 안에 있는 것들을 이용해서 배를 지휘하네(488c)."

19 이와 같은 맥락에서 소크라테스는 몇 페이지 뒤에서(490b) 철학은 산

고와 같은 측면이 있음을 강조하면서, 이런 고통을 동반하는 철학을 편견으로부터 해방시켜 달라는 뜻을 전하기도 한다.

20 2권부터 4권에 이르는 국가-영혼의 유추 프로젝트에 대해서는 앞의 4장 4절의 논의를 참조. 영혼-국가의 유추와 관련된 연구는 많이 있지만, 가장 논쟁적인 것으로 David Sachs, "A Fallacy in Plato's *Republic*," *The Philosophical Review* Vol. 72, No. 2(1963), pp. 141-58; Bernard Williams, "The Analogy of City and Soul in Plato's *Republic*," in Gail Fine ed., *Plato 2*(Oxford: Oxford University Press, 1999), Ch. 11; Richard Kraut, "Reason and Justice in Plato's *Republic*," in E. N. Lee ed., *Exegesis and Argument: Studies in Greek Philosophy Presented to Gregory Vlastos. Vol. 1*(Assen: Van Gorcum, 1973), pp. 207-224; In Ha Jang, "The Problematic Character of Socrates' Defense of Justice in Plato's *Republic*," *Interpretation–A Journal of Political Philosophy*, Vol. 24, No. 1(Fall 1996), pp. 85-107; Norbert Blössner, "The City-Soul Analogy," in G. R. F. Ferrari ed., *The Cambridge Companion to Plato's Republic*(Cambridge: Cambridge University Press, 2007), Ch. 13; G. R. F. Ferrari, *City and Soul in Plato's Republic*(Chicago: University of Chicago Press, 2005) 등을 참조.

21 문제는 철학과 정치의 갈등, 철학자와 비철학자들 간의 갈등이 완전히 해소되지 않으면 철학자들은 자신이 믿는 내용을 비철학자들에게 솔직하게 드러낼 수 없다는 것이다. 근본적으로 철학자와 비철학자들은 각기 다른 종류의 영혼을 갖고 있기 때문에, 비철학자들은 전적으로 공화주의적 정의를 따르는 것이 그나마 그들의 영혼을 최대로 조화롭게 하는 것이고, 반면에 철학자에게 공화주의적 정의는 그들이 "알고 있는" 영혼의 정의를 추구하는 것의 일부분에 지나지 않는다. 그러

나 이런 사실을 철학자들이 공공연히 드러낼 수는 없는 일이다. 이런 관점에서 1권에서 진실을 말하는 것(*tēn alētheian phēsomen*)을 정의에 포함시켰던 케팔로스의 주장에 대한 소크라테스의 반박은 1권에서 끝나는 문제가 아니라 『국가』 전체에 영향을 미치는 것이라고 볼 수 있다.

22 이런 맥락에서 철학자들이 현실적인 정체들 중에서 어느 정체를 가장 선호할 것인가에 관한 연구들이 있다. 철학자들이 민주주의를 어떻게 받아들였는가에 대한 플라톤의 평가에 대해서 Dominic Scott, "Plato's Critique of the Democratic Character," *Phronesis* Vol. XLV, No.1(2000)을 참조. 이에 대한 선구적인 주장은 Leo Strauss, *The City and Man*(Chicago : University of Chicago Press, 1978)에서 발견된다.

23 자유(*eleutheria*)는 사적 영역에서 시민들이 무엇이든 마음대로 할 수 있는 자유를 의미한다. 평등은 주로 민회에서 누구든 평등하게 발언할 수 있는 권리(*isegoria*), 그리고 법 앞의 평등(*isonomia*)과 같이 정치적 평등을 의미한다. 정치적으로 평등한 아테네 사회가 상당한 수준의 경제적 불평등을 용인할 수 있었던 이유가 무엇인지가 특별한 관심을 끄는데, 학자들은 부자들에 의한 공공기부(*leitourgia*)와 같은 제도들을 주목한다. 아테네 민주정의 일반적 배경을 위해서는 다음을 참조. Josiah Ober, "Mass and Elite in Democratic Athens : Rhetoric," *Ideology and the Power of the People*(Princeton : Princeton University Press, 1989) ; Josiah Ober, *The Athenian Revolution : Essays on Ancient Greek Democracy and Political Theory*(Princeton : Princeton University Press, 1996) ; Josiah Ober and Charles W. Hedrick, *Demokratia : A Conversation on Democracies, Ancient and Modern,* Princeton Paperbacks(Princeton : Princeton University Press, 1996) ; Morgens Herman Hansen, *The Athenian Assembly in the Age of Demosthenes,*

Blackwell's Classical Studies(New York: B. Blackwell, 1987).

24 비전적 글쓰기의 동기와 목적에 대해서는 이 책의 4장 1절에서도 일부 다루고 있다. 기본적으로 Leo Strauss, *Persecution and the Art of Writing*(Chicago: University of Chicago Press, 1988), chs. 1 & 2. Leo Strauss, "On a Forgotten Kind of Writing," in *What is Political Philosophy? and Other Studies*(Chicago: University of Chicago Press, 1988)를 참조. 비전주의에 대한 스트라우스의 해석에 대해서는 긍정과 비난이 공존하고 있다. 최근 비교적 중립적 입장에서 스트라우스의 비전주의를 평가한 것으로 Michael Frazer, "Esotericism Ancient and Modern: Strauss Contra Straussianism on the Art of Political-Philosophical Writing," *Political Theory* Vol. 34, No. 1(2006), pp. 34-61; Ian Ward, "Helping the Dead Speak: Leo Strauss, Quentin Skinner and the Arts of Interpretation in Political Thought," *Polity* Vol. 41(2009), pp. 235-55; Rafael Major, "Cambridge School and Leo Strauss: Texts and Context of American Political Science," *Political Research Quarterly* Vol 58, No. 3(2005), pp. 477-486 참조.

25 스트라우스가 정치와 철학의 갈등을 양자 간의 불가피한 관계로 파악하고 플라톤의 시도를 적절한 것으로 해석하는 반면, 아렌트는 플라톤이 철학의 입장에서 정치를 독점적으로 지배하려고 시도함으로써 양자의 잠재적 긴장을 표면화시켰고, 결과적으로 건강한 정치의 원리인 다원성을 해치고 활동적 삶(*vita activa*)을 후퇴시켰다고 한탄한다. 일찍이 니체도 철학자들이 새로운 가치들을 창출하는 영웅적인 활동에는 관심이 있을지 몰라도 통상적인 의미의 정치 참여에는 무관심하다는 것을 지적한 바 있다.

26 스트라우스는 이러한 접근을 중세 이슬람 철학자인 알파라비(Alfarabi)로부터 차용한다. Leo Strauss, *Persecution and the Art of*

Writing(Chicago : University of Chicago Press, 1988), pp. 22–37.

27 Leo Strauss, *The City and Man*(Chicago : University of Chicago Press, 1978), pp. 52–3; "The Problem of Socrates : Five Lectures," in Leo Strauss and Thomas L. Pangle, *The Rebirth of Classical Political Rationalism : An Introduction to the Thought of Leo Strauss : Essays and Lectures*(Chicago : University of Chicago Press, 1989). 이와 다른 맥락에서 Randall은 플라톤의 저작이 역설적이라고 주장한다. 그에 따르면 플라톤은 유토피아가 일견 스파르타적인 요소를 닮은 것처럼 묘사하지만, 유토피아의 실현을 매우 희박하게 만듦으로써 스파르타적인 정체가 바람직하지 않다는 것을 간접적으로 보여줬다는 것이다. Randall은 『국가』가 결국 스파르타에 대항하여 아테네의 이상을 옹호하기 위해 역설적으로 저술되었다고 주장한다. John Herman Randall, *Plato : Dramatist of the Life of Reason*(New York : Columbia University Press, 1970), pp. 116, 117.

28 비전적 저술 방식의 구성 요소가 정확히 무엇인지에 관해서는 많은 논란이 있다. 다만 이에 대한 스트라우스의 언급에 주의를 기울여볼 만하다. 가령 철학자나 위대한 사상가의 저작에서 일견 모순적으로 보이는 언명이나 자명한 실수 등이 발견될 때, 이것이 저자의 생각을 은폐하기 위해 채택된 의도적인 장치일 수 있다는 것을 의심해보라는 것이다. Leo Strauss, *What Is Political Philosophy? And Other Studies*, pp. 223, 231 ; Leo Strauss et al., *On tyranny*, pp. 27. 스트라우스의 비전적 해석을 둘러싼 논란에 대해서는 George Sabine, "Review of "Persecution and the Art of Writing"," *Ethics* Vol. 63(1953)와 이에 대한 스트라우스의 답변을 참조. Leo Strauss, "On a Forgotten Kind of Writing," in *What Is Political Philosophy? and Other Studies*, ed. Leo Strauss(Chicago : University of Chicago Press, 1988). 이에 대한 이

후의 평가에 대해서는 John Gunnell, "The Myth of the Tradition," *American Political Science Review* Vol. 72(1978). Nathan Tarcov, "Philosophy and History : Tradition and Interpretation in the Work of Leo Strauss," *Polity* Vol. 16, No. 5-29(1983)를 참조. 스트라우스의 사상에 대한 가장 포괄적인 안내를 위해서는, Nathan Tarcov and Thomas Pangle, "Epilogue : Leo Strauss and the History of Political Philosophy," in Leo Strauss and Joseph Cropsey eds. *History of Political Philosophy*, (Chicago : University of Chicago Press, 1987)을 참고. 스트라우스의 "비전주의"적 해석을 『국가』에 적용한 예로는 Jacob Howland, "The *Republic*'s Third Wave and the Paradox of Political Philosophy", *The Review of Metaphysics*(1998), pp. 633-657를 참조. 여기에서 Howland는 플라톤이 "비전적으로" 저술했다는 가정에 기초해 "세 번째 파도의 중요성"을 주장한다.

29 따라서 스트라우스의 관점에서 진리는 모두에게 동등하게 무해하지 않다. Leo Strauss, *Persecution and the Art of Writing*(Chicago : University of Chicago, 1988), pp.30, 16 ; Leo Strauss, *What Is Political Philosophy? and Other Studies*(Chicago : University of Chicago Press, 1988), pp.231 ; Leo Strauss et al., *On Tyranny*, Rev. and expanded, including the Strauss-Kojève correspondence(New York : Toronto : Free Press ; Maxwell Macmillan Canada ; Maxwell Macmillan International, 1991), pp. 28-66 ; Leo Strauss. *The City and Man*(Chicago : University of Chicago Press, 1978), pp. 50-62.

30 플라톤의 교훈과 그의 대화편 형식 사이의 복합적 관계에 대한 스트라우스의 이해에 대해서는 Strauss, *The City and Man*, pp. 50-62를 참고. 사실 플라톤 해석에 있어서 대화편이라는 형식을 강조한 것은 스트라우스만이 아니다. Hans-Georg Gadamer, *Plato's Dialectical*

Ethics : Phenomenological Interpretations Relating to the Philebus(New Haven : Yale University Press, 1991), pp. 51–65 ; Jacob Klein, *A commentary on Plato's Meno*(Chapel Hill : University of North Carolina Press, 1965), pp. 5–31을 참조. 플라톤의 저술 형식에 관한 보다 최근의 동향에 대해서는 Charles H. Kahn, *Plato and the Socratic Dialogue : The Philosophical Use of a Literary Form*(Cambridge : Cambridge University Press, 1996) ; Charles L. Griswold, *Platonic Writings/Platonic Readings*(New York : Routledge, 1988) ; Catherine Zuckert, *Plato's Philosophers : The Coherence of the Dialogues*(Chicago : University of Chicago Press, 2009) 등을 참조.

31 Leo Strauss, "On a New Interpretation of Plato's Political Philosophy," *Social Research* Vol. 13(1946), pp. 351–2.

32 최근 스트라우스는 신보수주의의 사상적 지주 혹은 이라크 전쟁의 배후인물로 지목받은 바 있다. 그러나 여기서 스트라우스의 정치적 성향에 관한 비학문적 논쟁에 개입하는 것은 적절하지 않을 듯싶다. 대신, 필자는 정치와 철학 사이의 지속적인 갈등으로 인해 형성된 스트라우스의 해석학적 관심이 그의 『국가』 해석과 어떤 연관을 갖는가에 초점을 맞출 것이다. 이라크전이나 신보수주의의 출현 이전부터 스트라우스의 학문적 업적을 인정하지 않고 그의 연구를 오로지 당파적인 것으로 간주하는 대표적인 글로 Miles Burnyeat, "The Sphinx without a Secret," *New York Review of Books*(1985 May 30) pp. 30–36 ;. Stephen Holmes, "Truths for Philosophers Alone?," *The Times Literary Supplement*(1989 December 1–7), pp. 1319–1323을 참조. 현실정치의 영향력 측면에서 스트라우스는 1994년 11월에 있던 중간선거에서 공화당이 미 의회를 장악한 데에 영향을 미친 인물로 묘사되기도 했다. Brent Staples, "Undemocratic Vistas : The Sinister Vogue of

Leo Strauss," *The New York Times*(1994 November 28). 스트라우스의 이라크 전쟁 관련설에 대한 비판으로 Catherine & Michael Zuckert, *The Truth about Leo Strauss : Political Philosophy and American Democracy*(Chicago : University of Chicago Press, 2006) ; 졸고, "이라크 전쟁의 레오 스트라우스 책임론에 대한 정치철학적 비판"『국제·지역연구』 21권 1호(2012), pp. 155-188 등을 참조.

33 이러한 스트라우스의 해석을 비판적으로 검토한 연구들로는 Dale Hall, "The Republic and the Limits of Politics," *Political Theory* 5, no.3(1977) ; George Klosko, "The 'Straussian'Interpretation of Plato's Republic," *History of Political Thought* Vol. 7, No. 2(1986) 등이 있다. 이들 비판의 요지는 스트라우스의 해석이 비역사적이며 사변적이라는 것이다. 그러나 이러한 비판은 철학자들이 처한 해석학적 어려움을 주목한 스트라우스의 문제의식을 제대로 평가하지 못했다는 단점이 있다.

34 Leo Strauss, *The City and Man*(Chicago : University of Chicago Press, 1978), p. 109. 유사한 논의선상에서 Bloom 역시 국가-영혼 유추를 "비논리적"이고 "가장 의심스러운" 것으로 본다. Allan Bloom, "Interpretive Essay" *The Republic of Plato*(NY : Basic Books, 1968), pp. 379, 412.

35 Leo Strauss, *The City and Man*(Chicago : University of Chicago Press, 1978) pp. 110.

36 이 부분에 대한 Drury의 해석은 스트라우스가 의도한 것보다 더 과도하다. 그녀는 "스트라우스의 관점에서, 유사성의 논의를 만들고자 한 소크라테스의 시도는 비참하게 실패했다. 이것은 만들 수 없는 논의이기 때문이다"라고 주장한다. 드러리는 플라톤이 의도적으로 터무니없는 유추를 만들어냄으로써 트라시마코스의 현실주의적 세계

관을 암묵적으로 인정했다는 것이 스트라우스의 주장인 것처럼 해석하고 있으나, 이는 플라톤의 의도도 스트라우스의 해석도 아니다. Shadia B. Drury, *The Political Ideas of Leo Strauss*(New York : St. Martins' press, 1988). 반면에 스트라우스에 대한 드러리의 왜곡된 평가에 대해서는 "A Leo Strauss Symposium," *The Vital Nexus*, Vol. 1, No.1(May 1990), 특히 Clifford Orwin, "Leo Strauss, Moralist or Machiavellian?" ; David Lewis Schaefer, "Shadia Drury's Critique of Leo Strauss," *The Political Science Reviewer* Vol. 32(1994)를 참고. Laurence Lampert, *Leo Strauss and Nietzsche*(Chicago : University of Chicago Press, 1996), pp. 132-3. fn. 5 참조.

37 Leo Strauss, *The City and Man*(Chicago : University of Chicago Press, 1978), pp. 125.

38 Leo Strauss, *The City and Man*(Chicago : University of Chicago Press, 1978), pp. 115, 116, 127, 137.

39 Leo Strauss, *The City and Man*(Chicago : University of Chicago Press, 1978), p. 54; Leo Strauss and Thomas Pangle, *The Rebirth of Classical Political Rationalism : An Introduction to the Thought of Leo Strauss : Essays and Lectures*(Chicago : University of Chicago Press, 1989), p. 152.

40 유추의 기능과 한계에 대해서는 이 책의 4장 4절을 참조.

41 철학자가 비철학자의 영혼 개선을 고려해야 한다는 것은 『고르기아스』에서 소크라테스가 페리클레스의 정치를 비난했던 것과도 연관이 있다. 일반적으로 페리클레스는 시민들로 하여금 공화주의적 정의를 고양시킨 것으로 알려져 있다. 그러나 소크라테스는 페리클레스가 시민들을 근본적으로 '보다 낫게' 만들지 못했음을 비난한다. 페리클레스는 이들의 영혼 개선에 주력하지 못했다는 것이다.

42 부연하면 공동체의 유지와 국가의 존속은 스스로 음식, 의복, 집, 안보, 명예 등을 해결할 수 없는 자족적이지 못한 인간에게 필수적인 조건이다. 그러나 만약 철학자와 같이 육체적 차원의 필요를 완전히 초월한 자족적인 인간이 있다면 그들에게는 더 이상 국가나 공화주의적 정의가 필요하지 않다. 즉 국가와 철학자가 모두 자족적이기 때문에 국가와 철학자들의 영혼 간의 유추는 붕괴되지 않는다. 스트라우스의 해석에 따르면, 플라톤은 엄밀한 의미에서 정의로운 영혼을 갖는 일과 국가에 기여하는 일은 서로 무관하다는 것을 "비교적"(秘教的)으로 가르치고 있다는 것이다. 달리 표현하자면 훌륭한 인간(good man)이 되는 것은 훌륭한 시민(good citizen)이 되는 것과 무관하다는 것이다. 훌륭한 인간과 훌륭한 시민 간의 긴장 관계에 대한 해명과 그 조화 가능성에 대해서는 아리스토텔레스의 논의가 더 명시적이다. Aristotle, *Politics*, Book Ⅲ, Chapter 5 참조.

43 이런 연유로, 스트라우스는 일반 시민에 대한 자유주의적 교육을 철학자의 우월성을 알고 있는 "신사(gentlemen)"를 양육하는 수단으로서 강조한다. Leo Strauss, *Liberalism, Ancient and Modern*(Chicago : University of Chicago Press, 1995), pp. 13-5. 스트라우스가 그리는 가장 바람직한 사회는 심판관으로서 활동하는 철학자의 감독 아래 신사들이 법의 지배에 자발적으로 복종하는 사회이다. Leo Strauss, *What Is Political Philosophy? And Other Studies*(Chicago : University of Chicago Press, 1988), pp. 81, 84.

44 어떻게 공동선에 기여를 전제로 하는 공화주의적 정의가 궁극적으로 영혼의 조화를 추구하는 영혼의 정의와 연속성을 갖게 되는가에 대해서는 별도의 논의가 필요하다.

45 Leo Strauss, *The City and Man*(Chicago : University of Chicago Press, 1978) pp. 125. 또한 스트라우스는 같은 페이지에서 "그들(철학

자들)에게 동굴과 국가는 동일한 것으로 취급되므로, 철학에 바쳐지지 않은 삶 즉 고작해야 정치적인 삶은 동굴 안에서의 삶과 유사하다는 것을 그들은 안다"고 언급한다.

46 다음은 스트라우스가 철학자들은 오직 강제에 의해서만 국가를 통치한다고 주장하기 위해 참조한 구절들이다: 499b–c, 500d4–5, 520a–d. 521b7. 539e2–3. Leo Strauss, *The City and Man*(Chicago : University of Chicago Press, 1978), p. 124.

47 Leo Strauss, *The City and Man*(Chicago : University of Chicago Press, 1978), p.124.

48 학자들은 철인왕에 의한 칼리폴리스의 실현 가능성뿐 아니라 남녀평등과 가족제도의 배제를 전제로 하는 로고폴리스의 실현 가능성도 논쟁의 대상으로 삼는다. 플라톤에 대한 전통적인 해석들이 소크라테스의 언어를 항상 진지한 것으로 받아들이는 반면, 스트라우스는 대화편에 나오는 소크라테스의 언어구사의 반어법적 요소를 주목한다. 로고폴리스의 실현 가능성에 관한 스트라우스의 논의를 비판적으로 검토한 것으로 George Klosko, "The 'Straussian'Interpretation of Plato's *Republic*," *History of Political Thought* Vol. 7, No. 2(1986), pp. 275–293; Dale Hall, "The Republic and the Limits of Politics," *Political Theory* Vol. 5, No.3(1977), pp. 293–313를 참조. 반면에 Saxon house 스트라우스와는 다른 관점에서 『국가』의 희극적 요소를 주목한다. Arlene Saxonhouse, "Comedy in Callipolis : Animal Imagery in the Republic," *The American Political Science Review* Vol. 72(1978), pp. 888–901.

49 이런 맥락에서 스트라우스는 철학자들에게 엄격한 의미의 반정치적(anti–political) 성향이 있는 것으로 파악한다. Leo Strauss, *The City and Man*(Chicago : University of Chicago Press, 1978) pp. 125.

50 그러나 철학자의 역할에 대한 스트라우스의 입장은 좀 더 복잡한 논지를 포함하고 있다. 앞에서도 언급한 바 있지만, 스트라우스는 철학자가 한편으로는 자신의 안전을 그리고 다른 한편으론 사회의 붕괴를 염려하고 있다고 주장한다. 이를 위해 철학자들은 "고상한 거짓말(noble lie)"을 하거나 "경건한 사기(pious fraud)"를 저지르고 있다고까지 지적한다. 여기서 경건한 사기란 철학자들은 철학적 진실에 대한 자신들의 결론이 무엇이건 간에 그것의 폭로로 사람들의 종교적 믿음을 해쳐서는 안 된다는 것이다. 종교적 믿음은 종종 사람들로 하여금 국가 권위에 자발적으로 복종하도록 하는 기능을 하기 때문이다. 여기서는 시민종교에 대한 철학자의 태도에 대해 언급하고 있는 것으로 보이는데, 스트라우스의 정치철학에서 '신학-정치적 문제'에 관해서는 훨씬 심도 있는 논의가 필요하다. Schmitt에 의해 정초되고 스트라우스가 재조명한 종교와 철학 사이의 근본적인 긴장에 대해서는 Heinrich Meier, *Carl Schmitt & Leo Strauss : The Hidden Dialogue ; Including Strauss's notes on Schmitt's Concept of the Political & Three Letters from Strauss to Schmitt*(Chicago : University of Chicago Press, 1995) ; Leo Strauss, "Reason and Revelation," in Heinrich Meier, *Leo Strauss and the Theologico-political Problem*(Cambridge : Cambridge University Press, 2006) 을 참조. 스트라우스는 종교가 사회의 존립을 위한 '고상한 거짓말'이나 '경건한 사기'의 역할을 할 뿐만 아니라 더 근본적으로 철학이 종교를 근본적으로 배제할 수 없다는 이유에서 종교의 존립가능성을 열어둔다. 철학자들은 그들의 본성에 따라 종교적 믿음에 의존하기보다는 철학적 탐구를 추구한다. 그러나 스트라우스는 이러한 철학자들의 선택이 종교에 대한 철학의 승리를 인정하는 것은 아니라는 것을 지적한다. Leo Strauss, "Progress or Return?," in Leo Strauss and Thomas L. Pangle, *The Rebirth of Classical Political*

Rationalism : An Introduction to the Thought of Leo Strauss : Essays and Lectures,(Chicago : University of Chicago Press, 1989).

51 이런 맥락에서 Smith는 플라톤 대화편에서 드러나는 철학의 탐색적(zetetic) 성격을 지적한 바 있다. Steven B. Smith, "Leo Strauss's Platonic Liberalism," *Political Theory* Vol. 28, No. 6(2000), pp. 787-809.

52 대표적인 연구로 Dale Hall, "The Republic and the Limits of Politics, *Political Theory* Vol. 5, No. 3(1977), pp. 293-313.

53 스트라우스는 일종의 『국가』 해설서에 해당하는 자신의 글에서 다음과 같이 기술한다. "『국가』에서 소크라테스는 인간의 가장 고결한 요구에 부응하기 위해서 국가가 어떤 특징을 갖추어야 할지를 분명히 밝혔다. 이러한 요구에 따른 국가의 수립이 불가능하다는 것을 보임으로써 그는 우리에게 국가의 본질(본성), 즉 근본적 한계를 보여준다." Leo Strauss, *The City and Man*(Chicago : University of Chicago Press, 1978) pp. 138.

54 Leo Strauss, *Natural Right and History*,(Chicago : University of Chicago Press, 1953) pp. 18-34.

55 Leo Strauss, *Persecution and the Art of Writing*,(Chicago : Univesity of Chicago Press, 1988), pp. 155-6; Peter Kielmansegg, Horst Mewes, and Elisabeth Glaser-Schmidt, *Hannah Arendt and Leo Strauss : German Émigrés and American Political Thought after World War II*, Publication of the German Historical Institute(Cambridge; Cambridge University Press, 1995), p. 101-2.

56 스트라우스가 "자연적 동굴(natural cave)"로의 귀환을 주장함으로써 철학자의 안전에 대해 염려했다고 보는 것은 정당하다. 그러나 스트라우스의 입장을 "철학자를 위한 음모(conspiracy for philosophers)"

라고 판단하는 것은 매우 잘못된 해석이다. 물론 스트라우스가 철학자의 안전에 대해 걱정할 법 하지만, 이것이 특정한 정파적 동기로부터 기인한다고 보기는 어렵다. 오히려 그의 염려는 정치와 철학 사이의 긴장을 재조명하는 자연스러운 방식이라고 할 수 있다. Robert Pippin, "The Modern World of Leo Strauss," *Politial Theory* Vol. 20, No. 3(1992), pp. 448–72; Stephen Holmes, *The Anatomy of Antiliberalism*(Cambridge, Mass.: Harvard University Press, 1993), 3장 참조.

6장 맺음말 – 영혼 돌봄의 정치와 현대 정치

1 Sandel은 국가의 중립성이 자유민주주의 성립의 가장 중요한 요체라고 보았다. Michael J. Sandel, *Democracy's Discontent: America in Search of a Public Philosophy*(Cambridge: Belknap Press of Harvard University Press, 1996), chapters 1, 2 참고.

2 여기서 공화주의와 자유주의를 마치 배타적인 정치이념처럼 이분법으로 구분하고 있지만 최근의 정치이론은 두 이념의 중첩 내지 수렴에 더 주목하는 경향이 있다. Ex. Michael P. Zuckert, *Natural Rights and the New Republicanism*(Princeton: Princeton University Press, 1994); Peter Berkowitz, *Virtue and the Making of Modern Liberalism*(Princeton: Princeton University Press, 1999). Zuckert의 저작이 공화주의적 전통에서 자유주의적 가치를 재발견하고자 했다면, 반대로 Berkowitz는 자유주의적 관점에서 시민적 덕성과 같은 공화주의적 가치의 발견을 시도하였다.

3 공화주의의 다양한 특성을 복합적인 전통, 특히 신(新)아테네주의

적 혹은 신(新)로마적 공화주의로 구분하고 있는 연구로 M. N. S. Sellers, *American Republicanism : Roman Ideology in the United States Constitution*(NY : New York University Press, 1994). 그 밖에 공화주의적 전통의 소개에 대해서는 Quentin Skinner, *Liberty before Liberalism*(Cambridge : Cambridge University Press, 1998), Philip Pettit, *Republicanism : A Theory of Freedom and Government*(Oxford : Clarendon Press, 1997).

4 현대 정치에서 고전적 공화주의에 대한 재부상에 대해서는 Zera Silver Fink, *The Classical Republicans, an Essay in the Recovery of a Pattern of Thought in Seventeenth-Century England*(Evanston : Northwestern University Press, 1962). 미국혁명과 헌법에 미친 고전적 공화주의의 영향력에 대해서는 Thomas L. Pangle, *The Spirit of Modern Republicanism : the Moral Vision of the American Founders and the Philosophy of Locke*(Chicago : University of Chicago Press, 1988).

참고문헌

권창은, "소크라테스와 악법." 권창은·강정인 공저. 『소크라테스는 악법도 법이라고 말하지 않았다』. 서울: 고려대학교 출판부, 2005a

_____. "소크라테스에 있어서 정의와 준법." 권창은·강정인 공저. 『소크라테스는 악법도 법이라고 말하지 않았다』. 서울: 고려대학교 출판부, 2005b

박성우, "이라크 전쟁의 레오 스트라우스 책임론에 대한 정치철학적 비판" 『국제·지역연구』 21권 1호 (2012),

_____. "『변론』과 『크리톤』에 나타난 소크라테스적 시민성의 재해석 53권 2호 (2010).

_____. "플라톤의 『메네크세노스』와 아테네 제국의 정체성, 그리고 플라톤적 정치적 삶" 한국정치학회보 제41집 4호 (2007).

_____. "행복의 정치: 아리스토텔레스의 『니코마코스윤리학』과 『정치학』에 나타난 철학적 삶과 정치적 삶의 의미" 한국정치학회보 제39집 5호 (2005).

_____. "플라톤의 『변명』과 소크라테스적 정치적 삶" 한국정치학회보 제38집 2호 (2004a).

_____. "플라톤의 『국가』와 철인왕의 패러독스" 정치사상연구 제10집 2호 (2004b).

_____. "소크라테스는 칼리클레스와 화해할 수 있을까?" 서양고전학연구 제20집 (2003).

박종현. 역. 『에우티프론, 소크라테스의 변론, 크리톤, 파이돈』(서울: 서광사, 2003).

박종현. 역. 『플라톤의 국가·정체』(서울: 서광사, 2005).

Adkins, A. W. H. "Polupragmosune and "Minding One's Own Business": A Study in Greek Social and Political Values."

Classical Philology 71 (1967) : 301–27.

_____. *Merit and Responsibility*. Chicago : Chicago University Press, 1960.

Alfarabi. *Philosophy of Plato and Aristotle*. Trans. Muhsin Mahd. Ithaca : Cornell University Press, 2002.

Allen, Danielle. "Platonic Quandaries : Recent Scholarship on Plato," *Annual Review of Political Science* 9 : 127–141 (2006).

Allen, R. E. "Law and Justice in Plato's Crito." *Journal of Philosophy* 69, No. 18 (1972).

Andrew, Edward. "Descent to the Cave." *Review of Politics* 45, No. 4 (1983).

Annas, Julia. *An Introduction to Plato's Republic*. Oxford : Clarendon Press, 1981.

Arendt, Hannah. "Philosophy and Politics." *Social Research* 57 (1990) : 73–103.

_____. *The Human Condition, Charles R. Walgreen Foundation Lectures*. Chicago : University of Chicago Press, 1958.

Aristotle, *The Politics and the Constitution of Athens*, ed. Stephen Everson. Cambridge : Cambridge University Press.

Barker, Ernest Barker. *Greek Political Theory : Plato and His Predecessors*, 4th ed. (New York : Routledge, 1951)

Beatty, J. "Plato's Happy Philosopher and Politics." *The Review of Politics* 38 (1976) : 545–75.

Benardete, Seth. *The Rhetoric of Morality and Philosophy : Plato's Gorgias and Phaedrus* Chicago : University of Chicago Press, 1991

Berkowitz, Peter. *Virtue and the Making of Modern Liberalism*. Princeton : Princeton University Press, 1999.

Bloom, Allan. "Interpretive Essay," *The Republic of Plato*. NY : Basic

Books, 1968

Blössner, Nobert. "The City-Soul Analogy," in G.R.F. Ferrari ed. *The Cambridge Companion to Plato's Republic.* Cambridge: Cambridge University Press, 2007.

Bobonich, Christopher. "Persuasion, Compulsion, and Freedom in Plato's *Laws*," in Gail Fine ed. *Plato 2 : Ethics, Politics, Religion and the Soul.* Oxford: Oxford University Press, 1999.

Brann, Eva T. H. "The Offense of Socrates: A Rereading of Plato's Apology." *Interpretation* 7 (1978): 1-21.

Brickhouse, Thomas. "The Paradox of the Philosophers' Rule." *Apeiron* 15 (1981): 1-9.

Brickhouse, Thomas. & Nicholas D. Smith, *The Philosophy of Socrates.* Boulder: Westview Press, 2000.

_____. *Plato's Socrates.* New York: Oxford University Press, 1994.

_____. *Socrates on Trial.* Princeton: Princeton University Press, 1989.

Burnet, *Platonism,* Sather Classical Lectures, Vol. 5, Berkeley: University of California Press, 1928.

Burnyeat, Myles. "Sphinx without a Secret." *New York Review of Books* (May 30, 1985).

Carter, L. B. *The Quiet Athenian.* Oxford: Clarendon Press , 1986.

Congleton, Ann. "Two Kinds of Lawlessness: Plato's Crito." *Political Theory* 2, no. 4 (1974).

Collins, Susan D. & Devin Stauffer. "The Challenge of Plato's Menexenus." *The Review of Politics* 61, no. 1 (1999).

Cooper, John M. "The Psychology of Justice in Plato." *American Philosophical Quarterly* 14 (1977).

Crossman, R. H. S. *Plato Today.* London: G. Allen and Unwin ltd., 1937.

Demand, Nancy H. *A History of Ancient Greece.* NY : McGraw-Hill Companies, 1996

Demos, R. "A Fallacy in Plato's Republic?" *Philosophical Review* 73 (1964) : 395-8.

Derrida, Jacque. *Politics of Friendship.* Trans. George Collins. London : Verso, 1997.

Digeser, Peter. *Our Politics, Our Selves? Liberalism, Identity, and Harm.* Princetion : Princeton University Press, 1995.

Diogenes Laertius. *Lives of Eminent Philosophers, Loeb Classical Library.* 2vols. Cambridge : Harvard University Press, 2000.

Dodd, E. R. Plato Gorgias. a Revised Text with Introduction and Commentary, Oxford : Clarendon Paperbacks, 1992

Dover, Kenneth James. *Greek Popular Morality in the Time of Plato and Aristotle.* Oxford : Blackwell, 1974.

Drury, Shadia B. *The Political Ideas of Leo Strauss.* New York : St. Martin's Press, 1988.

Ehrenberg, Victor. *From Solon to Socrates : Greek History and Civilization During the Sixth and Fifth Centuries B.C.* 2d ed. London : Methuen, 1973.

Euben, J. Peter. *Corrupting Youth : Political Education, Democratic Culture, and Political Theory,* Princeton : Princeton University Press, 1997

_____. "Democracy and Political Theory : A Reading of Plato's Gorgias." In Peter Euben & John R. Wallach & Josiah Ober eds. *Athenian Political Thought and the Reconstruction of American Democracy.* Ithaca : Cornell University Press, 1994.

_____. *Platonic Noise.* Princeton : Princeton University Press, 2003.

Ferrari, G. R. F. ed., *The Cambridge Companion to Plato's Republic* Cambridge : Cambridge University Press, 2007.

_____. *City and Soul in Plato's Republic.* Chicago : University of Chicago Press, 2005

Fine, John V. A. *The Ancient Greeks : A Critical History*. Cambridge : Belknap Press of Harvard University Press. 1983

Fink, Zera Silver. *The Classical Republicans, an Essay in the Recovery of a Pattern of Thought in Seventeenth–Century England.* Evanston : Northwestern University Press, 1962

Fite, Warner. *The Platonic Legend.* New York : C. Scribner's Sons, 1934.

Foucault, Michel. *The Hermeneutics of the Subject : Lectures at the College de France, 1981–1982*. New York : Picador. 2005.

Frazer, Michael. "Esotericism Ancient and Modern : Strauss Contra Straussianism on the Art of Political / Philosophical Writing," *Political Theory* 34, No. 1 (2006).

Friedl nder, Paul *Plato Vol. II* (New York : Pantheon Books, 1964)

______. *Plato : An Introduction*. Trans. Hans Meyerhoff. Princeton : Princeton University Press, 1969.

Gadamer, Hans–Georg. *Plato's Dialectical Ethics : Phenomenological Interpretations Relating to the Philebus*. New Haven : Yale University Press, 1991.

Griswold, Charles L. *Platonic Writings/Platonic Readings*. New York : Routledge, 1988.

Grote. George,. *Plato and the Other Companions of Sokrates, Vol. II* Bristol : Thoemmes Press, 1992

Gunnell, John. "The Myth of the Tradition." *American Political Science Review* 72 (1978) : 122–34.

Guthrie, W. K. C. *A History of Greek Philosophy. Vol. 3. The Fifth Century Enlightenment.* Cambridge : University Press, 1969.

Hall, Dale. "The Republic and the Limits of Politics." *Political Theory* 5, no. 3 (1977).

Hansen, Mogens Herman. *The Athenian Democracy in the Age of Demosthenes : Structure, Principles, and Ideology, The Ancient World*. Oxford: B. Blackwell, 1991

_____. *The Athenian Assembly in the Age of Demosthenes*, Blackwell's Classical Studies (New York: B. Blackwell, 1987).

Henderson, M. M. "Plato's Menexenus and the Distortions of History."*Acta Classica* 18. 1975

Holmes, Stephen. *The Anatomy of Antiliberalism*. Cambridge: Harvard University Press, 1993.

_____. "Truths for Philosophers Alone?" *The Times Literary Supplement* (December 1–7, 1989).

Howland, Jacob. "The Republic's Third Wave and the Paradox of Political Philosophy." *The Review of Metaphysics* 51 (March 1998): 633–57.

_____. "Re-Reading Plato: The Problem of Platonic Chronology," *Phoenix* 45, no. 3 (1991): 189–214.

Hyland, Drew A. "Plato's Three Waves and the Question of Utopia." *Interpretation* 18, no. 1 (1990): 91–109.

Jaeger, Werner Wilhelm, and Gilbert Highet. *Paideia. Vol. II* Oxford: B. Blackwell, 1965.

Jang, In Ha. "The Problematic Character of Socrates' Defense of Justice in Plato's Republic." *Interpretation* 24 (Fall 1996): 85–107.

Kahn, Charles H. "On Platonic Chronology," in Julia Annas & Christopher Rowe eds., *New Perspectives on Plato, Modern and Ancient*. Harvard University Press, 2002.

______. *Plato and the Socratic Dialogue : The Philosophical Use of a Literary Form*. Cambridge : Cambridge University Press, 1996.

______. "Drama and Dialectic in Plato's Gorgias," in Julia Annas ed. *Oxford Studies in Ancient Philosophy* Vol. 1, Oxford : Clarendon Press, 1983.

______. "Plato's Funeral Oration : The Motive of the Menexenus." *Classical Philology* 58 (1963).

Kastely, James L. "In Defense of Plato's Gorgias." *Publication of the Modern Language Association* 106 (Jan 1991)

Kennedy, George Alexander. *A New History of Classical Rhetoric*. Princeton, N.J. : Princeton University Press, 1994.

Kielmansegg, Peter, Horst Mewes, and Elisabeth Glaser-Schmidt. *Hannah Arendt and Leo Strauss : German Émigrés and American Political Thought after World War II*, Cambridge : Cambridge University press, 1995.

Klein, Jacob. *A Commentary on Plato's Meno*. Chapel Hill : University of North Carolina Press, 1965.

Klosko, George. *The Development of Plato's Political Theory*. New York : Methuen, 1986.

______. "The 'Straussian' Interpretation of Plato's Republic." *History of Political Thought* 7, no. 2 (1986).

Kofman, Sarah, *Socrates : Fictions of a Philosopher*. Trans. Catherine Porter. Ithaca : Cornell University Press, 1998.

Kraut, Richard. "Socrates and Democracy." In Gail Fine ed. *Plato 2 : Ethics Politics Religion and the Soul*. Oxford : Oxford University Press, 1999.

______. "Return to the Cave : Republic 519-521." *Proceedings of the Boston Area Colloquium in Ancient Philosophy* 7 (1991) : 43-62.

_____. *Socrates and the State*. Princeton, N.J.: Princeton University Press, 1984.

_____. "Egoism, Love and Political Office in Plato." *Philosophical Review* 82, no. 3 (1973).

_____. "Reason and Justice in Plato's Republic." In E.N Lee ed. *Exegesis and Argument*. Assen: Van Gorcum, 1973.

Kraut Richard ed., *Plato's Republic : Critical Essays.* Lanham: Rowman & Littlefield, 1997

Lampert, Laurence. *Leo Strauss and Nietzsche.* Chicago: University of Chicago Press, 1996.

Lane, Melissa. *Plato's Progeny : How Plato and Socrates Still Captivate the Modern Mind.* London: Gerald Duckworth, 2001.

Lear, Jonathan. "Inside and Outside the Republic,." In Richard Kraut ed. *Plato's Republic.* Lanham: Rowman & Littlefield, 1997.

Levinson, Ronald Bartlett. I*n Defense of Plato.* Cambridge: Harvard University Press, 1953.

Loraux, Nicole. *The Children of Athena : Athenian Ideas about Citizenship and the Division between the Sexes.* Trans. Caroline Levine. Princeton: Princeton University Press. 1993.

_____. *The Invention of Athens : The Funeral Oration in the Classical City.* Cambridge, Mass.: Harvard University Press, 1986.

Major, Rafael. "Cambridge School and Leo Strauss: Texts and Context of American Political Science," *Political Research Quarterly* 58, No. 3 (2005).

Mara, Gerald M. *Socrates' Discursive Democracy : Logos and Ergon in Platonic Political Philosophy.* Albany: State University of New York Press, 1997.

Martin, R. "Socrates on disobedience to the Law." *Review of Metaphysics.* 24, no. 1 (1970).

Mckim, Richard. "Shame and Truth in Plato's Gorgias." In Charles L. Griswold ed. *Platonic Writings Platonic Readings*. New York: Routledge, 1988.

McPherran, Mark L. "Elenctic Interpretation and Delphic Oracle." Gary Alan Scott ed. *Does Socrates Have a Method?* University Park: Penn State University Press. 2002.

Meier, Heinrich. *Carl Schmitt & Leo Strauss : The Hidden Dialogue ; Including Strauss's Notes on Schmitt's Concept of the Political & Three Letters from Strauss to Schmitt*. Chicago: University of Chicago Press, 1995.

Monoson, Sara. *Plato's Democratic Entanglements : Athenian Politics and the Practice of Philosophy*. Princeton, N.J.: Princeton University Press, 2000.

Nichols Jr. James, "The Rhetoric of Justice in Plato's Gorgias," in James Nichols Jr., trans. & ed. *Plato's Gorgias.* Ithaca: Cornell University Press, 1998

Ober, Josiah. *Political Dissent in Democratic Athens : Intellectual Critics of Popular Rule, Martin Classical Lectures*. Princeton, N.J.: Princeton University Press, 1998.

_____. *The Athenian Revolution : Essays on Ancient Greek Democracy and Political Theory*. Princeton, N.J.: Princeton University Press, 1996.

_____. "Civic Ideology and Counterhegemonic Discourse: Thucydides on the Sicilian Debate." In Alan L. Boegehold and Adele C. Scafuro eds. *Athenian Identity and Civic Ideology.* Baltimore: The Johns Hopkins University Press, 1994.

_____. *Mass and Elite in Democratic Athens : Rhetoric, Ideology, and the Power of the People.* Princeton, N.J.: Princeton University Press, 1989.

Ober, Josiah, and Charles W. Hedrick. *Demokratia : A Conversation on Democracies, Ancient and Modern.* Princeton, N.J.: Princeton University Press, 1996.

Orwin, Clifford. *The Humannity of Thucydides.* Princeton: Princeton University Press, 1997

_____. "Leo Strauss, Moralist or Machiavellian?" in MacCormack, John R. ed. "A Leo Strauss Symposium," *The Vital Nexus* 1, no.1 (May 1990)

Pangle, Thomas L. *The Spirit of Modern Republicanism : The Moral Vision of the American Founders and the Philosophy of Locke.* Chicago: University of Chicago Press, 1988.

Park, Sungwoo. "Thucydides on the Fate of the Democratic Empire," Journal of International and Area Studies 15, no. 1 (2008).

Pettit, Philip. *Republicanism : A Theory of Freedom and Government, Oxford Political Theory.* Oxford: Clarendon Press, 1997.

Pippin, Robert. "The Modern World of Leo Strauss," *Politial Theory* 20, no. 3 (1992): 448–72

Plato, and John Burnet. *Plato's Euthyphro, Apology of Socrates and Crito.* Oxford: The Clarendon press, 1924.

Plato, and Aristophanes, *Four Texts on Socrates : Euthyphro, Apology, and Crito and Aristophanes' Clouds.* rev. W. Ithaca: Cornell University Press, 1998.

Plato, and E. R. Dodds. *Gorgias.* Oxford: Clarendon Press, 1959.

Plato, and Edith Hamilton, and Huntington Cairns, *The Collected*

Dialogues of Plato. Princeton: Princeton University Press, 1982.

Plutarch. *Plutarch's Lives, The Dryden Translation*. 2 vols. New York: The Modern Library, 2001.

Popper, Karl Raimund. *The Open Society and Its Enemies*. 5th, rev. W. Princeton, N.J.: Princeton University Press, 1966.

Randall, John Herman. *Plato : Dramatist of the Life of Reason*, New York: Columbia University Press, 1970

Recco, Greg. *Athens Victorious : Democracy in Plato's Republic*, Lanham: Lexington Books, 2007

Reeve, C. D. C. *Socrates in the Apology : An Essay on Plato's Apology of Socrates*. Indianapolis: Hackett, 1989.

_____. *Philosopher-Kings : The Argument of Plato's Republic*. Princeton, N.J.: Princeton University Press, 1988.

Rocco, Christopher. "Liberating Discourse: The Politics of Truth in Plato's Gorgias." *Interpretation* 23, no. 3 (1996): 363–85.

Roochnik, David. *Beautiful City : The Dialectical Character of Plato's Republic*. Ithaca: Cornell University Press, 2003

Rosano, Michael. "Citizenship and Socrates in Plato's Crito," *Review of Politics* 62, no. 3 (2000).

Rosen, Frederick. "Obligation and Friendship in Plato's Crito." *Political Theory* 1, no. 3. 1973.

Sabine, George. "Review of "Persecution and the Art of Writing"," *Ethics* 63 (1953)

Sachs, David. "A Fallacy in Plato's *Republic*," in Richard Kraut ed., *Plato's Republic : Critical Essays*. Lanham: Rowman & Littlefield, 1997.

Salkever, Stephen G. "Socrates' Aspasian Oration: The Play of Philosophy and Politics in Plato's Menexenus," *America Political*

Science Review 87, no. 1 (1993).

Sandel, Michael J. *Democracy's Discontent : America in Search of a Public Philosophy*. Cambridge, Mass.: Harvard University Press, 1996.

Saxonhouse, Arlene W. "The Socratic narrative: A Democratic Reading of Plato's Dialogues," *Political Theory* 37, no. 6, (2009): 728–753.

_____. *Athenian Democracy : Modern Mythmakers and Ancient Theorists*. Notre Dame, IN: University of Notre Dame Press, 1996.

_____. *Fear of Diversity : Political Science in Ancient Greek Thought*. Chicago: University of Chicago Press, 1992

_____. "Myths and the Origin of Cities: Reflections on the Autochthony Theme in Euripides'Ion." In Peter Euben ed. *Greek Tragedy and Political Theory*. Berkeley: University of California Press, 1986.

_____. "An Unspoken Theme in Plato's Gorgias: War." *Interpretation* 11, no. 2 (1983): 139–69.

_____. "Comedy in Callipolis: Animal Imagery in the Republic." *American Political Science Review* 72 (1978).

Schaefer, David Lewis. "Shadia Drury's Critique of Leo Strauss," *The Political Science Reviewer* 32 (1994)

Schleiermacher, Friedrich. *Introductions to the Dialogues of Plato*, trans. William Dobson. New York: Arno Press, 1973.

Schmitt, Carl. *The Concept of the Political*. George Schwab trans. Tracy B. Strong foreword. Chicago: University of Chicago Press, 1996.

Scott, Dominic. "Plato's Critique of the Democratic Character," *Phronesis* XLV, no.1 (2000)

Sellers, M. N. S. *American Republicanism : Roman Ideology in the United*

States Constitution. New York : New York University Press, 1994.

Shorey, Paul. *What Plato Said*. Chicago : University of Chicago Press, 1933

Skinner, Quentin. *Liberty before Liberalism*. Cambridge ; New York : Cambridge University Press, 1998.

Smith, Steven B. "Leo Strauss's Platonic Liberalism." *Political Theory* 28, no. 6 (2000) : 787–890.

Staples, Brent. "Undemocratic Vistas : The Sinister Vogue of Leo Strauss," *The New York Times* (1994 November 28).

Stauffer, Devin. Lewis, The Unity of Plato's Gorgias : Rhetoric, Justice, and the Philosophic Life Cambridge : Cambridge University Press, 2006

_____. *Plato's Introduction to the Question of Justice* (Albany : State University of New York, 2001)

Strauss, Leo. "Reason and Revelation," in Heinrich Meier, *Leo Strauss and the Theologico–political Problem*, Cambridge : Cambridge University Press, 2006

_____. "The Problem of Socrates." *Interpretation* 22, no. 3 (Spring 1995) : 321–38.

_____. *Liberalism, Ancient and Modern*. Chicago : University of Chicago, 1995.

_____. "The Problem of Socrates : Five Lectures," in Leo Strauss and Thomas L. Pangle, *The Rebirth of Classical Political Rationalism : An Introduction to the Thought of Leo Strauss : Essays and Lectures*. Chicago : University of Chicago Press, 1989.

_____. "Progress or Return?," in Leo Strauss and Thomas L. Pangle, *The Rebirth of Classical Political Rationalism : An Introduction to the*

Thought of Leo Strauss : Essays and Lectures. Chicago : University of Chicago Press, 1989.

______. "On a Forgotten Kind of Writing." In *What Is Political Philosophy and Other Studies*. Chicago : University of Chicago Press, 1988.

______. *The City and Man*. Chicago : University of Chicago Press, 1978.

______. *On Plato's Apology of Socrates and Crito : .Essays in Honor of Jacob Klein*. ed. Samuel S. Kutler. Annapolis, Maryland : St. John's College Press, 1976.

______. *Persecution and the Art of Writing*. Chicago : University of Chicago Press, 1988.

______. *What Is Political Philosophy? And Other Studies*. Chicago : Univesity of Chicago Press, 1988

______. *Natural Right and History*. Chicago : University of Chicago Press, 1971.

______. "On a New Interpretation of Plato's Political Philosophy." *Social Research* 13 (1946).

Strauss, Leo, Alexandre Kojève, Victor Gourevitch, and Michael S. Roth. *On Tyranny*. Rev. and expanded, including the Strauss–Kojève correspondence. New York ; Toronto : Free Press ; Maxwell Macmillan Canada, 1991.

Strauss, Leo, and Thomas L. Pangle. *The Rebirth of Classical Political Rationalism : An Introduction to the Thought of Leo Strauss : Essays and Lectures*. Chicago : University of Chicago Press, 1989.

Stoke, Michael "Socrates' Mission," in B. Gower and M. Stoke eds. *Socratic Question*. New York : Routledge, 1993.

Tarcov, Nathan. "Philosophy and History : Tradition and Interpretation in the Work of Leo Strauss." *Polity* 16, no. 5–29 (1983).

Tarcov, Nathan and Thomas Pangle. "Epilogue: Leo Strauss and the History of Political Philosophy." In Leo Strauss and Joseph Cropsey eds. *History of Political Philosophy*. Chicago: University of Chicago Press, 1987.

Tarnopolsky, Christina, *Prudes, Perverts, and Tyrants : Plato's Gorgias and the Politics of Shame*. Princeton: Princeton University Press, 2010.

Taylor, A. E. *Socrates*. NY: Doubleday Anchor Books, 1953.

_____. *Plato : The Man and His Work*. New York: The Humanities Press, 1966

_____. *Platonism and Its Influence, Our Debt to Greece and Rome*. New York,: Cooper Square Publishers, 1963.

Thesleff, Holger. "Platonic Chronology." *Phronesis* 34 (1989): 1–26.

Thorson, Thomas Landon. ed. *Plato : Totalitarian or Democrat?* Englewood: Prentice–Hall. 1963.

Thucydides, Rex Warner, and M. I. Finley. *History of the Peloponnesian War*. [Rev. ed, *The Penguin Classics*. Harmondsworth, Eng., Baltimore]: Penguin Books, 1980.

Vernezze, Peter. "The Philosopher's Interest." *Ancient Philosophy* 12 (1992).

Versenyi, Laszlo. "Plato and His Liberal Opponents." *Philosophy : The Journal of the Royal Institute of Philosophy* (1971): 222–37.

Vickers, Brian. *In Defence of Rhetoric*. Oxford: Clarendon Press, 1988.

Villa, Dana Richard. *Socratic Citizenship*. Princeton, N.J.: Princeton University Press, 2001.

Vlastos, George. *Socrates, Ironist and Moral Philosopher*. Ithaca, N.Y.: Cornell University Press, 1991.

_____. "The Historical Socrates and Athenian Democracy." *Political*

Theory 2 (1983) : 495–516.

_____. "The Socratic Elenchus." In *Oxford Studies in Ancient Philosophy* (1983).

_____. ed., *Platonic Studies*. Princeton : Princeton University Press, 1981.

_____. "Was Polus Refuted?" *American Journal of Philology* 88, no. 4 (1967) : 454–60.

Wallach, John. *The Platonic Political Art : A Study of Critical Reason and Democracy*, University Park : Pennsylvania State University Press, 2001

_____. "Plato's Socratic Problem, and Ours." *History of Political Thought* 18, no. 3 (1997 Autumn) : 377–98.

Ward, Ian Ward. "Helping the Dead Speak : Leo Strauss, Quentin Skinner and the Arts of Interpretation in Political Thought," *Polity* 41 (2009).

Wardy, Robert. *The Birth of Rhetoric : Gorgias, Plato and Their Successors*. NY : Routledge, 1996

Weiss, Roslyn. *Socrates Dissatisfied*. New York : Oxford University Press. 1998.

White. Nicholas P. *A Companion to Plato's Republic*. Indianapolis : Hackett, 1979.

_____. *Plato on Knowledge and Reality*. Indianapolis : Hackette, 1976.

Wild, John Daniel. *Plato's Modern Enemies and the Theory of Natural Law*. Chicago : University of Chicago Press, 1953)

Williams, Bernard. "The Analogy of City and Soul in Plato's *Republic*," in Richard Kraut ed., *Plato's Republic : Critical Essays*. Lanham : Rowman & Littlefield, 1997.

Winspear, Alban Dewes., *The Genesis of Plato's Thought*, New York : The

Dryden Press, 1940.

Yunis, Harvey. *Taming Democracy : Models of Political Rhetoric in Classical Athens, Rhetoric & Society*. Ithaca : Cornell University Press, 1996.

Zuckert, Catherine H. "Why Socrates and Thrasymachus Become Friends," *Philosophy and Rhetoric* 43, no. 2 (2010)

_____. *Plato's Philosophers : The Coherence of the Dialogues*, Chicago : University of Chicago Press, 2009

Zuckert, Catherine H. & Zuckert, Michael P. *The Truth about Leo Strauss : Political Philosophy and American Democracy*. Chicago : University of Chicago Press, 2006

Zuckert, Michael P. *Natural Rights and the New Republicanism*. Princeton, N.J. : Princeton University Press, 1994.

색인

ㄱ

ㅇ

ㅈ

ㅊ

ㅋ

ㅌ

ㅍ

ㅎ

영혼 돌봄의 정치
—플라톤 정치철학의 기원과 전개

발행일 1쇄 2014년 3월 31일
지은이 박성우
펴낸이 여국동

펴낸곳 도서출판 인간사랑
출판등록 1983. 1. 26. 제일 - 3호
주소 경기도 고양시 일산동구 백석로 108번길 60-5 2층
전화 031)901 - 8144(대표) | 977 - 3073(영업부) | 031)907 - 2003(편집부)
팩스 031)905 - 5815
전자우편 igsr@naver.com
페이스북 http://www.facebook.com/igsrpub
블로그 http://blog.naver.com/igsr
인쇄 인성인쇄 **출력** 현대미디어 **종이** 세원지업사

ISBN 978 - 89 - 7418 - 328 - 8 93340

이 도서의 국립중앙도서관 출판시도서목록(CIP)은 서지정보유통지원시스템 홈페이지(http://seoji.nl.go.kr)와
국가자료공동목록시스템(http://www.nl.go.kr/kolisnet)에서 이용하실 수 있습니다.(CIP제어번호: CIP2014009012)